U0453320

人如其文
贵在其实

李文实先生诞辰100周年纪念
暨西北文史专题研究

卓玛 马海龙 ◎ 编著

中国社会科学出版社

图书在版编目（CIP）数据

人如其文　贵在其实：李文实先生诞辰 100 周年纪念暨西北文史专题研究/卓玛，马海龙编著.—北京：中国社会科学出版社，2016.10
ISBN 978 - 7 - 5161 - 9037 - 1

Ⅰ.①人… Ⅱ.①卓… ②马… Ⅲ.①文史—西北地区—文集　Ⅳ.①K294 - 53

中国版本图书馆 CIP 数据核字（2016）第 237617 号

出 版 人	赵剑英
责任编辑	郭晓鸿
特约编辑	席建海
责任校对	董晓月
责任印制	戴　宽

出　　版	中国社会科学出版社
社　　址	北京鼓楼西大街甲 158 号
邮　　编	100720
网　　址	http://www.csspw.cn
发 行 部	010 - 84083685
门 市 部	010 - 84029450
经　　销	新华书店及其他书店
印　　刷	北京君升印刷有限公司
装　　订	廊坊市广阳区广增装订厂
版　　次	2016 年 10 月第 1 版
印　　次	2016 年 10 月第 1 次印刷
开　　本	710×1000　1/16
印　　张	28.5
字　　数	408 千字
定　　价	99.00 元

凡购买中国社会科学出版社图书，如有质量问题请与本社营销中心联系调换
电话：010 - 84083683
版权所有　侵权必究

万里风来地清以此望鹄空
直梁苑诗月弯楚城秋刺
字陵渡澈归雁高阻倦苦
雅无烟水先道空鉴留
竹顿同学正　顾颉刚

顾颉刚先生书赠"得贤同学"之五律

李文实先生毕业照

李文实先生 36 岁时照,摄于香港

20 世纪 70 年代末 80 年代初，李文实先生刚平反时，摄于西宁

1990 年 11 月 21 日，北京与中外古都对比研究国际学术讨论会代表合影

（第二排左数第九位即李文实先生）

李文实先生诞辰 100 周年纪念会暨西北文史研究专题研讨会致辞

(代 序)

尊敬的各位专家、来宾,老师们、同学们:

  在这金秋九月,硕果飘香的季节里,我们齐聚一堂,隆重举办李文实先生诞辰 100 周年纪念会暨西北文史研究专题研讨会,缅怀先生在西北史地研究方面做出的杰出贡献,激励广大师生积极践行"进德修业　自强不息"的校训精神,推进我校汉语言文学学科建设,促进西北文史研究的深入发展。

  在此,我代表学校党委、行政及全校各民族师生员工,对专程前来参加会议的省内外专家学者表示诚挚的欢迎和衷心的感谢!

  青海民族大学与共和国同龄,是青藏高原建立最早的高校,也是唯一扎根青藏高原办学的民族高等院校。建校以来,在党政建设、民主改革、经济建设、民族教育、国防建设等方面做出了重要贡献。这些成就,与全校各个学科的蓬勃发展密不可分。我校是一所以语言文学学科见长的高校,汉语言文学、藏语言文学等都是设置最早的专业,建于 1958 年。经过 56 年的发展,汉语言文学学科取得了长足的进步,由最初的 1 个专科专业发展为现在拥有 1 个一级学科、7 个硕士学位授权点和 5 个本科专业的二级学院。迄今共为社会输送专、本科毕业生和研究生 6000 多人。这是从事这一学科教学、科研及学习的一代又一代师生共同努力的结果,其中,史学界公认的史学大家李文实先生,功不可没。

先生师从学术大师顾颉刚先生,是顾大师的得意门生。先生1979年5月来校工作,先后承担汉语言文学系本科生中国文学史、少语系硕士研究生中国古典文学课程及辅导讲座,并撰写了几十万字的讲稿。他致力于西北历史、文化、地理、风俗的考察和对青海地方史志的整理编纂,在中国古代西北史、历史文献学、历史地理学研究等方面做出了独特的贡献。学术代表作《西陲古地与羌藏文化》就是一部学术信息密集、凸显先生治学精神的著作,荣获国家图书一等奖和青海省第六次哲学社会科学优秀成果一等奖。先生于1986年被全国总工会授予"五一劳动奖章"。

先生荣辱一生,他身上具有的精神值得后辈学习:一是先生精通文史知识,通晓多种民族语言,学富五车,博闻强识,又谦虚随和,有问必答,具有亦师亦友的大师风范;二是先生在极度挫折困顿的近30年岁月里,焚膏继晷,校点史书典籍,秉持咬定青山不放松的自强不息精神;三是先生崇尚实践,多次亲临西陲故地,跋山涉水,检点、辨析、统一地理命名称谓,老而弥坚,具有笔耕不辍的严谨治学精神;四是先生在生活中乐观豁达,淡泊名利,与人为善,践行宠辱不惊的为人处事之道。

先生是全国史学界少有的大师级人物,以高尚的师德、过人的睿智、渊博的学识、博大的爱心和特有的人格魅力,为广大师生树立了光辉的典范。我们衷心希望:广大教师要继续加强师德修养,为人师表,增强责任感和使命感,教书育人,潜心研究,力争成为像文实先生一样的教育工作者;广大学生要加强立身之本,学习生存之道,磨炼意志,锲而不舍,拓宽学术视野,培养科研意识,增强动手能力,努力将自己塑造成为社会主义合格建设者和可靠接班人;全校各院系要珍惜先辈们打下的基业,以人才培养、科学研究、传承文化、服务社会为着力点,调动教师工作积极性,狠抓教学质量,提高学生就业率,提升学科竞争力,把本院系建设好。

先生献身民族教育事业以来，培育的学子遍布国内外，不少人已成为各条战线的骨干和中坚力量，为学校赢得了荣誉。希望广大校友能继承先生遗风，继续关注和支持母校的建设与发展。

我相信，有在座各位专家学者们一如既往的努力和付出，有各位青年学子对知识的渴望和求索，西北文史研究必将取得更加丰硕的成果。

最后，预祝李文实先生诞辰100周年纪念会暨西北文史研究专题研讨会圆满成功！

愿各位来宾身体健康，万事如意，扎西德勒！

谢谢大家！

何　峰

2014年9月20日

目 录

历史小辑

读才俊华文　怀学术前贤 ……………………………………… 蒲文成 / 3

李文实先生与顾颉刚先生的交谊
　　——纪念李文实先生百年诞辰 ……………………………… 顾　潮 / 9

李文实先生述略
　　——以《顾颉刚日记》《顾颉刚书信集》相关记载为中心…… 王希隆 / 17

文实师与顾颉刚先生之学术交往史实钩述 ………………… 张廷银 / 42

温柔敦厚　古今文章
　　——写在李文实先生诞辰一百周年之际 ………………… 马成俊 / 53

简论顾颉刚与李文实的师生交谊与学术传承 ……………… 李健胜 / 63

李文实先生与《中国历史地理论丛》 ……………………… 王社教 / 78

青海民国史研究的进入
　　——兼评李文实先生的文章《马氏家族长期统治
　　　青海的原因试测》 ………………………………………… 菅志翔 / 80

羌藏关系新论 ………………………………………… 先　巴 / 106

人称其贤　文得其实
　　——记李文实先生二三 ……………………… 姚继荣 / 127

清代青海蒙古的政治社会变迁 …………………… 陈柏萍 / 131

古羌与古羌文化琐谈 ……………………………… 杨建青 / 146

汉代青海河湟地区的民族分布及其文化的交流与融合 …… 马正录 / 159

李文实先生学术思想与研究方法的当代秉承
　　——从《西陲古地与羌藏文化》探析李文实先生
　　文史研究特色 ………………………………… 陈　强 / 177

李文实先生和费孝通先生之中华民族一体论比较
　　——谨以此文纪念李文实先生诞辰一百周年 ……… 陕锦凤 / 186

文学小辑

缅怀学术前贤　继承前贤精神 …………………… 马凤兰 / 199

唐代诗歌与河陇牧马 ……………………………… 马青芳 / 204

论土族才女李宜晴 ………………………………… 王宝琴 / 214

"青海只今将饮马，黄河不用更防秋"
　　——历代咏青诗歌中青海独特意象符号的形成 …… 马凤兰 / 230

宗教语境下藏戏的文化解构与反思 ……………… 王志强 / 240

唐代西北民族关系下的边塞诗歌意象 …………… 李亚静 / 255

论诗史差异及其形成原因
　　——以唐代咏哥舒翰诗为例 …………………… 马海龙 / 262

近代河湟诗人李焕章诗歌创作的美学追求 ……… 李　清 / 276

试论"花儿"的鸟类意象 ………………………… 贺雯婧 / 288

读李文实先生《西陲古地与羌藏文化》有感……………吕思盈 / 297
非物质文化遗产的传播途径与保护之探索
　　——以"西北民族大学举行《格萨尔》艺人进校园"
　　活动为例………………………………………………张　美 / 301
读《西陲古地与羌藏文化》的感受……………………才　智 / 310

语言小辑

筚路蓝缕，开启山林……………………………………舍秀存 / 317
史学钩沉的语言学反观之范
　　——为纪念李文实先生诞辰100周年作……………贾晞儒 / 324
古读 phja 如 pha ………………………………………张　晟 / 337
《说文同文》辨正………………………………………冯宽平 / 350
撒拉族社会组织"工"的语言学阐释……………………马　伟 / 362
土族汉语普通话声调偏误问题探略……………………贺　虎 / 374
"瓜州"与"瓜子"考……………………………………廖　贞 / 389
吴屯土族亲属称谓研究…………………………………万德卓玛 / 398
文化变迁与撒拉语的变化………………………………赵　琳 / 405
从"土豪"古今对比看族群心理变化……………………王　雪 / 413

附录　李文实先生年谱…………………………………柏春梅 / 421
后　记………………………………………………………… / 446

历史小辑

读才俊华文 怀学术前贤

蒲文成

2015年，是李文实先生诞辰100周年。在此之前，青海民族大学举行了隆重的纪念活动，不少熟知先生的同志或撰写文章，或参与讨论，从各个层面回顾文实先生的学术生涯，探讨他的学术思想和研究特色，高度评价他的学术成就。文实先生是西北地方史研究专家，是青海省最著名的学术前贤，他学识渊博、才思敏捷，治学严谨、功力深厚，为人质朴、敢于求真，道德文章，都堪为师表，是青海省学界泰斗人物，素为我等后学所景仰。先生生前，我曾数往府上，向先生请教学术，聆听教诲，颇受教益，尤其对先生凭借文献资料，结合民族语言文字，研究西陲羌藏文化所取得的成就，对他驾驭汉语言的深厚功力，敬佩之至，如高山仰止，也常为他的青春年华未能用于学术研究而叹息。记得在先生85岁诞辰时，我曾与青海省学界的数位老先生亲往先生府上，献贺联祝寿；2001年，先生的大作《西陲古地与羌藏文化》正式出版发行时，我曾撰文《循名责实，古为今用——评李文实先生的〈西陲古地与羌藏文化〉》，刊登于2001年12月9日的《青海日报》上。这些都从心底表达了我对先生的景仰之情。这次在先生诞辰百年的纪念活动中，我有幸拜读了一些才俊的回忆评价文章，进一步加深了对先生的认识。

人如其文　贵在其实

李文实先生诞辰100周年纪念暨西北文史专题研究

一　不凡而坎坷的学术生涯

文实先生是青海化隆人，毕业于私立齐鲁大学，为顾颉刚先生的高足。顾颉刚（1893—1980）先生，是我国著名历史学家、民俗学家，中研院院士，古史辨派代表人物，也是中国历史地理学和民俗学的开创者之一。二人一生学术往来，过从甚密。顾颉刚先生的公子顾潮先生在其《李文实先生与顾颉刚先生的交谊》一文中，回顾了师生二人一生的学术交往和友谊：二人从1937年2月在南京蒙藏学校最初相识，顾先生即热情鼓励文实先生搜集青海民俗资料。同年10月，顾先生在西宁重逢文实先生，文实先生向顾先生介绍西北军政学界情况，受到顾先生赏识，二人感情日笃。1938年8月，顾先生因创办湟川中学事宜再来青海，为文实先生书赠"万山不隔中秋月，百年复见黄河清"墨宝。1940年6月，文实先生作为青海的保送生，到成都齐鲁大学参观，又恰遇在该校国学研究所任教的顾颉刚先生，顾先生勉励青海学生"努力学业，建设边疆"。翌年，文实先生入齐鲁大学历史社会学系学习，顾先生讲授"中国地理沿革史"，文实先生"学习优秀"，"在班上名列第一"，二人"在学术上多有交流，相知甚深"。自此，二人书信不断，书信内容多涉及学术，有些刊载于顾先生创办的《责善半月刊》的《学术通讯》。鉴于当时我国边疆问题日益突出，1941年3月1日在成都成立边疆学会，文实先生被顾先生推荐为"边疆工作可用人才"，参加学会，并因文实先生娴熟蒙藏语文，请他暑期去学会工作。其间，经顾先生引荐，文实先生与韩儒林、冯汉骥、黄文弼等学术大家相识。抗战胜利，文实先生被顾先生邀去北碚修志馆工作，与当时在该馆工作的史念海先生结为好友。史先生高度评价文实先生，称在认识文实先生之前，"数闻颉刚先生道及"，"独多称道"，"已知其不凡"；相识后，"获聆其娓娓言辞，仿佛泉涌，而又头头是道，不禁为之心折"。此后，顾先生又邀文实先生去江苏省立徐州女子师范学校任教，并为顾先生整理文稿。1947年秋，文实先生赴兰州大学历史系任教。次年6月，顾先生应请赴兰大工作，讲授"上古史研究"课。文实先生帮助顾先生整理授课笔记，在顾先生负责的《西北边疆周刊》任编辑，并帮助照料顾先生的生活起居。1950年，文实先生应顾先生之邀赴上海，为其《昆仑传说与羌戎文化》的撰写来搜集和整理材料，顾先生称文实先生为他提供"历史、地理、语言和风俗特别多，给我以不少的启发，使我不致冥行迷路"。同时，文实先生通过与顾先生的学术交流，进一步确定了自己的研究方向。可惜文实先生学术思想趋于成熟，本应大显身手，不幸蒙冤入狱近三十年。20世纪70年代末，文实先生获释后，依然与顾先生有书信来往，探讨"鸟鼠同穴"等学术问题，恢复羌戎文化研究，连续著文数十篇，继承延续了顾先生的学术事业。顾潮先生的文章写得真切感人，基本勾勒了文实先生的学术成长史。

兰州大学王希隆教授披读中国台湾地区出版的顾颉刚先生的日记，重申文实先生与顾先生的学术交往和友谊，称二人有"频繁的书信往来"，赞誉文实先生学习成绩优秀，"文字功夫、历史功底优异"，"参加了顾颉刚先生的诸多工作"，"代理过兰州大学历史系主任，对兰大历史系发展做出了重要贡献"。他寄希望于青海的同志们，整理文实先生一生的经历，进行研究。

二 敏锐创新的学术思想

国家图书馆《文献》编辑部的张廷银先生，以及青海省的安海民、阿忠荣先生等，均为文实先生的魏晋南北朝文学专业硕士研究生，受教三年期间，对文实先生与顾颉刚先生的学术交往史时有耳闻。他撰文称顾先生"与文实师之间有着不一般的学术交往"，从顾先生对文实先生期许奖掖、人品肯定和二人密切交往三个方面，充分论说二人的交往和友谊，评说文实先生的品格和修养，作者以大量实例说明，令人信服敬仰。关于二人的密切关系，顾先生在日记中提及文实先生的多达253处，仅此足见一斑。作者在钩述二人学术交往史实的同时，用许多笔墨反映了文实先生敏锐创新的学术思想，字里行间充满了对师长的仰慕和尊敬。文实先生聪颖好学、思路敏锐，很早就表现出史学研究才能。早在1940年，顾先生即称文实先生是"边疆工作可用人才"。1946年，顾先生又高度评价文实先生是当时治明清史和西北史方面最优秀的青年史学家。他对文实先生的才能充分信任，其《中国边疆问题及其对策》《南明史稿》等不少书稿交由文实先生整理。顾先生不仅以文实先生为学生和助手，亦视为同道和学友。文实先生很早就提出，土族自称"土古家""土户"，实均为"吐谷浑"一音之转；吐谷浑亡于吐蕃后，"其子孙已全为吐蕃和西藏所同化"。文实先生对青海方言"阖门""瓜子"（傻瓜）的探讨都有很多新意。根据自己的观察，解释"鸟鼠同穴"，"盖高原地区植被稀少，兼多风沙，鸟类艰于作窠，遂多因地借栖于鼠洞，乃生态环境使之然也"。这些观点均被顾先生采纳。

中央民族大学菅志翔先生的《青海民国史研究的进入——兼评李文实先生的文章〈马氏家族长期统治青海的原因试测〉》，是一篇很有分量的研究青海民国史的长文。该文借李文实先生对马氏家族长期统治青海原因的分析思路，来探讨用人类学和社会学方法研究青海民国史的路径和研究意义。文章认为，文实先生从分析马氏家族兴起的历史背景、地理因素、人际关系三个方面入手，探讨马氏家族统治青海四十年最后走向灭亡的必然性。他所使用的研究方法，历史背景方面，分析马氏先祖两卫京师、晚清西北动荡、处理青藏问题得当、审时度势迎降国民军等，"将具体的研究对象放在其自身所经历的具体历史脉络中加以理解和评价"；地理因素方面，文实先生认为马氏家族的兴起，有着河州的地理优势、青海多族群杂处的地方优势和割据条件、河州回民兼营"汉番"的生存技能，以及当时"藏事纷扰、红军西征，以迄日寇入侵"等政治地理形势等，提示我们"青海地方的自然环境和人文历史，一直以来都以整体形式发挥着影响"，"需要在足够深广的历史脉络和文化交结中研究一个具体时空"；人际关系方面，文实先生认为马氏祖孙有过人之处，如其先世"慷慨好义、乐善好施"，"虚怀若谷、用人唯贤"等，这提示我们"人才是历史的主题，研究历史，就是要研究历史中的行动者"及其与"一般群众的关系"。作者深刻总结了文实先生的这些研究思路和方法，表现了先生敏锐创新的学术思想，为我们后来者提供了研究借鉴。

三　令人称道的研究特色

陕西师范大学王社教先生系文实先生好友史念海先生的硕士生和博士生，他从文实先生与《中国历史地理论丛》的关系角度，谈文实先生对该刊物的贡献，说从1988年到1994年间文实先生为期刊写过7篇文章，内容涉及对昆仑山及三危地理、噶斯池和噶斯山口、"吐"之名来由、雍州地理等的考释，门源访古，以及对西陲一些地名的语言学考察，称文实先生"生于河湟之间，熟悉地理环境，精通多种民族语言，早年师从顾颉刚先生受过专业训练，因而从事山川研究得心应手"，"常发前人之未发，而且分析透彻、议论全实"。称赞他的研究方法"有很大的示范作用"，"对历史地理学科发展做出了杰出贡献"。

青海民族大学的陈强教授从文实先生的《西陲古地与羌藏文化》探析其文史研究特色，言简意赅，颇具总结性。他通过分析文实先生的一系列研究事例，认为文实先生研究文史注重史料考辨，史料与阐释互为辅助补充，从细微处发思，做出新的解释，考据翔实，见微出新；治学严谨，讲究追本溯源，考察地名、俗语，言其古今演变，找出真实出处，还原历史本真；考据谨慎，求真细心，敢于质疑不实的历史说法，进行纠正，通过辨伪求是、破旧立新，还历史于真实；研究不人云亦云，敢于立言，即使对佛法传入中土的时间之类的定论，亦敢提出自己的不同观点；注重文史研究的现实运用，始终贯穿民族统一、文化共建思想，不讳忌民族的同化和融合，强调中华民族的统一性和整体性。总之，文实先生研究文史的这些方法、特色和观点，对于"研讨民族文化，包括研究民族发展问题，都有着基础性的指导意义"。

四　影响深远的学术成就

文实先生曾著有《建文伪史辨证》《清代传记文选注》《左宝贵传》《义和团运动》等。先生一生研究羌藏文化，成果最为丰硕，其《西陲古地与羌藏文化》集其研究之大成。后来才俊沿着先生的足迹，继续探究，实受到先生研究之启迪。羌藏同源是文实先生一直坚持的学术观点，已为多数学者所认同。青海民族大学的先巴教授著文《羌藏关系新论》，评述羌藏源流学术史，在梳理汉、藏史料和汉、藏、羌等民族古史传说的基础上，利用前辈学者的研究成果，认为羌藏关系诸说中，羌藏同源异流说是历史的真实。文章引经据典，资料翔实，颇有说服力，是文实先生羌藏文化研究的延续和深化。

青海师范大学杨建青教授著文《古羌与古羌文化琐谈》，厘定古羌与古羌文化的人文定义；在羌戎关系上，主要依据文实先生关于"戎是羌的另一名称"、戎是"羌族中已从事农业的族人"等观点，廓清羌先于戎、戎属于羌等概念；在氐羌与羌戎关系上，主要根据文实先生的观点，认为氐乃地名，氐羌系氐地之羌，羌"入中原后改从农耕，便改称为戎，古时称羌戎"；在西羌与东羌的称谓上，主要依据文实先生的考证，认为"把内迁的羌人称为东羌，则把仍然生活在青藏高原的羌人称为西羌"；从"古羌"的称谓，说氐羌历史悠久、源远流长，"夏民族源于氐羌"，"是以后中华民族的主源之一"，亦以文实先生的观点为主要依据。

文实先生诞辰百年，离我们而去已有十多年，但先生的音容宛在、教诲不忘。近读一些才俊的回忆文章，先生的道德才华更为清晰，形象更为高大，令人敬仰，他将永远是我们的楷模。

李文实先生与顾颉刚先生的交谊
——纪念李文实先生百年诞辰

顾 潮

李文实（得贤）先生与我父亲顾颉刚先生最初相识是 1937 年 2 月，在南京蒙藏学校。那时父亲在北平燕京大学、北京大学任教，为培育人才推进历史地理研究，也为唤起国人对边疆地理与民族问题的关注，他创办《禹贡半月刊》，组织禹贡学会。此次他为禹贡学会事宜去南京，受邀出席蒙藏学校开学典礼，做讲演并参观。他为学校中生气勃勃的风貌而感动："这许多不同种族的人民，在从前是漠不相关的，而今日竟能在'团结为一个国族'的目标之下一齐努力迈进，这真是一个大觉悟，前途有无尽的希望。"[①] 父亲见到该校学生李文实先生，得知其来自青海，"热情给予鼓励"，并嘱其"搜集有关民俗资料，和徐芳与方纪生联系"[②]。那时父亲主持风谣学会，在南京《中央日报》发刊《民风周刊》，由徐芳、方纪生二人编辑，父亲特向李先生邀稿，征集青海民俗资料。

"七七"事变后，父亲应中英庚款董事会聘，任补助西北教育设计委员。其他委员还有陶孟和、王文俊、戴乐仁、梅贻宝诸先生。李先生此时已在西宁回教中学任教，1937 年 10 月父亲与陶、王二先生去西宁考察教育情况，出席省教育厅召开的欢迎会，参观各校，到回

---

① 顾颉刚：《通讯一束·张俊德来信按语》，《顾颉刚全集·宝树园文存》卷二，中华书局 2010 年版。
② 王煦华：《顾颉刚先生与西北》，《顾颉刚先生学行录》，中华书局 2006 年版。

教中学演讲，与李先生重逢。李先生回忆说：他们三人在演讲中"阐述青海在中国历史上的战略地位和抗战中的重要性，是青海建省后第一次接待专家学者的讲学，为青年学生们开阔了眼界"（《顾颉刚先生与西北》，见《顾颉刚先生学行录》，中华书局 2006 年版）。李先生也向父亲介绍了西北政学界情况。次年 8 月父亲再次去西宁，与戴、梅、王诸先生商议创办湟川中学之事，又见到李先生。父亲写联赠予他："万山不隔中秋月，百年复见黄河清。"这副被李先生珍藏的对联，可惜在"文革"中与父亲赠予他的立轴横幅等都被付之一炬了。父亲通过此次历时一年的考察，目击当地汉、蒙古、回、藏各族冲突的情形，方才认识到边疆问题不单是外国侵略的问题，也是国内各民族间矛盾的问题。此后他撰写了《中华民族是一个》等文章，希望各族人民团结起来，共同抵御外侮。

1940 年青海省保送一批学生，到四川、云南报考大学和边疆学校，李先生也在其中。6 月 1 日他们到成都的齐鲁大学参观时，父亲恰好在此任教，主持该校国学研究所。他听说有一批青海学生来，便与齐大教授张伯怀一起迎接（张先生还担任成都中华基督教会边疆服务部主任，在茂县、西昌等地办有医院、学校，每逢暑假即在成都召集齐鲁、华西、金陵等大学学生组织旅行团前去服务），招待大家。父亲当日日记写道："到研究所待青海学生，与伯怀谈。青海学生四十余人至，开一简单之欢迎会，到校中食堂吃饭……送之至万里桥而别。""今晚同席：姚启明、王少夫夫妇、李得贤、鲁宗宝、韩华、刘志纯等四十余人（以上客），张伯怀、予（以上主）。"（《顾颉刚全集·日记》卷四，中华书局 2010 年版）李先生回忆说，父亲与张先生在欢迎会上"发表热情洋溢的讲话，勉励大家努力学业，建设边疆"（《顾颉刚先生与西北》，见《顾颉刚先生学行录》，中华书局 2006 年版）。

1941 年，李文实先生入齐鲁大学历史社会学系。他不仅学习优秀（由父亲日记可知，其所授"中国地理沿革史"课，李先生的成绩是 95 分，在班上名列第一），而且与父亲在学术上多有交流，相知甚深。

当时父亲在齐大国学研究所创办《责善半月刊》，指导学生治学之术。是年 10 月，父亲将李先生 8 月 19 日、9 月 1 日两封来信，分题《释"白教"与"吹牛拍马"》《补释"吹牛"及"嘉麻若"》，发表于该刊 2 卷 14 期《学术通讯》。之前父亲在该刊发表的《浪口村随笔》内，有《吹牛拍马》一则，介绍西北风俗，故李先生在来信中论及。李先生服膺父亲对古史古籍的考辨，但他提醒父亲"发蒙振聩之功未竟"，"系统整理之事未竟"，"倡说宣扬之事未竟"，"至祈先生稍拒社会应酬，俾得专力完成此盛业"（1944 年 7 月 30 日李文实来信，见《顾颉刚全集·书信集》卷三，中华书局 2010 年版）。父亲认可此言："十年来人事纷纭，不但无暇作文，亦复无暇读书"，"此不可不改弦易辙者"，并寄希望于李先生，"兄知我，幸他日助我成之"（1944 年 8 月 5 日父亲复信，见《顾颉刚全集·书信集》卷三，中华书局 2010 年版）。

鉴于边疆问题日亟，1941 年父亲和一批史地、考古、人类、民族、宗教、社会、语言等专家在成都组织中国边疆学会，欲调查边疆实际情况，共筹适宜的对策。在父亲当时日记里，拟有一份"边疆工作可用人才"名单，其中即包括李文实先生。3 月 1 日，边疆学会召开成立大会，当时在成都的各方面专家学者都出席了这次会议，公推父亲为理事长。李文实先生与其他几位青海学生也由父亲特约赴会，在会上李先生认识了韩儒林、冯汉骥等先生。后来黄文弼先生来成都，父亲也将这位西北考古专家介绍给李先生认识。

1942 年，中央组织部部长朱家骅邀父亲主持边疆语文编译委员会工作，请了许多蒙古、藏、阿拉伯等语言文字专家，翻译《三民主义》《论语》《孟子》等书，希望边疆各族了解中国文化及其前进的道路。李文实先生对蒙藏语十分娴熟，父亲也请他暑期去该会工作。

抗战胜利，李先生亦大学毕业。当时父亲任北碚修志委员会主任，邀李先生去修志馆任职。当时在该馆工作的还有史念海先生，史先生说："在未识文实先生之时，已数闻颉刚先生道及。颉刚先生门下学侣辈出，颉刚先生独多称道文实先生，已知其不凡。"相识后，

"获聆其娓娓言辞,仿佛泉涌,而又头头是道,不禁为之心折"(《西陲古地与羌藏文化·史念海先生序》,青海人民出版社 2001 年版)。二人自此结为好友。

不久,父亲又邀李先生去江苏省立徐州女子师范学校任教,当时我母亲任该校校长,因养育我们姐妹,家累甚重,特望李先生助其一臂之力。李先生在任教之余,还担任南京西北通讯社的工作,1947 年寒假中他到苏州,请我父亲寻出抗战中有关边疆民族的论述,交《西北通讯》发表;当年该刊第一至四期陆续刊出了《中华民族是一个》《我为什么要写"中华民族是一个"》《中国边疆问题及其对策》等文章。其中《中国边疆问题及其对策》是父亲在重庆中央大学、中央组织部及边疆学校等处的几次讲演底稿,"因为其内容大体上都有相通之处",由李先生"将它合并起来,整理成这一篇长文,分期在本刊发表"(1947 年 4 月 20 日李文实按,见《顾颉刚全集·宝树园文存》卷四,中华书局 2010 年版)。

1947 年秋,李先生赴兰州大学工作。兰州大学是抗战胜利后教育部决定在原甘肃学院基础上扩建的国立大学,由辛树帜先生任校长。辛先生原任西北农学院院长,他热心教育,气魄宏大,从南方各地聘请了许多专家,组建了文理、法商、兽医学院及医学院。他请我父亲任教授兼历史系主任,而父亲因苏州、上海两地工作甚忙,一时无法抽身前去,便请史念海先生代理主任,又请李先生去历史系任教。1948 年 6 月,父亲赴兰大就任,协助辛先生处理校务,并开"上古史研究"课,讲授古籍源流及古史中主要问题十余端。能从繁忙的社会活动中脱身,专注于自己的学术工作,父亲感到"自'九一八'以来,十七年中,无如今日之心胸开朗者"(是年 9 月 17 日日记,见《顾颉刚全集·日记》卷六,中华书局 2010 年版)。他想通过此次讲课把自己三十年之研究组成一个系统,将学生的听课笔记交李先生整理,待自己改定后便可编为《古史钥》一书付印。但由于时局动荡,年底父亲不得已匆匆返沪,授课计划中断,《古史钥》一书竟无法完成。现在《顾颉刚全集·古史论文集》卷七《上古史研究》,便是父亲在兰大所讲，其中第一篇"序论"，即出自李先生的记录稿。在兰大期间，父亲住处与李先生家相邻，他的生活全由李家照料，可以说是无微不至，父亲在家信中多次谈到李先生的关照，说他"为人太好，肯帮人家"。父亲在兰州时，当地人士成立中国边疆学会甘肃分会，推父亲任理事长。该会在兰州《和平日报》发刊《西北边疆周刊》，由李先生与谷苞等编辑。

1950年，父亲在上海撰写《昆仑传说与羌戎文化》，历时半年成十二万言。此文研究我国古代西北历史，探索当地许多原始种族如何演进，文化如何融合，以求弥补史籍中的空白。他邀请李先生自西宁来沪相助，二人合作研究的时间虽不长，但收获十分可观。父亲在此文"引言"中写道："尤其高兴的，李得贤君来到上海，帮助我搜集和整理材料，他是青海化隆人，记得那边的历史、地理、语言和风俗特别多，给我以不少的启发，使我不致冥行迷路。"（见《顾颉刚全集·古史论文集》卷六，中华书局2010年版）父亲所受的"启发"在日记中也有记载，如是年5月23日日记："将文实所补大小金川节写入《羌戎》文，又添千字。"（见《顾颉刚全集·日记》卷六，中华书局2010年版）多年后李先生给我来信谈到此事："当时即住在武康路您们家中。那时刚师写《昆仑传说与羌戎文化》一书将完稿，我曾参与讨论，刚师很高兴，即采纳了我一些意见，并嘱我代为搜集一些有关资料，因而我每天去合众图书馆去查抄。那时起潜先生任馆长，给我很大方便，我得以查看了好多书，并抄集了有关河源问题的资料，从而对古史上羌戎地理和文化，有了些粗浅认识，刚师鼓励我对此问题加以专门研究。"（1998年9月27日信）李先生对"河源问题"的研究，在父亲是年6月29日日记中也有记载："看文实所写《隋唐元明之河源问题》。"（见《顾颉刚全集·日记》，中华书局2010年版）父亲这篇长文对李先生有很大影响，他晚年在《西陲古地与羌藏文化·自序》中谈到当时所受"启发"："我生长在藏民原生息居住的地区，幼年时代也稍懂得一点藏族和撒拉族的语言。后来上高中时，学了两年藏文，等到上大学时，才发现《史记》《汉书》所载西徼古地名，多从音译，但还不知道这里还存在着个古今音之异读"；读了此文后，"得到新的启发。便提出《禹贡》雍、凉地名，多名从主人，而后世注家，多未晓其义，概以汉义为解，殊未得实。先生听了大喜，嘱为撰文，并勉励说：'筚路蓝缕，以启山林。只要开好头，以后便会得作深入的研究。'"从上面引述的"尤其高兴的""听了大喜"等语，反映出当时父亲是何等欣喜，他为得到李先生的帮助而高兴，也为李先生选定了研究方向而高兴！

当时李先生的确一心想随父亲从事羌戎文化研究，正如他给我的信中所说："是年七月初我去香港，钱宾四师正在那里办新亚书院，问我愿不愿留在那里？……我都未考虑，一心想回沪从刚师从事羌戎文化研究。九月初回沪，移居淮海中路某坊（在茂名路附近），但随时仍去武康路从刚师问学。五一年一月，我家属带两个小孩来沪……大概是那年三月间，我为了久居计，即在刚师和师母同意下，移居苏州悬桥巷，因为刚师藏书都在那里，极便于查考。"但天有不测风云，1951 年 7 月初，李先生因 1950 年去港之事突遭公安局秘密拘留，研究之事遂废弃。当时父亲去苏州得知此事，在日记里写道："文实籍青海，不能与马家无关系，然齐大毕业后马步芳令其任教厅长而不为，宁为徐女师及兰大教员，其无心仕宦可见。……今年渠到苏，极欲闭门读书，而政府竟不许之，未免可惜。"（是年 7 月 10 日，见《顾颉刚全集·日记》卷七，中华书局 2010 年版）以后父亲对李先生家属的生活仍很关心。

李先生蒙冤入狱失去自由近三十年，直至 20 世纪 70 年代末仍未获平反，只能因病回西宁就医，此时他已是白发斑斑的老者，半生的大好年华就这样被荒废，如此坎坷的经历怎能不令人扼腕叹息！1979 年父亲接他来信后，不顾年老体衰，复信道："接来书，为之怃然。你的命运太不好了，我分当为你出力。"（是年 4 月 14 日信，见《顾颉刚全集·书信集》卷三，中华书局 2010 年版）当时史学家钱海岳先生的遗稿《南明史》由其家属交与我父亲，请设法整理付印，父亲认为这项工作李先生最能胜任，并且可以解决他的生活问题，在此信中一一为之安排。以后李先生整理《南明史》数年，终因西宁书少，许多资料无法搜集查对，难以完成。

在此后的来信中，李先生依旧挂念父亲的学术研究。如1979年4月20日李先生来信，谈及"鸟鼠同穴"，这是父亲一直关注的问题。《尚书·禹贡》篇中有"鸟鼠"地名，"鸟鼠同穴"问题历来备受经学家的争议，抗战初父亲借西北考察之机顺路去甘肃渭源鸟鼠山考察，并与当地人士探讨，后将此事记入《西北考察日记》。李先生被"劳改"期间曾在柴达木山中牧羊，偶然发现当地"鸟鼠同穴"现象，他记得父亲关注此事，来信将自己所获提供给父亲参考。父亲将其录入读书笔记《林下清言》，题《李文实谈"鸟鼠同穴"》（见《顾颉刚全集·读书笔记》卷十四，中华书局2010年版）。又如李先生读到父亲《史林杂识》，对其中"阉门""瓜子"的论述有异议，便将自己所知情况来信告之。父亲复信表示感谢，并说："他日此书重排，即当照改也。"（1979年9月12日信，见《顾颉刚全集·书信集》卷三，中华书局2010年版）但不久父亲病逝，这个愿望未能实现。

1980年以后，在史念海先生力促之下，李先生恢复了羌戎文化研究，他给我来信说："从古地名义一端写了十几篇文章，实与刚师所著有所联系。"（1998年5月19日信）其中《吐谷浑历史上几个问题的考察》，即是受父亲《羌戎》一文论述西秦所设沙州即在浇河郡境内的启发，具体考定沙州故址即在今青海贵南县，但"可惜先生已不及审定了"（《顾颉刚先生与西北》，见《顾颉刚先生学行录》，中华书局2006年版）。以后李先生将这些论文编为《西陲古地与羌藏文化》一书，由青海人民出版社出版，寄赠我一册留念，他自谦此书"与刚师当年的期望是差得很远的"（1998年9月27日信）。史念海先生为此书撰写序言说："颉刚先生教人，每因其特性，为订从事有关课题。文实先生籍隶河湟之间，命其钻研西陲。"他称赞此书："如颉刚先生长寿至今，文实先生大著是会受到特殊称道的。"

如今，他们均已离开我们而远去，但他们在国难当头之际奋起救国的赤诚，他们对边疆民族问题的深切关注，以及对古代边疆历史地理孜孜不倦的研究，都是后人应该认真继承的宝贵财富。我想，这也是今天我们纪念李先生百年诞辰的意义所在。

2014 年 8 月于北京

该文全面回顾了李文实先生与顾颉刚先生的交往和友谊，基本勾勒了文实先生的学术成长史。文章顺时叙说、交代清晰，写法细腻、资料翔实，文风朴实、语言流畅，感情真挚、亲切感人。全文以文实先生的才华、志趣、品德展现和顾颉刚先生的关爱、提携为基础，突出了二人的学术交往，读后对学术大师的大家风范不由景仰、叹服。——蒲文成

李文实先生述略

——以《顾颉刚日记》《顾颉刚书信集》相关记载为中心

王希隆*

2014年9月20日，青海民族大学举办"李文实先生诞辰100周年纪念座谈会"，提前专函邀我参加会议并做发言。作为文实先生曾经工作过的兰州大学历史文化学院的受邀代表，我在很高兴接受邀请参加这次座谈会的同时，又深有感慨与遗憾：文实先生在兰大历史系担任过代系主任和教授，为兰大历史学科的发展做出过自己的贡献，但兰大校史中对他几乎没有记载；对于他一生的活动与境遇，现在兰大历史学科的老师们也几乎无人知晓。我自己也只是在以前阅读《顾颉刚日记》等书籍过程中对文实先生稍有了解，在座谈会上发言自然难免挂一漏万。为了准备会上的发言，我又仔细阅读了《顾颉刚先生全集》中的《日记》与《书信集》中的相关部分，对文实先生的身世与学术经历才有了比较全面的了解。

文实先生毕业于南京蒙藏学校和齐鲁大学社会历史学系，其后即追随顾颉刚先生在成都、重庆从事学术研究，尤其是边疆民族史地研究，又由顾先生介绍前往徐州女子师范主持教务，复至兰州大学历史系任讲师、副教授，1948年至1949年间任兰州大学历史系代主任，后任上海诚明文学院教授。1951年蒙冤遭囹圄之灾，文实先生失去自由近30年。

---

* 王希隆，1950年12月出生于兰州，历史学硕士、民族学博士，兰州大学历史文化学院、兰州大学西北少数民族研究中心教授，博导，西北少数民族史研究所所长。

1979年保外就医，落实政策后任青海民族学院（今青海民族大学）教授。文实先生一生中与国学大师顾颉刚先生有着很深的情谊。2007年约600万字的《顾颉刚日记》由中国台湾联经出版事业公司出版。2010年12月《顾颉刚全集》由中华书局出版，计8集，62册，2500万字，其中包括上述《顾颉刚日记》和1800余封书信。据统计，在顾先生的日记中，与文实先生的交往活动记有近200处之多。在顾先生的书信集中，收有顾先生给文实先生的书信4封及文实先生给顾先生的书信1封；在顾先生给家人等的书信中，也多处提及文实先生与自己的交往活动。上述材料是了解文实先生活动与境遇，以及他与顾先生交往的最重要的依据，弥足珍贵。

参加文实先生纪念座谈会后，我在发言稿的基础上，再参考文实先生、顾颉刚先生女公子顾潮教授、顾先生助手王煦华先生、前兰大历史系代主任史念海先生及文实先生诸弟子的回忆文章，予以补充，完成此文，试图以粗线条勾画出文实先生一生活动脉络，以期为进一步的研究打好前期基础。

一 在南京、西宁结识顾颉刚先生

李文实先生，名得贤，字文实，青海化隆县甘都镇人，出生于1914年。化隆为回、汉、藏、撒拉等多民族聚居之地，民族文化丰富多彩。文实先生生于斯地，受生活环境的影响，"幼年时期，也稍懂得一点藏族和撒拉族的语言。后来在上高中时，学了两年藏文"①。对西北回、藏等民族的生活习俗、宗教信仰有着深刻的感受与认识。

青年时期，文实先生赴南京蒙藏学校读书。1937年2月1日，顾颉刚先生赴南京蒙藏学校参加开学式，两人初识即源于此时。据文实先生回忆，"我认识顾先生，便是从此开始的。他以我为西北青年，热情给予鼓励，并嘱我为民俗学会收集有关民俗资料，和徐芳与方纪

---

① 李文实：《西陲古地与羌藏文化·自序》，青海人民出版社2003年版，第2页。

李文实先生述略
——以《顾颉刚日记》《顾颉刚书信集》相关记载为中心

生联系"①。《顾颉刚年谱》载:1937年2月1日,"与马松亭同到位于南京晓庄之蒙藏学校,出席开学典礼,作讲演,并参观……始识该校学生李文实,嘱彼为民俗学会搜集西北之资料"②。时年文实先生24岁,顾先生45岁。自此,两人开始了长达40余年的交往。

从南京蒙藏学校毕业后,文实先生返回西宁,在青海回教促进会立高中任教。同年7月,抗日战争全面爆发,在北平燕京大学任教的顾先生本着"于义当不入沦陷区"的立身原则,离开北京,辗转来到兰州,受聘为兰州大学前身甘肃学院的讲座教授,但他主要从事庚款补助西北教育计划的考察活动。在甘肃生活工作的一年期间③,顾先生曾两次赴西宁考察教育,与在青海回教促进会立高中任教的文实先生又有数次交往。《顾颉刚日记》1937年10月30日、31日记道:

> 李得贤来谈青海政学界情形。到回教促进会立高中吃饭,饭后作短讲。④
> 李得贤,南京蒙藏学校毕业,文实,化隆,回中教员。⑤

1938年8月,顾颉刚先生再次来西宁考察。《日记》1938年8月21日、26日记有:

> 牛滇、李得贤来。⑥
> 李得贤、魏国桢、祁邦彦来。⑦

---

① 李得贤:《顾颉刚先生与西北》,王煦华编《顾颉刚先生学行录》,中华书局2006年版,第226—232页。1937年2月1日为农历1936年腊月二十,文实先生回忆此事在"卢沟桥事变前一年",当是按照农历计算。
② 顾潮编著:《顾颉刚年谱》(增订本),中华书局2011年版,第302页。
③ 参见王希隆《顾颉刚先生与兰州大学》,《兰州大学学报》2003年第6期;《顾颉刚先生西北考察述论》,《中国边疆史地研究》2005年第4期;《顾颉刚先生未刊书信两通释述》,《兰州大学学报》2013年第1期。
④ 顾颉刚:《顾颉刚日记》卷三,台北联经出版事业公司2007年版,第716页。
⑤ 同上书,第718页。
⑥ 顾颉刚:《顾颉刚日记》卷四,台北联经出版事业公司2007年版,第121页。
⑦ 同上书,第123页。

据文实先生回忆，顾先生等人到西宁后，曾在青海文化教育界欢迎大会上做讲演，"阐述了青海在中国历史上的战略地位和抗日战争中的重要性，是青海建省后第一次接待专家学者的讲学，为青年学生们开拓了眼界"①，在青海文化教育界产生了很大的反响。文实先生作为青海教育界的青年教师代表，先后两次前往顾先生下榻处拜访请教，与之交谈，深受启发与鼓舞。顾先生曾为其书写"万山不隔中秋月，百年复见黄河清"对联一副相赠，这副对联后在"文革"中被毁。②

二 在齐鲁大学学习及顾先生的评价

1940 年青海省保送 40 余名学生，赴四川、云南报考大学和边疆学校及训练班等，文实先生是此次报考学生之一。他报考金陵大学，联考后录取到齐鲁大学文学院社会历史学系。③ 齐鲁大学是民国年间国内著名的教会大学，与燕京大学并享盛誉，有"北燕南齐"之称。抗战开始后，该校搬迁至成都华西坝，与华西协合大学、中央大学医学院、金陵大学、金陵女子文理学院及燕京大学联合办学，继续招收学生。顾先生于 1939 年 9 月、1945 年 11 月两度受聘为齐鲁大学国学研究所主任，在成都任教，讲授"中国古代史""古代史实习""目录学""中国边疆地理沿革史"等课程，并创办《齐大国学季刊》。④ 当青海 40 余名学生到达成都之后，即与顾先生相会于成都华西坝。

这次会面是在金陵大学研究所举办的欢迎青海学生茶话会上。顾先生与翁独健先生前往欢迎青海学生并会餐。顾先生 1940 年 6 月 1 的日记写道：

---

① 李得贤：《顾颉刚先生与西北》，王煦华编《顾颉刚先生学行录》，中华书局 2006 年版，第 226—232 页。
② 同上。
③ 同上。
④ 参见顾潮编《顾颉刚学记》，生活·读书·新知三联书店 2002 年版，第 494 页。

> 与独健同赴金大研究所茶会,到研究所待青海学生……青海学生四十余人至,开一简单欢迎会,到校中食堂吃饭……今晚同席……李得贤……四十余人。①

应该说,来到成都考取齐鲁大学后,文实先生真正走上了追随顾先生从事学术研究的道路。在校期间,他选修了顾先生开设的多门课程,并参与顾先生开展的学术研究工作,很快就成为顾先生的得意门生。

据《顾颉刚日记》1944年12月31日记,顾先生在重庆编辑《文史杂志》时,将收集西北史地稿件和西藏稿件的工作交嘱文实先生与李安宅先生。②1945年年初,顾先生在给华西协和大学博物馆馆长郑德坤教授的信中称赞"史社系四年级生李得贤、方诗铭两君,学识博洽,文笔流畅"③。在1945年5月31日,记有顾先生给选修"中国地理沿革史"学生作业的打分:

> 齐大学生分数:中国地理沿革史九人,李得贤九十五分,方诗铭九十二分,计瑞兰八十九分,田汉文八十分,宋先树八十分,杨殿甲七十八分,陈家蕙七十分,沈仲常七十分,张锦芳七十分。④

文实先生的"中国地理沿革史"在同选学生中分数最高,由此可知,他在齐鲁大学读书时之用功及其青年时期即已致力于历史、地理之学术方向。由于同在一校,文实先生方便向顾先生讨教,而顾先生也极信任文实先生,师生之间时相过从,往来亲密。如《顾颉刚日记》1940年7月15日:

---

① 顾颉刚:《顾颉刚日记》卷四,台北联经出版事业公司2007年版,第383页。
② 顾颉刚:《顾颉刚日记》卷五,台北联经出版事业公司2007年版,第388页。
③ 顾颉刚:《顾颉刚全集·顾颉刚书信集卷二·致郑德坤》,中华书局2010年版,第489页。
④ 顾颉刚:《顾颉刚日记》卷五,台北联经出版事业公司2007年版,第473—474页。

到校，布置卧室。李得贤来。访校长不遇，与得贤等同到江村吃茶饭……到得贤公寓中，还校，访校长又不遇……今午同席，李得贤、南溟（客），予与自珍（主）。①

大约在 1941 年 6 月，顾先生前往重庆，先后在文史杂志社主编《文史杂志》，在重庆中央大学等校兼课，在大中国图书公司史地图表编纂所主编《中国名人传》，在北碚复旦大学史地系教授课程②，更多的时间是居住在陪都重庆，直至 1946 年移居上海。但这五六年时间里，文实先生与顾先生的交往不仅没有中断，而且日益密切，顾先生视文实先生为助手且亲同家人，《顾颉刚日记》中有文实先生多次赴重庆拜访顾先生，顾先生与之长谈、与之出访、同进餐、共开会的记载。如 1942 年 7 月 8 日记：

（自明、自珍）二女到渝，由李得贤君伴行。③

1943 年 2 月 9 日记：

得贤来，同到艺术系访岑学恭、王惠英，到中渡口吃茶，翻看《国语》……得贤等来，同到甜园吃饭……今晚同席：李得贤、岑学恭、王惠英（以上客），予（主）。④

1943 年 2 月 10 日记：

上课一小时（周封建），与得贤同到沙坪坝吃点，同游南开中学，看三友路梅花……得贤来……与得贤同到四五六吃饭。⑤

---

① 顾颉刚：《顾颉刚日记》卷四，台北联经出版事业公司 2007 年版，第 402 页。
② 参见顾潮《顾颉刚学记》，生活·读书·新知三联书店 2002 年版，第 494、495 页。
③ 顾颉刚：《顾颉刚日记》卷四，台北联经出版事业公司 2007 年版，第 706 页。
④ 顾颉刚：《顾颉刚日记》卷五，台北联经出版事业公司 2007 年版，第 24 页。
⑤ 同上。

1943年2月12日记：

> 与得贤、克宽同到陈叔谅处访宾四……今晚同席……得贤、克宽。①

1943年2月14日记：

> 与鸿銮、得贤同饭于广东味……与李得贤同访朱延丰并晤其夫人。②

《顾颉刚日记》中还有顾先生审阅修订文实先生所写《左宝贵传》《义和团》《五十年来中国史学》③等稿件的记载，以及顾先生写《文实信》《得贤信》的诸多记载。1945年文实先生毕业之际，顾先生代理边疆语文编译会副主任委员，以文实先生任该会干事。④

文实先生对顾先生的学术研究成就有很深的认识，他在1944年夏给顾先生的信中谈道：

> 先生研究古史，怀疑古籍，考订旧籍，独开风气，有造于民国以来史学者不可谓不大……就生所知者言，先生考据之作，论《易》如《周易卦爻辞中的故事》，论《诗》如《诗经在春秋战国间的地位》《论诗经所录全为乐歌》，论《老子》如《从吕氏春秋推测老子成书年代》，论经今古文如《五德终始说下之政治与历史》诸文，均体大思精，卓绝千古，而生尤私爱《禅让传说起于墨家考》及《墨子姓氏辨》二文，以为巨眼烛照，为古史揭此迷蒙，唐虞禅让之为假托，自有此说方为定论，此岂卫聚贤、胡怀琛等所能道，而世人之病考据者辄以先生与之同列者何哉！此固

---

① 顾颉刚：《顾颉刚日记》卷四，台北联经出版事业公司2007年版，第26页。
② 顾颉刚：《顾颉刚日记》卷五，台北联经出版事业公司2007年版，第25—27页。
③ 同上书，第335、484、393页。
④ 参见顾颉刚《顾颉刚全集·顾颉刚书信集卷三·致李文实》，中华书局2010年版，第219页。

由于中国学术环境之不够严肃，学者之私心盛气，然旧说未扫，怪论纷纭，后生学子转而从彼，是先生发蒙振聩之功未竟也。考据定谳，而一般之述说仍旧，是先生系统整理之事未竟也。尊作未尝单独印行，购求不易，无由了解，是先生倡说宣扬之事未竟也。盖先生所振者为鸿纲，而世俗所议者为末节，摧此讥诮，息此末议，与其深责于人，毋宁返求诸己。至祈先生稍拒社会应酬，俾得专力完此盛业，不胜切盼。①

在读本科学生论当时的学界泰斗之学术，若无厚实之基础，仔细之阅读，深刻之领会，全面之认识，自然难以有中的之评论。文实先生正是在对顾先生的考据学术贡献有了全面而深刻的认识之后，才能提出"发蒙振聩之功未竟""倡说宣扬之事未竟"的评论，提出"稍拒社会应酬，俾得专力完此盛业"的建议。顾先生阅此信后即记云："此论甚是……文集之编固不容缓也。"在复文实信中写道：

> 史学书局欲为刚编印一文集，已许之。王树民兄来碚，本交之编辑，无如彼精神颓惫，竟不能为，只得由刚自己动手矣。此书印出，当可使人见刚之整个面目。至于刚理想之成就则远不止此，而十年以来人事纷纭，不但无暇作文，亦复无暇读书，终日所忙者惟见客与写信，开会与赴宴，上课与改卷，此实为刚致命之伤，表面上是得到社会地位，而实际上则是失却社会地位，此不可不改弦易辙者。然今日手头无钱，不能罗致人才，作一事业的组织，以分刚之责任。将来倘有所凭借，第一即当从事于此，庶刚可以腾出时间，继续从前之研究生涯，不为百世以下所痛惜。兄知我，幸他日助我成之。②

---

① 顾颉刚：《顾颉刚全集·顾颉刚书信集卷三·致李文实》，中华书局2010年版，第219页。
② 同上书，第218—219页。

李文实先生述略
——以《顾颉刚日记》《顾颉刚书信集》相关记载为中心

由此可知，作为本科四年级学生的文实先生在顾先生的眼中已成为可以助其完成考据文集的合适人选。我们知道，顾先生对自己学术研究助手的选任要求非常之高，后来能够胜任者不过刘起釪、童书业、王煦华数人，而当文实先生尚在大学读书之时，即为顾先生所看重，欲托其完成考据文集，此不可不谓文实先生的学术功底与见识在大学时期即已达到了相当高的水平。

顾先生很早就关注历史地理，尤其是边疆历史地理沿革与民族问题。1934年曾在北平创办《禹贡半月刊》，抗战开始后被迫停刊。在齐鲁大学任教期间，面对日本侵华战争的不断加剧，顾先生开始筹划成立"中国边疆学会"，致力于推动边疆民族问题的研究。《顾颉刚日记》1940年12月31日记有顾先生提出当时国内包括文实先生在内的边疆工作可用人才共计41人，其中后来成为著名学者或名人的有：江应樑、王树民、白寿彝、费孝通、谭惕吾、韩儒林、张维华、冯家昇、吴玉年、黎劲修、李安宅、刘曼卿、辛树帜、纳忠、杨生华、黄文弼等人。① 1941年3月1日，中国边疆学会在成都成立，选举顾先生为理事长，文实先生与王树民、韩儒林、张维华等85人参加了成立大会。②

1945年抗战胜利，同年文实先生毕业于齐鲁大学。当时顾先生尚担任齐鲁大学国学研究所主任，并在重庆主持北碚修志委员会工作，他邀文实先生赴北碚工作，担任助手。顾先生的另一助手即著名历史地理学家史念海先生。史先生晚年回忆说：

> 文实先生与不佞同出于顾颉刚先生门下，订交在六十年前。在未识文实先生之时，已数数闻颉刚先生道及。颉刚先生门下学侣辈出，颉刚先生独多称道文实先生，已知其不凡。一日相晤于嘉陵江畔，获聆其娓娓言辞，仿佛泉涌，而又头头是道，不禁为

---

① 参见顾颉刚《顾颉刚日记》卷四，台北联经出版事业公司2007年版，第466页。
② 同上书，第497页。

之心折。人事倥偬,每苦于不常相过从。虽天各一方,时蒙见赐佳作,辄以先读为快。①

从以上记载中可以清楚地看到文实先生在齐鲁大学读书期间逐渐步入历史学与边疆史地学学者行列的足迹。

在齐鲁大学期间,文实先生勤奋学习并热衷于学术研究工作,尤其是在顾先生的指导下他已经打下了很好的史学研究基础,顾先生也对他寄予了很高的期望。1946年,"中央通讯社"记者蒋星煜采访顾先生,在回答蒋星煜所提"你觉得中国现在有哪些优秀的青年史学家"问题时,顾先生将史学分为断代史(以时代划分)、专门史和区域史三个领域,历数当时史学各领域之才俊,他说:

(一)以时代划分为标准:治古代史之中央研究院张政烺,华西大学教授黄少荃,光华大学教授杨宽,上海博物馆童书业。治两汉南北朝史之中央研究院严耕望与劳幹,北京大学教授王毓瑚,客在美国之蒙思明。治隋唐五代史之中央研究院全汉昇。治宋辽金元之中央研究院傅乐焕,燕京大学教授翁独健,中央大学教授韩儒林,金陵大学研究有刘叔遂。治明清史之中央研究院王崇武,齐鲁大学教授李得贤,金陵女子文理学院教授沈鉴与王栻,清华大学教授吴晗。(二)以专门史为标准:治政治史之曾资生,治经济史之中央干校教授傅筑夫,治社会史之华西大学教授冯汉骥,金陵大学教授马长寿,李石曾之子李宗侗著有《中国古代社会史论》,从图腾制度研究姓氏之起源,尤为名贵。治中西交通史之齐鲁大学教授方诗铭,辅仁大学教授方豪,燕京大学客在英伦侯仁之。治疆域史之国立编译馆史念海……治宗教史之云南大学教授白寿彝,为回教史专家,岭南大学教授李镜池,为道教史专家,方豪为天主教史专家。治艺术史之中央博物院王振

---

① 李文实:《西陲古地与羌藏文化·史念海序》,青海人民出版社2003年版,第1页。

铎、上海博物馆童书业、傅振伦。治学术思想史之北京大学教授容肇祖。（三）以区域为标准：治东北史之冯家昇，治西北史之齐鲁大学教授李得贤，治西南史之云南大学教授方国瑜。①

由此可知，在顾先生眼中，文实先生已进入当时的史学才俊之列，而且被列入了明清史与区域史两个史学领域之中。应该说，文实先生当时所具有的文献功底、文字功夫、研究方法，尤其是他对西北历史地理及掌故的熟知，得到了学界泰斗的认可，他已跻身于当时的中国史学新秀之列。

三 在徐州女子师范、兰州大学与上海诚明文学院任教

1946年春，顾先生离重庆飞北平整理藏书，此后即安家于上海，出任大中国图书局总经理，并兼任苏州社会教育学院与复旦大学教授。顾先生在重庆期间，夫人殷履安女士病殁，经萧一山等先生介绍，与张静秋女士结为伉俪。张静秋女士毕业于北平女子师范大学，热心家乡教育事业。抗战胜利后，她受聘担任家乡徐州女子师范学校的校长，但因家务所累，难以顾及，急需得力之人代理校务工作。顾先生夫妇首先想到的合适之人即文实先生。

抗战胜利后，齐鲁大学迁回济南。1946年年初，顾先生夫妇即有请文实先生赴徐州女师代理教务之举。② 是年10月30日《顾颉刚日记》载："得李得贤书，知已到沪，不日来苏转徐，静秋闻之喜，甚望因彼之来，使静秋得轻其责任也。"③ 11月1日《顾颉刚日记》载："李得贤自青海来，谈，留宿。"④ 师生二人再度相会于上海，做竟夜之谈。次日，又同游怡园、妙玄观等处，晚饭后，又长谈。3日，文

---

① 顾颉刚：《顾颉刚全集·宝树园文存卷二·学术编下》，中华书局2010年版，第343页。
② 参见顾颉刚《顾颉刚全集·顾颉刚书信集卷五·致张静秋》，中华书局2010年版，第35页。
③ 顾颉刚：《顾颉刚日记》卷五，台北联经出版事业公司2007年版，第738页。
④ 同上书，第739页。

实先生赴徐州就任教务主任职。①

　　文实先生在徐州女师主持教务的工作持续了约9个月时间，大概这一工作与他兴趣不合，次年初秋他即决意辞职。顾先生有意请他至苏州大学教授近代史和边疆史，②但文实先生欲回西北，赴兰州大学历史系任教。③《顾颉刚日记》载，1947年10月6日"文实赴京转兰"。行前，顾先生写信给兰大校长辛树帜、历史系代主任史念海，托其转致。④随后文实先生即开始了在兰大历史系教书的生涯。⑤

　　1946年3月，国民政府行政院决议在原国立甘肃学院基础上，合并西北医学院兰州分院等院校成立国立兰州大学，委任辛树帜先生担任校长。经辛树帜校长的精心筹划，兰州大学初成规模，设有文、理、法、医四大学院，⑥文学院下设有中文、历史、英文、俄文、边疆语文五个系。辛校长动用各种关系，积极延揽国内著名专家教授来兰大任教。当历史系成立之初，他即聘请顾颉刚先生担任系主任。顾先生因上海事务过多难以脱身，即推荐史念海先生前往兰大代理历史系主任。文实先生与史先生及辛校长早有过从，相知甚深，故也应聘来兰大任教。

　　文实先生在兰大历史系任教期间，1948年5月历史系本省籍学生与外省籍学生发生冲突，继而引发兰大学潮，致医学院学生刘德让伤重身亡，历史系代主任史念海、理学院院长程启宇被殴伤，文实先生幸能及时躲藏，得免于祸。⑦时辛校长在南京国民政府教育部开会，

---

①　顾颉刚：《顾颉刚日记》卷五，台北联经出版事业公司2007年版，第740页。
②　参见顾颉刚《顾颉刚全集·顾颉刚书信集卷五·致张静秋》，中华书局2010年版，第95页。
③　同上书，第118页。
④　参见顾颉刚《顾颉刚日记》卷六，台北联经出版事业公司2007年版，第138、133页。
⑤　参见顾颉刚《顾颉刚全集·顾颉刚书信集卷五·致张静秋》，中华书局2010年版，第127页。据载，文实先生于1947年9月18日赴南京购票，当为购返回兰州机票。
⑥　初设文理、法学、医学、兽医四学院，其后兽医学院从兰州大学划出，独立为"国立西北兽医学院"，文理学院分为文学院、理学院。
⑦　详见杨林坤《顾颉刚先生在兰州大学讲学活动考实（上）》，《兰州大学学报》2012年第6期。

闻讯后火速乘飞机赶回兰州平息事端，而教育部也急派督学钟道赞赴兰州调查处理。

此次兰大学潮有着很复杂的背景原因。辛校长采取了息事宁人的态度，以恢复学校正常教学秩序，将学生的注意力引导到正常的学习轨道上来逐步平息事端。他的做法之一，即促成当时已荣膺"中央研究院"首届院士的顾先生来兰大历史系履职讲学。而文实先生配合辛校长，为此做了不少工作。他数次写信给顾先生，介绍兰大学潮情况，请其早日莅兰讲学。顾先生告诉夫人张静秋："兰州之行不该再迟。李得贤来信说，学生等急了，再迟又要攻击辛校长开空头支票了。"① 同时，辛校长也电告顾先生"学校已恢复上课，仍盼台驾赴兰讲学，不特可以广育人才，且可予学校一甚大之安定力"②。

1948年6月17日，顾先生飞抵兰州，主持系务与讲学半年时间。③ 此半年时间，是文实先生跟随顾先生进一步系统梳理中国古史的重要时期。顾先生每周讲课十余课时，"听者二百余人，校内教员及校外人士亦有来听者，辛校长更是必到之一"④。讲课笔记，"交得贤整理"⑤。当时文实先生整理的《中国古代史研究序论》后刊于中华书局《文史》杂志第53辑。⑥ 顾先生住教员第四宿舍，与文实先生为近邻，一日三餐即由文实先生夫人整备，"早晨一盘新鲜牛奶，一个鸡蛋。午晚两餐都是要面食，菜味甚好"⑦。在此期间文实先生长子出生，满月时，顾先生为其起名维皋，号鹤九。⑧

---

① 顾颉刚：《顾颉刚全集·顾颉刚书信集卷五·致张静秋》，中华书局2010年版，第212页。
② 同上书，第216页。
③ 详见杨林坤《顾颉刚先生在兰州大学讲学活动考实》，《兰州大学学报》2012年第6期、2013年第1期。
④ 顾颉刚：《顾颉刚全集·顾颉刚书信集卷五·致张静秋》，中华书局2010年版，第223页。
⑤ 同上书，第226页。
⑥ 顾颉刚：《中国古代史研究序论》，《文史》2002年第53辑。
⑦ 顾颉刚：《顾颉刚全集·顾颉刚书信集卷五·致张静秋》，中华书局2010年版，第222页。
⑧ 同上书，第247页。

人如其文　贵在其实
李文实先生诞辰100周年纪念暨西北文史专题研究

1948年12月7日，顾先生讲学结束，此时史念海先生已受聘西北大学历史系主任，赴西安任职，经顾先生提议，由文实先生代理兰大历史系主任。顾先生离开兰州之前一日深夜，尚伏案"写嘱文实诸事"[①]。

顾先生赴上海之后，文实先生在兰大任教并代理历史系主任，两人通信不断，联系紧密。一年半之后，1950年5月两人再度相会于上海。

1949年5月、8月，上海、兰州相继解放。新政权建立过程中，文实先生返回了西宁。《顾颉刚日记》载，1950年2月，"得贤来函，知其住西宁，思东行"。5月10日记："李文实自西宁来。"[②] 据文实先生回忆，此次赴上海，是因为"一九五〇年，顾先生在上海写一本有关西北古代历史的专著，来信约我去上海帮他整理材料"[③]。顾先生在其《昆仑传说与羌戎文化》的"引言"中也提到："尤其高兴的，李得贤君来到上海，帮助我搜集和整理材料，他是青海化隆人，记得那边的历史、地理、语言和风俗特别多，给我以不少的启发，使我不致冥行迷路。"[④] 两人再度相会于上海，谈及兰州学界诸友情况，当得知甘肃旧友、著名学者张鸿汀"于两月前自杀，以其任甘肃省党部主任委员二年，被派公债一万分，且予斗争，故至此"，兰大历史系青年教师、中共地下党员魏郁"在兰州解放前数日为国特所杀"，顾先生惋惜不已，"为之浩叹"[⑤]。

经历了激烈的新旧政权的政治变动过程之后，文实先生欲闭门读书，埋首于学术研究工作。顾先生时任诚明文学院中文系教授、系主任，教授"传记研究""校勘学""史汉比较研究""尚书研究"等课。

[①] 顾颉刚：《顾颉刚日记》卷六，台北联经出版事业公司2007年版，第386页。
[②] 同上书，第598页。
[③] 李得贤：《顾颉刚先生与西北》，王煦华编《顾颉刚先生学行录》，中华书局2006年版，第232页。
[④] 顾颉刚：《顾颉刚全集·顾颉刚古史论文集卷六·昆仑传说与羌戎文化》，中华书局2010年版，第196页。
[⑤] 顾颉刚：《顾颉刚日记》卷六，台北联经出版事业公司2007年版，第632页。

文实先生当时也在诚明文学院任教授。这段时间是文实先生跟随顾先生从事学术研究的重要时期。据《顾颉刚日记》载，这一时期文实先生经常在上海顾先生家中讨论学术问题。1950 年 5 月 23 日，顾先生"将文实所补大小金川节写入《羌戎》文，又添千字"。5 月 28 日，"看丕绳来信及文实代为之《程楚润传》"。11 月 14 日，"校文实所抄《昆仑四水》迄"。12 月 28 日，"看文实新作之《木兰辞时代考》，与谈"①。由此可见文实先生当时从事学术研究之一斑。

四　蒙冤及平反后的学术活动

1. 被捕经过与原因

正当文实先生热衷于西北民族学术研究工作之际，1951 年 7 月 6 日他被苏州市公安局逮捕，自此身陷囹圄，直至 1979 年才得以保外就医。

文实先生被捕之前，为利用顾先生家藏书籍从事研究，居住在苏州顾先生家中。关于文实先生被捕经过，《顾颉刚日记》1951 年 7 月 10 日载：

> 11 时到苏州……今日一归家，则吴大姊即摇手，不令入室，询之则李文实于六日上午赴观前时为公安局捕去，且派有警士二人在家监视李太太及崔冷秋也。予本欲不进，而出门时警士适当门，恐不进反为所疑，故即进与之谈。渠谓政府注意文实已年余，今证据确实，故捕之也。文实籍青海，不能与马家无关系，然齐大毕业后马步芳令其任教厅长而不为，宁为徐女师及兰大教员，其无心仕宦可见。去年渠到沪后，曾两次到港，注意之端或即在此。今年渠到苏，极欲闭门读书，而政府竟不许之，未免可惜。②

---

① 顾颉刚：《顾颉刚日记》卷六，台北联经出版事业公司 2007 年版，第 637、638、692、709 页。

② 顾颉刚：《顾颉刚日记》卷七，台北联经出版事业公司 2007 年版，第 84 页。

人如其文 贵在其实
李文实先生诞辰100周年纪念暨西北文史专题研究

顾先生与文实先生相知甚深,这里说到的"文实籍青海,不能与马家无关系……去年渠到沪后,曾两次到港,注意之端或即在此",即为文实先生被捕之原因。此外,还应该注意到,文实先生乐于助人的好性格使得他此次得祸有一定的必然性。顾先生在兰大时在给其夫人张静秋的信中提到:

> 说起得贤,他在此简直和我在苏州一样。此地的青海同乡,常围着他;回青海的人经过兰州,要访他;青海出来的人,又要访他。交际费和时间的浪费太多了,真不容易自己读书。前天,青海驻兰州办事处处长赵珑,他和太太吵架,太太一气出走,赵处长来请他协助寻觅,跑了一夜没睡觉,昨天又寻,今天又占卦,但还找不到,说不定跳了黄河了。像出了这种事情,又要拉得贤的差,就因他为人太好,肯帮人家,所以事情更多。"好人难做",如何如何![①]

"他为人太好,肯帮人家",是顾先生对文实先生的评价。《顾颉刚日记》中还载有一件事:

> 张文清,齐鲁历史系毕业,甚肯读书,以其为地主,故毕业后乡居。现在四川虽尚未土改,而要地主还清佃户押款,且加利息。渠无法得现款,李文实撙节日用寄与之。[②]

为乡居的同学还押款,"撙节日用寄与之",可知顾先生说文实先生"为人太好,肯帮人家",并非虚语。

身为青海籍,文实先生有不少同乡,其中包括一些青海军政官员,上引文中提到的其好友青海驻兰州办事处处长赵珑,在1949年马步芳出任西北军政长官时曾被委任为兰州城防警备司令。西宁解放

---

① 顾颉刚:《顾颉刚全集·顾颉刚书信集卷五·致张静秋》,中华书局2010年版,第270页。
② 顾颉刚:《顾颉刚日记》卷七,台北联经出版事业公司2007年版,第35页。

李文实先生述略
—— 以《顾颉刚日记》《顾颉刚书信集》相关记载为中心

前夕，青海的国民党军政人员仓皇外逃至香港者不少。文实先生不可能与这些人没有瓜葛，而他"为人太好，肯帮人家"的本性，决定了他的命运。

文实先生至上海两月后即赴香港一次。据《顾颉刚日记》1950年7月3日，"送李文实赴粤"①。此次赴港，可能时间较长，《顾颉刚日记》中再次出现"文实来，同饭"②的记载，是在4个月后的11月6日。半月后他再次赴港，11月22日《顾颉刚日记》记，"文实今日又赴港，送拜夫人也"③。这次赴港时间较短，12月15日《顾颉刚日记》载，"文实自港归，谈时局"。翌年4月24日《顾颉刚日记》载，"文实去年曾送某太太至港，今闻送某太太至沪之人已被捕，故彼情绪甚不安"④。"去年渠到沪后，曾两次到港，注意之端或即在此。"

两次赴港及被捕的缘由，所送"拜夫人"为何人之夫人，笔者参加青海民族大学纪念座谈会期间，曾向与会的文实先生哲嗣李维皋先生询及。据维皋先生说，其父赴港是奉王震将军之命联系在港的青海军政人员，而"拜夫人"似与外逃的兰州城防警备司令赵珑有关。而文实先生也提到，自己得以落实政策是全国政协副主席刘澜涛与国家副主席王震过问的结果。⑤ 文实先生的学生青海民族大学马成俊教授提到，被捕是青海马振武案牵连所致，先被判处无期徒刑，1967年改判为有期徒刑20年。⑥ 此外，文实先生致顾先生女公子顾潮教授信中提到："是年七月初我去香港，钱宾四师正在那里办新亚书院，问我

---

① 顾颉刚：《顾颉刚日记》卷六，台北联经出版事业公司2007年版，第654页。
② 同上书，第689页。
③ 同上书，第696页。
④ 顾颉刚：《顾颉刚日记》卷七，台北联经出版事业公司2007年版，第50页。
⑤ 参见李文实《西陲古地与羌藏文化·自序》，青海人民出版社2003年版。
⑥ 参见本书马成俊《温柔敦厚 古今文章——写在李文实先生诞辰一百周年之际》一文。马振武为马步芳外甥，国民党82军190师少将师长，率部受命赴新疆，为新疆和平解放做出过贡献，但在1951年被判处死刑，1983年平反恢复其起义将领名誉。文实先生与马振武为密友。

愿不愿留在那里……我都未考虑，一心想回沪从刚师从事羌戎文化研究。"① 这是我们目前看到的文实先生赴港及被捕缘由和他当时的想法的一些材料。当然，要搞清楚这一问题，尚需看到相关的公安档案材料。

2. 平反后的学术活动

文实先生告别了他的学术研究生涯，在青海劳改农场等地的囹圄生涯漫漫长夜中几达 30 年之久，直至 1978 年原被押国民党县团级人员获释，仍被押在香日德劳改农场。他赋诗"闻到上林花早发，春风总不到天涯"，寄予史念海先生，史先生在参加全国政协会议时将此诗转交刘澜涛副主席，这才引起了有关方面的关注。

1979 年文实先生因病保外赴西宁就医，时年他已 66 岁。在不断向法院申请平反的同时，他致信顾先生倾诉自己近 30 年的苦难经历，希望余生能够继续跟随顾先生从事学术研究工作。4 月 14 日，年已 87 岁的顾先生复以长信，云："接来书，为之怃然，你的命运太不好了，我分当为你出力。"顾先生深知文实先生的学术功底，介绍与推荐他整理补订钱海岳先生的《南明史稿》，称"做这一工作的莫如你最胜任"。期望通过完成这一学术成果，为文实先生解决生活问题，同时进一步为调其到中国社会科学院工作创造条件。② 5 月 15 日，顾先生再复信，告以整理《南明史稿》事"得中华书局开会通过"，对文实先生承担此工作寄以很高期望，称："《南明史稿》得君整理，成书不难，匪特钱家夫妇生死感戴，后世学者获见全帙，在历史学上亦不朽之盛业也。"并告以："我与刘起釪同志合作，对《尚书》一经作一彻底整理，只望我年登九十，足以实现此一志愿矣。"③ 然而，翌年年底顾先生逝世，由他介绍文实先生整理《南明史稿》一事也作罢。

---

① 参见本书顾潮《李文实先生与顾颉刚先生的交谊——纪念李文实先生百年诞辰》一文。
② 顾颉刚：《顾颉刚全集·顾颉刚书信集卷三·致李文实》，中华书局 2010 年版，第 220 页。
③ 同上。

文实先生保外就医后，尽管冤案尚未得到平反，但凭借他的学识与声望，青海民族学院（今青海民族大学）聘请他到该校任教。虽然他的冤案直至1984年才得到彻底平反，但他从1979年就已经重操旧业，开始教学与学术研究工作。直至1990年8月，他在青海民族学院汉语言文学系任教，先后承担汉语言文学系本科生中国文学史、少语系硕士研究生中国古典文学课程及辅导讲座，并编写了几十万字的《中国古典文学作品选读辅导讲话》《中国史籍举要》《诗经》《楚辞》等讲稿，特别是对西北的历史、文化、地理、风俗的考察和对青海地方史志的整理编纂做出了突出贡献。自1980年以来，他先后在《青海社会科学》《青海民族学院学报》等刊物上发表《读〈青海地方史略〉琐议》《再谈〈青海地方史略〉》《青海地方史札记》《吐谷浑族与吐谷浑国》《有关吐谷浑历史上几个问题的探讨》《西陲古地甄微》《黄河九曲新考》等著作、论文。其中，《西宁府新志与杨应琚》一文，获青海省哲学社会科学优秀成果二等奖，《西陲古地与羌藏文化》获青海省第六次哲学社会科学优秀成果一等奖。1985年获中共青海省委宣传部、统战部颁发的青海民族问题五种丛书荣誉奖，1986年被全国总工会授予"五一劳动奖章"。1990年9月退休，2004年3月8日在化隆甘都逝世，享年91岁。①

五 余论

青海为我国成立较迟的省级建制。1929年年初，国民政府析甘肃西宁道属之西宁、大通、乐都、循化、巴燕、丹噶尔、贵德等海东府县地，在此基础上成立青海省。青海偏处西北，民国时期虽为省级建制，但交通不便，与内地的联系受到阻碍，社会经济、文化教育的发展相对滞后。民国时期，青海是全国各省中没有设置大学的为数不多的省份之一。但是，民国时期青海籍的青年学生负笈东行，在内地各大学深造成才者为数不少，其中一些人供职大学，在各自的学术研究

---

① www.baike.baidu.com/view/1422563.htm，2014年10月7日阅。

领域中处于领先地位，尤其是一些学者在西北民族历史、西北地理沿革及西北民族语言方面的研究，在当时国内处于领先地位，李文实先生即其中的佼佼者。

这里还应提到兰州大学建立初期曾担任边疆语文学系系主任、教授的杨质夫先生与同时担任边疆语文学系教授的吴均先生。他们与李文实先生的遭遇基本相同，而且杨质夫先生的遭遇更为悲惨。

杨质夫（1907—1961），藏语名贤泽珠桑，青海互助县人。1924年毕业于蒙番师范后留校任教，并参加《藏汉大辞典》编纂工作，曾担任蒙藏委员会翻译，作为西藏巡礼团团员赴拉萨，拜喜饶嘉措为师，学习佛教经典。后来喜饶嘉措大师在南京、北平讲学，杨质夫先生担任翻译。抗战期间，协助喜饶嘉措组织抗日宣传团，深入青康牧区、寺院等处宣传抗日救国活动，曾受到国民政府的褒奖。抗战胜利后担任国立西宁师范学校校长，受聘兰州大学边疆语文学系。他曾参加边疆学会，深受顾颉刚先生器重。其夫人格桑雀珍（汉名冯云仙）是西康藏族，毕业于南京蒙藏学校，曾任国大代表、国民政府蒙藏委员会委员、监察院监察委员，创办青海省玉树师范学校。杨质夫先生于1950年被捕入狱，在狱中先后奉命将《中国共产党党章教程》《谁是最可爱的人》《藏汉词汇》等，以及藏族史《格萨尔王传·英雄诞生》等20多册书译为汉文，并创制了被称为新生体填补国内印刷行业空白的第一套完整的1至7号正楷、草书、黑体三种藏文字模，并提出后缀带点法、连串字方法，提高藏文排字工作效率30％以上，这些创制，推行全国，至今使用。杨质夫先生毕生致力于《藏汉大辞典》的编纂工作，入狱时将保存的两木箱《藏汉大辞典》原稿带至狱中随身保管，进行修订，去世后原稿竟不知去向。[①]

吴均（1913—2009），藏语名阿旺曲哲，青海循化人，自幼喜爱藏语文，师范毕业后进入青海隆务寺学习佛教经典数年，获得"柔艾巴"学位，精通藏语文，1948年受聘兰州大学边疆语文学系教授藏

[①] 吴均：《记藏学家杨质夫》，《西宁文史资料》1990年第9辑。

文。新中国成立后入狱，在狱中曾从事《岭·格萨尔王传》的大部分翻译工作。1977年平反后在青海民族学院、青海师范大学担任地方史、藏族史教授，培养了一批研究生，完成了《岭·格萨尔王传》《安多政教史》《察罕呼图克图衮噶嘉勒赞传》等著名藏文文献的翻译工作，发表了一系列论文，指导了一批研究生。时人评论说，吴钧先生如果"没有27年囹圄，会远远超过佐藤长"①。

行文至此，扼腕叹息。民国时期，较之他省，青海发展教育滞后，本省籍学者不多，而李文实、杨质夫、吴均诸先生在各自的专业领域中都是当时国内的佼佼者，倘若他们能终生从事各自喜爱的研究工作，其成就自当不止于此。然而，在特殊的历史背景下，他们却都在囹圄中度过了最好的年华，中断了自己的学术研究道路，这不能不使我们深深地感到遗憾。

附一 1979年顾颉刚先生致文实先生书信3通

其一

文实兄：

接来书，为之怃然。你的命运太不好了，我分当为你出力。但北京你却不能来，因为人口和房屋太紧张了，作一个临时户口，向居民委员会申请住三个月是可以的。

你已向法院申请平反，那也是住在西宁等待的好。我现在有机会为你找一个最适当的职业，即在西宁做。

江苏无锡县的史学家钱海岳在南京图书馆工作，他用了四十年的精力作了一部《南明史稿》一百二十卷，参考三千多部书，这是我久已知道的。想不到他在"文化大革命"运动中，竟为一班所谓"革命

---

① 《哀悼藏学家吴均先生——没有27年囹圄，会远远超过佐藤长》，https：//www.douban.com/note/36951894/? type＝rec。

青年"用了"尽忠明朝"的大帽子,把他押送到孝陵卫,从上推下,活活地跌死了。这是比你更不幸的一个学者!所幸的,他的书稿还保存在他的家里。他的夫人潘氏,今春来京,住在他们的女婿海军部新华社主任堵仲伟的家里。上月堵君携稿访我。我见稿中多空格,是作者预备查书填补的,须寻找一位对明清史都有研究的人才可补足付印,而做这一个工作的莫如你最胜任,所以我把你介绍给他,承他允可。关于住屋的事,他也不能为你解决,但他问你住在西宁一家开销需要多少钱,这就可以解决你的生活问题。望你把数目字开来,以便我再和他商量解决。

西宁书少,你在那里只能做第一部工序。将来第二、三部工序还得在北京、南京、上海做,因为这三地藏书多。但南明迁徙辗转,还得到福建、浙江、广东、广西各地方找去。但你在西宁做出了首一工序,而且法院方面问题解决,我即可将你的成绩送给胡乔木院长,请他给你一个社会科学院工作的身份,由你到各处跑去,搜集史料,使得这部著作达到完整的地步,那么钱海岳先生也会含笑于九泉了。

北京现有一种用电摄影的办法,价尚不贵,我想,如能把这稿复制一份,那么原稿存京,复制本归你,也可说是两便。

中华书局已出《廿四史》,又出《清史稿》,那么这部《南明史稿》由你整理完成后,该局必然是欢迎出版的。该书的稿费当然要给钱夫人多些,余下的除还堵君和我的填款外,一切给你。那时你如能在社会科学院中得一正式的工作岗位,又有这书的稿费及版税,那自不必忧虑将来的生活了。

你在苏州写的历史论文,我一篇也没有看到。想来你的家属走了之后,迁进的人家误认为一堆废纸,烧了或丢了。

我自七十五岁以后,身体不好,常常进医院。到现在,我已足了八十六岁,老年慢性病,如气管炎、心脏供血不足、糖尿病,纷至沓来,一年总有半年在医院里,你以前所来数函,大都因我住院,未即看到之故。今日为了《南明史稿》的紧急事务,所以一早起来写这封信,幸而手不颤,竟写成了。

我已迁居北京西郊三里河南沙沟七号楼二门一号。

杨质夫兄近况何如，念念。

祝你们一家好！

顾颉刚。一九七九、四、十四。①

其二

文实兄：

得四月来书，无任忻慰。《南明史稿》得君整理，成书不难，匪特钱家夫妇生死感戴，后世学者获见全帙，在历史学上亦不朽之盛业也。此事由王煦华同志一手办理，得中华书局开会通过，其详情由彼直接与兄接洽。刚在重庆，住山沟中，春寒料峭，遂得气管炎症，久久不愈，夏间尚可支持，秋风一起，体温骤高，必住医院，一住辄半年，以北京冬季太长也。今得来书，乃知君与我竟同病。此为老年慢性病，中西医药俱无突效者，只有冬间生炉较旺，乃可暂释。以此，关于此一著作如何订定实行办法，皆乞与王同志商定，其地址即我家，以刚之不能长住家中也。承嘱寄拙著，今将《昆仑与蓬莱神话之合流》一篇及《甘誓篇之校释译论》一篇奉寄，《盘庚篇》虽已登报，尚未出版。我与刘起釪同志合作，对《尚书》一经作一彻底整理，只望我年登九十，足以实现此一志愿矣。匆此，即祝安好！

颉刚敬启。一九七九、五、十五。②

其三

文实兄：

接八月廿八日函，敬悉。

承告"阊门""瓜子"等义，至感。他日此书重排，即当照改也。

《南明史稿》寄沪数月，大概因篇幅过多，进行便缓。昨得来书，

---

① 顾颉刚：《顾颉刚全集·顾颉刚书信集卷三·致李文实》，中华书局2010年版，第220页。

② 同上。

云将完成。一俟寄到,当立即付邮。此稿中有极清楚者,有改而又改,极难写定者,须劳兄善处措置也。(此稿由上海图书馆直接寄奉,可较快)

刚究以年老,气候一变,体内立即反应。近值秋分节,百骸不舒,如体温增高,恐又须住院。彼时关于《南明》一稿如有商量时,请与王煦华同志直接办理可也。

此间均好,四女顾洪已考入历史研究所作研究生,甚望我能多活数年,加以指导也。自珍在宁,其夫已死,她亦退休,有两子在大学,道远无以慰之。

匆此奉覆,即颂你们全家安好!

顾颉刚。一九七九、九、十二。①

附二 我来此会的缘由

首先此次会议很有意义。我来此会议的缘由:(1) 1947年、1948年李文实先生代理过兰州大学历史系主任,对兰大历史系发展做出了重要贡献。(2) 自己很有兴趣。兰大历史系正式成立是1946年,第一任系主任是顾颉刚先生,但并未到任,由史念海先生代任。1948年顾颉刚来兰大讲学半年。1937年顾颉刚先生曾受任兰大前身甘肃学院文史系教授,后因学潮未能上课,但他已经接受了聘书。我们在梳理顾颉刚在兰大活动的书信时,注意到李文实先生和顾颉刚先生的联系非常密切。因而李文实先生既为兰大做出了贡献,同时也和顾颉刚先生保持着密切联系。接受通知后,我在三四天内梳理了由中国台湾地区出版的顾颉刚先生的日记,日记中200多处记载顾颉刚和李文实先生的交往。我要讲的是再看顾颉刚先生日记时形成的对李文实先生的认识。顾潮女士的文中提到顾颉刚和李文实先生的初识是1937年2月在南京蒙藏学校,第二次是在成都华西坝。在华西坝有五六所学校

---

① 顾颉刚:《顾颉刚全集·顾颉刚书信集卷三·致李文实》,中华书局2010年版,第223页。

联合招生，40余来自青海的学生，欢迎会中二人再次相逢。李文实在齐鲁大学学习时，成绩是最优秀的，一些学科达到 97 分、95 分。此间顾颉刚先生发起组织中国边境协会，认为当时可用边疆人才 41 人，包括王树明、费孝通、韩儒林、李文实等。如此 41 人中多是国内外重要学术人物。这段时间，李文实先生参加了顾颉刚先生的诸多工作。李文实先生经常去重庆看望顾颉刚，并频繁地书信往来。但现在《顾颉刚全集·书信集》中仅收录了 4 封，我们可以继续搜寻二者书信，这是很有价值的工作。毕业之后，李文实回到青海，顾颉刚要求李文实去上海，顾颉刚因照顾妻儿，让文实先生代理徐州女子师范学校校长工作，后文实回到青海。20 世纪 50 年代初，顾颉刚再次邀请他去上海。李文实回到西部去兰大任教，顾颉刚返回兰州住文实家中。文实先生被判处无期徒刑，这对知识分子的打击很大。顾颉刚先生请李文实整理《南明史稿》。李文实先生文字功夫、历史功底优异，一些稿子文实先生写好后可以直接使用，这点很难得。希望青海的老师学生们，整理出李文实先生一生经历，并进行研究。不仅包括学术方面，也包括青海省的历史发展，或者是当时历史的发展，国民党政府溃败后新政权建立、政策变化等方面，从而为近代史的研究做出贡献。

作者披读台湾出版的《顾颉刚日记》，重申文实先生与顾先生的学术交往和友谊，赞誉文实先生的聪明才气、文字功夫、历史功底和对兰大历史系发展的贡献，寄望青海同志，整理研究文实先生的生平和学术。文章言简意赅、朴实无华，寄望来者、语重心长。——蒲文成

文实师与顾颉刚先生之学术交往史实钩述

张廷银*

  1987年9月,我在西北师范学院(西北师范大学前身)时之安海民学兄,以及已为青海民族学院教师之阿忠荣兄,时在青海交通学校任教之吕庆端兄,相携投考文实先生门下,开始了魏晋南北朝文学专业的三年硕士学习。先生在讲授中国文学史和训诂学等课程时,时常提到顾颉刚先生。此前虽因"古史辨派"而听闻顾颉刚先生之名,但并未十分在意。文实师多次提及顾先生,侧闻其一二点滴,尤其了解他与文实师之间有着不一般的学术交往。不过,对顾先生的学术成就以及他与文实师交往情形,依然未予关注。直至若干年后,专门学习古典文献学,并且对古代历史地理及民间文献有了越来越多的兴趣时,才开始认真地去了解顾先生,也才明白为何文实师当初屡屡提及顾先生,甚至后悔当初没有主动向文实师请教顾先生的学术思想及方法。在先师冥诞一百年之际,全面地钩述其与顾先生的学术交往情形,既是对两位先生的纪念,也算作对当年功课的一个弥补。只是,今天面对两位先生,依然感到十分心虚和惶恐,仅能将有关史料予以钩稽,并稍加理解而已。

---

* 作者单位:国家图书馆《文献》编辑部。

一 顾先生对得贤师之期许奖掖

1936年，顾先生应邀到南京讲学，适在南京蒙藏学校上学的文实师得以认识顾先生。顾先生也许觉得偏居青海的学子实在难得，文实师又颇为好学，于是，顾先生自此就对文实师之学习与研究给予较多的关注与指导，并且提出了殷切的期许。1946年12月19日蒋星煜采访"顾颉刚论现代中国史学与史学家"，蒋星煜问："你觉得中国现在有哪些优秀的青年史学家。"答：以时代划分为标准，治明清史之"齐鲁大学教授李得贤"，以区域为标准，"治西北史之齐鲁大学教授李得贤"①。1940年12月31号日记中提到"边疆工作可用人才"，即列了"李得贤（文实）"。《颉刚豫嘱》则云："我的文稿，可托史筱苏、童丕绳、李文实、谭季龙、方诗铭、黄永年及起潜叔等组织一委员会办理，但不必急于出版。"② 如此之信任和期许，可见文实师在顾先生心目中的地位。

顾先生对文实师的信任，也有具体事例。顾先生《中国边疆问题及其对策》一文即由文实师予以整理，直接刊发于《西北通讯》1947年第三、第四期。文实师附注说明："正月间我去苏州，顾先生将他以前在中央大学、中央组织部及边疆学校等处所演讲的几篇底稿交给我看，因为其内容大体上都有相通之处，所以我便遵先生嘱，将它合并起来，整理成这一篇长文，分期在本刊发表，以飨本刊读者及留心边疆问题人士，惟因顾先生事情太忙，又不常在一个地方，所以这篇文章，整理成后没有请他审阅过。如有错误或不当处，仍应由得贤负责任。三十六年四月二十日夜得贤谨识。"③ 因顾先生太忙而未请其审阅，固是一个原因，但如果没有顾先生对文实师的充分信任，文实师恐亦未敢遽然直接发表。

---

① 顾颉刚：《顾颉刚全集·宝树园文存卷二》，中华书局2010年版，第343页。
② 顾颉刚：《顾颉刚全集·宝树园文存卷六》，中华书局2010年版，第428页。
③ 顾颉刚：《顾颉刚全集·宝树园文存卷四》，中华书局2010年版，第171页。

人如其文　贵在其实
李文实先生诞辰100周年纪念暨西北文史专题研究

顾先生《青海土人》《李文实谈"阊门""瓜子"》《李文实谈"鸟鼠同穴"》三文，分别引述文实师两通书信，对文实师所提出的观点明确予以采纳。各曰：

谭季龙君来书云：……此与去年李文实君告我之言一致。文实云："现在青海的民和、乐都、互助、大通、亹源等县和甘肃的临夏、永靖等县都有'土人'，一般人谓即青海土著，或疑为土司的部民。按这种土人并无族名，其自称则为'土谷家的'（谷，读如故）或'土户家的'。'土谷''土户'实均为'吐谷浑'一音之转。其称'某家'则与今黄河'番族'的习惯相同。例如'番族'称故青海主席马麒家族及其部下为'马麒仓'，'仓'的意义就是家。浩亹河和湟水流域，以前都是吐谷浑建都所在，所以还有这一点留遗。至于他们在青海的大部分人民则以灭于吐蕃的缘故，其子孙已全为吐蕃及西藏所同化，那就是现今的西番和南番（南番在积石山南，即俄落族）。土人分布零星稀落，除在亹源、互助的差可成部落之外，其他都和汉回杂居，染了汉化，妇女们穿红裙，挂佩巾，而且裹小脚，迥和'番女'不同。他们的说话另是一种，非蒙，非藏，非汉，说不定还保存若干古代的羌语，这是要请语言学家研究的。又吐谷浑族最后迁到灵州和河东的自称为'退浑'，而唐以后的吐谷浑记载多称为'吐浑'，同是省音，恰好和'吐谷''土户'相似，这也是现今青海的土人为吐谷浑遗裔的一个旁证。"一般人以土人语言近乎蒙语，即谓其为蒙语。文实乃言其"非蒙"，可与季龙说相证成。①

一九七九年八月，李文实君自西宁来书云：顷读《史林杂识》，如闻謦欬。"阊门"一词，或谓取义于黑，似非其解；求之

---

① 顾颉刚：《顾颉刚全集·顾颉刚读书笔记卷五·青海土人》，中华书局2010年版，第4—6页。

藏语，亦无当者。窃以"阇"字一本既作"闬"，则"闬"别有"垣"意，边墙为"垣"，其门为"闬"，于义差通。青海境内，西迄海南，东连洮、岷，亦多边墙遗迹。昔尝过大通及湟中县上五庄，俱有所谓阇门，皆在边墙之间通道。大通之阇门，沿老爷山而北，边墙至今犹在，凡隔数十丈有墩台，盖备瞭望。而在峡谷处留一仅容车马之道以利行人，是为阇门。大通之阇门即在阇门峡（今改南门峡），今已无门，火车道由此通过。湟中之阇门在上五庄之东，即大通边墙之南延者，昔过其处则尚有门如甬道，上有拱，较诸城门为低小，只作洞状而实无门，盖由是故称之为"阇"以区别于城门，兼以其有拱而无门栅，故以"阇"称之，示其有门之用也。未识尊意以为当否？在民和县近黄河处亦有"上阇门""下阇门"两地，相去不远而均在两山夹道之中，既便通行，又宜守候。又尊著《瓜州》一篇，由俗谚"瓜子"，考求得"瓜州之戎"之居地及其后裔，实为一大发现。今陕、甘、青一带称痴呆不解事者为"咒世"（有音无义）而不称"傻瓜"，"傻瓜"则为外来语。其称"瓜子"则有二义：一谓其人诚悫似愚，一谓憨厚而戆。人之备此二特征者始称为"瓜子"。此似与今陕南称"瓜子"之义相符。然此为后人缘瓜子为人诚悫之特征而以"傻瓜"相混同，则犹非其得名之初义也。瓜子为瓜州戎族之遗名，则尊说为不可移。①

一九七九、四、二〇，李文实君来书云：吾师昔年西游笔记中忆有《鸟鼠同穴》一条。前岁在柴达木山中牧羊，偶而亲有发现。盖高原地区植被稀少，兼多风沙，鸟类艰于作窠，遂多因地借栖于鼠洞，乃生态环境使之然也。其鼠洞为直洞，较深邃；鸟洞则在洞口附近，为偏洞，甚小。鼠与鸟同在一洞进出，互不相妨。据生物学谈，同穴之鼠为达乌里亚鼠兔，其鸟则为白腰雪

---

① 顾颉刚：《顾颉刚全集·顾颉刚读书笔记卷十四·李文实谈"阇门""瓜子"》，中华书局2010年版，第276页。

雀、棕头雪雀、黑喉雪雀，间亦有褐背地鸦，均为小鸟，视其毛色为名，俱荒漠寒雀也。西倾与柴达木在地理上均在积石山区，物候大抵相同耳。①

顾先生1950年5月23号日记又记："到海光，将文实所补大小金川节写入《羌戎》文，又添千字。"②

可见，顾先生不仅仅视文实师为学生和助手，亦是十分重要的同道和学友。然而，十分不幸的是，文实师正当学术研究之青春期，竟被诬入狱，蹉跎三十年，痛失进入学界上流之绝佳机会，顾颉刚先生之殷切期望亦无由实现。这是中国学术之莫大悲哀！

然而，即使如此，顾先生仍没有放弃对文实师的关注与鼓励。在文实师冤案尚未昭雪、因病回西宁治疗时期，顾先生听到了文实师的消息及境况，即复信一面予以宽慰，一面给他提出了一个很具体的学术任务：

> 江苏无锡县的史学家钱海岳在南京图书馆工作，他用了四十年的精力作了一部《南明史稿》一百二十卷，参考三千多部书，这是我久已知道的。想不到他在"文化大革命"运动中，竟为一班所谓"革命青年"用了"尽忠明朝"的大帽子，把他押送到孝陵卫，从上推下，活活地跌死了。这是比你更不幸的一个学者！所幸的，他的书稿还保存在他的家里。他的夫人潘氏，今春来京，住在他们的女婿海军部新华社主任堵仲伟的家里。上月堵君携稿访我。我见稿中多空格，是作者预备查书填补的，须寻找一位对明清史都有研究的人才可补足付印，而做这一个工作的莫如你最胜任，所以我把你介绍给他，承他允可。关于住屋的事，他

---

① 顾颉刚：《顾颉刚全集·顾颉刚读书笔记卷十四·李文实谈"鸟鼠同穴"》，中华书局2010年版，第382页。

② 本文中所引顾颉刚先生日记之内容，均出自《顾颉刚全集·顾颉刚日记》（中华书局2010年版），后不赘述。

也不能为你解决，但他问你住在西宁一家开销需要多少钱，这就可以解决你的生活问题。望你把数目字开来，以便我再和他商量解决。西宁书少，你在那里只能做第一部工序。将来第二、三部工序还得在北京、南京、上海做，因为这三地藏书多。但南明迁徙辗转，还得到福建、浙江、广东、广西各地方找去。但你在西宁做出了首一工序，而且法院方面问题解决，我即可将你的成绩送给胡乔木院长，请他给你一个社会科学院工作的身份，由你到各处跑去，搜集史料，使得这部著作达到完整的地步，那么钱海岳先生也会含笑于九原了。北京现有一种用电摄影的办法，价尚不贵，我想，如能把这稿复制一份，那么原稿存京，复制本归你，也可说是两便。中华书局已出《廿四史》，又出《清史稿》，那么这部《南明史稿》由你整理完成后，该局必然是欢迎出版的。该书的稿费当然要给钱夫人多些，余下的除还堵君和我的填款外，一切给你。那时你如能在社会科学院中得一正式的工作岗位，又有这书的稿费及版税，那自不必忧虑将来的生活了。(1979年4月14日)①

文实兄：得四月来书，无任欣慰。《南明史稿》得君整理，成书不难，匪特钱家夫妇生死感戴，后世学者获见全帙，在历史学上亦不朽之盛业也。此事由王煦华同志一手办理，得中华书局开会通过，其详情由彼直接与兄接洽。……以此，关于此一著作如何订定实行办法，皆乞与王同志商定，其地址即我家，以刚之不能长住家中也。(1979年5月15日)②

《南明史稿》寄沪数月，大概因篇幅过多，进行便缓。昨得来书，云将完成。一俟寄到，当立即付邮。此稿中有极清楚者，有改而又改，极难写定者，须劳兄善为措置也。(此稿由上海图书馆直接寄奉，可较快)……彼时关于《南明》一稿如有商量

---

① 顾颉刚：《顾颉刚全集·顾颉刚书信集卷三·致李文实》，中华书局2010年版，第220页。
② 同上。

时，请与王煦华同志直接办理可也。（1979年9月12日）①

从顾先生给文实师的几封信中可以看出，整理《南明史稿》不仅是顾先生的心愿之一，也是他自认为可以给文实师找到新的学术起点的机会。无奈因为当时西宁的书籍实在太少，文实师终无法进行此项工作，再次失去了进入学术主流之佳机。如果说，文实师因遭诬蔑而丧失学术研究机会，是历史的悲哀，这次因当地书籍资料之匮乏而无法进行学术研究，则无疑是地方文化发展严重落后之恶果。不知当时文实师心里是什么感受呢？恐怕在无奈之中还有许多的愧疚和郁闷。

学术资料之不足，的确给身处青海包括西宁的学者们带来了不少的困惑和遗憾。记得1996年我到北京师范大学读博士期间，文实师让我帮他寻找傅斯年《夷夏东西说》一文，这篇文章在傅斯年的各种集子及其他刊物中，都很容易找到，但在当时的西宁则很难查求。2004年春节，我回到西宁。得知文实师重病住院，我立即赶往省第二人民医院探视。其时，先生说话时口齿已经十分模糊，几次贴近谛听，大致听出来是"钱玄同文集"几字，我立即写出来给先生看，他点头表示肯定。我立刻让在北京的朋友去购买。但这书1999年出版，印数不多，北京各大书店早已售罄。恰好这位朋友认识钱玄同先生家人，于是就通过他们找到北京图书大厦的经理，让他想办法找到了一套，并马上快寄到西宁。我离开西宁时再去医院探视文实师，他更加虚弱，连眼睛都不愿睁开。询问家人，书尚未到，我告诉家人书一寄到，就请马上告诉先生。之后回到北京，因不便打扰，即未再联系。大概又过了一个多月，先生即归道山。想先生应该知道此书已经寄到，但估计他没能翻看。《钱玄同文集》虽然是先生临终才提到的一部书，但肯定在此之前就很想阅读。又是地域之偏远与文化之滞后，让他留下了永远的遗憾。

---

① 顾颉刚：《顾颉刚全集·顾颉刚书信集卷三·致李文实》，中华书局2010年版，第223页。

二 文实师与顾先生交往之密切

　　文实师与顾颉刚先生之交往情形,在顾先生日记中多有反映,仅据《顾颉刚日记》粗略统计,从1937年10月30日,讫1979年9月12日,顾颉刚先生在日记中明确提到文实师的,即达253处之多。其中最多的是与文实师之相互来往,其次则写信给文实师,以及为文实师审定、修改论文。顾先生与文实师的相与往来,有些记载了缘由和当时的情形,如1937年10月30日记:"李得贤来谈青海政学界情形。"1941年9月17号记:"今晨送行者……李得贤。"1943年2月12号记:"与得贤、克宽同到陈叔谅处访宾四。"1946年11月1号记:"李得贤自青海来,谈,留宿。"1948年7月17号记:"与文实同到凯士林,开边疆学会甘肃分会第一次理监事联席会议,会散聚餐。"1948年9月20号记:"与得贤同取新制衣,更定制大衣一件。"大多情况下,则只记"文实来"或"得贤来",以及同赴某处共饭、贤信。但可以想见,以顾先生之学习和生活情况,估计应以谈学术和时事者多,是真正的学术交往,而绝少一般的闲聊谈天。因此,他们的交往也可以说是君子之交,是真情与诚心之相与呈达。文实师作为学生晚辈,自然对顾先生极尽崇敬与照顾,1948年11月5号:"与文实夫人到共和路制皮衣,买棉鞋。"12月20号:"予近日痰嗽颇甚,文实送蒸梨来。"12月6号:"到文实家赴宴。"当时顾先生正在西宁考察,文实师及其一家对顾先生的身体和生活给予了非常细致的照顾。顾先生对弟子辈的文实师及其家人亦十分关怀,1948年7月8号就记:"视得贤疾。"1948年7月30号记:"到得贤家视其婴儿。"1951年1月28号记:"与静秋到文实处送物。"1951年2月7号记:"得贤夫妇子女来,留饭。"似乎可以看出,顾先生与文实师之关系已经超过了一般的师生关系,情同父子。

　　尤其令人悲酸和感动的是文实师被诬遭拘前后,顾先生的惦念与关切。在1951年1月1号日记中,顾先生就写道:"文实言,青海来人谈，凡前曾任公职者悉遭逮捕。兰州又枪决人甚多。两年中宽严顿异。"这已经让人感觉到政治空气中所弥漫的一股紧张气氛。4月24号则记："文实去年曾送某太太至港，今闻送某太太至沪之人已被捕，故彼情绪甚不安，又离家度流浪生涯矣。生于此世，真成侧足而立，奈何！"顾先生似乎已经预感到祸难正向文实师逼近，但他除了徒唤奈何，毫无办法。5月3号写："到文实处，亦不见。……文实为在苏州买段氏《说文》一部，《音学五书》一部，木刻本，二十八册，二万九千元。苏州的旧书太便宜了。往访文实，门房竟一口咬定不住此，遂未得晤，连方君也未见，可见其避人之甚。"连顾先生都不得晤见，可见文实师此时处境之艰难与内心之忧惧。此后，5月26号、5月27号两天，文实师还连续到顾先生处，6月21号、6月28号和7月5号，顾先生也先后给文实师写信，但除了7月5号"得文实信，似杨质夫君已不在人世，此真西北人才一大损失也"，我们至今也不知文实师见到顾先生都谈了什么，顾先生给他写信又有何事，但可以想见他们彼此的心情都不会特别轻松。也许他们都已经预感到一场政治阴谋将要让他们长久分离。到了7月10号，顾先生便看到了这样的不愿看到的情况："今日一归家，则吴大姐即摇手，不令入室，询之则李文实于六日上午赴观前时为公安局捕去，且派有警士二人在家监视李太太及崔冷秋也。予本欲不进，而出门时警士适当门，恐不进反为所疑，故即进与之谈。渠谓政府注意文实已年余，今证据确实，故捕之也。文实籍青海，不能与马家无关系，然齐大毕业后马步芳令其任教厅长而不为，宁为徐女师及兰大教员，其无心仕宦可见。去年渠到沪后，曾两次到港，注意之端或即在此。今年渠到苏，极欲闭门读书，而政府竟不许之，未免可惜。予苏沪两宅均有被捕之人，自分必为人所注意矣！"在当时的政治环境下，对文实师的不幸遭遇，顾先生的确毫无所措，但他依然认定文实师是一个立志向学之士，无限的惜怜流向心头。在文实师出事后，顾先生又于9月18号"嘱诗铭（按即方诗铭先生）返苏往看李文实夫人"，继续关心文实师之家人，但当他听说方诗铭先生并未去看文实师家人，即十分气愤，直斥其为

"无肩膀"。之后，1952年3月22号，顾先生接到消息得知文实师之夫人来到上海，即马上回来，"与李文实夫人谈"。5月30号和10月29号，又先后给文实师夫人写信。顾先生与文实师夫人的谈话以及写信的内容今天虽不得而知，以理推之，则必当无限地关切与宽慰！

三　顾先生对文实师人品之肯定

顾先生与文实师如此频繁密切之交往，一方面由于他们对学术之执着孜求，另一方面则出于顾先生对文实师为人之信任与肯定。而且，不仅顾先生本人对文实师十分信任，顾先生之家人也非常倚重文实师。1946年10月30号记："得李得贤书，知已到沪，不日来苏转徐，静秋（按即顾先生夫人）闻之喜。甚望因彼之来，使静秋得轻其责任也。"听说文实师将赴徐州，时正主持徐州女子师范的顾先生夫人非常高兴，因为文实师正可以替她分担很多矣。

《顾颉刚与李文实的师生交谊与学术传承》一文，据有关资料，指出了顾颉刚先生爱徒中一些令人遗憾的现象，如"始于爱而终于离"的何定生，曾对恩师给予"过情之打击"的童书业、杨向奎，因学术理念与人生志趣与老师交谊甚淡的谭其骧等不同，对于这些学术先辈们之间的学术交锋和人际恩怨，我们无权分析评判。但学者也如常人一样，无论学问多大，总会有其人品、性格之各异处，甚至难以让人苟同。不过，由于历史的原因，文实师虽然最终也没能成为学界名宿，但他的修性品格则始终是令人景仰的，这在顾先生的眼里也是如此。如1951年3月23号日记写道："张文清，齐鲁历史系毕业，甚肯读书，以其为地主，故毕业后乡居。现在四川虽尚未土改，而要地主还清佃户押款，且加利息。渠无法得现款，李文实撙节日用寄与之。"这似乎只是一件简单的同学间互助，但我们读了顾先生日记中写的另外一件事，就明白这其中包含很明显的褒赞之意。1951年9月18号："嘱诗铭返苏往看李文实夫人，今日问之，乃竟未往，此人之无肩膀如此。闻渠尚借文实款也。"1952年3月23号："李文实夫人还苏。……诗铭来我家,谓借文实款,已因其为反革命分子,缴与公家。不知文实夫人回乡有困难否?政府惩治'反革命',尚留家属生活费,今文实夫人将返青生产,乃竟不与路费乎!"在这天的日记中,顾先生还附记了方诗铭给他的信函:"颉师尊鉴:赐书谨悉,今日生趋谒不晤,容再请安。《从猿到人》说明书即可写毕呈正。李得贤为反革命分子,生前向渠所借之50万元,已在三反运动中坦白,并且缴还公家(因贪污中有'隐匿敌产'一项规定)。专肃,谨候尊安。生诗铭谨留。三、廿三。"同样是面对同道落难,文实师撙节日用而济之,方诗铭先生则以与敌人切割态度远离之,无怪乎顾先生视其为"无肩膀"。顾先生对方诗铭先生之严厉批评,反过来就是对文实师之爱惜与赞颂。

从1987年投奔文实师门下以来,先生高尚人格所留给我的印象以及所施与我的影响,愈来愈深刻,愈来愈久远。凡与先生熟知或对先生有所闻说的人,在赞颂先生深厚学术功底的同时,更钦仰他崇高的人品。文实师虽然失去了很多学术创获的机会,但他却收获了罕见的人格境界。这是他留给我们一笔非常珍贵的精神财富,我们应该努力继承并发扬光大!

作者钩述文实先生与顾颉刚先生的学术交往史,追述顾先生对文实先生才华的奖掖和人品的肯定,引用相关书信文章,反映二人的密切交往和文实先生敏锐创新的学术思想。文章资料丰富、说理有据,结构清晰、表述清楚,字里行间充满了对师长的仰慕和尊敬。——蒲文成

温柔敦厚　古今文章
——写在李文实先生诞辰一百周年之际

马成俊[*]

李文实先生虽然离开我们已经快十年了，但是他的为人和治学精神一直影响着我们后学。今天，值文实先生百年诞辰之际，写下一些记忆中的往事，以作纪念。

一　学界名人字画，彰显人格魅力

在李文实先生的客厅里，悬挂着三幅字画：一幅是叶圣陶先生赠送的，一幅是顾颉刚先生赠送的，还有一幅是我们几个八一级学生赠送的。

1994年2月21日，正值李文实先生八十大寿，我和谷晓恒、马均、程凯、张廷银、安海明、阿忠荣、卢海英等几位同学订制了一个硕大的蛋糕，前往李文实先生家里，为他祝寿。事前，我们请著名书法家李海观先生专门写了一幅字，是"温柔敦厚　古今文章"，总共八个字，但是内涵非常丰富，其中前四字是对先生的崇高品德和人格魅力的概括，后面四个字则是对其锦绣文章和鸿篇巨制的总结。著名作家叶圣陶先生是用篆书写的"德不孤必有邻"六个字，我们的八个字实际上是叶圣陶先生对李文实高尚品德评价的延伸。另一个条幅，是著名历史学家、古史辨派的领军人物顾颉刚先生赠送的一首五律，

---

[*]　作者单位：青海民族大学。

是草体，从内容上看，好像是文实先生离别时顾先生赠送的，"万里风来地，清江北望楼；云通梁苑路，月带楚城秋；刺字从漫灭，归途尚阻修；前程更烟水，吾道岂淹留"，呈现出顾颉刚先生和李文实先生之间深厚的师生情谊。在著名史学家史念海先生给《西陲古地与羌藏文化》写的序言中，史先生提到了顾颉刚对李先生的器重："在未识文实先生之时，已数闻颉刚先生道及。颉刚先生门下学侣辈出，颉刚先生独多称道文实先生，已知其不凡。"由此可见，顾先生对文实先生的绵绵情谊和殷殷期待。叶圣陶和顾颉刚这两幅字画尽管没有标明时间，但是可以推测得出来，都是二十世纪三四十年代的真迹。相比之下，我们几位学生赠送的就逊色得多了，唯一可以欣慰的是我们求得了著名书法家李海观先生的笔墨。尽管如此，三幅字画挂在李先生客厅的墙上，相得益彰，也足见文实先生对这三幅字画的珍视。

二 授课内容精深，诲人从不怠慢

先生少时，曾受教于家乡化隆甘都的私塾和同仁小学，从小就打下了良好的国学基础，继而进入西宁蒙藏师范附小和回民中学担任教师。1940年，在成都金陵大学就读，1941年转入成都齐鲁大学。1945年年底，正式参加工作，先后担任北碚修志馆编辑（1945年12月—1956年5月）、江苏徐州女子师范教务主任（1946年9月—1947年8月）、兰州大学出版部主任、历史系讲师、副教授、代系主任（1947年8月—1949年9月）；1950年5月，任上海诚明文学院中文系教授，1951年7月被捕入狱，直至1971年刑满释放并就业，在新生印刷厂工作。曾著有《建文伪史辨证》《清代传记文选注》《左宝贵传》等，中国科学院委托编撰的《南明史稿》，终因先生精力有限未能完成，实为遗憾。在这期间，先生还担任南京《新青海社》编辑，《西北通讯》月刊社社长、副主任委员（马振武为主任委员）、兰州《和平日报》副刊《西北边疆》编辑，同时加入顾颉刚先生领衔的"中国边疆学会"。而在服刑期间，这些学术组织全部成了"伪组织"

温柔敦厚 古今文章
——写在李文实先生诞辰一百周年之际

或"反动组织",尽管所发表的文章都是学术文章,偏重于西北地理历史方面,在那个时代,却是百口莫辩。

1981年11月,先生受聘在青海民族学院中文系工作,1985年4月5日,恢复了先生的教授职称,直到退休。在这期间,先生除了给中文系本科生授课以外,还招收了硕士研究生,授课任务逐年增加。

我们几位都是李先生的学生,1982年大二时都曾聆听过李先生的课,李先生给我们开的课程是"《诗经》与《楚辞》比较研究"。按照当时中文系的课程设置,古代文学史分为先秦、魏晋南北朝、唐宋、元明清四个阶段,分别由四位老师接力上课,而李先生这门课显然是一门专题性很强的课程,打破了历年四阶段分别讲授的习惯,增加了带有专题性质的课程,由此也可以想见,当年中文系领导的魄力。唯其专题,才能够深入讲解,也才能显示讲授者深厚的学问。这门课虽然只开了一学期,但是印象极深。首先让我们钦服的是李先生惊人的记忆力,他在授课时几乎不看作品选(当时有古代文学史和作品选两种教材),《诗经》和《楚辞》所有内容都装在脑子里,讲到哪儿,吟诵到哪儿,令同学们心服口服。其次,他在吟诵这些古老的诗歌时,语气中带有很浓厚的青海方言味儿,并且节奏较慢,十分好听,"关关雎鸠,在河之洲"(《国风·周南·关雎》),"爱而不见,搔首踟蹰"(《诗经·邶风·静女》),"嘤嘤其鸣,求其友声"(《诗经·小雅·伐木》)。那些远古的诗歌由先生娓娓道来,至今想起来犹在耳边回响。再次,在讲授这些内容时,先生完全脱离教材中的阐释。比如讲到《诗经》,他引申出孔子所删之诗,讲到孔子对《诗经》的曲解甚至误解。以《关雎》为例,孔子以为是"美后妃之德",这显然与爱情诗无缘,是一种误解。甚至由此引申到孔子对于"黄帝四面""黄帝三百年"等历史传说问题的研究,让我们耳目一新。李先生讲课常常是引经据典,纵横捭阖,开阔了我们的视野。在讲《楚辞》的时候,讲到屈原的冤屈,不免让老人家想起自己曾经受到的不公正待遇,在黑板上经常抄录自己曾经写过的诗。因为莫须有的罪名在监狱生活了近30年的他,在国家两次释放国民党团级以上干部时,都没有获释,让他感到很失望。他在 1978 年写给著名史学家史念海先生的信中写了一首诗，其中有这样两句："闻到上林华发早，春风总不到天涯"，以抒发自己心中的郁闷和烦恼。史先生在参加全国政协会议时将这首诗交给了时任副主席的刘澜涛，刘澜涛向青海省委专函催讯，而省公安厅则以正在审查为由敷衍塞责，未予办理。李先生看到刘副主席追问仍无着落，便又写信给国家副主席王震，王震副主席亲自过问并证明先生在解放初的身份和所做的贡献，最终才得以无罪释放。

事情的经过是这样的，国民党第 82 军 190 师少将师长马振武驻守在海晏县，李先生与马振武、马绍武、骑五军军长马呈祥及 82 军军长马继援是好朋友。新中国成立前夕，李先生审时度势，亲自前往海晏县说服马振武投诚，马氏听从李先生的建议，先生帮助马氏撰写起义通电，于 1949 年 9 月 8 日起义投诚，促成了 190 师的起义。马氏起义后，王震将军让马振武到新疆说服骑五军军长马呈祥起义，马振武与马呈祥关系密切，曾担任骑五军暂编 1 师师长。在马呈祥左右为难、难下决心之际，李先生为新疆的和平解放发挥了重要作用。但是，天有不测风云，这些事情在 1951 年 7 月，却成了"反革命罪"，马振武被判处死刑，缓期两年执行，结果在狱中病故。李先生受到马振武案件株连，于 1955 年被西宁市人民法院以"反革命罪"判处无期徒刑。后因事实不清，证据不足，于 1967 年 12 月改判为有期徒刑 20 年。1984 年 6 月，才正式宣告无罪。1951 年被捕时，李先生在上海诚明文学院任教授，从此以后，开始了长达 20 多年的冤狱生活。在这期间，先生不断上诉，却不断被搪塞和驳回，这不能不让先生感到失望，所以也就有了上述诗歌中呈现出的无奈与悲叹。

最后，先生学问深广，但从不孤傲，十分平易近人，只要有问题请教于他，总是会让你满意而归。记得有一次，我在讲授民间文学的"花儿"一章时，对别人所写"花儿"文章中的音律有所疑惑，我去向先生请教，他在家里就古代的五音和七音变化规律，足足给我上了一堂课。我以为已经讲得很透彻了，却不料过了一周后，先生叫我去他家里,他拿出写得工工整整的手稿给我,我一看题目是"古代的五音和七音"。他说:"我怕你记不清楚,查了些资料,回去好好看看,你就明白了。"这让我异常感动。还有一次,我问先生如何才能学好古代文学?他说:"学好古代文学别无他法,需要下硬功夫,最好是背诵一百首诗歌、一百首词,再加上一百篇散文,烂熟于心,这样就差不多了。还有一个方法,就是从近代开始,往上回溯,这样理解起来比较容易,学起来也就比较顺当。"至今,这些教诲犹在耳边回响。遗憾的是,由于工作需要,我没能从事古典文学的教学与研究。他对后学总是给予很大的帮助。反过来,先生做学问也从来都是认真探求,他尽管通晓藏语文,但对自己不甚了解的问题,从不妄下结论。他曾多次告诉我说,他在对西陲地理和宗教文化进行研究时,也经常会遇到一些问题。每到这个时候,就求教于青海民族学院少语系的王青山教授和著名藏学家吴均先生,他们两位教授都是藏学专家,尤其精通藏语文,他说他们两人对他的西北历史地理研究帮助很大。

三 秉承大师学风,留存千古文章

学术研究的最终目的,是为国家战略和社会发展服务,历史学也不例外。文实先生青年时期,写了不少西北历史地理和文学方面的文章,中年时期蒙冤劳教,无法从事正常的学术活动,待到青海民族学院工作后又捡起旧学,重新投入历史地理研究。综观先生著作,一是谨承乃师治学精髓,融入所论所思之中。在文实先生的文中,隐藏在地理考证的大量文献之下,有一个最为明显的主题,即为维护国家的统一和民族的团结鼓与呼。这也是秉承了乃师顾颉刚先生的学术精神的。早在1939年2月,中国人民抗日战争最为艰难的时刻,也是在中国面临亡国灭种的危险时刻,国内政界和学术界在对日态度问题上出现了一些不同的观点,顾先生在《益世报·边疆周刊》上发表了题为《中华民族是一个》①的文章，在学术界产生了很大的反响，后来在《中央日报》《东南日报》《西北通讯》上连续转载。对顾先生的文章，一部分学者表示赞同，也有一部分学者则提出不应该以中华民族的概念掩盖各民族的不同点，其中，刚刚从英国学成归来的费孝通是主要争论者之一，他写了一篇《关于民族问题的讨论》②表示质疑，顾先生对这个年轻气盛的学者的观点毫不客气，接连发表多篇文章予以回击。费孝通此后再也没有写有关的文章。直到1989年他经过深入研究中国历史，探索民族演变规律后，才提出了"中华民族多元一体格局"的理论，反思他在1939年的争论。在1993年顾颉刚先生诞辰一百周年纪念会上，他在《顾颉刚先生百年祭》一文章中写道：

> 那是一九三九年的事，当时我匆匆忙忙从英国回来，决心和同胞们共赴国难。到了昆明看到顾先生在二月二十九日《益世报》的《边疆》副刊上发表了一篇《中华民族是一个》的大文。他的意思是"五大民族"一词是中国人自己作茧自缚，授帝国主义者以分裂我国的借口，所以我们应当正名，中华民族只能有一个，在中华民族之内我们绝不再分析出什么民族。并且着重说："从今以后大家应当留神使用这'民族'二字。"我看了这篇文章就有不同意见，认为事实上中国境内不仅有五大民族，而且还有许多人数较少的民族。我在出国前调查过的广西大瑶山，就有瑶族，而瑶族里还分出各种瑶人。不称他们为民族，称他们什么呢？我并没有去推敲顾先生为什么要那样大声疾呼中华民族只有一个。我就给顾先生写了一封信表示异议。这封信在该年五月一日《益世报》的《边疆》副刊上公开刊出了，题目是《关于民族问题的讨论》，接着顾先生五月八日和二十九日撰文《续论中华民族是一个，答费孝通先生》。长篇大论，意重词严。这样的学

---

① 刘梦溪主编：《中国现代学术经典——顾颉刚卷》，河北教育出版社1996年版，第773—785页。
② 费孝通：《关于民族问题的讨论》，《益世报·边疆周刊》1939年第19期。

温柔敦厚 古今文章
——写在李文实先生诞辰一百周年之际

术辩论在当时是不足为怪的。后来我明白了顾先生是激于爱国热情,针对当时日本帝国主义在东北成立"满洲国",又在内蒙古煽动分裂,所以义愤填膺,极力反对利用"民族"来分裂我国的侵略行为。他的政治立场我是完全拥护的。虽则我还是不同意他的承认满、蒙为民族是作茧自缚或是授人以柄,成了引起帝国主义分裂我国的原因;而且认为只要不承认有这些"民族"就可以不致引狼入室。借口不是原因,卸下把柄不会使人不能动刀。但是,这种牵涉到政治的辩论对当时的形势并不有利,所以我没有再写文章辩论下去。

其实从学术观点上说,顾先生是触及"民族"这个概念问题的。我们不应该简单地抄袭西方现存的概念来讲中国的事实。民族是属于历史范畴的概念。中国民族的实质取决于中国悠久的历史,如果硬套西方有关民族的概念,很多地方就不能自圆其说。顾先生其实在他的历史研究中已经接触到这个困难。他既要保留西方"民族国家"的概念,一旦承认了中华民族就不能同时承认在中华民族之内还可以同时存在组成这共同体的许多部分,并且也称之为民族了。(1993年8月10日)[①]

从这段文字中,一方面可以看出费先生对当年那一段学术争论的深刻反思;另一方面,也呈现了费老对这个问题长达半个多世纪的思考,最终吸收顾先生的观点并加以发挥,提出了"中华民族多元一体格局"的理论。此外,也可见出顾先生作为一名正直的知识分子,在国难当头时期的良知。文实先生继承了顾颉刚的学术思想,在他的文章中,一直贯穿着中华民族统一的思想脉络。

在史念海先生给李先生《西陲古地与羌藏文化》一书写的序文中,有这么一段文字:"颉刚先生教人,每因其特性,为订从事有关课题。文实先生籍隶河湟之间,命其钻研西陲,故其所撰文,亦以此

[①] 费孝通:《顾颉刚先生百年祭》,《读书》1993年第11期。

方面为多。"① "颉刚先生这样嘱咐安排，盖有深意。西陲距内地虽稍辽远，然自汉唐以来皆已久隶版图。……近百年来，能亲履其地，并能撰述成篇，为世人所称道者，不过黄文弼等数人而已。其间外籍人士却纷至沓来，率皆以其所得，捆载而去，并以之发为论著，国人乃为之迻译，作为考核西陲地理的蓝本。仿佛秦庭无人，致使绕朝不能不为之赠策，壮其行色。"② "文实先生生长于河湟之间……既能通晓一些民族的语言文字，对于钻研西陲古地实有其莫大的方便，以不同文字的对音阐释地理的方法，很早已为学人所运用，并非文实先生所新创，然文实先生所得殊为不少，这是应该称道的。"③ 最后，史先生还写道："文实先生这部大著是受顾颉刚先生之命撰写的，颉刚先生仙游已久，不克展卷评阅。如颉刚先生长寿至今，文实先生大著是会受到特殊称道的。"④ 的确，诚如史先生所言，我每每在阅读先生的文章时，深感学力不逮，其中尤其是对某一地名地望的考证方面，考古资料、历史文献、汉语方言、民族语言等，信手拈来，皆成文章，真可谓纵横捭阖。20世纪80年代至90年代，青海地方史研究随着各种方志的出版，在学术界非常活跃。那时，先生还帮助省地方志办公室，西宁市方志办，乐都县、循化县、化隆县、民和县、平安县、门源县、祁连县、湟源县、湟中县等州县方志办校订方志，为完成青海地方志的撰写工作做出了重要贡献。

二是专攻西陲古地，求真求实求精。李先生在教学的同时，还撰写了一大批有关甘肃、青海等西北地区地理地望方面的考证文章，这些文章大多收编于《西陲古地与羌藏文化》一书。纵览这些论文，先生对中国古代神话中的人物、地名和故事进行了独特的研究，得出了与前人不同的结论，在中国边疆历史学界产生了很大的学术影响。他

---

① 李文实：《西陲古地与羌藏文化·史念海先生序》，青海人民出版社2001年版，第1页。
② 同上。
③ 同上。
④ 同上。

温柔敦厚　古今文章
――写在李文实先生诞辰一百周年之际

充分运用古代文献和民族语言学的知识，论证严密，篇篇能够自圆其说。他的研究理路和研究方法，秉承了自郑樵、姚际恒、崔述、康有为、胡适、钱玄同、王国维、罗振玉等历史学家以来的疑古传统，特别是深受乃师顾颉刚先生古史辨派的学术研究风格的影响，弥补了西北史地研究的许多空白，发前人之所未发，开创了一条崭新的学术研究路径。

先生自小生活于甘都镇，那里汉、藏、回、撒拉等几个民族混居，所以他很小就掌握了藏语和撒拉语。成年以后即远赴各地求学任职，很少有机会回到家乡。但是，先生还是留下了数篇有关家乡民族历史文化的文章。先生对撒拉族的历史与文化极为熟悉，他在《西陲古地与羌藏文化》一书的自序中讲道："这里（按指化隆甘都）自元初开始，即由移民撒拉族屯居。原居藏民，则已多移往今海南州共和、贵南地区。……当时移民屯垦，其分垦区都称工，如分在今循化地带的有八工，而分在化隆地带的有五工，当地习称撒拉八工外五工。我家所在的甘都工，即外五工之一。外五工中除仅有三个村操撒拉语外，其余不仅地名仍存藏语旧称，而语言也习用藏语。因此上、下牌的汉族和回族，也大都会藏语。"从这一段描述中，我们不仅能够详知当地多民族混杂居住及其相互关系，而且也明白了撒拉族的基层社会组织"工"的情况。尤为重要的是，先生对"工"这种社会组织提出了新解。早在1938年，顾颉刚先生到西宁、兰州、临夏等地考察，但由于路途艰险，无缘得去化隆、循化实地考察，尽管如此，他还是抽空写了一篇题为《撒拉回》的文章，文中根据他的理解对撒拉族的社会组织"工"进行了探讨，他在文中写道："他们为什么称所住的地方为工？依我想来，恐是沟的转音或简写。"[1] 1948年，文实先生撰文，也对撒拉族的社会组织"工"作了解释，他写道："所谓工，据云即地方之意。盖每工恒包括村庄二三、五六不等，故不称

---

[1]　顾颉刚：《撒拉回》，原载《西北通讯》1947年第一卷第十期，转引自马成俊、马伟主编《百年撒拉族研究文集》，青海人民族出版社2004年版，第10页。

村而沿用其原语称工也。八工之中，以街子工最有势力，明末清初间汉撒番之械斗，多发动于街子工，余七工惟其马首是瞻焉。"[1] 20世纪90年代，应撒拉族研究会的约请，先生提交了一篇名为《撒拉八工外五工》[2]的文章，文中对其旧说又作了进一步的阐发。他收集了大量藏语中有关"工"音的地名，进行比较研究，认为撒拉族社会中的"工"可能是藏语的留存，意为"沿河台地"。对照前引先生著作"自序"中的解释，显然，顾先生和李先生在以前文章中的解释均缺乏较为可靠的解释力。倒是序言中的解释颇有道理，"工"可能与分垦区或渠水有关。这方面，马伟教授已经作了深入研究，可供参考。由此可见，随着资料的不断丰富，先生也在不断纠正以前的解释，这种严谨求实的学术作风是值得我们学习的。先生对撒拉族研究的这两篇文章，除了对撒拉族历史中的"工"的本义作了探讨之外，对"工"的演变，特别是对学术界向来忽略的外五工的情况作了精辟的描述，对拓宽撒拉族研究视野做出了重要贡献。这两篇文章一直是研究撒拉族社会组织结构必须引用的重要学术文献。

李文实先生在有生之年为西北地区历史地理和民族文化研究做出了不可磨灭的重要贡献，给学术界留下了十分宝贵的遗产，他的学术探索精神和崇高的学术品德值得我们学习。作为他的学生，除了缅怀先生的为人和学问之外，谨以此文作为先生百年诞辰的纪念。

---

[1] 李得贤：《关于撒拉回》，原载《西北通讯》1948年第二卷第五期，转引自马成俊、马伟主编《百年撒拉族研究文集》，青海人民族出版社2004年版，第5页。

[2] 李文实：《撒拉八工外五工》，原载《中国撒拉族》，转引自马成俊、马伟主编《百年撒拉族研究文集》，青海人民出版社2004年版，第309页。

简论顾颉刚与李文实的师生交谊与学术传承

李健胜*

【摘　要】 李文实曾就学于顾颉刚门下，二人也曾共事于兰州大学，李文实为顾颉刚重要的学术助手。二人曾断绝联系长达28年，后又恢复书信来往。李文实将古史辨派疑古、辨伪、考信的史学理论与方法运用于西陲古地及民族历史研究，他整理、点校方志材料之法亦遵从顾颉刚点校《史记》及主持点校二十四史的基本方法。二人的师生交谊与学术传承是近现代学术史的重要研究内容。

【关键词】 顾颉刚；李文实；师生交谊；学术传承

王学典先生主撰《顾颉刚和他的弟子们》一书出版后，顾老爱才、惜才、育才的博大胸怀，以及与弟子间的交谊、恩怨，成为人们津津乐道的话题。顾老一生培养英才无数，除该书涉及的何定生、谭其骧、童书业、杨向奎、刘起釪五位大名鼎鼎的学者外，需纳入近现代学术史加以研究的顾门弟子还为数甚多，其中，顾老与青海籍史学家李文实先生的师生交谊与学术传承，尤其应当引起关注。笔者不揣浅陋，试述二位先生的交往历程与师承关系，以求教于方家。

---

* 作者系青海贵南人，现为青海师范大学人文学院教授、博士研究生导师。研究方向为先秦史及思想文化史，兼及青藏高原区域历史。

人如其文　贵在其实
李文实先生诞辰100周年纪念暨西北文史专题研究

一

李文实（1915—2004），名得贤，字文实，以字行，青海省化隆县甘都镇人。自幼聪慧好学，于1935年左右保送至南京蒙藏学校读高中。1937年2月1日，顾老到该校出席开学典礼，并结识文实先生，"嘱彼为民俗学会搜集西北之资料"①。1937年7月，文实先生毕业后回西宁从教。同年，管理中英庚款董事会聘顾老为理事，组团考察西北教育。10月24日，顾老一行抵达西宁，与当地教育界人士会面，并考察教育设施。10月30日，"李得贤来谈青海政学界情形"②。当时，文实先生为"回中教员"③。1938年8月17至27日，顾老再次来到西宁，与王文俊等人商讨举办中等学校之事。顾老等人冲破地方军阀势力设置的种种障碍，成功举办了当地颇为著名的湟川中学。④期间，又与文实先生会面两次。⑤1940年，顾老任齐鲁大学国学研究所主任，文实先生亦到成都准备投考齐鲁大学。顾老在当年6月1日的日记中记有，"青海学生四十余人至，开一简单之欢迎会，到校中饭堂吃饭。……今晚同席：姚启明、王少夫夫妇、李得贤、鲁宗宝、韩华、刘志纯等四十余人（以上客），张伯怀、予（以上主）"⑥。自此，二人联系日趋紧密，顾老日记中屡次载有文实先生拜访顾老、一同用餐、顾老至文实先生公寓、二人通信等事。⑦1941年，文实先生考入齐鲁大学历史社会学系，是年，顾老"将师友来信于《责善》半月刊之《学术通讯》中陆续刊出……李得贤来信（8月19日、9月1日），分题《释'白教'与'吹牛拍马'》《补释'吹牛'及'嘉麻

---

① 顾潮：《顾颉刚年谱》，中华书局2011年版，第302页。
② 顾颉刚：《顾颉刚全集·顾颉刚日记卷三》，中华书局2010年版，第716页。
③ 同上书，第718页。
④ 王文俊：《创办西宁湟川中学的经过》，政协青海省委员会文史资料研究委员会《青海文史资料选辑》第14辑，青海人民出版社1985年（内部发行），第56页。
⑤ 顾颉刚：《顾颉刚全集·顾颉刚日记卷四》，中华书局2010年版，第121—123页。
⑥ 同上书，第383页。
⑦ 同上书，第401页。

若'》，均刊第二卷第十四期（10月1日）"①。1942年3月，国民政府中央组织部成立边疆语文编译委员会，顾老代理副主任委员，文实先生为该会职员。②

1944年7月30日，文实先生致信顾老，述及自己对《禅让传说起于墨家考》等名作的喜爱，以及齐大一些历史系教授对顾氏"古史辨"的攻击。文实先生在该信中说："先生研究古史，怀疑古籍，考订旧籍，独开风气，有造于民国以来史学者不可谓不大……就生所知者言，先生考据之作……均体大思精，卓绝千古，而生尤私爱《禅让传说起于墨家考》及《墨子姓氏辨》二文，以为巨眼烛照，为古史揭此迷蒙，唐虞禅让之为假托，自有此说方为定论。"这封长信处处展现学生对恩师的崇拜、维护之情，也透露了文实先生归宗于古史辨派的学术旨趣。信末，文实先生劝顾老，"至祈先生稍拒社会应酬，俾得专力完此盛业，不胜切盼"③。1944年8月5日，顾老回信给文实先生，述及自己忙于应酬的不得已与种种苦衷，并对学生的"了解之同情"表达谢意，称"兄知我，幸他日助我成之"④。顾老曾在这封信后附记："一种学说之传播与公认，其事甚迟，决不若武力之说定即定，自身既信其立于不败之境，则显晦待时可已"⑤。自《古史辨》第一册出版以来，顾老收获的不仅仅是赞扬和掌声，也有误解、攻击、嘲讽乃至谩骂。时至20世纪40年代，顾老对这一切可能早就习以为常了，但文实先生述及齐鲁大学一些学者对古史辨派的态度时，又不免引起顾老思考，他认为一个学派得到社会公认需要时日，并自信古史辨派最终能"立于不败之境"。

文实先生还在该信中委婉地劝说顾老减少应酬，用更多的精力致力于学术。面对后生晚辈颇有规劝意味的话语时，顾老不仅没有生

---

① 顾潮：《顾颉刚年谱》，中华书局2011年版，第355—356页。
② 同上书，第358页。
③ 顾颉刚：《顾颉刚全集·顾颉刚书信集卷三·致李文实一》，中华书局2010年版，第219—220页。
④ 同上书，第219页。
⑤ 同上书，第220页。

气，反而以"兄知我"为回复。大约在同一时期，顾老高足杨向奎先生也曾致信顾老，希望其师多关注"纯学术"而不要致力于"实用之学"。顾老不仅拒绝了批评，还回信大骂一班"扩张自我，漠视国家"①的知识分子。同样都是来自学生的规劝或批评，顾老的反应却大不一样。从王学典先生主撰《顾颉刚与他的弟子们》一书的相关分析来看，杨向奎先生的才情与学问虽甚得顾老称赞，但二人的感情与心理距离始终较为疏离，1957年至1980年，二人曾在中国社科院历史研究所共事20多年，也没能建立起亲密无间的师生关系。②与之相较，可能是文实先生的厚道、真挚与顾老的脾性多相契合，故而二人的情感与心理距离甚近，生活中、事业上的关系也甚为紧密。

  1944年11月中旬至年底，顾老在齐鲁大学讲授"中国地理沿革史""春秋史"，"学生有李文实、方诗铭等"③。同年，《中国边疆》杂志有关的"西北史地"的文章由文实先生集稿。④1946年2月，顾老离川。同年10月30日，文实先生至上海，写信给在苏州老家的顾老，"不日来苏转徐"，并于11月1日至苏州。⑤后文实先生赴徐州任省立徐州女子师范学校教导主任兼代校长。1947年，顾老任大中国图书局总经理一职，常往来于上海、苏州、南京，并于8月21日至徐州，文实先生于8月23日从南京来徐，"抱潮儿到考场游玩"⑥，师生关系之亲密可见一斑。1947年10月，文实先生辞去徐州之职，任兰州大学历史系讲师。1948年6月17日，顾老抵兰州，任兰州大学历史系教授兼系主任，师生二人共事于兰州大学。顾老在兰州大学历史系讲授《中国古代史》课程，文实先生聆听了该课，所记《中国古代史研究序论》后由王煦华先生整理，发表于《文史》杂志2000年第

---

  ① 顾颉刚：《顾颉刚全集·顾颉刚书信集卷三·致杨向奎一》，中华书局2010年版，第109—110页。
  ② 王学典主撰：《顾颉刚和他的弟子们》（增订本），中华书局2010年版，第258页。
  ③ 顾潮：《顾颉刚年谱》，中华书局2011年版，第369页。
  ④ 顾颉刚：《顾颉刚全集·顾颉刚日记集卷五》，中华书局2010年版，第388页。
  ⑤ 同上书，第738—739页。
  ⑥ 顾颉刚：《顾颉刚全集·顾颉刚日记卷六》，中华书局2010年版，第106页。

四辑。同年7月,顾老被推举为中国边疆学会甘肃分会理事长,"在兰州《和平日报》发刊《西北边疆》周刊,由谷苞、李文实等编辑"①。也是在7月,文实先生之子出生,顾老为其取名曰"维皋"。同年12月7日,顾老回沪,文实先生任兰州大学历史系副教授兼代系主任。

1950年2月,文文实先生住在西宁,"思东行"②。1950年5月8日,文实先生来到上海,顾老时任上海诚明文学院中文系主任,在顾老安排下,文实先生任该系教授。其间,文实先生曾两次赴香港。1951年,全国掀起镇压反革命运动,因文实先生与马步芳之子马继援私交甚密,此时生怕受到牵连。顾老1951年1月1日的日记载有,"文实言,青海来人谈,凡前曾任公职者悉遭逮捕。兰州又枪决人甚多。两年中宽严顿异"③。1951年4月24日的日记亦载,"文实去年曾送某太太至港,今闻送某太太至沪之人已被捕,故彼情绪甚不安,又离家度流浪生涯矣。生于此世,真成侧足而立,奈何!"④ 在令人惶恐不安的政治形势下,文实先生避居于苏州顾老旧宅,闭门读书,企望躲过劫难。潜心学问的文实先生还尽力搜购图书,顾老日记中记载:"文实为在苏州买段氏《说文》一部、《音学五书》一部,木刻本,二万九千元。苏州的旧书太便宜了。"⑤ 在顾老的关照下,文实先生曾在苏州有过一段短暂的纯学术生活。然而,大祸依然不期而至,1951年7月6日,文实先生在苏州被捕,以"反革命罪"被判处无期徒刑。自此后,师生二人天各一方,再也无缘见面。

文实先生被捕后,顾老十分担心仍滞留于苏州的文实先生家属,1951年9月27日的日记写道:"文实夫人独居苏,不是办法,予去信后渠自苏来。到和平商行晤方叔礼后,知文实尚有款存王敬伯处,为

---

① 顾潮:《顾颉刚年谱》,中华书局2011年版,第388页。
② 顾颉刚:《顾颉刚全集·顾颉刚日记卷六》,中华书局2010年版,第598页。
③ 顾颉刚:《顾颉刚全集·顾颉刚日记卷七》,中华书局2010年版,第2—3页。
④ 同上书,第50页。
⑤ 同上书,第54页。

之一慰。"① 后来听说有人把从文实先生处所借之款"缴与公家",这更加重了顾老的忧虑,"不知文实夫人回乡有困难否?政府惩治反革命,尚留家属生活费,今文实夫人将反青生产,乃竟靳不与路费乎!"② 悲愤之情溢于言表。

1949年以来,顾老日记中屡记有物价飞腾,抢盗横行,地主被枪毙,工商业者自杀或先亲手杀死妻儿后自杀,知识分子被捕而孩子尚在襁褓无人抚养,学生打死老师等人间惨祸。顾老本人也自此"经历了多座精神炼狱"③,被迫批判恩师胡适以求"保护过关";清算自己或被人清算而历受"痛苦的人格分裂"④ 和"过情之打击"⑤;"文革"期间甚至遭到同所青年学者的训斥⑥,学术研究工作因此停滞。为求自保,顾老在"文革"期间甚至被逼交代与文实先生共同举办边疆学会甘肃分会之事,称"此盖李得贤发展马步芳势力于甘肃之阴谋"⑦。顾老曾被学生出卖过,此时又以出卖学生换得苟安,其中的辛酸与无奈是我等生活在正常社会之人无法想象和体会的。

1951年以来,文实先生身陷牢狱,从此无缘于学术研究,个人生命时时遭受严酷的监狱管教、恶劣的生活条件及繁重的劳改任务的威胁。为坐实文实先生的"反革命"身份,1968年12月,有关部门数次向顾老询问文实先生参加边疆学会甘肃分会一事。⑧ 直到1978年,原被捕国民党县团级人员获释,而文实先生"仍未得与",他曾赋诗:"闻到上林花发早,春风总不到天涯!"⑨ 以表达心中的愤懑与不平。

---

① 同上书,第115页。
② 顾颉刚:《顾颉刚全集·顾颉刚日记卷七》,中华书局2010年版,第203页。
③ 王学典主撰:《顾颉刚和他的弟子们》(增订本),中华书局2010年版,第175页。
④ 王学典:《痛苦的人格分裂——五十年代初期的史界传统学人》,《读书》1995年第5期。
⑤ 顾颉刚:《顾颉刚全集·顾颉刚书信集卷三·致王树民》,中华书局2010年版,第391页。
⑥ 顾颉刚:《顾颉刚全集·顾颉刚日记卷十一》,中华书局2010年版,第646页。
⑦ 同上。
⑧ 同上。
⑨ 李文实:《西陲古地与羌藏文化·自序》,青海人民出版社2001年版,第2页。

如果说，1949年之后的政治运动严重干扰和阻碍了顾老正常的学术研究的话，对于文实先生而言，这些运动则是致命的打击，几乎毁掉了他的一生。

1979年，文实先生保外就医，写信给顾老，二人自此恢复联系。当年4月14日的顾老日记中记有"写李文实长信，嘱其编《南明史稿》"①。在这封长信中，顾老对文实先生说："接来书，为之怃然。你的命运太不好了，我分当为你出力。但北京你却不能来，因为人口和房屋太紧张了，作一个临时户口，向居民委员会申请住三个月是可以的……"② 文实先生可能在前信中向顾老提出了到北京工作的意愿。他可能不知道，此时的顾老不是原来那个人称"顾老板"③ 的学界领袖，已无能力为后学晚辈安排职务。风烛残年之际，除了向这位老学生的不幸命运表示深切同情外，顾老教文实先生不要放弃学术，并向"更不幸的一个学者"钱海岳先生家属推荐文实先生整理《南明史稿》，鼓励他尽早通过法院解除"反革命"身份，并指示整理《南明史稿》的基本方法。④ 同年5月15日、9月21日的信中，顾老详尽安排文实先生整理《南明史稿》的具体环节，嘱其与王煦华先生直接联系，并向文实先生谈及个人病情及家人基本情况。⑤ 可惜的是，1980年12月25日，顾老与世长辞，由文实先生整理《南明史稿》一事就此搁置。直到2002年，中华书局才安排专人点校该书，2006年出版。顾老的离世，使文实先生失去了进入主流史学界的依傍，这是文实先生人生又一大不幸！

1979年起，文实先生任教于原青海民族学院。直到20世纪80年

---

① 顾颉刚：《顾颉刚全集·顾颉刚日记卷十一》，中华书局2010年版，第646页。
② 顾颉刚：《顾颉刚全集·顾颉刚书信集卷三·致李文实二》，中华书局2010年版，第220页。
③ 顾颉刚：《顾颉刚全集·顾颉刚日记卷三》，中华书局2010年版，第673页。
④ 顾颉刚：《顾颉刚全集·顾颉刚书信集卷三·致李文实二》，中华书局2010年版，第220—221页。
⑤ 顾颉刚：《顾颉刚全集·书信集卷三·致李文实二、三》，中华书局2010年版，第222—223页。

代初，文实先生的"罪犯"身份仍未解除，后来在顾氏同门史念海先生的奔走及时任国家副主席的王震的亲自过问下，才得以平反。①

综上，顾老与文实先生的师生交谊大致可分为三个时期。1937至1940年为二人相识阶段，1940年至1951年，二人交往密切，师生情谊浓厚，1979年4月至顾老去世为第三阶段，师生二人恢复联系，虽未谋面，但有过短暂的书信往来。近现代学术史上，顾老"爱徒高足遍被学林"②。1949年前，顾老的"人马"至少有三套："燕大历史系（1936年出任主任）一套，北平研究院（1935年他出任历史组主任，任用了一大批门生）一套，禹贡学会一套"③。此外，抗战期间，顾老曾任教于成都齐鲁大学，期间也培养了数名史学俊秀，其中，最为出色且与顾老关系甚为密切者，当属文实先生。顾老与他最有名的几位弟子之间，或因性格不合，或因学术理念不同，或受政治运动牵累，"始于爱而终于离"④者有之，曾对恩师给予"无情之打击"⑤者有之，因学术观点分歧及脾性不合与顾老精神距离、心理距离"极远"⑥者有之，因合作不畅而被顾老抱怨者亦有之。与此相较，顾老与文实先生之间的师生交谊显得平实而真挚，期间虽有30多年的分隔，恢复联系后，二人间毫无生分之感，彼此亦无苛责与抱怨，有的尽是老师对学生不幸命运的叹惜及学生对恩师的一贯敬仰，二人情感皆发自内心，流露自然。

二

文实先生虽出身边鄙之地，但他天资优越，学习又十分刻苦，因此获得了保送出省求学的机会。当时，由青海省社会团体、教育行政

---

① 李文实：《西陲古地与羌藏文化·自序》，青海人民出版社2001年版，第2页。
② 王学典主撰：《顾颉刚和他的弟子们》（增订本），中华书局2010年版，第63页。
③ 同上书，第55页。
④ 同上书，第81页。
⑤ 顾颉刚：《顾颉刚全集·顾颉刚日记卷七》，中华书局2010年版，第198页。
⑥ 王学典主撰：《顾颉刚和他的弟子们》（增订本），中华书局2010年版，第258页。

部门保送到外地求学的学生,至 1949 年前夕人数不过 300 多人。① 这些人中,能在特定专业领域有较高造诣者为数不少,而能得到名师垂青、扶助者,仅为文实先生等一二人。自 1937 年相识以来,顾老对这个来自边疆地区的青年才俊十分关注,曾向其他弟子谈及勤奋好学的文实先生,史念海先生曾回忆说:"在未识文实先生之时,已数闻颉刚先生道及。颉刚先生门下学侣辈出,颉刚先生独称道文实先生,已知其不凡。"② 文实先生在成都齐鲁大学求学期间,其为人、学业深得顾老称赞,他于 1940 年 12 月 31 日日记末记载"边疆工作可用人才",其中之一便是文实先生,与白寿彝、张维华、李安宅等后来驰名学界的大家并列。③ 顾老于 1944 年在齐鲁大学讲授"中国地理沿革史""春秋史"两门课程④,并于 1945 年 5 月 31 日在日记中记录了齐鲁大学学生成绩,其中,"中国地理沿革史"一课共 9 人,"李得贤九十五分",为最高。⑤ 顾老还在 1946 年年底的日记中记有"整理古文籍""整理史书""创作史书"的学人名单,文实先生列入"创作史书"类,与童书业先生等人并列。⑥

顾老与文实先生间的学术传承,始自二人对民族边疆语言、地理的探讨,以及对疑古、辨伪、考信的史学研究理念的坚持。上文提及的《释"白教"与"吹牛拍马"》《补释"吹牛"及"嘉麻若"》两篇文字曾被顾老载入《浪口村随笔》。其中,《浪口村随笔》卷六《边地语言》中,顾老述及青海特殊族群"嘉麻若",文中称,"记此后为得贤所见,渠对于'嘉麻若'作详细说明曰:番人称汉人为'嘉那黑',简称之曰'尔嘉',更简之曰'嘉';其自称曰'完',或曰'若'。故嘉麻若者,意译之汉番是也,盖本为汉人而渐为番人所同化者也……

---

① 参见罗麟《青海学生赴外省高校就读简况》,青海省政协学习和文史委员会《青海文史资料集粹·教育文化卷》,青海人民出版社 2001 年(内部发行),第 38 页。
② 李文实:《西陲古地与羌藏文化·史念海先生序》,青海人民出版社 2001 年版,第 1 页。
③ 顾颉刚:《顾颉刚全集·顾颉刚日记卷四》,中华书局 2010 年版,第 402 页。
④ 顾潮:《顾颉刚年谱》,中华书局 2011 年版,第 369 页。
⑤ 顾颉刚:《顾颉刚全集·顾颉刚日记集卷五》,中华书局 2010 年版,第 473 页。
⑥ 同上书,第 772 页。

得贤籍化隆，故能详举之如此。"① 从中可以窥见，文实先生是顾老了解、研究西北边疆民族、地理问题的一个"窗口"。

从顾老日记及文实先生家人、弟子所述来看，1945 至 1951 年期间，文实先生主要从事明清史研究。顾老在 1945 年 6 月 22 日日记中记有"看李得贤《义和团》稿"②，1946 年 9 月 11 日日记中记有"读李得贤《清代传记文选》"③，1951 年 1 月 20 日日记有"看文实新著《石达开伪诗考》"④。可见，文实先生曾有明清史方面的论著，其中，《清代传记文选》可能是为写清末人物左宝贵传记而做的资料汇编。可惜的是，这些作品已散佚。

1950 年以来，文实先生主攻西北史地，其研究兴趣的转向也与顾老的影响有关。"九一八"事变后，顾老感到当时的学术界对民族边疆历史地理的认识十分贫乏。1934 年，禹贡学会成立，顾老立志要在古代民族和疆域的范围理出一个头绪来，后又因考察教育来到西北，并于 1948 年到兰州大学任教，对西北民族边疆地区有了更多认识，相关学术课题也引起顾老兴趣。1950 年 2 月至 6 月，顾老在上海海光图书馆写作《昆仑传说与羌戎文化》一书。⑤ 该书引言中提到文实先生对他的帮助，"尤其高兴的，李得贤君来到上海，帮助我搜集和整理材料，他是青海化隆人，记得那边的历史、地理、语言和风俗特别多，给我以不少的启发，使我不致冥行迷路"⑥。受顾老研究西北史地的影响，文实先生此后把主要精力放置到这一领域，并取得了相当大的成绩。当时，文实先生的相关研究业已成形，但他身陷囹圄后，其论著被当作废纸遗弃。文实先生后来曾向顾老打听过那些稿件的下

---

① 顾颉刚：《顾颉刚全集·顾颉刚读书笔记卷十六·浪口村随笔》，中华书局 2010 年版，第 225—226 页。
② 顾颉刚：《顾颉刚全集·顾颉刚日记集卷五》，中华书局 2010 年版，第 484 页。
③ 同上书，第 716 页。
④ 顾颉刚：《顾颉刚全集·顾颉刚日记卷七》，中华书局 2010 年版，第 9 页。
⑤ 顾潮：《顾颉刚年谱》，中华书局 2011 年版，第 394—396 页。
⑥ 顾颉刚：《顾颉刚全集·顾颉刚古史论文集卷六·昆仑传说与羌戎文化》，中华书局 2010 年版，第 196 页。

落,顾老回复称:"你在苏州写的历史论文,我一篇也没有看到。想来你的家属走了之后,迁进的人家误认为一堆废纸,烧了或丢了。"①尽管如此,在任顾老助手及个人研究过程中,文实先生练就了独到的研究方法,并积累了丰富的研究经验,这都为他1979年以来的史学研究奠定了坚实基础。2001年,文实先生在其著《西陲古地与羌藏文化》一书中深情地回忆道:"解放初我到上海,顾颉刚先生正写有关古地的论文,我读了以后,得到新的启发。便提出《禹贡》雍、梁地名,多名从主人,而后世注家,多未晓其义,概以汉义为解,殊未得实。先生听了大喜,嘱为撰文,并勉励说:'筚路蓝缕,以启山林。只要开好头,以后便会得到做深入的研究。'"②

1979年,师生二人恢复联系后,往来书信的主要内容仍是学术探讨。《顾颉刚年谱》记载,1979年4月20日,"李文实来信收入笔记《林下清言》,题《李文实谈'鸟鼠同穴'》"③。此信述及文实先生于服刑时,在柴达木山中牧羊,亲见"鸟鼠同穴"一事。1979年8月,"李文实来信。收入笔记《耄学丛谈》(三),题《李文实谈'阊门''瓜子'》"④。文实先生对顾老在《史林杂识》中关于"阊门"的解释提出异议,认为考释有误;至于顾老对"瓜子"的解释,文实先生认为,"瓜子为瓜州戎族之遗史,则尊说为不可移"⑤。如前所述,恢复联络后,顾老拟推荐文实先生整理钱海岳先生的《南明史稿》,以完成久藏于心的夙愿。1979年4月13日,87岁高龄的顾老在日记中写道:"予之心事有三部书当表彰:一、吴燕绍:《清代蒙藏回部典汇》;二、孟森:《明元清系通纪》;三、钱海岳:《南明史稿》。"⑥顾老去世

---

① 顾颉刚:《顾颉刚全集·顾颉刚书信集卷三·致李文实二》,中华书局2010年版,第221页。
② 李文实:《西陲古地与羌藏文化·自序》,青海人民出版社2001年版,第2页。
③ 顾潮:《顾颉刚年谱》,中华书局2011年版,第468页。
④ 同上书,第469页。
⑤ 顾颉刚:《顾颉刚全集·顾颉刚读书笔记卷十四·耄学丛谈(三)》,中华书局2010年版,第276页。
⑥ 顾颉刚:《顾颉刚全集·顾颉刚日记卷十一》,中华书局2010年版,第646页。

后，整理《南明史稿》一事长期搁置。直到 2002 年，中华书局聘请刘德麟、张忱石二位专家点校钱先生遗稿。不知情者，以为文实先生点校过《南明史稿》，往往以"南明史专家"称文实先生，这显然是一个误会。

顾老去世后，文实先生失去了恩师的惠助，但他并没有因此停下学术探索的步伐。在西北史地方面，文实先生以"名从主人"为考据原则，以不同语言、文字的对音阐释地名为基本方法，对人们习以为常的"以汉义为解"之西陲古地名重新加以解释。其所从事的虽是西陲古地及民族历史研究，但其核心史观实从顾老"疑古"之法，走的是疑古、辨伪、考信的史学之路。2001 年，文实先生出版《西陲古地与羌藏文化》一书。该书深化了利用语言学知识在边疆史地领域内进行辨伪的理论与方法，堪称是顾老中晚年史学工作的一种延续。1981 年始，文实先生受青海人民出版社委托，点校《西宁府新志》《西宁府续志》。文实先生建议出版社将上述方志以标点出版，"如新刊《二十四史》那样"[1]。他还在《西宁府新志·弁言》中说："这次我对《新志》《续志》的点校，标点略以中华书局校印《二十四史》为标准，校勘则根据我个人的时间、条件和能力随文加以校订。"[2] 可见，文实先生整理方志之法因袭了顾老点校《史记》及主持点校《二十四史》的基本点校方法。2004 年 3 月 8 日，文实先生在老家化隆县甘都镇归隐道山。

综观二人的师生交谊，顾老一直对勤奋、踏实的文实先生褒奖、提携有加，如若没有历受政治劫难，文实先生当能做出更为杰出的学术成绩。然而，接踵而至的灾祸屡次"光顾"文实先生，这不仅耽误了他的学问，更让他及他的家人尝遍了人世间的各种苦难。文实先生所有不幸的源头即是他被误打为所谓的"反革命"分子。顾老在 1951 年 7 月 10 日的日记中写道："今日一归家，则吴大姐即摇手，不令人

---

[1] （清）杨应琚纂修，李文实点校：《西宁府新志》，青海人民出版社 1988 年版，第 36 页。

[2] 同上书，第 46 页。

室,询之则李文实于六日上午赴观前时为公安局捕去,且派有警士二人在家监视李太太及崔冷秋也。予本欲不进,而出门时警士适当门,恐不进反为所疑,故即进与之谈。渠谓政府注意文实已年余,今证据确实,故捕之也。文实籍青海,不能与马家无关系,然齐大毕业后马步芳令其任教厅长而不为,宁为徐女师及兰大教员,其无心仕宦可见。去年渠到沪后,曾两次到港,注意之端或即在此。今年渠到苏,极欲闭门读书,而政府竟不许之,未免可惜。"① 从中,我们可以得知文实先生遭遇横祸的具体缘由。文实先生被打成"反革命",直接原因是他曾两次到过香港,其中一次是为了护送"某太太","注意之端或即在此"。更深层的原因是,当时的政府怀疑文实先生与马步芳反动军阀有关联,甚或是曾效劳于马氏政府的反动文人。文实先生曾供职的"回中",实为马氏军阀控制的回教教育促进会附属中学。"回中"起初为初级中学,1936年设立高中,使该校发展成为完全中学。1942年,马步芳接受白崇禧建议,将"回中"改名为"昆仑中学"。顾老曾在其1938年8月20日的日记中说:"青海全省教育经费,每年原定十八万,打双七折,仅八万八千二百元,独回教中学经费每年九万,闻有增至卅万之可能,觉得太不平均了。"② 可见,马步芳对昆仑中学扶持有加,且不惜牺牲全省教育的均衡发展来大力扩张这所中学。他还授意其子马继援成立"昆中校友会",以笼络人才、扩充统治实力。"昆中"校友会设立"子香"奖学金委员会,负责保送师生赴外省深造,由校友会聚拢而成的"昆中系"也成为马步芳家族统治势力的人才基础。③ 文实先生籍贯青海,又曾在西宁、南京及成都求学,是当时青海省为数不多的青年才俊,其在成都求学的经费可能是由"昆中"校友会资助的,故而"不能与马家无关系"。文实先生向来重视学问,虽与马步芳之子马继援交好,但他无意于在仕途

---

① 顾颉刚:《顾颉刚全集·顾颉刚日记卷七》,中华书局2010年版,第84页。
② 顾颉刚:《顾颉刚全集·顾颉刚日记卷四》,中华书局2010年版,第121—122页。
③ 沈鸿仪:《我所知道的"昆仑中学"校友会》,政协青海省委员会文史资料研究委员会《青海文史资料选辑》第14辑,青海人民出版社1985年(内部发行),第82—85页。

上发展,故"马步芳令其任教厅长而不为",也自当无助虐于马氏军阀。然而,1951年的镇反运动,实为巩固政权之"大计",文实先生既然与反动军阀势力有些瓜葛,自然就成为政权更迭兴衰的牺牲品。

文实先生被判无期徒刑后,起初被关押在上海,后由西北军政委员会押解至兰州。因系秘密逮捕,家人直到1956年才得知其下落,彼时文实先生在西宁新生印刷厂劳教。1969年,中苏关系恶化,为所谓"战备"计,设在西宁的劳改单位大多下放至基层,文实先生因此被发往青海香日德农场服刑。香日德农场原名为青海省都兰监狱,1957年"大鸣大放"期间,该地因吹嘘小麦亩产万斤而闻名全国。实际上,该监狱地处柴达木盆地,是真正的西部寒苦之地。文实先生下放该地后,放过牧,擀过毡,收割季节还被分配一日两亩的工作量。因文实先生自幼右手残疾,加之当时年事已高,自然无法完成收割任务,李夫人每年都要到香日德农场为其夫割麦子。因劳动改造的时日过长,文实先生的"藏文和安多方言知识,经过数十年监禁的牢狱生活,也都已灰飞烟灭"①。文实先生的家人也在这段时间经历过无数痛苦与灾难。前述顾老对滞留苏州的李夫人的担心即是一例。当时,因文实先生被打为"反革命",人们对其家属避之不及,罕有施予援手者,李夫人只能变卖家产携子女回到青海老家务农。当时,李夫人无处打探文实先生的下落,还要养活一双儿女,其艰辛困苦之状难以用言语描述。因父亲深陷牢狱,文实先生的一双儿女没能得到基本的学校教育,只能在农村老家务农。这个家庭的不幸甚至延续到文实先生的孙辈后人,据文实先生大孙女李葆春女士讲,因早年家庭经济条件差,姐弟五人没能受到良好教育,现有正式工作者仅为她一人,其他人或外出打工、兼任教师,或在家务农,生活都过得较为清苦。文实先生及其家人的不幸遭遇实在令人嘘唏悲叹!

1979—1990年,文实先生从教于原青海民族学院汉语言文学系。

---

① 李文实:《西陲古地与羌藏文化·自序》,青海人民出版社2001年版,第3页。

因"旧业荒芜,新知未谙"①,学术研究工作遇到过常人无法想象的困难,当然也存在一些不足,他的一些学术观点因不甚妥当而引起其他学者的"商榷"②。文实先生的命运固然不幸,但他却始终怀着一颗淡泊名利、热衷学术之心,他的史学研究历程中始终流淌着的是顾氏疑古辨伪的学术血脉,顾老的古史辨思想借文实先生的研究播撒至河湟地区。如今,这一学术统绪不仅在此地生根发芽,且有日益茁壮之势。文实先生还是位古道热肠的学界前辈,曾无私帮助过很多晚辈后生,青海一些当代文史名家也曾受益于文实先生。③ 可见,文实先生的学术研究与道德品格处处展现着"顾门遗风"④。

出于为尊者讳的目的,或是不愿提及那段悲惨往事,青海民族大学建校60周年校庆丛书编辑部主编的《西海英华》一书,竟将文实先生近30年的牢狱之灾误记为"1951年至1979年4月在香日德农场工作"⑤。这种表述既与事实不符,还可能会助长人们对那段特殊历史时期很多人经历过的悲惨岁月的遗忘和漠视。笔者认为顾老和文实先生的人生际遇是近代以来中华民族历受"巨变奇劫"⑥ 的一个插曲,是无涯史海中的苍凉点滴,而一部完整的顾门学术史,应当包括顾老与文实先生的师生交谊与学术传承。笔者也衷心希望本文的研究能引起人们对文实先生等出身边疆地区,学养厚重而其人生经历及学术研究不能广为人知的学者们的关注。

---

① (清)邓承伟纂,李文实点校:《西宁府续志·重印西宁府续志序》,青海人民出版社1985年版,第9页。

② 芈一之:《关于编写青海地方史的几个问题——兼与李文实先生商榷》,《青海民族学院学报》1980年第1期。聪喆:《白兰国址再辨——答李文实同志》,《青海社会科学》1984年第5期。

③ 参见青海民族大学建校60周年校庆丛书编辑部主编《西海英华》,青海人民出版社2009年版,第12—24页。

④ 赵宗福:《李文实先生与顾门遗风》,青海民族大学建校60周年校庆丛书编辑部主编《西海英华》,青海人民出版社2009年,第12页。

⑤ 青海民族大学建校60周年校庆丛书编辑部主编:《西海英华》,青海人民出版社2009年版,第11页。

⑥ 王学典主撰:《顾颉刚和他的弟子们》(增订本),中华书局2010年版,第212页。

李文实先生与《中国历史地理论丛》

王社教*

首先感谢青海民族大学的邀请，接到邀请函后决定参加此次纪念会。总体而言，我和李先生有比较深的渊源，主要在两个方面，一是李先生始终关心我。我是史念海先生的硕士生、博士生，而史先生和李文实先生都是顾颉刚老师的学生，二者师承顾先生，三者均是多年老朋友。根据材料记载，史先生与李先生20世纪40年代建立了深厚的友谊。史先生在《西陲古地与羌藏文化》一书的序中指出，李文实先生治史补充了顾先生未到之处。李先生出狱后，史先生很关注李文实先生的研究，二者关系密切，因而某种程度上说李先生也是我的老师。二是通过《中国历史地理论丛》与李文实先生建立了联系。史先生承担地理论丛编辑工作，我1991年毕业后正式参加编纂工作，在此期间多次看到李文实先生的文章。基于此种原因，因而此次纪念会我必须参加。我提交的文章《李文实先生与顾颉刚先生之学术交往史实钩述》，一是出于李文实先生对《中国历史地理论丛》的支持，二是由于李文实先生对我国历史地理研究和发展的贡献。《中国历史地理论丛》由史念海于1987年创办，如今是我国地理学界、历史学界的重要期刊，该期刊已成为CNKI的重要来源。办刊初期遇到经费不足，稿源紧张等诸多问题。作为主编的史先生多次向诸多学者约稿，

---

* 作者单位：陕西师范大学。

其中李文实先生的稿件最多。1988年到1994年间李文实先生为期刊写过七篇文章。第一篇是《〈禹贡〉织皮昆仑分析支渠搜集及三危地理考实》，第二篇是《嘎斯池与嘎斯口》，第三篇是《吐一名的由来》，第四篇是《门源访古计》，第五篇是《〈尚书·禹贡〉雍州地理今绎》，第七篇是《西陲地名的语言学考察》。前五篇和第七篇署名为李文实，第六篇署名李泽贤，七篇文章相继发表是对《中国历史地理论丛》的大力支持，使其得以按期出版；同时也是对中国历史地理学界研究和发展的巨大贡献，填补了历史地理学界研究的空白，指明了语言学方法和实地考察对西部内陆地区特别是青藏高原地区历史地理的具体运用。关于《禹贡》所记，山川所在，华夏文明的起源，青藏高原的历史自然、人文地理虽然许多学者阐释过，但成果不多。继李文实先生之后，能在《中国历史地理论丛》和复旦大学主编的两本核心刊物上连续发表文章，这样的学者很少。原因在于这一地区民族迁徙太多、地理复杂、文献记载不足，山高地远，若不能实际考察很难出成就。李文实先生生于河湟之间，熟悉地理环境、精通多种民族语言、早年师从顾颉刚先生受过专业训练，因而从事山川研究得心应手。他不仅常能发前人之未发，而且分析透彻、议论全实。他的研究成果不仅很重要，而且研究方法有很大的示范作用。从这些方面来说，李文实先生对历史地理学科发展做出了杰出贡献。

  作者从李文实先生为《中国历史地理论丛》撰文的角度，谈文实先生对该刊物的贡献，称道文实先生受过专业训练，熟悉地理环境，考释西陲古地名多从语言学入手，分析透彻、议论全实，研究方法有示范作用，"对历史地理学科发展做出了杰出贡献"。文字虽短，内容实在。若能深入论及文实先生为贵刊所撰七文的价值和影响，内容将会丰厚。——蒲文成

青海民国史研究的进入

——兼评李文实先生的文章《马氏家族长期统治青海的原因试测》

菅志翔*

【摘　要】 本文将马步芳统治下的青海历史视作青海民国史，借用李文实先生对马氏家族长期统治青海原因的分析思路，探讨用人类学和社会学方法研究青海民国史的路径，并在评议李文实先生文章的同时探讨了这种视角下进行青海民国史研究的意义。

【关键词】 青海民国史；中国传统政治体系；多重纠结史

青海位于我国西北，地处青藏高原的东北部，东邻秦陇，西接西藏、新疆，南连四川、西藏，面积72.23万平方千米，东部部分地区属黄土高原的边缘地带，河谷地区适宜农作，面积3.46万平方千米，占青海全省面积的4.8%；中西南部地属青藏高原，适于牧业，草原总面积36.45万平方千米，占全省总面积的50.5%。[①] 我国东部农业经济和西部牧业经济的交会地带的北端就在青海省内。

青海是我国重要的少数民族聚居地区。数千年来，多种文化状态并存，相互熏染，使青海地区文化呈现出一种多元交会的特点。我国北方聚居的蒙古族、青藏高原聚居的藏族，连续散布于东部黄土高原的回族，以及聚居在三大高原的过渡地带的其他少数民族，都是构成

---

* 作者单位：中央民族大学。
[①] 参见青海省统计局《青海统计年鉴（1997）》，中国统计出版社1998年版，第4页。

青海民国史研究的进入
——兼评李文实先生的文章《马氏家族长期统治青海的原因试测》

这种多元性的一部分。2000年，青海省总人口4,822,963人，其中，汉族2,606,050人，蒙古族86,301人，回族573,378人，藏族1,086,592人，土族187,562人，撒拉族87,043人，少数民族人口占全省总人口的46%。①

由于这种特殊的自然地理和人文地理环境，青海一直是具有重要战略地位的地区。王明柯在《游牧者的抉择：面对汉帝国的北亚游牧部族》②一书中关于高原游牧文化的分析就以这一地区为重点。而他之所以将重点放在河湟地区，一个十分重要的原因是，这一地区在"汉帝国"形成的过程中始终都在"帝国"政治中扮演着重要角色，在塑造中国社会基本面貌方面有它独特的作用。

但是青海毕竟地处边远，在整个中华文明和政治的中心转向海洋的近现代，青海成了中华统一体系中的一个小地方。说它小，并不是指它的面积和人口，而是就其被关注到的社会历史影响而言。通读数本中国近现代历史著作，几乎都没有提到这个地方。③唯一例外的是出现在中共党史中，因为青海是构成"西路军问题"的不可回避的重要因素。

虽然青海是一个有着古老传统和政治影响的地方，但它一直处于诸多文化和势力交会的边缘地带，作为一个体系中相对独立的构成部分并在体系中发挥作用，这种情况却始于现代，迄今只有约一百年的历史。青海于民国十八年，即1929年正式建省。民国的地方行政体系在青海建省以后，才开始缓慢地向全省各地推进。"青海在未建省前，今海东地区属西宁道管辖，在地方行政建制上归甘肃省。今湟源

---

① 参见国家统计局人口和社会科技统计司、国家民族事务委员会经济发展司编《2000年人口普查中国少数民族人口资料》，民族出版社2003年版，第4—27页。

② 王明柯：《游牧者的抉择：面对汉帝国的北亚游牧部族》，广西师范大学出版社2008年版。

③ 参见费正清、费维恺编《剑桥中华民国史》（上、下），中国社会科学出版社1993年版；谢和耐《中国社会史》，耿昇译，中国藏学出版社2006年版；徐中约《中国近代史：1600—2000中国的奋斗》，计秋枫、朱庆葆、茅家琦等译，世界图书出版公司2008年版，第363—491页。

县日月山以西及青海南部（当时还包括甘南藏区）广大牧区，则归青海办事长官公署管辖（原为清代钦差办理青海蒙古番子事务大臣衙门）。自原精锐西军帮统甘肃临夏人马麒（字阁臣）于1912年（民国元年）任西宁镇总兵起，直至1949年其子原青海省政府主席马步芳乘飞机逃走，马氏家族以封建的兄终弟及或父子相承的制度，统治青海地区首尾约三十七年。若就马麒于1906年（清光绪三十二年）任循化营参将时算起，则前后历时约四十二年。故时下一般概计为四十年。"①

由于自建省以后，一直到新中国成立，青海几乎完全由马氏地方军阀所控制，所以，一般情况下，人们谈及青海在民国时期的时候，几乎是不约而同，都将注意力集中于"马步芳家族的统治"② 上。从现有的青海民国历史研究文献中可以看出，对于这样一个具体地方的具体时段的历史，人们有意无意间分别以某种方式结合了国家标准历史叙述和"英雄史诗"两种处理历史的方法，以国家的标准及历史话语处理在这种历史中发挥重要影响的人物，表面上呈现的是除了这些历史的"恶人"或者"罪人"之外，他人与这种历史无涉，深层次展示出的历史逻辑却是"英雄主义"的。因此，即使冠以"青海"二字，这些关于青海的历史叙述依然是"国家史"，而非"地方史"，在很大程度上是"关于"和"为了""青海"这个地方和这个地方的人以外的something（什么）的历史，反而与本地的人文、历史、人物关系甚远。

青海从其"古代"，到今天的"现代"，中间经历了重要的转折。这个转折大致起始于辛亥革命以后，止于共和国地方政体牢固建立和

---

① 李文实：《马氏家族长期统治青海的原因试测》，《西北五省区政协第五次文史资料工作协作会议会刊》，青海省政协办公厅1986年9月刊印，第118页。
② 关于"马步芳家族的统治"，可参考陈秉渊《马步芳家族统治青海四十年》，青海人民出版社2007年版；杨效平《马步芳家族的兴衰》，青海人民出版社1986年版；吴忠礼、刘钦斌主编《西北五马》，河南人民出版社1993年版；崔永红、张得祖、杜常顺主编《青海通史》，青海人民出版社1999年版；许宪隆《诸马军阀集团与西北穆斯林社会》，宁夏人民出版社2001年版。

青海民国史研究的进入
——兼评李文实先生的文章《马氏家族长期统治青海的原因试测》

地方治安归于平静之时,历时近半个世纪。虽然涉及的具体事件发生的时间点前后大概有十年的出入,一般仍将这个转折时期冠之以"民国"的时间概念,这就是本文要讨论的"青海民国史"。

青海民国史的研究首先是地方史的研究,至少要求进入当地的具体情境,以当地为中心,或者以当地人的视角为出发点,来看发生在当地或对当地有重要影响的事件。而当我们注意到青海地方的族群历史和文化多样性之后,"当地"和"当地人"都需要经过分析才能确认具体所指。因为在我们没有充分证据说明具有多样性的人群在这样的具体时空中经历了怎样的过程,区分具体的地点、行动者等要素,恰恰是我们进入"历史田野"的前提。

即使仅仅是在准备举步迈向这片"历史田野"的时候,研究者也随时都会意识到,人们关于这个地方的"民国时期"的历史记忆,已经深刻地打上了继之而来的"共和国时期"的历史话语和社会选择的烙印。一方面,国家话语主导甚至湮没了人们对于地方历史的记忆,也主导了人们对已经发生过的事情的理解;另一方面,在青海当地是谁在叙说着历史,又是近60年来共和国历程中社会选择的结果,而这种选择力在今天还不时作用于进行叙述历史的人们身上。因此,即使是在当地,倾听历史的叙述,也要注意今人的记忆与当年人们的社会实践之间的差异。进入青海民国史,不仅仅是要进入这个地方社会,而且要回溯它的过去。只有进入了与研究对象对应的历史时空,对"青海民国史"的分析才有可能名副其实。

那么,如何才能满足以上基本要求,进入那块"历史田野"呢?

从社会史研究的角度来看,在方法论层次上检讨有关青海的历史研究,不仅揭示出我们不可能抛开前人另辟蹊径,因为他们的历史叙述体现着当代有关那个时代的"青海"地方的历史叙述的主流话语,并且已经经由各种途径渗透到普通人关于历史和自身的认识中;而且要求我们深入了解前辈学者之可为与不可为,理解和思考他们的隐忧和难题,通过研究他们的研究成果,把握当代历史史学研究运作的方式,提出新的问题,继续推进。

人如其文　贵在其实
李文实先生诞辰100周年纪念暨西北文史专题研究

青海地方的历史在国家的宏大历史叙述中隐没为"马步芳的残暴统治和一心反共",这个问题也指示着突破的方向:为什么马步芳家族可以独据青海并维持其统治达40年之久?究竟是什么力量把"马步芳"推上了这样的"历史审判台"?

已故的李文实先生是顾颉刚的得意门生,新中国成立后经王震"钦点",得以进入青海地方高校执教,是青海公认的地方史权威。他在1986年所著的文章《马氏家族长期统治青海的原因试测》中,从历史背景、地理背景和人才三个方面分析了这个问题。以下笔者借用李老的思路来分析进入青海民国史的可能路径。

一　"青海民国史"的历史背景

在李老的文章里,讲的是"马氏家族兴起的历史背景",提到了三点。

第一点便是马氏先祖马海晏携子(即马麒)两卫京师。这一点为我们提示的线索主要有三。

其一,晚清西北动荡,主因在于当地的回民,而西北稳定,也是由于河州地区回民上层精英降清并忠心效命于朝廷。河州回民上层因效力朝廷获得信任,在清末形成了强大的军事集团,称"精锐西军",马步芳祖父即为中坚一员。直至青海建省,马氏父子稳握省政,西北治乱一直与这支武装力量的动向息息相关。这是在研究西北地区社会历史问题时必须涉及的重要背景之一,而为何回民在青藏走廊的西北端有如此重要的地位和影响,也是一个需要认真研究的问题。

其二,"西军"既然出自河州,对于青海当地而言,马氏家族的势力就是一股"外来"的力量。马氏家族如何进入当地,如何培育根基站稳脚跟,如何与当地各种群体相处,如何处理和表述他们"外人"的身份,就是一个非常重要的问题。与这个问题相对应的另一面向,就是青海地方各种群体又是如何看待这样一群"外来者",是如何处理与他们的关系的。

青海民国史研究的进入
——兼评李文实先生的文章《马氏家族长期统治青海的原因试测》

其三,马氏先祖两卫京师,在清朝末期,一方面使得这个家族获得军功,在朝廷的政治舞台上有一些资本;另一方面,由于护卫京师所针对的是八国联军,具有强烈的爱国主义色彩,这为其政治地位又提供了一种"永久"的超越朝代和国体更替的支撑。还有一个重要的方面就是,马氏一族虽出自边缘,但他们的政治历程中涉及了国际局势和国家安危,使得他们在某种程度上具有一种"世界眼光"。

李老提到的第二点是"英帝侵略与青藏问题"。西藏问题直接起因于英国的势力扩张,并将青、康、甘、滇也牵涉其中。马步芳父子据青海,与西藏问题有直接关系。西姆拉议事之时,马麒由"西宁镇总兵改任甘边宁海镇守使,他以洞察英帝阴谋与野心的敏锐眼光,致电北洋政府据理力争,并通电全国表示反对。他的这种态度,引起川、滇当局和全国上下一致响应,英帝和西藏部分亲英上层分子的阴谋,遂未得逞。马麒之所以能久于其任,和这桩震动全国的大事,有极其重要的关系"①。

而马步芳继续主政青海,除受其父荫庇之外,在这方面也有他自己的作为。"在青藏问题上,在马步芳时代又有1931年和1943年两次青藏事件。前一次中藏兵从西康进入玉树,为青、康两方面驻军所逐出;后一次正当抗日战争严重阶段,西藏部分亲英分子陈兵黑河,蠢蠢欲动,经马步芳奉命派骑兵一旅(另加马英的骑兵团)急援,才把局面稳定下来。当时的国际形势,十分险恶,中、英虽属同盟,但背景极其复杂。"②

马麒发"艳电",处置"西姆拉"之争,正值北洋袁世凯当政,军阀买办卖国争强,政府分立,边疆事务危机四伏,中央政府力不从心、鞭长莫及。他的这一行动对于乱局之中稳定边疆贡献不可小视。而马步芳处置青藏问题,也在抗日战争期间,举全国之力东拒日寇,中央政府无暇西顾之时。"与此相联系的,还有马步芳部骑五军开赴

---

① 李文实:《马氏家族长期统治青海的原因试测》,《西北五省区政协第五次文史资料工作协作会议会刊》,青海省政协办公厅1986年9月刊印,第120页。

② 同上。

新疆的举措，这都可以说是与当时国内、国际局势息息相关的。马步芳本是一支地方势力，非国民党军的嫡系，但蒋介石所以不能不利用他，则是当时历史形势所造成的。"① 骑五军入新，与尧乐博士、麦斯伍德、乌斯曼等人都建立了密切关系②，对1945年"三区革命"爆发以后新疆局势的变化起到了重要作用。

这些都提示我们注意这样一个地方军阀集团的认同倾向、自我定位、政治立场及其在国家政局中主动或被动承担的功能角色。这种思考又必然会引导我们将注意力转为：这个集团是如何获得这种特征的，以及在同一时局中，除马步芳和青海地方当局以外的其他各个方面的态度、取舍和举措。

李老提到的第三点是"迎降国民军"。李老所强调的是，在冯玉祥率领西北军进据西北甘青地区时，马麒的审时度势、顺应时局。民国初期，西北回民军阀势力强大，青、宁建省以前，甘肃八镇中"西军"据有其四。但是，"顺时者昌、逆天者亡"，只有顺应历史潮流的青海马麒和宁夏马福祥在乱局中把握住了方向，保住了自己的势力。而马步芳在新中国成立前夕，不识时务，逆势而动，以卵击石，落得惨败，也是李老所强调的历史教训。这在青海地方势力的作用方面给予我们的启示略同于青马在新、藏问题上的表现。而当我们站在青海地方的立场上来看"国民军进青"这个历史事件，就会发现，国民军一方面促进了青海省政建设，实现了马麒在青奋斗多年的夙愿，另一方面又强化了马麒统治青海省政的社会基础，这从当时青海流行的一句民谚中可以得到证实："宁叫土匪勒索死，不叫国民军刮死。"这从一个侧面揭示了国民政府统治时期，国家强力机器、地方势力与社会的关系。顺着这条思路，我们可以深入了解青海地方社会在民国时期的处境，从中理解各方在民国时期的行为和相互关系。

---

① 李文实：《马氏家族长期统治青海的原因试测》，《西北五省区政协第五次文史资料工作协作会议会刊》，青海省政协办公厅1986年9月刊印，第120页。

② 参见青海省政协文史资料研究组《马步芳封建军事集团的形成及覆灭》，青海省政协学习和文史委员会编《青海文史资料集萃（军事卷）》，内部资料2001年，第44—48页。

青海民国史研究的进入
——兼评李文实先生的文章《马氏家族长期统治青海的原因试测》

在李老笔下，马氏家族的兴起应和了辛亥革命以后青海地方社会变迁的大势。他以马氏家族为主线，为我们勾勒出青海自进入民国以后所经历的具体的历史过程的主要线索。李老所使用的方法，正是将具体的研究对象放在其自身所经历的具体历史脉络中加以理解和评价。他的文章，也是最接近于青海地方史的"主位"视角的。

二 地理因素的引入

李老认为："马氏家族的兴起……也是甘肃这个地区（特别是河湟流域）特殊的地理条件所促成。"[①] 地理条件决定一个地区特殊的人文、经济和政治面貌，李老从"马氏家族的祖籍在今甘肃临夏膜尼沟和积石山的乩藏地方""西北地区在最近数十年历史发展中所处的地理位置""民族地区的特殊情势，也是马氏家族得以盘踞的地理因素"三个方面分析马氏家族在青海的"地利"。以下我们来逐一讨论李老所列之"地理因素"。

（1）河州，即今甘肃临夏地区。王明珂在分析高原游牧社会的群体关系和政治互动模式时指出，河湟地区的部落纷争和社会动荡总是由出自其右的与中原王朝有着紧密关系的地方强势力量来平复，这种现象一直持续到近代，甚至可以包括马步芳家族的军阀势力在内。[②] 河州正是紧邻河湟地区的"熟番"和"汉民"杂居之地。这里的人既已习得中央治下的文化、政治规则，又仍保持着强悍的民风和娴熟的弓马骑射。当地复杂的族群结构、宗教派别关系也使得人们具有相当高超的社会政治能力。实际上，自古以来，青海地区就与国家政治有着密切联系，是构成中国传统国家体系的一个重要环节。而这种联系又往往是经由陇南势力达成和强化的。马步芳家族正出于此地。因此，中国传统国家体系及现代民族—国家体系介入青海地方的路径，

---

① 李文实：《马氏家族长期统治青海的原因试测》，《西北五省区政协第五次文史资料工作协作会议会刊》，青海省政协办公厅1986年9月刊印，第121页。

② 参见王明珂《游牧者的抉择：面对汉帝国的北亚游牧部族》，广西师范大学出版社2008年版。

也是我们进入青海地方民国史的路径之一。

（2）青海利于割据的地理条件。"清末民初，由于帝国主义分割势力范围，各地军阀得以分片割据，而西北地区由于偏处边陲，交通梗塞，非中原争全局者所注重，因而地方势力，易于盘踞。……马步芳生前曾说过：'我们坐在番子窝窝里，为人家所不重。'也就道出了这个形势特点。"① 因地形、交通因素而利于割据，与紧邻强势的介入并主导的现实，二者之间存在明显的张力——当地势力为何不得形成割据局面？这里讨论的实际上是自游牧文化兴起以来亘古未变的自然环境的影响力，把我们带回到王明珂讨论的问题中。而这种影响力在近现代，也就是在民国时期如何发挥作用，是我们理解青海历史中"古代"与"现代"的衔接过程的关键点之一。

（3）政治地理形势。"青海建省，其偏处西北一隅的地理位置，有所改易，但又以藏事纷扰，红军西征，以迄日寇入侵等形势的发展，马氏家族又成为国民党政府的依靠力量，因为这时马氏家族的政治军事力量，已在本地区形成举足轻重之势了。……北伐战争，使当代北方、南方军阀趋于瓦解；抗日战争，又使西南地区军阀势力，归于分崩离析，而唯独西北两个马氏家族势力反而扩大，这也与他们所处的地理位置有关，东面既不当日寇的西侵，而西北与西南，又适为外人所觊觎，便益增重其坐镇的地位。青新、青藏公路的建修，便为我们透露了这个隐秘的消息。"② 李老在这里指出的是，由于青海独特的地理环境，当诸多全国性的大事件的影响力到达青海时，对当地的影响被纳入地方系统的轨道，转化为于地方有利的"时机"。如果从青海当地的视角来看这些重大历史事件，我们甚至可以窥见"外力"是如何使青海以其特有的方式"顺应"历史并把握自主性的。

（4）回民。河州地区的伊斯兰化是在元末，既有丝路商道的作用，也受中国传统国家政治的影响。争夺帝位失败的阿难达旧部就驻

---

① 李文实：《马氏家族长期统治青海的原因试测》，《西北五省区政协第五次文史资料工作协作会议会刊》，青海省政协办公厅1986年9月刊印，第122页。

② 同上书，第123页。

青海民国史研究的进入
—— 兼评李文实先生的文章《马氏家族长期统治青海的原因试测》

扎在河州，为压制该部，元廷还派来几个亲王坐镇于四周，也包括河湟地区。在河州，除了聚居东乡的阿难达旧部（为今天所谓的"东乡族"的主体）之外，几乎全部使用汉语，遵习汉俗，只是对日常生活的"解释"依据经人们选择过了的伊斯兰教教理。人口来源与意义系统的差异，使得河州的"回民"虽貌同汉民，但却被视为"陌生人"，处于紧邻于"汉"甚至就生活在其中间的"边缘人"。这种处境下的回民，反而发展出一套兼容"汉番"的生存技能，成为"汉"与距离中心更为遥远的"番"之间的链接和润滑，在中华系统中居于一种极为特殊的地位。这种位置中的人们获得的"地方性知识"是中国传统国家体系处理西北及整个边疆事务的宝贵政治资源。从长远的历史过程来看，近世以来"回民"的作用与史家所分析的"陇东""陇南"集团相类似。差异在于，除具有"陇东""陇南"集团的要素之外，"回民"社会中还实践一套来自于更加遥远的"西方"的意义系统，带入了现代意义上的"西方"以外的更加复杂的"世界"历史因素。可以说，"回民"的特殊性恰恰是我们观察和分析中国传统国家体系多重"系统链接"的重要窗口。这种"链接"分布的一个重要方向即在青海。

（5）民族地区的特殊情势。"甘肃、青海南部，为安多藏族聚居地，河南蒙旗也杂处在那里，马氏先世因从事牧区贸易，多与当地千百户和喇嘛往来，到马麒时代，更与甘南拉卜楞寺活佛嘉木样四世、贡唐仓、河南亲王、黄南红教活佛古浪仓等，均建立有一定的往来关系。虽在他们父子两代，对拉卜楞、果洛、玉树及黄南等藏族部落进行过镇压，但同时又对阿坝的杨俊扎西（原果洛莫巴人），海北的华宝藏（刚察千户）、同曲乎（达如玉千户），海南的丹德尔（拉加寺管家）、朝日加（鲁仓千户），黄南的夏日仓（隆务寺活佛）、札西（隆务昂贡），玉树的札武久美，河南蒙旗九世亲王贡噶环觉、十世亲王札西才让，海西札萨齐木贡旺札勒拉卜旦（齐雨民）及塔尔寺活佛阿嘉等，均委以事权，进行笼络。而化隆、民和、门源、大通的回族，化隆、循化的撒拉族，则又以共同信仰伊斯兰教的关系，更为马氏家族所倚重。马家军骑兵所以称雄一时,难与争锋,都与这些少数民族精于骑术,熟悉地理,善用地物为掩护,而且射击准确等条件有关。……而甘肃、青海两省,又是历来养马重地,浩门马、河曲马,到现在犹称龙驹。马家军骑兵之所以突出,正可以具体说明它得地之利。在过去时代来说,这个条件也是本地区所特有的。"① 从李老文中至少可以看到一点迹象,那就是多族群杂处的复杂局面在民国时期的青海,在一定意义上被转化为构成地方优势的重要因素,这与青海周边的其他地区形成鲜明对照。那么,这种局面是如何形成的?各个群体之间的关系结构和处事原则是什么?这些问题将引导我们探讨复杂的青海地方社会内部关系结构。

青海地方的自然环境和人文历史,一直以来都以整体形式发挥着影响力。在对李老文章的分析和引申中可见,地理因素的引入,提示我们需要在足够深广的历史脉络和文化交结中研究一个具体时空,在参与其中的每一种人的历史"上下文"中理解他们的行为和意识及事件的机制和意义。

三 谁是"青海民国史"中的行动者

在分析了历史背景和地理因素之后,李文实先生以很小的篇幅指出"马氏家族的兴衰与人才的关系"②。在不到600字的篇幅里,李老实际上谈到三个问题。

第一个问题他没有明说,但却十分关键,那就是,马氏祖孙三代,都有过人之处,是难得的人才。

第二点,李老提到马氏先祖与"一般群众的关系":"据说马海晏出身寒素,'慷慨好义,乐善好施',甚至还说他有'人饥己饥,人忧己忧'的风范(均见高文远著《清末回民之反清运动》所引)。这虽

---

① 李文实:《马氏家族长期统治青海的原因试测》,《西北五省区政协第五次文史资料工作协作会议会刊》,青海省政协办公厅1986年9月刊印,第123—124页。
② 同上书,第124页。

青海民国史研究的进入
——兼评李文实先生的文章《马氏家族长期统治青海的原因试测》

不免溢美，但可略窥其与一般群众的关系"。

第三点，李老谈到在世事多舛、群雄争霸的几十年中，马氏能立于青海，"其主要原因当在于马氏先世有过人的胆略与见识，而且虚怀若谷，用人唯贤。这就是他们与群雄角逐中获胜并能为其后人创立广泛而坚实的基础的关键所在"。这句话还提示我们要注意到马氏统治青海的"广泛而坚实的基础"。

李老在文章的结尾部分，寥寥数笔，直指问题的要害——人。实际上，人才是历史的主题，研究历史，就是要研究历史中的行动者。李老的几百字已经指出，青海的民国史，不仅仅是马氏家族表演的一段历史，参与其中的行动者还大有人在，不仅包括了"一般群众"，甚至还拥有"广泛而坚实的基础"。但是，李老只点到了为马麒重用也一力赞赏马麒的青海名士，对于"马步芳时代"，则指其"虽自诩为局面大过先人，但他不识时务，狂妄自大，而用人尤滥，不是聚敛之臣，就是献媚之辈。对国民党阳奉阴违，对共产党一意为敌，即使在新中国成立前夕，形势已危如累卵，而他还妄图残民以逞。其彻底败亡，虽由当时举国解放潮流所使然，但马步芳的昧于时势，倒行逆施，不仅使他的祖先所辛苦经营的基业毁于一旦，且使青海广大人民备受苦难，这是当代全国各地所有军阀中所鲜见的！"似乎，马步芳除了暴虐逆施之外无甚建树。这与李老在此一部分一开始所作的论述有些矛盾。李老写道："同样的历史背景和地理条件，但和马氏家族争夺统治权的人，如马国良、马廷勷、马仲英、陆洪涛、孙殿英、于学忠、黄正清以迄马鸿逵，他们的实力与条件，虽大都与马氏家族相当或有所超过，但都未能取而代之。"李老所点到的八个人中，与马步芳相争的至少有马仲英、孙殿英、黄正清和马鸿逵，而马廷勷、马廷贤兄弟也一直是马步芳的强劲敌手——八人中的一大半都是马步芳主持局面、独立应对的。如果马步芳只是如李老所述一味逞强，用人无道，他在虎狼之争中无论如何也不会一直立于不败之地。

倒是民国时期的观察家指出了马步芳的一些特点："马麟的活动是侧重消极的、个人的、保守的、家庭的。马步芳的活动则比较趋向

人如其文　贵在其实
李文实先生诞辰 100 周年纪念暨西北文史专题研究

积极的、团体的、进取的、社会的。所以，研究马步芳的政治作业，对于西北的将来，有其不可忽视的影响。"① 马步芳的"积极的、团体的、进取的、社会的"活动特征又是如何体现出来的呢？

鲍大可在 1948 年的旅行中，对青海用了两次"印象最为深刻"。一次他提到："尽管马的政权是严厉的、完全的权力主义，但是由于部队的纪律和素质以及政府的目标瞄准了经济的发展，这就使青海在许多方面完全不同于其他军阀政权，诸如宁夏的马鸿逵和山西的阎锡山。在 40 年代末，这些政权都带有极端的权力主义色彩，而很少有改革创新的特点。"② 另一个印象最为深刻的是昆仑中学。"马步芳因为支持了一种特殊体制的昆仑中学而非常出名，但昆仑中学几乎有 90％ 的学生是回族穆斯林，教阿拉伯语。马表述过其教学目的，即是想通过'发展穆斯林教育的水平'来产生新的穆斯林的杰出人物。尽管在当时作为一个整体看青海各种各样的学生总数仍很少的（也许刚超过人口的 10％ 多一点），这些学生主要集中在西宁，我在 1948 年写过，这个学校体制是省里最有影响的发展，因为西北其他的军阀没有像这样发展学校。"③

这里甚至提到了马步芳的"改革创新"和"省里最有影响的发展"的昆仑中学。笔者在这里要特别说明的是，李文实先生正是这所学校的第一届高中毕业生，并被马步芳保送出省"留学"，入顾颉刚门下深造。他本人与马步芳的亲信之一马振武是密友，与马步芳的独子马继援也是好友。作为青海民国史的亲历者，李老对这个时期的分析和评论，挂漏行止，滋味独具。而一个经由昆仑中学培养和保送才有可能最终成才的学者，不论有意无意、主动被动，在他的文章中对自己的母校只字未提，似乎是在用另一种方式暗示我们研究青海民国史的路径。在一个方向上，我们需要探讨人们在经历两个不同的历史

---

①　范长江：《中国的西北角》，天津大公报馆 1937 年版。
②　鲍大可：《中国西部四十年》，孙英春、门洪华、张立等译，东方出版社 1998 年版，第 254 页。
③　同上书，第 298 页。

青海民国史研究的进入
——兼评李文实先生的文章《马氏家族长期统治青海的原因试测》

时代之后的历史记忆和表达方式；在另一个方向上，关于那个时代，昆仑中学可能是我们进入人的世界的幽径。

昆仑中学的前身为"青海省回教教育促进会附设第一中学"（简称"回中"），始建于1933年2月，初建时只有初中一、二年级两个班。1936年增设高中部，更名为"青海省回教教育促进会立高级中学"。1942年，时任国民中央政府国防部副参谋总长的白崇禧到青海视察，根据学校的发展情况，白认为校名过于冗长，而且简称"回中"显得门径过于狭隘，与学校招收各族学生的实际情况也不相符，建议更名。马步芳在属僚中征求拟名，最后采用薛文波（回族，时任国民党青海省党部书记长）的意见，定名"昆仑中学"。

马步芳从1937年起任该校校长，自第二年春节开始，经常亲自到校巡察，凡有青年要求入学者，莫不允准其请。学校的经费由马步芳旗下的德兴海商号供给，在校学生全部公费，并统一供应服装、住宿、伙食和书本、笔墨、纸张。昆仑中学的课程，完全依照教育部规定的要求开设，教材也采用商务、中华（等出版机构）经教育部审定的课本，学制也同于国内一般六年制普通中学，区别在于每周加设两次四课时要求穆斯林学生必修的阿拉伯语文，校内建有礼拜堂，主麻日周五休息。学生毕业以后由省政府统一分配工作，或保送外地继续深造。昆仑中学建有一套完整的教育系统，附设幼稚园、多所小学及完全建制中学，并根据青海省的需要设有各种专业人员培训班、党政干部培训班和军官培训班。1949年，昆仑中学系统的在校学生总数达到8000多人。昆仑中学也是马步芳的独生子和继承人马继援就读的学校，马步芳凭借举办教育的机会笼络了一大批青壮年后备军，并为其子奠定了青海新生代少壮派核心人物的地位。在马步芳时代，青海党政军要员多数出自昆仑中学。不难看出，昆仑中学实际上是马步芳培养为己所用的各种人才的基地，也是马家统治青海的一块基石。

以昆仑中学为切入点研究青海民国史中的人物，可以将我们的研究推向更深入、更具体的层面，因而也为我们讨论更深刻的理论问题提供基础。

第一，作为马步芳时代青海社会精英再生产机构，围绕昆仑中学的一切都与人有关，透过这个教育机构，我们可以了解在青海民国史中各种人如何成为以及怎样扮演他们的角色；第二，昆仑中学当年笼络的一批青年才俊现在还有一些散落各地，它精心培育的一批幼苗在他们还没有成型的时候有幸迎来了新社会，成为共和国时期青海历史的积极参与者，他们可以让我们在活着的人们的亲身经历和历史思考中寻找历史的"真实"；第三，作为一个教育机构，昆仑中学与民国时期青海所有的社会部门之间都存在这样或者那样的内在联系，也与青海各地和各族群的内部发展进程密切相关，它实际上是民国时期青海社会历史系统的结构中枢，通过与之相涉的各种关联，我们可以探索青海地方乃至卷入其中的更大范围的社会结构的特点以及人的内在结构的历史变迁。

从昆仑中学我们还可以探讨，在由传统向现代转型的普遍进程中，马步芳治下的 13 年不同于他的父辈，是青海地方社会内部逻辑转变的过程。马步芳成功地找到了掌控这个过程的门径。循着这个门径，今天的我们可以找到当年马步芳撬动青海社会历史的支点，进入那个时代的广阔历史田野。

四　青海民国史凸显了什么

梳理一位以自己的生命史"进出"青海民国史的学者写于 20 多年前的文章，为我们呈现出了一部"多重纠结"的地方史。

在青海地方的历史脉络中，民国时期是一段承上启下、继往开来的历史。在民国时期青海地方上演的历史剧中，"承上"和"继往"的主角是马麒，"启下"和"开来"的领导者是他的儿子马步芳。马麒所承何上、所继何往，指向的是中国传统国家体系既有的道德—法权规则体系和中华民族多元一体格局中的中心—地方群体关系模式，他的行为方式、政治资本、统治合法性和社会认同的基础都来源于此。而他的继承者马步芳，"启下"和"开来"所指向的目标，在那

青海民国史研究的进入
——兼评李文实先生的文章《马氏家族长期统治青海的原因试测》

个时代，除了他自己的野心、志趣和偏好之外，我们几乎可以从马步芳本人的言行和他所刻意经营的"团体"的作为和意识形态表达来观察。

马步芳自国民军进青开始组织训练"新军"，一直致力于青海地方武装力量的现代化，到解放战争时，他胆敢命自己的儿子马继援恶战陇东、负隅顽抗，凭借的就是手中这支完全听命于他并被他赋予某种"使命感"的军队。为培育青海地方的武装力量、行政管理和经济活动方面的人才，马步芳极为重视昆仑中学，不仅令其完成一般普通学校的教育任务，而且也将其用作自己的干部培训基地，从1936年开始系统培训了包括保长、甲长在内的青海地方的党、政、军干部，为其在青海进一步建政设治打下人力资源的基础。昆仑中学同时还承担了为青海地方培养各方面专业人才的任务，马步芳通过这种方式基本上实现了"人才自给"，从而有效地"婉拒"国民党和中央政府的"渗透"。马步芳继承父志，大力推行了所谓"六大中心工作"，即编组保甲、训练壮丁、积极造林、修筑公路、厉行禁烟和推广识字，曾一度使青海地方面貌一新，堪称"西北楷模"。在发展、壮大青海地方势力的同时，马步芳处处以青海当地人才的发展为依托，举措谨慎，步步为营，以致在抗日战争胜利后，全国经济形势失控，金融糜烂的形势下，依然能够自固一方。在马步芳治下的13年中，青海社会缓慢但却以加速度启动了它的"现代化"进程，民风在改变，社会流动的机制在变化，政治、经济运作的方式也应和着中国社会的发展节奏而变化。这些从另一个方面也可以视为马步芳推进地方现代化和将青海紧密纳入现代中华民族—国家建构历程的成就。

而马步芳能够做出上述业绩，关键在于他大办昆仑中学。通过昆仑中学透视青海地方社会发展进程，我们可以看到，以马步芳为首的青海地方势力主导下的青海社会中具有当时中国整体社会结构的几乎全部分形特征。这种结构分形在青海特定的地理人文环境中又具有其运行的独立特征。如果我们把马步芳视为主导青海民国时代的具体行动者，把昆仑中学视为这个行动者行动的部分舞台，以此为基础来分析青海这个分形结构的特征和运作机制，可以帮助我们理解中国多族群社会在民国时期所经历的具体历史进程。

昆仑中学之所以产生重大影响，是因为通过举办这所学校，马步芳成功地解决了维持以他为首的青海地方势力统治力量的两个重大问题。第一个重大问题是在转变人口的内部结构方面有力地推动了社会转型。昆仑中学的举办首先改变了回族社会对待以汉语言进行的新式教育的态度，同时，通过大量培养和训练学生，改变了人们的行为方式和思想观念，为青海地方当局的政治统治和军事扩张造就了重要的人口基础。第二个重大问题是，牢牢把握住了这种人口培育的方向，实现了青海地方社会意识形态的整合。由于昆仑系的垄断性影响，其他的教育系列在青海边缘化了，由于"反共救国"，在"护教护乡"的旗帜下整合了青海的各宗教、各族群和各阶级，在"保卫祖国"的旗帜下升华了本来以青海地方利益为核心的"昆仑话语"，使得青海人有一种基于对国家的情感和责任的共同的自我认识和表达。这方面产生的强大精神力量，支持了马步芳进军陇东，也支持了那些昆仑中学培养出来的"忠诚战士"在马步芳大势已去之际依然下去陪葬，直至1958年。

从马步芳举办昆仑中学的动机、具体的举措、采用的话语方式，以及青海地方势力与国民党中央政府、马步芳和马继援个人与蒋介石和蒋经国的关系来看，在解决上述两大问题的时候，马步芳实际上处理了三种关系。

第一种关系对于马步芳的权力来讲是最为重要的，就是宗教与军政权力的关系。马步芳出身穆斯林，具有虔诚的宗教信仰。他的基本队伍和忠实干将以回民为基础，他统治青海依靠的是青海当地以及周边回民社会的支持，要得到认可和支持必须维护宗教。但是，伊斯兰教是一种强调"政教合一"的宗教，干预军政、控制军政权力是多数宗教派别的内在属性，加之甘青地区伊斯兰教教派门宦林立，严重分散和消耗了社会资源。从西北回民军阀产生之日起，他们就处在宗教的这种矛盾关系中。马步芳的父亲选择了最适合当时回民社会克服这

青海民国史研究的进入
——兼评李文实先生的文章《马氏家族长期统治青海的原因试测》

种矛盾需要的教派伊赫瓦尼,首先在推进教育方面得到了宗教的助益。而到马步芳主持省政的时候,他对伊斯兰教的宗教职业者提出了很高的道德要求,并且严格约束他们不得干预地方军政诉讼。① 从这一方面可以看到,马步芳处理的实际上就是使传统部族社会的臣民和教民转向某种程度的现代人的问题,当然,他正在建构的社会远不是公民社会。

宗教与政权的冲突,在青海还有一个重大方面,一直是马步芳失败的地方,那就是藏族社会普遍信仰的喇嘛教体制与青海地方势力想要快速推进的现代行政体系之间的冲突。马步芳势力竭力向藏族部落地区推进现代行政,最主要的动力是收税和垄断贸易,这种动机下他们不可能让全体藏族部落社会认同这种行政体制。双方在一些事件上的冲突实际上反映了藏传佛教的政教合一体系与民国时期青海地方当局推行的行政体系之间的冲突。青海的这一现象,提示我们注意,在现代民族—国家体系建构的过程中,已经纳入和尚未纳入、深度融入和表层相关的群体分别有着不同的社会历史进程,一部青海民国史同时也是各族群多重社会历史进程的纠结史。

马步芳需要小心处理的第二种关系也是生死攸关的,那就是青海地方与中央政府的关系。从马麒开始,无论是马步芳的家族势力,还是青海的地方势力,都没有丝毫反对中华民族认同、否认中央统辖地方合法性的企图,甚至相反,他们把自己统治一方的合法基础牢固地建立在对中华民族的忠诚和至少在形式上对中央政府的服从上。这样一来,中央和地方的关系问题就是在他们需要维护自己割据一方的实际利益时,如何在其中拿捏分寸、保持平衡。正是他们的"拿捏"和"平衡",使我们看到,地方作为能动者对现代民族—国家建构过程的参与。在这个问题上,马氏父子做足了他们广交蒙藏、老于边事的文章,成为国民政府主政时期应对来自英、苏等外部力量对我国西藏、

---

① 参见马步芳《青海省回教教育促进会香公委员长对改革阿文学校指示》,青海省图书馆地方部馆藏资料。

新疆图谋分裂的主要力量之一。他们以传统帝国大一统的政治道德理念为行为指针，巧借国际风云，在维护大一统的过程中发展、壮大自己的势力，并且每一步都在合法性上做得可以大书特书以飨世人。从这一点可以看到，中华体系内部的地方力量，在进行政治、经济和文化博弈的时候，他们的眼光和行为并不局限在体系内部，而是在世界与国家之间以国家利益为轴心拓展局面。地方并非政治经济结构体系中的一块积木，他们同样是参与和制造时局的能动者。这里又让我们看到了世界史、国家史和地方史三者之间的纠结。

在主持省政过程中，马步芳处理的第三种关系事关青海地方社会的整合，直接影响青海地方势力的实力。这就是青海的族群关系。

对于马步芳来说，第一对棘手的族群关系就是回汉关系，这实际上是他统治青海的最核心的要害问题。青海历史上就是回汉冲突的重灾区，民间回汉之间的相互仇视极为深刻。然而，青海的兵员、财税主要来源于河谷农业区，农业区人口中汉族占多数，如果不能处理好回汉关系，马步芳家族将无法在青海立足。这种关系也将马步芳置于矛盾境地，他必须在分配各种地方资源的时候掌握平衡，偏向哪一方过甚，都将使另一方背离。马步芳在处理这个问题时采取了以社会阶层为基础的"分而治之"策略，主要从相互尊重文化和维护精英利益方面着手。他一方面给青海的地方名士以很高的地位，保护西宁城区的汉族商户和河湟谷地大地主，让一般汉族子弟也一样可以通过昆仑中学和保送大学的途径有机会飞黄腾达。另一方面，他强化回族教育系统，大办昆仑中学，全面提高回民素质；从当地汉族地主手中收购荒弃的滩地旱地，调动军队平整开荒，兴修数套灌溉系统，以安置生产条件极差的回族农民；严厉惩治以信教等借口反对汉民或不尊重汉民的人……通过一系列措施，青海的回汉关系在马步芳时代有了很大好转，尤其是汉族社会的上层和西宁市的工商业者，在新中国成立以前还是比较拥护马步芳的统治的。如果说马麒笼络了青海地方汉族社会贤达，那么，马步芳则全面协调了回汉社会各方面的关系。这也许就是李文实先生所提的"群众关系"和"广泛而坚实的基础"的重要组成部分。不论马步芳的动机如何，他的这些作为在一定程度上符合现代社会对于地方行政当局的功能需求。

马步芳父子对蒙藏的态度在前文所引李文实先生的文章中已有所述及。外部势力的影响和政教关系的纠结，使得民国时期青海地方内部的主要问题表现在对待藏族部落的残酷镇压上。这是马步芳时代青海族群关系的败笔。概括笔者已经完成的口述史调查资料，亲历者们基本上都持相同的说法，即服从"大局"，顺应"时务"的人们平安无事。"不识大体"，"一意孤行"，甚至是想骑在墙头、左右逢源、惹是生非、从中渔利者，必当重惩。以这种方式，他也笼络了相当部分藏族首领，并获得他们的支持。这里让人看到的是"臣服与奖赏""叛逆与惩罚"的规则，是典型的古代帝王将相的行为。而与之相对的相互关系的另一方，其行为则遵循了高原游牧社会的部落政治模式，在游移中追逐利益的最大化。一方面，青海地方社会的族群经历着各不相同的社会历史进程；另一方面，同一个地方统治集团既有倾向于现代的政绩，也有承袭于古代的规矩，民国时期青海地方社会政治的复杂性由此可见一斑。青海的民国史也为我们呈现出了趋向现代的新型政治行为与传统的权力关系模式的纠结。

总体来讲，以马步芳为首的青海地方当局基本处理好了上述三种关系，所以他们才能把在青海的统治根系深植于青海地方社会，枝叶紧紧缠绕在国家体系中，在动荡的民国时期独据青海40年。

马步芳处理上述三种关系的方式，各族群在互动过程中借助的力量和合法性基础，以及人们在对待自己、外部及国家问题上采取的态度和行动，直接涉及了五个核心议题。

第一个议题是：传统社会现代化转型的历史过程和机制、人口的社会结构和人的内部结构的转变。在青海就是汉、回、蒙古、藏四个主要的族群社会的不同进程以及他们之间如何协同的问题。在那个时代，虽然因为马步芳是回族，回族有着特殊的地位，青海仍然是汉、回、蒙古、藏等族共治的社会。这一点为我们深入检视中华体系的族群性在民国时期的青海社会历史过程中的表现，并分析它的政治、经济和社会心理动因提供了机会。而所谓的族群关系,在青海民国史的研究中,更恰当的定位可能是传统社会转型过程中社会的文化结构和人口的内部结构的变化。

第二个议题:中国社会政治体系的演变过程、动力机制和整合机制。"历史不仅是由行动与经历的关系组成,而且是由影响与功能的关系组成。这些关系能压过个别人的追求与努力,而个人主观上并不一定认识到这些关联的存在。"① 青海的民国时期为我们展示了这样一种历史境况:地方社会在更宏观的社会"大事件"一波又一波的震荡中,一直在做着自己的事情,走着自己的路。只要符合它的需要和目标,它就会采用大历史的方式,从大社会中谋取资源,因而将自己与大社会"捆绑"在一起,以卷入或者融会的方式进入大历史的进程中去。马家军阀告诉我们的历史经验是:传统意义上的"功业",只有在充分适应历史的条件下,在国家层面获得了某种文化象征图式或社会结构意义的基础上,才有可能被成就;地方和族群必须要处在国家的战略层次上思考问题才能在国家进程中借其势、受其益。这实际上是在试图回答以下两个问题:中央的国家权力和权威如何演变为地方性的威权?一旦这种外来建构的权力获得了它的行为主体,这些行动者将如何建构自己的合法性?

第三个议题:不同文明和意识形态的演变过程、相互影响和协同机制。青海地方的各族群会聚了多种文明的交互影响,马步芳所处理的宗教与军政权力的关系问题,实际上涉及现代政治文明与传统部落社会和具有中世纪色彩的宗教文明之间的关系问题,这个问题在当代也还没有得到很好的解决。马步芳处理伊斯兰教与现代军政体系关系的尝试,无疑为我们探讨这一问题提供了一个来自本土的历史案例。另外一个需要在不同文明的框架里加以理解的问题是,在青海地方出现的汉族社会传统信仰、藏传佛教与伊斯兰教的互动共生关系。在与

---

① [德]科卡·于尔根:《社会史:理论与实践》,景德祥译,世纪出版集团上海人民出版社2006年版,第78页。

青海民国史研究的进入
——兼评李文实先生的文章《马氏家族长期统治青海的原因试测》

西方现代文明接触以前,中国社会中发生的文明之间的交互主要涉及这三者,这是一个非常"本土化"的文明关系问题,只有在青海这三者才深刻地交会在一起,并影响整个地方的社会生活和文化心性。马家父子作为虔诚的穆斯林,能以地方统领的身份按照蒙古人的方式"祭海",能按照藏族的礼仪和心意供奉活佛,能为汉族修建寺庙道观;"马家军"中不少人精通藏语,善交藏民;青海地方统治集团中回、汉、蒙、藏共处,各取所长,各司其职,各得其所。凡此种种都是我们探讨中华传统体系中不同文明和意识形态和谐共处、协同演变的案例。这些案例与当代对照,是理解、评价以我们当代人已经经历过的思维和方式处理这些问题所形成的现实状况及其发展趋势的重要参照。

第四个议题:中华民族多元一体格局的内部机制、演变过程和现实结构。分析陇南势力何以主持河湟,可以帮助我们了解中华传统政治体系中华夏中心与各种边缘关系模式的内在机制。民国时期,无论相对于其前"中华帝国"强盛时期的皇恩浩荡、感服四方来说,还是相对于之后中华人民共和国的民族—国家社会控制能力而言,都是中央法统和威权衰微的时代。列强面对这个传统体系庞大的躯体,或工于谋略,精心分化瓦解之,或明火执仗,暴力抢夺吞并之,但终未能得逞。这不禁让人发问,是什么力量在进入现代转型期以后依然维护着"帝国臣民"对"民族—国家"的向心力?是什么机制保障了如此复杂多元的中华民族在四面楚歌中依然固为一体?民国时期的青海,在西藏和新疆问题上的作为,就全面展示了这种机制,其中人的行为所表现出来的影响力正是问题的答案所在。以马家父子为首的青海地方势力的作为,在时间上又是这一地区"现代"的开端。在这种时空条件下观察马家的行为,可以进一步探讨中华民族多元一体格局的内部机制、演变过程和现实结构。

以马步芳为首的地方当局可以专权青海,但是这个集团并没有把所有原本即属于青海自身的组成部分和涉及青海地方割据的外部力量纳入有效控制之中,在青海一直存在各种各样的"对立面"。在人们追求现实利益和自主性、躲避强势盘剥的过程中，涉入青海民国史的各个群体，都在从各自的社会文化系统关联中寻找资源。其中最吸引笔者关注的是，有中心位于拉萨的藏传佛教政教体系作为依靠的青海藏族社会精英的活动，包括藏族部落首领、宗教领袖以及宗教的和世俗的知识分子。概略地了解他们在民国时期的活动，笔者感到，青藏这两个并列的地方的关系是介入青海地方史的不应忽视的因素。而当其中一方处于强势，对另一方及其所护佑的群体造成难以承受的伤害时，处于弱势的一方，在青海民国史中也就是卷入事件的"藏"方，总是通过向上寻求"中央"的裁决和保护才得以解脱，求得西藏当地既有格局的维持。这说明，在地方具有一定的历史主体地位的时候，"中央"是居于上方的地方关系的调节者。这是否揭示着一种具体的"多元一体"的关系格局？

第五个议题：如何理解中国的近现代历史和当前的历史处境。中国是一个被动地卷入世界的现代化潮流中的区域性体系。它在近代以来所经历的一切，几乎都与这种被动的局面息息相关，因此，近现代中国的历史不可能脱离世界史而单独加以研究。在我们对青海民国史的简要勾勒中已经可以看到，研究地方史，同样不能脱离世界史和国家史而将地方孤立于它所身处其间的世界，用另一种"割据"阐释割据。这样一来，研究青海民国史，就必然涉及如何理解中国或者说是中华体系的近现代历史以及当前的历史处境的问题。

国家的历史，从其内部看，具有整体性，并且表现为一种"普遍化"的进程；而从世界史的角度看，国家史在全球性的历史进程中又是一部具体的地方史。地方社会的历史也是这样。它本身具有整体性，但又在各个方面与更高层次的各种因素相互关联。之所以不能跨越国家史而把地方史直接置于世界史之中，主要基于三点理由：第一，在对地方进程的影响力的比较中，我们发现国家进程的影响要大于世界史进程的影响，并且来得更为直接。例如，20世纪中叶在前殖民地及半殖民地区域内出现的创建民族国家的世界历史进程，在我国西藏的影响无法战胜中国国家历史进程的影响——即使在中央政府极

青海民国史研究的进入
——兼评李文实先生的文章《马氏家族长期统治青海的原因试测》

其虚弱的情况下，中国社会内部的机制仍然能将滇、川、康、青等地方势力推到历史前台承担本该由中央政府承担的责任。第二，世界历史进程影响的传递必须经过既存的社会结构。例如，青海以它自己的方式经历了抗日战争，但日本却从来没有称地点名地向青海宣战。这也同时提示我们反思，不论与中华体系交会的资本主义世界体系中的民族—国家关系结构具有多么强势的影响，无论列强如何处心积虑地想要拆分中华，在它进入中华体系的时候，必须注意到其整体性，甚至只能以整体来对待之。第三，青海民国史呈现出的多重纠结，使得对它的研究需要一系列的跨越层次的事件历史分析和比较研究。比较研究要求一致的分析单位，世界史的主角是民族国家，越宏观越具有普遍性的比较原型越具有"理想型"的性质，要寻找用来比较的指示性指标及其影响因素，只能首先在民族国家的框架内进行，然后在对经验世界的不断深入中加以修正。

沃勒斯坦在他的世界体系理论里提到三种体系，即"小体系""世界帝国"体系和"世界经济"体系。传统中国被称为"世界性的帝国"。"'世界帝国'是庞大的政治结构，包括各种各样'文化'的类型。该体系的基本逻辑是从其他地方自我管理的直接生产者那里抽取赋税，并上送到中央，然后在少数酷吏中进行再分配。"① 但是，中国社会的基本逻辑不能排除沃氏提到的三种体系中的任何一种，更远远不能用这三种体系中的任何一种加以概括。也正是因为这一点，通行的"民族国家"分析框架可能不能应对分析中国社会及其历史的需要。

中国的历史现实是，它不得不屈就自己，让自己在民族—国家的世界体系里通过这个体系的内在逻辑变得"进步"而重回野蛮。从文明史和国家史的角度来看，我们所分析的进程，也许是一种传统多元政治体系经由部族主义的族群社会向现代公民社会的过渡。我们所分

---

① [美] 伊曼纽尔·沃勒斯坦：《否思社会科学》，刘琦岩、叶萌芽译，生活·读书·新知三联书店 2008 年版，第 288 页。

析的青海民国史所代表的那个时代，可能处于这种过渡的前期，而人民共和国时代则接近这种过渡的后期。我们现在面临的是，作为历史能动者的"地方"势力已经不复存在了，与之相对应的是，来自远方和上方的力量也已不能继续扮演调节者的角色，上方的存在实际上演化为强力控制的力量，亦即几乎等同于传统关系模式中强势地方势力的角色。当传统中华体系的关系架构屈尊俯就落到民族—国家的窠臼之中后，按照民族—国家的行为逻辑处理中国传统国家体系内部的族群事务，似乎就是不可避免的历史宿命。

在个人生命史中，国家、地方的历史命运，最终会降落到每个具体的人身上。而过去的事情，即使是国家和地方的历史，也都要通过具体的人才能够被记录和流传下来。李文实先生无疑就是那些承受青海民国史的具体的人中的一员，而他，也参与了关于那段历史的记录。正因为历史被这样承载和记录，青海民国史无论如何又是一部历史与现实的纠结史。这种纠结，既使无数个体纠缠其中，也使青海的群体关系纠缠其中，人和社会的面貌在这种纠结中发生着改变。

我们这些后人从先生的文章中看到的矛盾和不平衡，正是历史纠结之处。可惜，我们这些后生虽逢其时，却姗姗来迟，已经不可能用我们在这里讨论的种种"方法"和"路径"来与先生当面讨论了。我们无法把现实投射到历史中的影子挪开，这是历史研究面临的最大的矛盾和挑战。社会以它的现实逻辑呈现矛盾，而要从矛盾中解脱出来，最根本的是要改变关于社会现实逻辑的话语方式，而要改变它，就必须看到一个整体性的社会和它的结构运行机制，使得关于社会和历史以及人们的实践和意义的解释和叙述，尽可能地符合社会运行的实际状况。[注：魏明章先生给笔者提供了他珍藏的李文实先生的这篇文章，在此向魏老表示衷心感谢。高文远曾任青海省政府秘书长，也曾任昆仑中学副校长之职。此书是他逃往台湾以后所著，现在在西宁的穆斯林用品商店里可以买到。李文实先生在三年之后著文《昆仑中学抚今追昔》，载于中国人民政治协商会议西宁市委员会编《西宁文史资料》第六辑（内部资料）第41—47页。有关白崇禧这次视察情况的记录反映,在白所到的几个教学班中,穆斯林学生所占比例为三分之一到一半之间,其他民族出身的学生占多数(参见马宣道《我所知道的白崇禧与马步芳》,参见中国人民政治协商会议西宁市委员会编《西宁市文史资料》第一辑,内部资料1984年,第57—67页)。笔者对1946年以后进入昆仑中学读高中的老人的访谈资料,也显示相同的比例〕

  这是一篇很有分量的研究青海民国史的长文。该文借李文实先生对马氏家族长期统治青海原因的分析思路,探讨用人类学和社会学方法研究青海民国史的路径,认为研究青海民国史应从历史背景、地理因素、人际关系三个方面全面探讨马氏家族的兴衰,"将具体的研究对象放在其自身所经历的具体历史脉络中加以理解和评价","需要在足够深广的历史脉络和文化交结中研究一个具体时空","要研究历史中的行动者"与"一般群众的关系"。作者认为在民国时期这段青海承上启下的历史中,马氏家族处理各种关系,凸显将青海纳入现代国家的建构历程,有着重要研究价值。文章条分缕析、逻辑清晰,视野开阔、立意新颖,有极强的学理性,研究思路和方法均可资借鉴。——蒲文成

羌藏关系新论

先 巴[*]

【摘　要】羌藏关系问题是藏族历史研究中的一个颇具争议的学术话题，长期以来形成了多种不同的学术观点，但总括起来，主要有两种，即一种观点主张羌藏同源而异流，另一种观点则认为羌藏自古就是两个不同的民族。本文在梳理汉、藏史料和汉、藏、羌等民族的古史传说的基础上，利用前辈学者的研究成果，认为羌藏关系诸说中，羌藏同源异流说是历史真实。

【关键词】羌；诸羌；吐蕃；藏族

今天的藏族地区古为"西羌之地"，直到吐蕃王朝统一青藏高原之前，高原上还有大大小小众多的"羌部"生活在这里，史称"诸羌"。吐蕃王朝建立后，他们随着吐蕃的统一进程而逐渐融入吐蕃之中。因此，研究者大多认为，古羌人是藏族先民的重要组成部分，而且早在新石器时代，藏族地区的原始文化与甘青地区的氐羌原始文化有着不可分割的密切联系。因此，探讨羌藏关系是研究藏族历史无法回避的课题。

---

[*] 作者单位：青海民族大学。

一 羌藏源流述略

有学者研究认为,"讨论藏族先民与古羌人的关系问题,不应从今天的藏族和羌族的祖先和起源着眼,用现代的民族的区分法去套远古青藏高原部落群体,而应把青藏高原整体地看作一个具有自己独特的自然生态环境的古人类的生息活动场所来考虑。通观吐蕃王朝兴起以前的青藏高原上的人类活动历史,从青藏高原东下、南下及北上的部落群呈波浪式地连绵不断,而从青藏高原以外进入高原的民族则很少,只有汉、鲜卑、匈奴、月支等民族曾到达过青藏高原的东部、北部边缘地区,而不能深入高原腹心。因此,古藏族部落和西羌部落的起源都不应在青藏高原以外去寻找,而是在青藏高原的内部,是随着青藏高原古人类发展和迁徙而出现形成的。"① 根据现代民族学和古人类学的研究结果,"青藏高原境内出土的旧石器和新石器时代的遗址,应当属于青藏高原古人类在蒙昧时期中级阶段及其以后的迁移分布的结果"②。中国考古学界普遍认为,西藏昌都卡若文化等遗址明显受到黄河上游马家窑文化等氐羌系统文化的影响。③

到了新石器时代的晚期和野蛮时代的中级阶段,随着谷物种植的发展,在河谷森林地带和草原地带的结合处实现了草原动物的驯化,出现了畜群和以畜牧业为生的游牧部落。从青藏高原的地理和生态环境来看,羌塘草原和河曲草原都是冬季酷寒、多兽害、多雪灾的地区。在古人类尚未实现谷物种植和驯养牧犬、马匹的时代,这些草原地区是不适宜古人类进行游牧生活的。"因此,青藏高原上的游牧部落之出现应当是在拉萨河和尼羊河流域的谷物种植有了一定的发展,藏族先民的一部分在拉萨河和尼羊河源头以北的藏北草原边缘地带驯养成功大规模的羊群及驯化猛犬(包括藏獒)和乘马作为自己的助手

---

① 陈庆英主编:《藏族部落制度研究》,中国藏学出版社 1995 年版,第 26—27 页。
② 同上书,第 27 页。
③ 参见洲塔《甘肃藏族部落的社会与历史研究》,甘肃民族出版社 1996 年版,第 5—6 页。

人如其文　贵在其实
李文实先生诞辰100周年纪念暨西北文史专题研究

以后，草原上的畜群出现后，很快就形成了专门从事畜牧业生产的部落。畜群的迅速繁殖造成寻求新的牧场的需要。使游牧部落广为迁徙，遍布于藏北广大草原，并且促使一部分游牧部落越过唐古拉山口发展到江河源和黄河河曲一带的草原。由于这一带的水草肥美，适合畜牧业的发展，因此游牧部落的人口和牲畜在这里迅速地繁殖起来，并不断分化出新的部落，向四周自然条件较好的地区扩散，逐渐遍布于青藏高原的北部、东部和东南部。这些向东、东南、东北方向发展的游牧部落，在青藏高原的边缘地带与华夏民族接触，被汉文古籍称为'西羌'，其中又有一部分在青藏高原以东气候温暖的河谷地区兼营农业，发展到农牧兼营或以农为主，因此又被称为'西戎'。"①

当代著名藏族学者毛尔盖·桑木旦认为，汉文史籍中把藏族先民称为"羌"或"西羌"，乃是依据藏族先民四大族姓之一的"姜氏"而取名的，并认为羌即藏族。古代藏族的"四大氏族"为：耶桑、耶扪、江赤、扪朱。"其中因'spyang'与'羌'发音近似而称藏族为'羌'。正如藏区康、卫、藏区之内的'gtsang'字之音对这三地区所有的人称之为藏族（gtsang gi rigs）一样。"②依照毛尔盖·桑木旦先生的看法，"古代安多地区被汉文史籍称为羌或西羌的部落实际上是藏族先民的一部分，他们与后来在西藏兴起的吐蕃是同源的，是藏族先民中以游牧为业的和以农耕为业的两个组成部分，因此吐蕃的突然崛起和强盛有其统一游牧各部落的内在便利因素，吐蕃统一西羌部落并不存在西羌被吐蕃同化，或者是西羌文化被吐蕃文化所同化的问题"③。其中最重要的"内在便利因素"或许就是自古以来在青藏高原"诸羌"民族中广为流传的"猕猴种""牦牛种"等原始图腾神话为基础的民族文化认同。

上述羌藏同源异流说，为近年来探讨吐蕃与西羌氏族的姓氏关系的研究成果所证实，同时也被学术界所展开的关于古藏语（以嘉绒方

---

① 洲塔：《甘肃藏族部落的社会与历史研究》，甘肃民族出版社1996年版，第7页。
② 毛尔盖·桑木旦：《藏族族源及有关称谓辨析》，《西藏研究》1990年第4期。
③ 洲塔：《甘肃藏族部落的社会与历史研究》，甘肃民族出版社1996年版，第9页。

言和安多方言为代表）与西夏（党项羌）语之间的共性研究的成果所肯定。①

汉文史籍《新唐书·吐蕃传》中认为，"吐蕃本西羌属"，并明确提出吐蕃源于西羌的一支——"发羌"。此说在之后的中国传统史学中一直居于主流地位，到近现代，顾颉刚、黄奋生等学者对此作了进一步发展和系统化。如黄奋生的《藏族史略》②一书中附有"羌人部落源流表"，表中即将"无弋爰剑—印—发羌、唐旄—吐蕃"一系作为羌人部落源流之一。顾颉刚先生在《从古籍中探索我国的西部民族——西羌》一文中称：到隋唐时期，"羌人再在西陲建立了一个大国，那就是'吐蕃'"。又援引近人姚薇元所著《藏族考源》之论："《新唐书·吐蕃传》谓发羌并诸羌，据其地。'蕃''发'声近，故其子孙曰'吐蕃'。按'发''蕃'双声字，古可通转。今藏人自称其族为'博特'（Bod）。古无轻唇音，凡轻唇之音，古读皆为重唇。'发'，古读为'拨'。……故发羌之'发'古音读'拨'，正 Bod 之对音也。至吐蕃之'吐'，藏语读 teu，含有崇高之义，实即汉语'大'字；今沪语犹读'大'如'吐'。《唐书》所谓'吐蕃'，即'大发'（Great Bod）之异译也。盖此族在汉仅为诸羌中之一部落，故以'发羌'之名闻于中国。至唐时，已统一诸羌而建一大国，声势之盛不在唐下，唐对之称'大唐'，彼对唐亦自尊为'大发'。唐人书作'吐蕃'，亦犹汉称荤粥为'匈奴'，魏呼柔然为'蠕蠕'之意耳。唐穆宗长庆元年（公元821）与吐蕃所立《会盟碑》文，称吐蕃正作'大蕃'，可为明证。要言之，今藏族即古之羌人，部落繁多。约当东晋时，其中一部分名'发'羌者统一诸部建立大国。诸羌因皆号发族，而对异族则称'大发'（Tue Bod）。《唐书》之'吐蕃'，蒙古语之'土伯特'，阿

---

① 参见陈庆英《西夏与藏族的历史、文化、宗教关系试探》，《陈庆英论文集》（上），中国藏学出版社2006年版，第107—162页；黎宗华："西羌"与多康藏族》，《青海民族研究》1991年第3期。毛尔盖·桑木旦：《藏族族源及有关称谓辨析》，《西藏研究》1990年第4期。

② 黄奋生：《藏族史略》，民族出版社1985年版，第38页。

拉伯语之'Tubbot',英语之'Tibet',皆'大发'(古读'杜拨')一名之译音或转呼也。"①

范文澜先生亦采纳《新唐书·吐蕃传》之说,称:"《新唐书·吐蕃传》以为蕃、发声近,发羌是吐蕃的祖先。"并进一步提出:"羌族一部分自青海进入西藏,一部分迁徙到蜀边境内外,也陆续进入西藏,广阔遥远的中国西部,从此逐渐得到开发,羌族对中国历史的贡献是巨大的。唐时吐蕃国勃兴,分立的诸国合并成为统一的大国,尤其是社会发展中一个更光辉的标志。中国西部出现吐蕃国,无疑是历史上的大事件。""原来寂寞无所闻见的中国广大西部,因强有力的吐蕃国出现,变得有声有色了。"②

但也有学者认为:"发羌为吐蕃的祖源之说,绝不可信。"并根据藏文文献、藏族古史传说和印度古代梵文佛教经典中的资料认为,"藏族的历史和出现于殷、周之际氏、羌的历史同样的悠久,我们之不能说吐蕃的世系由于羌,亦等于不能说羌族的渊源始于藏,羌与藏的历史应该说在公元前六世纪更早之时,已经分道扬镳了。发羌之出现于汉文史籍,是在二世纪初,而吐蕃及其所在地的雪国在公元前六世纪已为释迦佛所闻知。《新唐书·吐蕃传》竟谓吐蕃为发羌之子孙,没有什么可靠的依据。清代中叶的蒙古松巴(Sem-ba)法师曾著《汉、藏、蒙三族历史》,内引明代初年达格钦罗泽渥(da-ge-ts'in lo-Tsa-wa,与宗喀巴同时)大师的史论云:'印度人、尼泊尔人、蒙古人、藏人在曩古的时代同时存在。'此言可信。……说明西藏地区从远古时起就有了人类居住最有力的证据,乃是自解放后,我国科学工作者在青藏高原不断发现了古人类遗骸和石器时代的遗物。……吐蕃尽管与羌有密切的关系,但吐蕃并不是羌,羌、藏在中国历史上是两

---

① 姚薇元:《藏族考源》,《边政论丛》1944年第3卷第1期。顾颉刚:《从古籍中探索我国的西部民族——西羌》,《社会科学战线》1980年第1期。引文中"正Bod之对音也"一句中"对"原作"封",据文意改为"对";下文"唐对之称'大唐'"一句中的"对"也据文意改为"对"。下文"亦犹汉称荤粥为'匈奴'"一句中"荤粥"为"荤鬻"之误。——引者注

② 范文澜:《中国通史》(第四册),人民出版社1965年版,第4、5、58页。

个不同的部族"①。近年仍有学者认为:"藏族族源'西羌说'从根本上是不能成立的。"②

二 藏族古史传说中的"原始氏族"与藏族

藏族历史上,一直存在部落制度,并留下了大量而丰富的有关藏族部落的历史传说和神话。研究者发现,在藏族传统的历史叙述中,"每个大贵族家族都有他们自己特有的传统,每个家庭都竭力想与某一个'原始部族'续上家谱,而这些原始部落都统统要追溯到远古的神祖"。而且,"西藏中部和西部的贵族家庭一般都与东北部的部族有着系谱沿革关系"③。

在藏族古代文献和历史传说中一般认为,藏族最初有:塞、穆、冬、董"四氏族"。对此,《汉藏史集》中有较为详细的记载,现录之于后:

> 吐蕃之人源自猴与岩魔女,故讲阿巴支达魔之语言。内部四族系,为东氏、冬氏、塞氏、穆氏等。据说由此四族分出大部分吐蕃之人。
>
> 吐蕃人的族系又分为六支的说法是,最初,在玛卡雅秀地方的上部有什巴之王子,名叫丁格,生有三子,分为汉、吐蕃、蒙古。吐蕃人名叫赤多钦波,他生有六个儿子,即查(dbra)、祝(vgru)、冬(或译"董",ldong)、噶(lga)四位兄长及韦(dbas)、达(brdav)两位弟弟,共计六人。当吐蕃六人在玛卡秀地方种地时,吐蕃六人要(各)生六子,冬娶了巴玛勒邦、查娶了查莫热扎、祝娶了祝莫重重、噶娶了噶玛麦波,韦和达在汉

---

① 马长寿:《氐与羌》,广西师范大学出版社2006年版,第26—28页。
② 石硕:《藏族族源"西羌说"的缘起及其不成立性》,《西藏民族学院学报》1994年第2期;《青藏高原的历史与文明》,中国藏学出版社2007年版,第39页。
③ [法]石泰安:《川甘青藏走廊古部落》,耿升、王尧译,四川民族出版社1992年版,第2—3页。

藏交界之地，娶了当地的达岱贡玛。由此，长系之中，未失尊长地位的，是兄长冬的后裔。本领高强而守信用的，是塞、穹二氏，是查的后裔。英勇的虎嘴虎蹄没有消失的，是阿甲黑氏，是祝的后裔。放牧牲畜，没有丢掉纺锤和油脂的，是穆察氏，是噶的后裔。

兄长董（冬）氏分出六个长系，在上部有巴曹氏和章叶氏，在中部有若则氏和热西氏，在下部有木雅氏和吉坦氏。由此六长系又分出六个尊贵系，即比日阿木多和林巴，由若则氏分出的普巴和达巴，由吉坦氏分出的两支。以上为董氏繁衍出的长尊十二支。

由塞穹查氏分出的六个长系，在上部有象雄和穹波，在中部有玛尔巴和布让，在下部（有）热克和涅勒。由此六长系又分出六尊贵系，在止地方有美夏和美参，在扎地方有古古和多尔涅，在涅地方有可波和可查。以上为查氏繁衍的长尊十二支。

赤散祝氏分出的六个长系，在东方有吉和绒布，在南方有比和日托，在下部有仲和俄卓。由此六长系又分出六尊贵系，即贝、培、察冲木、许巴、东涅、涅格等。以上为祝氏繁衍的长尊十二支。

由穆察噶氏分出的六个长系是，在上部的兑日、达日、甲巾、查布巾、甲杰、并托。由此六长系又分出六个尊贵系，由噶分出的切巴和域巴，由达日分出的域达、卓达，由韦分出的大小两支。以上为噶氏繁衍的长尊十二支。①

藏族原始"四氏族"繁衍发展为众多部落或氏族，经过漫长而复杂的分化、融合的历史过程，成为今天的藏族。其中的董氏（或译为党氏）在多康地区就繁衍发展为十八个支系，史称"董氏十八大树"。

---

① 达仓宗巴·班觉桑布：《汉藏史集》，陈庆英译，西藏人民出版社1986年版，第12—13页。

据《安多政教史》载：

> 在多康地区，称为董氏十八大树者有阿树、柔合树、息树等。其中阿树的来源是这样的：在董·华钦嘉卜的氏族中，有一段时期，有一位叫作阿树甫哇塔者，肤色黝黑，身体高大而驼背，声音酷似山叫，因而被起了个别名，叫董·木那格苟热革。他的牧地在玛科拉加曲卡等处。当董、珠两氏族争战时，玛沁大山神护佑董姓黑汉，赐予了称为如意能断的九股利剑，作为悉地，因而董氏在战争中取胜了。但是董黑汉和他的儿子格力，另外还有阿树宦族阿嘉和其小儿子吾穷和属民等一起到玛绕戎地区的丝合督地方居住。格力的儿子为格则、格盘、格嘉、完德嘉卜等四人，于黑汉死后，遵循他的遗嘱，请一位苯教师在帕德杂嘉山下火化，由华钦噶洛以法力将如意能断九股利剑团为三刃剑，连同遗骨和盔甲等各种兵器作为内藏，修建了灵塔。据说这座灵塔至今尚存。当为了相地卜卦求问因缘时，父亲格力献了颈饰璁玉，被称为格力璁玉之王权势大；孩子格则献了一滴鼻血，称为格则之血染红一切；格盘献了一支箭，称为格盘之箭能克敌；格嘉献了一寻长的红褐子，称为格嘉之马比众劣；完夏日（意瞎眼完第）献了一条哈达，称为完夏日哈达盖太空。
>
> 在别的历史记载里，甫哇塔有儿子格力、格则、格盘三人。格力和格则的后裔是本嘉雅和乔科；格盘的后裔是阿树完本，这个家族里诞生了一切知喇嘛。另外，格盘的另一支后裔又迁移到拉加河滨，以后向蒙古和青海地区发展，成为许多阿树系统。这个系统的一部分向南发展，占据了玉科、臧科和盖科地区，因而称为格盘玉臧盖三部。在赛多和尼多定居的有格盘宽哇、扎果玛两部，称为上格盘洒仓。现在格盘的后裔在川康藏区比较多。格则的后裔，称为格则玛拉塘等三部，颇有声名。雅砻上游德格部所属的官吏们也是格则的后裔，格则官人格则朝树也是由此繁衍分出。在朝树家族里，诞生了噶妥寺的格则活佛。格嘉的后裔虽

人如其文　贵在其实
李文实先生诞辰100周年纪念暨西北文史专题研究

然也在川康藏区，但由于乡土的因缘，没有出现做官员者。甫哇塔这个家族原先繁衍在青海，由于癸卯事变之故，又返回理塘附近，形成云如玛和德扬玛官人家族，还有称为阿树朝塔玛的。

格力的小儿子完夏日的后裔阿树达嘉卜从道多杰达果洛要了地方，建筑了城堡。他有两个儿子，长子达拉盘，其子在徐科驻牧，其后裔是赛塔官人。完夏日传了数代，后来到了乔科的长子，在玛尔地区的木囊地方以牧为生，称为木它部落，小儿子在开多地方以牧为生，其后裔是开塔官人，称为阿树乔科的就是他们。

阿树吾穹的后裔是吾穹、达雅、曲、盘等四支。曲树一支里诞生了多珠钦喇嘛；阿嘉卜一系，在赛塔玛部落属下居住。阿树桑吉本的儿子本嘉卜雅有三个儿子，在多麦地区的儿子，名叫贡保龙珠，在道多地区的儿子，名叫额尔克台吉南卡才让，在孜盖达地区的儿子，名叫南嘉扎西。台吉受济农王的照顾，恩德较大。司徒的施主贡保龙司徒班钦，在多麦地区修建了达丹曲林寺，桑吉本的后裔，现在还住在孜盖哇芝果、斯达、道多吉拉、道麦噶达等处。曲雅之后的曲树和息树是现在的息察氏族的。噶妥寺的息察活佛，就出生在这个氏族里。

著名的多察、莫察、果察、布察、岗察等十八个察钦都属于董氏。①

上述史籍中的这些记载，为吐蕃先民由雅鲁藏布江流域迁徙到青海地区提供了印证。毛尔盖·桑木旦的《破暗明灯》一文和苯教经典《藏族远古史》中都明确地说："藏族原始上古时代最早的氏族为'叶桑氏''羌氏''门氏'等四大氏族。其中，羌氏就是吐蕃的前身先祖。吐蕃最早源于西羌。羌的分化与吐蕃兴起统一青藏高原，其中就

---

① 智观巴·贡却乎丹巴绕吉：《安多政教史》，吴均等译，甘肃民族出版社1989年版，第229—230页。

存在一个源与流的问题。同出一源，分流而下。"①

三 党项羌与吐蕃关系提供的历史例证

从藏文、西夏文史籍记载和羌、藏等民族中的传说看，党项羌与古代藏族的关系甚为密切。

藏文史籍《贤者喜宴》中记载，吐蕃在松赞干布时代"自东方汉地（rgya）和木雅（mi-nyag，即党项）获得工艺与历算之书"。而且松赞干布在迎娶泥婆罗墀尊公主和唐朝文成公主后，"为了生育王子，松赞干布又娶香雄王（zhang-zhung-gi-rgyal-po）黎弥佳（li-mig-skya）之女香雄妃黎娣缅（zhang-zhung-bzav-li-thig-man）、弭药王（mi-nyag-gi-rgyal-po）之女茹雍妃洁莫尊（ru-yong-bzav-rgyal-mo-bt-sun）、堆垅芒地尚论（stod-lungs-mong-nas-zhang-blon）之女芒妃墀江（mong-bzav-khri-lcam），共娶王妃五人"。又称："木雅人做工头，于康（khams）地建隆塘度母寺。"② 由此可知，吐蕃与党项至迟在松赞干布时就已经有了非常密切的关系。

关于党项人的先祖及其与吐蕃之间的关系，在西夏文史料中有许多记载，可与上述藏文史籍中的记载相互印证。如成书于1187年的西夏文史籍《新集锦成对谚语》一书中保存了反映其族源的丰富内容。

（勒没）天婿，婚仪盛茂，
天女民妇族威增高（150）。

陈炳应先生认为，这条谚语的意思是说，"党项人的祖先与仙女结婚，繁衍了党项民族，提高了这个民族的威望。这是有关西夏主体民族来源的极其珍贵的神话传说"。并称："谚语第343条：'白霄亲

---

① 洲塔、乔高才让：《甘肃藏族通史》，民族出版社2009年版，第64页。
② 巴卧·祖拉陈瓦：《贤者喜宴——吐蕃史译注》，黄颢等译注，中央民族大学出版社2010年版，第30、63页。

舅心软，黑土爱甥声柔。'在我看来，它与上述第150条的内容相同。"而且，在西夏文诗歌和谚语中有一个非常耐人寻味的现象，这就是其中总把"黑头"或"黔首"与"赤面"或"红脸"相对而言。在《唐古特人神圣祖先的颂歌》开头说：

> 黑头石城漠水旁（畔），
> 赤面祖坟白河上（游），
> 长唐古特国在那方。

汉文文献《尔雅·河典》中说："河出昆仑，色白，所渠并千七百一，川色黄，百里一小曲，千里一曲一直，白河之称，由来尚矣。"《尔雅》中黄河源头段有"白河之称"与上述西夏文诗歌《唐古特人神圣祖先的颂歌》中"白河"相互联系起来看，"白河"当指黄河源头段或无疑。《唐古特人神圣祖先的颂歌》正是党项最初即生活在今阿尼玛卿雪山周围的历史记忆。

还有一首西夏文诗歌中说：

> 皇天下千黑头福高低，
> 国土上万赤面智不同。

另外，在《凉州重修护国寺感通塔碑》的西夏文碑铭中也有类似的两句，说：

> 天下黑头，苦乐二者可求福；
> 地上赤面，尽呼而为是柱根。①

苏联西夏学者克恰诺夫研究认为："'头黑'和'赤面'二词总是成对。'赤面'名称的来源也可以试探着与涂脸的地方传统做某种联

---

① 陈炳应：《西夏谚语·新集锦成对谚语》，山西人民出版社1993年版，第157、77、78、79页。

系。这种习俗保存到今天。Г·Д茨必科夫报道，西藏妇女用暗红色的东西涂脸。Н.А.聂力山认为，总被成对使用的'黑头'和'赤面'名称，是整个地被用作唐古特民族的同一语的反映，在历史上这是建立国家的唐古特民族的某两个主要部落的通俗名称。这个推测是有根据的。在大夏时期，这种固定的、无可争辩的比喻诗式的唐古特人的名称'黑头'与'赤面'，据推测，看来是唐古特人的古代先民分两个群体—部分，其起源和性质还需查明。"①

那么，西夏语文献中的"黑头"一词究竟何所指呢？许多学者以为，"黑头"与"赤面"是西夏主体民族对自己民族的称呼之一，并与他们的族源有一定的关系。但是，由于相关的资料太有限，难以作进一步的深入分析。苏联西夏学家Н.А.聂历山、克恰诺夫在研究上述有关资料的基础上提出，"黑头"和"赤面"是党项人建国过程中的两个主要部落的通俗名称。但究竟是哪两个部落和什么样的部落，则因材料所限而没有进一步说明。对此，陈炳应先生作了进一步的探究。在他看来，《新集锦成对谚语》中的第218条也许给我们带来一线希望。谚语云：

　　西天黑可消除，祖公黑色不可除；
　　赤铜铫破又破，岳母赤口不肯破。

"在这里，'黑色'与'赤口'相对应，可能是黑头与赤面对应的变体。如果真是这样的话，问题就可迎刃而解了。黑头，指西夏主体民族来源中的男子及其部落，后裔；赤面，指其来源中的女子及其部落，后裔。即最早的，后来比较固定的两个通婚集团。由这两个人，两个部落繁衍出如今兴旺发达的西夏统治民族。"同时，"西夏文辞书《文海》确实是明确地说：'黑头之父，先人之名也。'完全肯定党项人有'黑头'这个专用名词。赤面也应是如此。"《新集锦成对谚语》

---

① 克恰诺夫：《论唐古特格言的性质和文艺特征问题》，陈炳应《西夏谚语·新集锦成对谚语》，山西人民出版社1993年版，第157页。

第150条:"(勒没)天婿婚仪威茂,天女民妇族威增高。""这条谚语的前两个字,意义为'地',音读为(勒没),在西夏文辞书《文海》中有一个说明,'黑头之父,先人名是也'。"①

如将上述研究成果与一首赞颂西夏文创造者的西夏文诗歌《夫子巧歌》联系起来,对于进一步了解党项与吐蕃的关系则会带来新的参照。《夫子巧歌》这首西夏文诗歌被很多研究者引证,歌中称:

> 蕃汉弥药同一母,
> 语言不同地乃分。
> 西方高地蕃人国,
> 蕃人国中用蕃文。
> 东方低地汉人国,
> 汉人国中用汉文。
> 各有语言各珍爱,
> 一切文字人人尊。
> 吾国野利贤夫子,
> 天上文星出东方,
> 带来文字照西方。②

这首西夏文诗歌中明确地说:"蕃汉弥药同一母,语言不同地乃分。"也就是说,西夏党项人认为,吐蕃、汉和弥药(党项)是同源的。诗中的"蕃"和"蕃人"一词,陈炳应先生在《西夏文物》一书中曾被翻译为"羌"和"西羌",这里采用其新近的翻译。③

在藏汉文史籍和民间传说中,也有许多羌汉、羌藏同源的说法。不同民族中的这种相同的历史记忆,当不是纯粹的偶然,值得我们引

---

① 陈炳应:《西夏谚语·新集锦成对谚语》,山西人民出版社1993年版,第77、78页。
② 同上书,第82—83页。
③ 参见陈炳应《西夏文物研究》,宁夏人民出版社1985年版;《西夏谚语·新集锦成对谚语》,山西人民出版社1993年版。这首诗歌在两书中均有全文翻译,可对照参考。

起注意，并作进一步的对比研究。

藏文史籍《汉藏史集》载："还有另一种说法是，外部四族系草山沟里的鼠、有皮膜保护的青蛙、猿、猴等四种，内部四族系格襄汉人、金尚蒙古人、卡勒门巴人、悉补野吐蕃人等四种。其中，汉人又分为两系，即穆氏和格拉氏，蒙古人又分为两系，即森察和拉察。门巴人生出三支，一是门巴本身的族系，还有汉藏交界处的木雅及工布人。吐蕃人的族系又分为六支的说法是，最初，玛卡雅秀的地方的上部有什巴之王子，名叫丁格，生有三子，分为汉、吐蕃、蒙古（霍尔）。"① 这虽然与上述西夏文诗歌中"蕃汉弥药同一母"的记载略有差异，但却肯定汉与吐蕃是同源的。而"霍尔"一词，在藏语中泛指北方的回鹘、蒙古等民族，也指四川甘孜、炉霍、道孚一带的藏族，称之为"霍尔巴"。据有的学者研究，藏族的"霍尔"是汉文"胡"的直接音译；汉文史籍中被称为"胡"的我国古代民族大部分都是居住在西北的游牧民族，这同藏语中称为"霍尔"的对象基本一致。陈炳应先生曾认为，上述西夏文中的这种蕃、汉、弥药同源说，可能与我国的传说时代有关，并认为党项人可能接受了《史记》等汉文史籍中有关这方面的记载。同时又说，这"或许是党项人自己的传说，那就更珍贵了。不管什么样，这是一个很值得重视的材料，也是很值得研究的课题"②。

之外，还有一首西夏文诗歌中说，西夏皇族的始祖"刺都"曾娶"吐蕃姑娘"为妻，后生七子，繁衍为整个西夏王族。因而这位"吐蕃姑娘"③ 被称为西夏王族的始祖母。在另一首西夏文诗歌中，还赞颂这位"吐蕃姑娘"是"银白肚子金乳房"。诗歌内容如下：

　　母亲阿妈起（祖）源，

---

① 达仓宗巴·班觉桑布：《汉藏史集》，陈庆英译，西藏人民出版社1986年版，第12页。
② 陈炳应：《西夏谚语·新集锦成对谚语》，山西人民出版社1993年版，第80页。
③ "吐蕃姑娘"一词，在陈炳应《西夏文物》中曾被译为"西羌姑娘"，这里仍以其《西夏谚语·新集锦成对谚语》中的译文为准。

银白肚子金乳房，
取姓鬼名俊裔传。
繁裔崛出"弥瑟逢"，
出生就有两颗牙，
长大簇立十次功，
七骑护送当国王。①

这首诗的内容，在西夏文《新集锦成对谚语》中也有反映。如第259条说："银肚已共，金乳必同。"这条谚语所反映的内容当与上引的那首歌颂西夏皇族祖先的颂诗内容相同。

由上述藏文和西夏文两方面的史籍资料，结合汉文史料来看，吐蕃与党项羌的关系是很悠久的。

藏文史籍中记载，早在松赞干布时代，吐蕃就与弥药（党项）互通婚姻。以通婚为纽带，在政治、经济、文化等方面的相互交往、相互影响就是必然的。这可从党项与古代藏族有许多文化上的共性因素得到印证。对此，格勒在《论藏族文化的起源、形成与周围民族的关系》中列举了六个方面：（1）两个民族都有猕猴祖先说。（2）两个民族皆崇拜"龙"神（Klu）。（3）两个民族都崇拜羊神。据甘州方志记载，甘州城南的忠武王庙乃西夏所祀之神，为西夏土王，并称"祷无不应"。这尊神是一羊首人面，戴羊头冠，状皆羊身。汤开建在《党项风俗述略》一文中认为，甘州西夏所祀之神，就是西夏《文海》中所载的"守羊神"，即"羊中守护神也"。《新唐书·吐蕃传》："其俗重鬼右巫，事羝为神。"（4）两个民族都崇拜天神。《旧唐书·党项传》载："（党项每）三年一相聚，杀牛羊以祭天。"党项最高领袖自称"兀卒"，《长编》释其义为"青天子"，这与吐蕃赞普称为天神之子是一样的。（5）两个民族"畜牧逐水草"，"联毛帐以居"。（6）两

---

① 陈炳应：《西夏文物研究》，宁夏人民出版社1985年版，第346页。

个民族衣皮裘，食奶酪，好饮酒，畜牦牛、马、羊。①

　　这些文化上的共性因素恰好为吐蕃"吞并"党项提供了社会文化条件。党项被吐蕃征服后，除拓跋部中的平夏部等之外，能够较快地接受吐蕃文化并融合于吐蕃之中，其重要原因之一就是彼此在文化上的相同或相近。

　　藏、汉、羌同源的这一历史信息，在今四川茂汶羌族的一首民间歌谣中也可见一斑。这首民歌名为《修房造屋歌》，现转录如下：

> 打起羊皮鼓，
> 群山都在回响。
> 唱起古老的歌，
> 心中无比欢畅。
> 白色的云，
> 红色的云，
> 彩色的云，
> 为何相聚在蓝天上？
> 羌族人，
> 汉族人，
> 藏族人，
> 为啥相聚在羌山上？
> 三色云在蓝天上相聚，
> 是为了把蓝天点缀得更美；
> 羌汉藏三兄弟相聚在羌山上，
> 要为羌人修房造屋。
> 房内应当怎样修？
> 房外应当怎样筑？

---

① 参见格勒《论藏族文化的起源、形成与周围民族的关系》，中山大学出版社1988年版，第400—406页。

房外应当怎样平？
羌汉藏三兄弟，
围着篝火细商量。
谁搬石？
谁拌泥？
谁砌墙？
汉民搬石，
藏民拌泥，
羌人砌墙。
汗水流在一起，
笑声飞在一起，
劲儿使在一起。
四周砌好墙，
下一步咋起头？
下一步咋个修？
羌汉藏三兄弟，
围着篝火吃咂酒，
咂酒浇出好主张。
汉族兄弟立柱头，
藏族兄弟来上梁，
立柱上梁斗好榫，
其余事儿羌人承担。
……
新楼落成，
羌家主人宴宾客，
汉藏弟兄请上方坐。
火塘燃起熊熊火，
九年的陈猪膘煮在锅里，
要感谢汉藏弟兄的帮助。

> 一坛咂酒堂屋里搁，
> 请汉藏弟兄吃开坛酒，
> 酒香飘过了九匹坡，
> 舞步震动了九匹坡。①

上述藏、汉、羌（党项、木雅、西夏）等民族的传说和文献资料表明，羌、藏、汉之间的历史渊源是极为密切的，无论是"羌汉藏三兄弟"还是"蕃汉弥药同一母"，都表达了三个民族在族源上的历史认同。

羌藏同源这种历史渊源，在白兰羌与吐蕃的关系中亦可得到进一步的印证。

白兰羌初居青海柴达木盆地之南，魏晋时期逐渐向南移徙，到隋唐时，白兰已活动于青海南部至川西北地区，与党项、宕昌等羌杂处错居，后被吐蕃征服统一。白兰羌被吐蕃征服后，其首领姓"董"，叫"董占庭"。除白兰外，古羌人部落首领中姓"董"的尚有很多。列于"西山八国"之首的"哥岭"国的国王即姓"董"，叫董卧庭；弱水国的国王叫董避和；咄坝国国王叫董邈蓬。之外，维州有一个生羌首领叫董屈占；保州有一个羌人首领名"董嘉俊"等。② 可见，"董"氏是古羌人之大姓，白兰羌即是其中之一。现代民族学资料称，川西色达草原上的藏族"阿虚"（Wa-shul）部落自称其祖先最早居住在巴颜喀拉山一带。第一个男性祖先是藏族只有苯教时代的人，姓"董"（Gdung，疑是 Dung 的变音）。

《新唐书·党项传》载："龙朔（661—663）后，白兰、春桑及白狗羌为吐蕃所臣，籍其兵为前驱。"到唐天宝年间（742—755），白兰已被称为"吐蕃白兰"。《册府元龟·外臣部·降附》中说：天宝十三载闰十一月，"吐蕃白兰二品笼官司董占庭等二十一人来降"。《唐会

---

① 中央民族学院少数民族文艺研究所编：《中国民族民间文学》（下册），中央民族学院出版社1987年版，第551—553页。
② 参见《旧唐书》卷五《本纪第九》及卷四十一《地理志第二十一》。

要》卷九八《白兰羌》条载："显庆（656—661）中，白兰为吐蕃所并，收其兵锋。"《新唐书·党项传》记载："白兰羌，吐蕃谓之丁零。"

有学者研究认为，"丁零"疑是藏语"东林"（Dung-gling，藏语意思是白海螺）的译音。"东"即"海螺"，有"白"的意思。藏语"gling"与汉文"白兰"的"兰"音相近。因此，"丁零"与"白兰"同义，指一个民族。或许藏文将"白"义译为"丁"（dung），或许汉文把"丁"或"滇"（滇零羌为汉代羌之一种）义译为"白"。在古代藏文文献中，苏毗称为"松巴"（Sum-po），羊同称为"象雄"（Zhang-ahung），党项称为"木雅"（Mi-nyag），唯独白兰不见明载。由此推论，藏族诗史《格萨尔王传》中格萨尔的故乡"白林"或"白岭"就是白兰。① 格勒则提出了另一种看法，他认为：首先，白兰与"白岭"不可等同；其次，《格萨尔王传》中的"白岭"是以被藏族同化的白兰羌在"朵康"地区崛起而形成的一个强大的牧民部落集团为素材的，其中贯穿融合了吐蕃统一事业和宋元明清时期"朵康"地区蒙古、藏等民族的历史逐步完成的。因此，对《格萨尔王传》既要看到其"史"的成分，又要看到其"诗"的部分。"白兰"与"白岭"的关系主要是白兰羌被吐蕃征服以后发生的，由此认为把史诗中的"白岭国当作吐蕃征服和同化白兰羌后的变异部落群体是基本可以的"②。

石泰安在《格萨尔史诗和说唱艺人的研究》中认为："可以被比定为格萨尔的岭的豪酋首领们最晚都是在 1400 年左右出现的。但是，即使是把格萨尔史诗作为一种非常谐调的统一体而追溯到一个相当古老的时代，大家也完全会觉得有关冲木·格萨尔的记载要早于岭·格萨尔。因此，大家都应该从冲木·格萨尔再到岭·格萨尔。我们已经

---

① 参见陈宗祥《试论格萨尔与不弄（白兰）部落的关系》，《西南民族学院学报》1981 年第 4 期。

② 格勒：《论藏族文化的起源、形成与周围民族的关系》，中山大学出版社 1988 年版，第 391 页。

看到，许多背景都促进了这种过渡。当'岭'始终被定为'白色的'（Dung）和冬（董）族的'原始部落'相联系时，某些非常古老的文献则把这一切与南人（Nam 朗）、苏毗人（Sum-pa）和木雅（弭药 Mi-nag）人有关的冬族人的地望确定于青海，同时又把一个意为'白色的'形容词'冲木'（Phrom）与之联系了起来。稍后不久，当岭地的首领在康区出现（为 1400 年左右）之后，他们又与一个明显是位于同一地区的冲木中心政权建立了关系。无论是这部史诗还是某些编年史都向我们证明了其他一些带有'冲木'之组成部分的地名，它们全部位于西藏东部。"同时还指出："冬（董）族（Gdon'、ldon'、don）曾在吐蕃东部起过重要作用。他们特别是形成了弭药和岭王国的基础。蚌拉是黄河上游一座神山的名字（玛钦蚌拉山，即阿尼玛卿山）。因此，从我们所引证的一段文字来看，那就是原来定居在黄河上游两个河套中的王族分支，在 11 世纪时又向南迁居到察木多。格萨尔史诗诸多稿本的某些题跋认为俄木地区的'白色天神冬族'之'觉'（Skyo）人的首领——某一位布拉诺布在该分支的形成中起过重要的作用。"[①]

近年来，许多学者研究认为，格萨尔王的故国"岭国"，即汉文史籍中的"白兰"。有的学者认为，"白岭"是唐代被吐蕃征服和同化后的"白兰"所建立之"国"；二者确有历史关联，但不可等同。任乃强先生在《多康的自然区划》中认为："西康之石渠、邓柯、德格、甘孜、道孚等县……此带地方，为格萨尔后裔所建立之林国。"而在《"吐蕃传"地名考释》中又说："白兰……今四川甘孜州的康北石渠、色达、甘孜、炉霍、道孚诸县的草原，皆其故地。"同一地区既是"岭国"之地，又是"白兰"的故地。这似乎是相矛盾的，但从历史上来看，其实并不矛盾。这一地区在隋唐时期为白兰羌之故地，唐代为吐蕃征服，使白兰羌逐渐吐蕃化。吐蕃王朝崩溃之后，"岭国"崛

---

① ［法］石泰安：《格萨尔史诗和说唱艺人的研究》，耿升译，西藏人民出版社 1993 年版，第 335—336 页，第 276—277 页。俄木地区：六岗划分中的色莫岗（包括德格），位于扎曲河（雅砻江）和俄木楚河（湄公河的支流）之间。俄木（鄂穆）地区就位于那里。

起于这个地区。他们本为"白兰"之后裔,所以便以"白岭"自称,而以"董"氏为骨系。

总之,在藏族形成、发展的历史过程中,经历了同中华民族大致相同的历史轨迹,也有一个古代"六牦牛部"、诸羌及其他原始部落长期交往、互动、汇聚和融合的"多元一体"进程。

  该文评述羌藏源流研究学术史,认真爬梳各种相关观点,在梳理汉、藏史料和汉、藏、羌等民族的民谣传说的基础上,利用前辈学者的研究成果,认为羌藏关系诸说中,羌藏同源异流说是历史的真实。文章旁征博引、资料翔实,特别是将汉藏文文献资料与历史传说、民间故事、歌谣谚语等相结合,相互说明印证,颇有说服力;论说观点明确、说理清晰,分析细微、颇见功力。部分引文似嫌冗长,可摘其要作适当删减。——蒲文成

人称其贤　文得其实
——记李文实先生二三

姚继荣[*]

值先生百年诞辰之际，写些纪念文字，作为他的入门学生，自当是责无旁贷。

我问学于先生，始自1985年。我过弱冠，先生古稀，屈指算来，已悠悠三十个年头。那年秋，我考入青海师范大学历史系，师从赵盛世先生，攻读青海地方史专业硕士研究生。时值全国修志热潮，亟待培养后备人才。赵先生眼界高远，心胸开阔，延请了很多国内知名学者来给我们上课，包括讲羌族史的四川大学教授冉光荣先生，讲藏族史的青海人民出版社编审吴均先生，讲蒙古族史的中国边疆史地中心研究员马大正先生，讲回族史的中央民族学院教授李松茂先生，讲文字学的中国社科院历史研究所研究员孟世凯先生，讲唐史和文献的陕西师范大学教授黄永年先生，讲青海民族文化的青海党校教授谢佐先生，讲青海文物考古的青海文物所研究员许新国先生……而李文实先生，则负责给我们讲授专业研究方向的青海地方史。一年半的课程，一周安排两次，一般一次就是大半个上午。

李先生是青海民族学院中文系的教授，长于魏晋南北朝和隋唐文学。他又是一个地道的青海人，方言很重，最初的几堂课，让我这个

---

[*] 作者单位：青海民族大学。

外乡后生云里雾里。赵先生小李先生十岁,对他也十分敬重,还给我和师弟一个任务,每遇他有课,让我们轮流从城西的师大去城东的民院接他。一来二往,与先生接触多了,关注他的口音、语调和语速,也渐次明白了他的思想与表达,引我步入了他所展现的广阔认知天地。

从那时候起,我也开始留心先生的书文,包括《读〈青海地方史略〉琐议》《再谈〈青海地方史略〉》《青海地方史札记》《白兰国址再考》《吐谷浑族与吐谷浑国》《有关吐谷浑历史上几个问题的探讨》《隋炀帝西巡道路中几个地名的考实》《西陲古地甄微》《黄河九曲新考》《西宁府新志》《西宁府续志·序》和《青海风物志·西海风云》等。十二年前,又肯读他一生学术的结晶之作《西陲古地与羌藏文化》,无不为他浓厚的乡邦情怀、渊博的文献功底、严谨的治学态度、深刻的历史见解、隽永的文字表述而由衷折服。

李先生教书、作文,既严肃又认真,对人则和蔼可亲。在我们这些晚辈面前,他也总是一副敦厚恬雅、循循善诱的面孔。每每由秋至冬,西宁气候干燥,他出门虽戴了毡帽,脖子上也围了围巾,可还是影响了他的嗓子,有时讲课难免气短、气喘。我们劝过他,要是觉得身体不适,就先把课停一停,可他总是摇摇头、摆摆手,从来也不曾耽误过一堂课。先生文史兼通,浩然大家,不过,在我看来,他主要的学术成就还是在历史地理研究上。所以,待我们这第一届中国地方史专业硕士研究生毕业之际,赵先生也邀他与吴均先生一道作为我们的正式指导教师。应该说,在中国硕士研究生教育的历程中,这也是十分罕见的;由三位青海历史文化名人做导师,自然也是我们这一届学子莫大的荣幸!

先生讲史,既看史源,又重积累;既铺陈文献,又结合田野;不仅可信度高,而且启发性强。他以正史为主要线索,从《史记》《汉书》《后汉书》和《三国志》,到《晋书》《宋书》《南齐书》《梁书》《魏书》《北齐书》《周书》《南史》和《北史》,再到《隋书》《旧唐书》和《新唐书》,一路梳理下来,又要求结合《资治通鉴》《通典》

《文献通考》和有关的地方史志，来把握青海社会的历史发展大势。他的这个思路，于我有很好的教益。后来，我作《青海史史料学》（西苑出版社 2007 年版）一书，应该说是这种思路的一次坚定接力，也当是给九泉之下的先生一次诚恳汇报。

他是一代史学宗师顾颉刚先生的弟子，秉承和弘扬了顾门实证研究的优良学风。他热爱乡邦，研究对象是区域史地，研究方法是史料实证，可他看问题既不拘于一隅，又不囿于成说，而是把青海史地放到中国历史文化的大背景下予以考察说明。八年前，我在纪念赵先生的短文中写道："一个真正意义上的学者，必然会自觉献身于乡邦乃至国家之急务。毫无疑问，赵先生就是这样一位真正意义上的学者。"在这里，我还是想说，李先生也是这样一位真正意义上的学者。

在先生的书文中，有不少论及吐谷浑的内容，这也引起了我对有关史事的关注。一次，在先生的书斋，我和他谈及自己的兴趣。先生听后很兴奋，随即从书橱里挑出几篇旧文，还希望我先从注释刘宋段国《沙州记》做起。遗憾的是，因手头资料所限和自己学力不及，这事也就一直耽搁下来了。至今忆起，总是觉得对不起先生之托。先生是青海地方史研究的开拓者之一，而历史研究是一个永续的事业，青海历史仍需要有志向和有潜质的学人不断挖掘和探究，以便更好地服务于当今与未来的文化和社会建设。我想，要是有机会也有条件，自己打算作《青海史研究综述》一书，全面、系统说明包括先生在内的几代学人在青海史研究方面所取得的学术成就和有待拓展的广阔领域，为推进以先生为代表所开拓的青海地方史研究事业，尽一份绵薄之力。我想，这也应该是对先生的一种最好的纪念。

先生发表文章，多署"李文实""李得贤"之名，于拜读之余，我又总是爱把先生之名同读过的一些诗文联系起来，像《墨子·经说》："有文实也，而后谓之。无文实也，则无谓也。"又《三国志·钟离牧传》裴松之注引《会稽典录》："非成业难，得贤难；非得贤难，用之难；非用之难，任之难。"又王安石《诸葛武侯》诗："区区庸蜀支全魏，不是虚心岂得贤？"于今看来，虽说这种联系难免望文生义之嫌，不过，我想，观先生之为人、为文和为事，与这些诗文之义不也很契合么？像李先生那样，人称其贤，文得其实，不也正是一代代学人所当尽心追求之标尺么？

清代青海蒙古的政治社会变迁

陈柏萍[*]

【摘　要】从公元13世纪到17世纪,在青海的政治舞台上,蒙古人扮演着极为重要的角色,从元代窝阔台次子阔端始入青海,到明正德年间大量东蒙古(亦卜剌、卜儿孩等部)先后入居环湖地区,再到清初西蒙古(厄鲁特)和硕特部在其首领顾实汗的带领下占据青海,控制康藏,成为青藏高原的主宰者,蒙古人成为青海历史上不可或缺的重要的政治力量和民族成分,其后裔也成为青海的世居少数民族之一。文章就和硕特蒙古入据青藏高原后从强盛到衰落,再从衰落到复兴的曲折过程进行了阐述。

【关键词】清代；青海；蒙古；变迁

从公元13世纪到17世纪,在青海的政治舞台上,蒙古人扮演着极为重要的角色,从元代窝阔台次子阔端始入青海,到明正德年间大量东蒙古(亦卜剌、卜儿孩等部)先后入居环湖地区,再到清初西蒙古(厄鲁特)和硕特部在其首领顾实汗的带领下占据青海,控制康藏,成为青藏高原的主宰者,蒙古人成为青海历史上不可或缺的重要的政治力量和民族成分,其后裔也成为青海的世居少数民族之一。也

---

[*] 作者单位：青海民族大学。

就是自此开始，和硕特蒙古经历了从强盛到衰落，再从衰落到复兴的曲折过程。而清代的青海蒙古，则演绎了一段从辉煌到暗淡的历史过程。

一 鄂托克羁縻统治时期，和硕特蒙古平稳发展

顾实汗将和硕特蒙古移牧青海以后，将环青海湖地区作为他的私有财产分封给了他的八个儿子，所以历史上将他们八人的后裔称为和硕特八台吉，又称西海诸台吉。他们以鄂多克为其社会组织形式，在青海这块游牧土地上重新构建了新的封建秩序，形成了大大小小的世袭封建领地和世袭封建领主。

1. 封地与社会组织

世袭领地是明清时期厄鲁特蒙古社会的一种所有制形式，蒙古和硕特部游牧青海以后，顾实汗的子孙们便建立起了他们各自的世袭领地。厄鲁特蒙古的社会组织形式属于以地缘为主的社会：每一个部落由一定的牧地和部众组成，他们都受某一个大封建主的支配，成为其世代相袭的属民（蒙古语称作阿勒巴图，他们的人身自由也隶属于领主，不得离开或逃亡）。封建领主们不仅终身占有这些牧民和属民，还可以将其作为私有财产（斡木齐）分封给子孙或赠予别人，或者以嫁妆的形式送亲。这些世袭封建领主们被称为"拥有封地的大诺颜"。

领地内基层牧民的社会组织形式是：由鄂托克具体管制一定区域内的所有牧民。鄂托克类似于千户，它受领主的役使，还要承担赋役。而每个鄂托克则由若干个爱玛克组成，爱玛克是由若干个有血缘关系的阿寅勒组成。阿寅勒则以小家庭为单位的游牧圈子构成，阿寅勒保有浓厚的氏族社会组织管理的遗风，其首领都是由公推的德高望重的长者担任。同族阿寅勒集团又组成若干个爱玛克。每个鄂托克统领的爱玛克的数目不等，多的有数个，少的一个或两个。若干个鄂托克组成一个大的部落集团，称为兀鲁思，类似于万户。

兀鲁思的统治者们又逐级分为大诺颜、诺颜、小诺颜、塔卜囊、执政四大臣、得木齐、恰等。大诺颜是兀鲁思之长，他上对汗王履行封建义务，对下属的鄂托克又进行较为独立的统治。

2. 政治管理体系

16世纪到17世纪初期，厄鲁特蒙古各部都是松散和独立的，还没有形成凌驾于部落之上的王权，各部之间互不统属，却又保持着一种相对松散的政治联盟，这种联盟被称为丘尔干议事机构。它是一种各部封建主定期举行会盟，商议对内对外一切事宜的议事机构。厄鲁特蒙古和硕特部南迁以后，虽然有了和硕特汗廷，但是由于在世袭封地制度的基础上不容有高度集权，加之游牧民族的生产特性，他们仍然沿袭了这种会盟制度。当时规定以每年秋天"祭海"（祭祀青海湖神）时间为会盟的日期。遇有急事也可以随时通知举行会盟。和硕特诸台吉都有参加会盟的义务。这就是所谓的丘尔干会盟制度。

青海和硕特会盟的地址在西宁边外130里处的察罕托罗亥（也叫白头山，今共和县倒淌河乡境内），是一个固定的场所。和硕特八台吉为会盟的主要参加者，亦即顾实汗的八个儿子父子相承，组成了青海蒙古封建领主会议。

珲台吉也称作洪台吉，为青海八台吉的首领，也叫总管王。总管王总理一切军政事务，上拥戴和硕特汗，下管辖所有台吉的封地，其权力比其他台吉更大，所以珲台吉在和硕特汗廷中具有很重要的地位，类似于副王。他对内专门负责裁决处理内部各种重大事务，并负有召集和主持诸台吉会盟的职责，对外代表八台吉执行各种交涉，这也就是所谓的总管王（珲台吉）制度。

青海八台吉中担任过总管王珲台吉职位的有顾实汗的六子多尔济达赖巴图尔、十子达什巴图尔和达什巴图尔的儿子罗卜藏丹津3位。

3. 划分左右两翼

青海蒙古八台吉的领地，在管理体系上分为左右两翼，两翼的划分有一条分界线，即以东科尔寺为起点，向西北延伸，经过日月山、

人如其文 贵在其实
李文实先生诞辰100周年纪念暨西北文史专题研究

青海湖东北岸和北岸,到布隆吉尔河、噶斯口,线以北为左翼,线以南为右翼。左右两翼各有翼长。左翼长由顾实汗长子达延的后人担任,到康熙五十五年(1716),清朝改命顾实汗的三子达兰泰之孙额尔德尼厄尔克托克托奈为左翼长。右翼长最初是由顾实汗的六子多尔济及其子孙担任。到康熙五十五年,清朝改命顾实汗十子达什巴图尔的儿子罗卜藏丹津和顾实汗的曾孙、五子伊勒都齐的孙子察罕丹津管理右翼事务。但到了雍正初年,青海开始设置蒙旗,蒙古左右两翼便自行解散了。

左右翼长的职责主要为管理所辖境内诸部的牧场以及其他日常事务,解决内部纠纷。但是如果遇有大事,必须经丘尔干会盟来商讨议决。

由此,我们就可以看出青海和硕特蒙古自上而下的社会管理体系的清晰脉络,亦即和硕特汗廷、总管王(珲台吉)、八台吉、左右二翼长、各部台吉。

自从顾实汗在青、康、藏建立起和硕特汗廷、青海八台吉驻牧青海以后,随着和硕特蒙古社会内部相对的稳定,它的社会生产和生活也得到了一定程度的发展,建立了完整的社会管理制度,形成了以游牧为主的经济生活。其与清廷的关系,也是顺应当时整个中国的政治局势和蒙古诸部的发展形势。从最初顾实汗时期的羁縻管制,到顾实汗故去后其内部的各自分立以致"频犯内地",到康熙三十六年(1697)青海诸台吉彻底归附清廷,经历了一个逐渐由外藩变内属,由羁縻变臣属的过程。从总的趋势来看,青海蒙古对清廷的关系是越靠越近,清廷对它的管理也是越来越严。这样,从康熙三十六年(1697)青海诸台吉归附清廷,到雍正元年(1723)的26年当中,青海的和硕特王公台吉们以得到清廷的封爵、赏赐、俸银为荣。这期间,双方往来不断,青海蒙古社会进入了一个相对安宁的稳定发展时期。

二 罗卜藏丹津反叛，清朝开始对青海的全面施政

康熙末年，经过多年的励精图治，清朝国力强盛，国泰民安。康熙皇帝谋划着要统一中国西部。时至此时，准噶尔部策妄阿拉布坦拥兵进藏，于是清廷决议"驱准保藏"，派军平乱，以期达到一箭双雕的目的，即一是切断称雄西部边陲、抗衡清廷的准噶尔部右臂，为日后用兵伊犁做准备，二是借此机会夺取蒙古汗权，抑制青海蒙古势力，进一步控制青藏高原。

1. 成功实现保藏抑蒙

在解决了准噶尔部袭扰西藏的问题之后，对于青藏等地的善后，清廷和青海诸台吉们的考虑大相径庭。清廷为了达到进一步控制西藏目的，彻底改变了先前西藏的政治格局，剥夺了原有的和硕特汗权，启用部分抗击准噶尔部有功的藏族官员，封康济鼐、阿尔布巴为固山贝子，隆布鼐为辅国公，由他们管理前藏事务；封颇罗鼐为札萨克一等台吉，由其管理后藏事务，并授他们4人为噶伦，组成新的西藏地方政府，负责处理全藏事务，并留3000名满汉官兵驻守拉萨。

与此同时，雍正元年（1723）对青海诸台吉分别进行了封赏，郡王察罕丹津晋升为亲王，贝勒额尔德尼厄尔克托克托奈晋升为郡王，贝子巴勒珠尔阿喇布坦和拉查卜晋升为贝勒，辅国公噶尔丹达什和敦多布达什晋升为镇国公，台吉车凌敦多布晋升为贝勒，辅国公丹衷晋升为贝子。还追封已故的根特尔之子贝子丹忠为郡王，并遣官致祭。亲王罗卜藏丹津加俸银200两，赏缎5匹。之后不久，察罕丹津又受命管辖他的侄子丹忠所遗留的部众和牧地。

清廷在青海同时封两个亲王（察罕丹津、罗卜藏丹津）、一个郡王（额尔德尼厄尔克托克托奈），改变原来"青海八台吉"中只有一名总管王的政治格局；在西藏终止蒙古和硕特汗位，推行藏人治藏的策略，其最终目的就在于削弱和分散厄鲁特蒙古在青藏地区长期拥有的特权，以加强中央集权的统治。

对于西藏的善后，青海和硕特众台吉，尤其是罗卜藏丹津等人的想法与清廷恰恰相反。他们认为驱逐了准噶尔部以后，就应理所当然恢复和硕特汗权。不曾想清廷的上述举措竟然是事与愿违，大出他们所料。而噶伦制度的实行，极大地削弱了他们已有的权益。照此趋势发展下去，则势必逐步受制于清廷，他们担心顾实汗的基业将从此凋敝。

2. 罗卜藏丹津会盟反清

罗卜藏丹津"希冀藏王，已非一日"，他始终对西藏政权抱有野心，所以在清廷出兵西藏后，他也带领青海众台吉积极参与。他本以为清朝在驱逐了准噶尔的军队后，自然会重新恢复和硕特蒙古贵族在西藏的统治地位，而他是青海众台吉中唯一的一位亲王，又是顾实汗的嫡孙，理所当然就应该是新的和硕特汗王。不曾想清廷的一系列善后措施，使罗卜藏丹津的政治梦想彻底破灭。与此同时，清廷扶持察罕丹津来抑制罗卜藏丹津的一系列举措，更如火上浇油，最终使罗卜藏丹津走上了反清的道路。

雍正元年（1723）八月，以罗卜藏丹津、阿喇布坦鄂木布为首的青海左右两翼的17名台吉会盟于察罕托罗亥。他们号称"恢复先人霸业"，拥立罗卜藏丹津为达赖洪台吉。罗卜藏丹津还"令各仍故号，不得复称王、贝勒、公等爵……奉己如鄂齐尔汗"[①]。此次事件中，由于青海和西宁地区最有影响力的人物罗卜藏丹津和塔尔寺主持大喇嘛堪布诺门汗联合领兵举事，一时间，包括塔尔寺在内的西宁、青海湖一带格鲁派大小寺院的喇嘛和蒙古、藏、土等近20万人纷纷响应，造成了极大的声势，震动了川、陕、甘、凉、肃等区域。

雍正元年（1723）九月初，清廷着手调兵遣将，准备以武力镇压罗卜藏丹津。随即任命川陕总督年羹尧为抚远大将军，主持军务；四川提督岳钟琪为参赞军务，并从西安、固原、宁夏、四川、土默特、

---

① （清）魏源撰，韩锡铎、孙文良点校：《圣武记》卷三《雍正两征厄鲁特记》，中华书局1984年版，第138页。

鄂尔多斯等地调来军队2万人，由年羹尧坐镇西宁统一指挥。在清军的强大攻势和追剿下，雍正二年（1724）二月罗卜藏丹津逃离青海，投奔了准噶尔汗国的策旺阿喇布坦，叛乱终被平定。

罗卜藏丹津反叛清廷的初衷是想恢复和硕特蒙古贵族在青藏地区的割据统治，维持其霸主地位。然而这一想法却违背了清廷要实现政治统一的历史潮流，叛乱的最终结果，不仅粉碎了罗卜藏丹津的政治幻想，也彻底结束了和硕特蒙古贵族在青藏高原上的政治割据状态和霸主地位，终结了其巅峰时刻。自此以后，清朝在青海地区开始了全面直接的统治。

三 善后禁约，蒙古封建领主制走向衰败

罗卜藏丹津叛乱被平定以后，年羹尧即刻向朝廷拟奏了《青海善后事宜十三条》和《青海禁约十二事》两本奏章，提出了对青海执政施治的一整套建议和主张。清廷依照年羹尧所奏建议条款，陆续出台了一系列对青海历史产生重大影响的治理措施，即改卫所制为府县制，在藏族地区推行千百户制度，对蒙古各部实行盟旗制度，整顿喇嘛教寺院等。通过这一系列措施，清廷进一步强化了对青海地区的治理，而青海蒙古社会的封建领主制却由此走上了衰败的道路。

1. 实行盟旗制度

罗卜藏丹津事件以后，清政府依据《禁约青海十二事》和《青海善后事宜十三条》对青海蒙古采取了所谓的善后措施，包括分别赏罚（就是按照事件中的功与过对诸台吉进行晋爵、革爵或降爵）、划界编旗、会盟朝贡等。其中最主要的就是对青海蒙古各部根据"宜分别游牧居住"的原则，依照内蒙古札萨克，实行盟旗制度，将青海蒙古各部编为29个札萨克旗。

旗既是清朝封建国家体制内在蒙古地区的军事行政单位，又是清廷赐给蒙古封建领主的世袭领地，同时又是一种生产和经济单位。清朝于各旗之间划定地界，规定不许逾越占地和私自互相往来，也不许

各封建领主对其领地任意进行分封和分割,"彼此不相统属"①。各旗旗长称为札萨克,旗下设有佐领。青海蒙古每150户编一佐领,不足100户为半个佐领,当时共有"佐领一百一十四个半"②。每个旗设协领、副协领、参领各1名。每佐领又各设佐领和骁骑校各1名,领催4名。各旗合称为盟。蒙旗设置初期,盟是不设盟长的,每年农历七月十五日在察罕托罗亥会盟一次(乾隆三年曾改为三年一次,乾隆十六年后改为两年一次)。会盟时,才选一名老成持重的长者充当盟长。规定各旗会盟必须要在西宁办事大臣的主持监督下进行。会盟的时候除举行祭祀青海湖神的仪式外,还集中处理一年内各蒙古札萨克内部的重大事务。道光三年(1823)又将29旗分为左右翼两盟,设正负盟长统辖。此时设置盟长的初衷旨在组织蒙古内部的联防,以抵御日益强大的藏族部落的攻略,而实则并无像昔日自行处理所属札萨克内部旗务的权力,也就没有相应的办事机构。盟长人选也由西宁办事大臣转呈朝廷任命。咸丰初年又规定环湖藏族也参加祭海会盟。祭海制度一直延续到1949年中华人民共和国成立。清廷对青海蒙古诸台吉的朝贡制度亦作了明确规定,规定各旗在王公台吉内派定人数,自备驼马,由边外赴京请安,还将进贡的人员分成3班,每班每3年进贡一次,周期为9年。

2. 青海蒙古社会的全面衰败

(1)走向贫困。在平息了罗卜藏丹津叛乱之后,雍正、乾隆两朝的青海地区社会相对稳定。然而与此相反的是,青海蒙古札萨克各旗并没有因此而得到休养生息,社会经济也没有得到恢复,却逐渐出现了"人畜两敝"的恶性循环。蒙古各部普遍陷入"苗产失业""贫穷流离""资生窘乏"的困境之中。"各旗蒙古,俱已贫困。"③ 雍乾时

---

① (清)素纳:《青海衙门纪略》,(清)文孚著,魏明章标注《青海事宜节略·附录一》,青海人民出版1993年版,第39页。
② (清)杨应矩:《西宁府新志》卷20《武备·青海》,青海人民出版社1988年版,第531页。
③ (清)那彦成著,宋挺生校注:《那彦成青海奏议》卷8,青海人民出版社1997年版,第227页。

期，各蒙旗中就有因生计艰难而流落迁移到边内的牧民，其中就有毫无产业的赤贫户。迫于如此困窘，至乾隆十六年（1751）以后，青海蒙古每年例行的查旗、会盟、祭海等活动都因牧民生计艰难无力承担差役而难以正常进行。社会经济的全面凋敝最终导致了蒙古牧民的普遍贫困化，最主要表现就是牲畜的缺乏。由于牧民们丧失了他们最基本的生活和生产资料，大量蒙古族牧民被迫丢弃了他们赖以生存的畜牧业，有的在青海湖周围挖盐捉鱼，运往丹噶尔、西宁、大通等地出售，以资糊口；有的在戈壁荒滩寻割柴草，捡拾蘑菇，变卖度日；有的流落他乡，委身寺庙赖以求食；还有很多的牧民"游牧则无牲畜，谋食又无手业"[①]，以至于沦为乞丐，以乞讨为生，穷困饿死者不计其数。加之嘉庆、道光时期，黄河以南循化、贵德两厅所属的大批藏族部落频繁越过黄河向北游牧，他们争夺河北蒙旗牧地，并对蒙旗各部进行攻击抢掠，使得各部不能安心游牧，这就使得本已日益窘困的蒙古各部雪上加霜。由于惧怕藏族的频繁攻扰，避居于西宁、丹噶尔、大通以至河西甘州、凉州、肃州等地的蒙古牧民竟达到2万多人，其中"锅帐牲畜俱无"[②]的赤贫牧民竟达4000余人。

（2）牧地缩小。雍正初年清廷实行划界编旗和千百户制度的善后举措是依据当时蒙古族和藏族各部各自住牧的实际情况，其初衷在于"限蒙"和"弱蒙"。但是，蒙古各旗除在黄河以南安置有5旗外，其余或远或近，都在地旷草丰的青海湖四周住牧，占有大片优良的草场。以往，游牧生息在广大草原的蒙藏各部都相安无事。然而随着历史的发展，蒙藏两族出现了强烈的反差：蒙旗各部经济日渐衰敝，人口日见减少，丰饶的环青海湖牧场广阔却人畜稀疏。与蒙旗衰败的境况相反，游牧于黄河以南今贵南、贵德、泽库、同仁等地的藏族部落自从雍正初年摆脱了和硕特蒙古贵族的奴役之后，历经雍正、乾隆两

[①] （清）那彦成著，宋挺生校注：《那彦成青海奏议》卷5，青海人民出版社1997年版，第121页。

[②] 哲仓·才让辑编：《清代青海蒙古族档案史料辑编》，青海人民出版社1994年版，第89页。

朝的休养生息，随着社会经济的发展，人口日益增加，人众地狭的矛盾便日渐突出。这样，人丁日减却地旷草美的环湖各蒙旗便成为藏族部落迁移攻掠的目标。于是，黄河以南的藏族部落开始向孱弱不堪的蒙古各旗展开了争夺草场牧地的斗争。这种争夺旷日持久，历经乾隆、嘉庆、道光三朝，近百年之久，最终以蒙古退出水草丰美的环湖地区而告以结束。

（3）矛盾日积。在蒙旗时代，各札萨克封建领主对其属下贫困牧民的经济压榨是非常沉重和残酷的，他们"不知体恤属下，差徭派累日繁"①，以至于"人心涣散"。惨重的经济压榨和剥削使得经历了战乱重创的青海蒙古社会经济难以得到喘息复苏的机会，一方面，使生产力遭到严重破坏；另一方面，则是进一步激化了社会矛盾，大量的蒙古牧民因不堪重负而纷纷逃离了蒙旗。正如道光初年办事大臣那彦成所奏："自王公台吉虐其属下，其属下今更穷苦，反投野番谋生，因而导引野番抢掠其主。"② 还有部分蒙旗穷苦牧民因痛恨封建领主的压迫，常常和藏族联合起来，抢夺领主的财产，甚至于杀死蒙古王公。陕甘总督松筠就指出："蒙古不能体恤属下，多方苦累，因而属下之人与番贼勾通，以图报复。"③ 这种矛盾冲突日积月累，自嘉庆以后愈演愈烈。使得清廷不得不着手进行调停，一方面下令蒙古王公抚绥部属牧民，以防他们与藏族部落里应外合进行抢劫，另一方面还发放钱粮，对穷苦蒙古民众予以赈济。但是，日积月累的矛盾和简单的救济已无法阻止蒙古民众彻底走向贫困的道路。

（4）人口锐减。清朝初期，青海蒙古的人口约有20万，但是自从经历了雍正时期的罗卜藏丹津事件以后，残酷的战乱使人口减少到不足9万人。据推算，雍正初年编旗时，青海蒙古28个札萨克旗共

---

① （清）文孚著，魏明章标注：《青海事宜节略》，青海人民出版社1993年版，第21页。
② （清）那彦成著，宋挺生校注：《那彦成青海奏议》卷6，青海人民出版社1997年版，第155页。
③ 哲仓·才让辑编：《清代青海蒙古族档案史料辑编》，青海人民出版社1994年版，第19页。

有佐领114.5个，按每个佐领最高值150户的定制计算，28旗的总户数应为17175户，另外察罕诺门汗旗还有4个佐领，应当有600户。按照每户平均人口5人计算，29个旗的人口数约为88875口。这是青海蒙古人口第一次大规模减少，与清初的20万人口相比，清军在平叛过程中的滥杀与掳掠是导致人口巨大损失的最直接原因，其目的在于彻底摧毁青海蒙古族人与清王朝的抗衡力量。这在年羹尧的平叛奏折中得到了很好的印证："凡逆贼部落强悍者略已诛锄，所存者虽留西海，经臣宣旨，分赏满汉官兵，共计男妇一万余名口，以杀强暴之气。"①

在历经了罗卜藏丹津叛乱之后，青海地区社会相对和谐稳定，但是蒙古社会并没有因此走向休养生息的道路，反而是向着"人畜两敝"的道路行走，并且一发不可收拾，青海蒙古人口呈现持续大幅度下滑。嘉庆十五年（1810），青海蒙古29旗的户数由雍正初年初编时的17775户剧减为6216户，总人口数仅剩28963口。其中初编时人口最多的河南亲王所属左翼前首旗（11个佐领，1650户，约8250人）到这时也仅存530户，1743人。不足百户的旗也由初编时的1个增加到了8个。而于乾隆十一年（1746）由前左翼首旗析设的南左翼次旗则在嘉庆十一年（1806）时，因为仅存23户而被裁撤。嘉庆以后，青海蒙古人口流失的局面仍然未能得到扭转，直至清末。根据宣统元年（1909）清政府的统计，至其时青海蒙古29旗的总户数仅有1989户，人口数仅仅为5139口，此时不足百户的旗竟达24个，有的旗甚至仅剩一两户人家，平均下来每个旗竟不足70户。这样看来，作为行政、军事、生产和经济单位的蒙古札萨克旗，从建置上讲已经没有什么实质性的意义了。

3. 衰败表象下的深层次原因

（1）战争的重创。战争，无论正义抑或非正义，其结果必然会使社会生产遭到极大重创，使人民生活遭受严重苦难，使人口数量大幅

---

① 季永海等点校：《年羹尧满汉奏折译编》，天津古籍出版社1995年版，第283页。

下降。尽管罗卜藏丹津叛乱仅仅持续了一年时间，然而它却给当时的青海蒙古部落带来了难以愈合的创伤，其直接结果就是造成社会人口的锐减。叛乱被平定后，青海蒙古的人口从清初的20万迅速下降到不足10万。据《甘宁青史略》记载，平叛中"降王三、擒王十有五，斩首八万余人，俘获男女数万口"①。曾亲随年羹尧西征平叛的汪景祺之随笔记录道："西夷大创斩获者无算，有掳其全部者，除贼首三人解京正罪，余五十以下，十五以上者，皆斩之，所杀数十万人，不但幕南无王庭，并无人迹。""女子皆以赏军士，各省协剿官兵归伍者，咸拥夷女而去。西安府驻防八旗回镇将士，除自获者，复赏以夷女五百人。"连汪景祺也感叹："其功固亘古所未有，然其中岂无冤死乎？"②这种人口掳掠和摧残下的剧降所带来的必然结果就是经济的衰退，而经济的衰退则进一步加剧了人口的减少，再加之日渐强盛的周边藏族的劫掠，恶性循环的结果终使青海蒙古愈加贫困，社会经济日渐衰退。

（2）蒙旗制度的实行。雍正初年设立蒙旗制度时，清廷将人口不足9万人的青海蒙古编制为29个旗的行政单位，并且规定旗与旗之间必须"恪守分地，不许强占"，各自必须独立。如此分割划分，就使每旗平均不足600户的蒙古札萨克旗失去了成为独立政治实体的可能性。清廷通过上述举措，使得"掌一旗之政令"的各札萨克虽然不失其封建领主的名分，但是他们已然不再是过去那种声名显赫、集军政大权于一身的封建领主了。清廷废除了他们的汗、珲台吉、岱青等名号；规定各旗之间划定地界，不得互相统辖，不得私相往来，"使权不统一"③。清廷还把旗长以及主持会盟的盟长的任命权也牢牢掌握在自己手中；规定定期轮班进京朝贡，实际意义是臣下对君主的定期朝觐述职。此等种种举措，终使青海蒙古诸台吉成为清廷的臣属，非傲居一方的领主了。加之清朝政府调整青海地方建制，设置府县，强

---

① 《甘宁青史略》卷18，兰州俊华印书馆1936年版。
② （清）汪景祺：《读书堂西征随笔》，上海书店出版社1984年版。
③ 《甘宁青史略》卷18，兰州俊华印书馆1936年版。

化军镇，增设营汛，还有对宗教寺院实行整顿以及对藏族各部落进行直接管理等，这些均表明自此以后，青海蒙古最终被完全置于清朝中央政府的直接统辖之下，青海厄鲁特蒙古作为一个曾经辉煌一时的地方民族政治实体遭到彻底瓦解，蒙古社会进入了封建领主制的衰落阶段，曾经叱咤风云、驰骋青海草原的青海蒙古步入了日渐衰微的道路。

（3）蒙古贵族的压榨。清廷成功实现对青海蒙古的全面控制以后，虽然设立了蒙旗制度，剥夺了蒙古的封建领主分封特权。但其旧的体制并没有被打破，仍然沿袭的是旧的封建领主制。在盟旗制度下，清廷贯彻"分而治之""涣散其势"的原则，将人口不足9万人的青海蒙古部族编为29个旗。旗的规模虽然是越来越小，但是"五脏俱全"，各旗除札萨克（旗长）以外，从大到小还设有协理台吉、和硕章京、梅楞章京、札兰章京、苏木章京、昆都、笔齐等一系列官职，同时还给各旗的贵族授予亲王、郡王、贝勒、贝子、公及四等台吉等世袭爵位，并且还详细规定了依爵位高低所拥有的随员的数额。如一个亲王的身边就有长史、头等护卫、四品典仪、二等护卫、五品典仪、三等护卫、跟役等37个随从。这样，在蒙古各旗便形成了一个以王公贵族为主体的庞大的寄生阶层，他们的生活来源便是对一般牧民的压榨剥削。他们"任性贪残，不恤其下"[①]。加之罗卜藏丹津叛乱以后，清廷实现了对藏族的直接管理，将广大藏族部落从和硕特蒙古的统治下分离出来。如此一来，蒙古贵族失去了向广大藏族部落索取贡赋的特权。为了弥补这一巨大的经济损失，蒙古封建领主更是加重了对蒙古牧民的经济剥削，牧民不堪重负，纷纷逃离蒙旗，人口流失进一步加剧。这样，蒙古封建领主的惨重政治经济压榨和剥削，在加剧其人口不断减少的同时，也迟滞了其经济社会前进的步伐。如此便形成了人口经济发展的恶性循环：人口减少—经济衰败—人口减少。

---

① （清）那彦成著，宋挺生校注：《那彦成青海奏议》卷1，青海人民出版社1997年版，第37页。

(4) 河南藏族的北移。早在乾隆时期，循化和贵德两厅所属藏族部落和果洛（郭罗克）藏族多次对住牧于黄河以南的各蒙旗进行攻掠。清廷为了加强控制，将循化厅和贵德厅所属的 76 族"熟番"和 77 族"生番"划归西宁办事大臣管理，之后又下令将二厅的文武官员也归并西宁办事大臣调遣。但是，隶属关系的改变并没有从根本上起到阻止和约束藏族部落的作用。他们仍旧频繁攻掠河南各部蒙旗，最终迫使黄河以南的蒙古 5 旗于嘉庆初年移牧黄河以北。自从黄河以南 5 旗移往黄河以北以后，随之便引发了藏族部落大规模并且旷日持久的北移活动。

藏族的北移和频繁攻掠，使蒙古各旗苦不堪言，人畜遭抢劫，牧地被侵占，于是各旗札萨克台吉们不断要求清廷予以解决。清廷也鉴于藏族北移造成青海蒙藏地区的社会动荡，曾派数任陕甘总督对北移藏族部落进行"剿办"，然而均没有什么结果。到道光初年，河北蒙古 24 旗中除了远居于柴达木盆地额色尔津的恩开巴雅尔台吉所属一旗没有受到攻掠，在原地驻牧以外，其余 23 旗大半都避入西宁和河西边内。此种情况下，清廷再次派遣嘉庆时曾任西宁办事大臣的那彦成以陕甘总督的名义再度到青海"查办番案"。于是便有了那彦成对蒙藏事务的重大整理。那彦成扶持日益衰微的蒙古，将渡河北移占据环海牧地的藏族各部强行驱回河南的一番整顿，并没有使孱弱至极的青海蒙古社会因此增强它的社会活力，青海蒙古仍然无可奈何地走在继续衰败的道路上。与之相反，人口日增、牧地日狭的河南藏族部落的北移之势，却是势不可当，难以遏制。道光十二年（1832）以后，黄河南岸藏族部落再次揭开了大规模北移的序幕。面对这种境况，蒙旗各部非但不能自卫，反而是分散四逃。他们或依附于官兵的营卡，或逃避到附近的州县，谋食没有基业，游牧又没有牲畜，大多散处在西宁、甘州、凉州、肃州沿边以乞讨为生。道光初年大批蒙古民众流离乞食的场景再次出现。黄河北岸千里草原尽被藏族部落占据。

清朝政府对北移藏族部落历年的"剿办"屡屡失败，驻防官军也只是疲于奔命，收效甚微。加之太平天国运动兴起之后，清廷无暇顾及青海蒙古的不利处境，对藏族部落的北移问题也已是力不从心，最终承认了黄河以南藏族部落北进游牧于环湖地区的现实状况，以"环海八族"终定青海蒙藏分布格局，青海蒙古自此失去了他们环湖地区的优势地位。

伴随着这场历时百年之久的牧地争夺战，使得本以羸弱不堪的青海蒙古各旗雪上加霜，遭受了严重的财产和人口的损失，蒙古牧民丧失了最基本的生产资料，他们"逃散就食各处"，民不聊生，苦不堪言。更有甚者"散处边内插帐住牧及沿途乞食"，青海蒙古无可奈何地走在持续衰败的道路上。

总之，和硕特蒙古迁入青海是青海政治社会史和民族关系史上的一件大事，它不仅使青海多民族分布格局产生了重要变化，同时也给清代青海的政治社会诸方面带来了广泛的影响。纵观其在青海的整个历史发展过程，实可谓辉煌至极，惨淡之至。自其顺应清朝中央集权的统治，以蒙旗体制纳入清朝的统治体系之后，就踏上了一条日渐衰落的不归路。在政治上从青藏地区的最高统治集团，被以蒙旗的形式弱化分割为多个相对独立的行政实体；在经济上出现了人口减少、生活贫困、经济衰敝的惨淡景象；在文化上则表现为一种民族自信和民族内聚力的缺失，以至于出现藏化的趋势。这种发展状况一直到中华人民共和国成立，随着蒙旗制度的废止才得以遏制。青海蒙古的这一发展历程有力地诠释了封建奴役政治制度的失败。

  该文述说清初青海蒙古的社会组织和政治管理体系，评说罗卜藏丹津事件的起因、经过和影响，以及清朝治理青海蒙古的施政变化，从青海蒙古社会的衰败表象，进一步分析其深层次原因。文章涉及范围广，信息量大，知识丰富，有关罗卜藏丹津事件起因和影响的分析，以及清代青海蒙古从辉煌走向衰落的表述等，均符合历史。至于将"顺应清朝中央集权的统治，以蒙旗体制纳入清朝的统治体系"作为青海蒙古衰败的根本原因的观点尚需斟酌。另需注意主题集中、明确，引文加注、符合规范。——蒲文成

古羌与古羌文化琐谈

杨建青[*]

【摘　要】提出古羌与古羌文化的人文定义，阐述古羌文化的历史内涵和精神特质，以古羌文化与华夏文明的血脉联系进一步廓清古羌文化研究中的几个问题，指出古羌文化的历史地位和价值，强调古羌文化研究的重要意义与现实作用。

一　关于古羌

"羌"字最早见于殷墟卜辞，上从"羊"，下从"人"，《说文解字》释为"西戎牧羊人也"。有学者认为，殷人因其所从事的职业而称之为"羌"，更或称为"羌人"，而"追溯羌字构形的由来，因为羌人有戴羊角的习俗，造字者遂取以为象"[①]。刘劭《风俗通义》载："羌，本西戎卑贱者也，主牧羊。故羌字从羊、人，因以为号。"

在这里，笔者将这一创造了绚烂文化的古代先民族群称之为古代羌人，其意义首先在于他们是我国古代最早记录生活在青藏高原的土著居民，是一个具有共同语言、共同文化和共同地域的人类共同体。

---

[*] 作者单位：青海省工商行政管理局。
[①] 于省吾：《释羌、苟、敬、美》，《吉利大学学报》1963年第1期。

其次，古羌人曾是人类社会发展史上一个发展比较稳定的人类共同体。李文实先生指出，在人类的早期发展阶段，"一般说中国历史上自有文字记载部族社会阶段起，把活动于当时中国境内的各氏族、部族等，除各自的单一名称外，都统称为人，如夏人、商人、周人、秦人，以至汉人、唐人，这个名称并不代表单一的民族"①。而"民族"一词则来自斯大林时期的论述，并成为今天我们区分民族共同体和人种共同体的新名称。由此，这里的古羌之谓亦是区别于今天的川西羌族，以示先羌的古老。

将古代羌人简称为古羌，学术界已约定俗成，大凡涉及先秦以前的历史，即古羌人的起源，以及文化构成、历史迁徙、文明扩散、部落制度等皆已认可。但是，关于古羌的发展演化，史学界一直间有错讹，并且存在多种歧见。笔者认为，对其中的一些关键问题，需要深入探讨，予以厘清。

（一）羌先戎后

戎人与羌人孰先孰后，一直是史学界争论的问题之一。古代典籍中对于戎的记载也是各执其说，不相一致。《史记》将戎归于《匈奴列传》，《汉书》依此而转述。王国维《鬼方昆夷玁狁考》还将春秋之戎与商周的鬼方、獯鬻、玁狁等统称为戎。而把戎当作西方单独的民族实体，更将其作为西方诸民族实体的泛称，早自《墨子》一书，至《礼记·王制》则有了"东方曰夷、南方曰蛮、西方曰戎、北方曰狄"的说法，以至《魏略》《梁书》《唐书》《晋书》等皆将戎记入《西戎传》中。

戎是西方诸民族实体的泛称，还是一个单独的民族共同体？显然先秦典籍记载混乱，而后的诸书记载也有偏颇。

顾颉刚先生《从古籍中探索我国的西部民族——羌族》一文中说："就以我国最早的甲骨文来说，至今虽尚未发现有作为戎族名称

---

① 李文实：《西陲古地与羌藏文化》，青海人民出版社2001年版，第428页。

的戎字出现，但羌族的名字则屡见不鲜，其中有作为奴隶的羌，有从事农业的羌。总之，羌在殷商时期是一个很有影响、很活跃的民族。"尽管这里认定了羌的记载早于其他单独民族共同体，但是戎的存在与典籍记载一直不能廓清羌先于戎或戎属于羌的历史事实。比如《说文》指羌为西戎牧羊人，《风俗通义》说羌本西戎卑贱者。范晔修《后汉书》将戎写进了《西羌传》，而到了近代，史学界仍依古人所言，遵而循之。郭沫若在《中国史稿》中认为："西戎主要是指羌人部落。"《中国民族史》中说："西戎主要是指分布于西部的羌族。"王钟翰先生则认为："西戎，在西周到战国，主要指氐羌系各部落。"

从以上看来，羌与戎的关系十分复杂。假如肯定了"西戎"的泛称，则戎的单独民族实体存疑；另外，把西戎指为羌，那么先秦记载中的其他民族共同体将复如何？尤其对于持"戎为西周、春秋时兴起的民族"，并认定戎为一个单独民族的学者，实在是很不公平的。

在古代史料中，羌、戎混淆或羌、戎并列的记载不乏，甚至还有戎人先于羌人的论述。那么孰先孰后，关系如何呢？李文实先生在《西陲古地与羌藏文化》一书中就西戎之谓，借顾颉刚先生之说认为："谨按顾先生谓戎是西方诸族的通称，是得当时之实的。经过近年来的考察与论证，我认为戎是羌的另一名称。从现在的藏语来比证，他们把从事农业的藏民称为'戎哇'，把仍从事牧业的称'智化'，这是就生产方式的不同而言的。戎就是指当时西方最大的部族羌族中已从事农业的族人而言的。"这就是说，对于先后进入中原地区从事农耕的羌人，戎便成为古羌语"戎哇"的汉译。将羌称为戎，从此中原便有了从事农耕的羌人，同时也对两种不同职业和不同生活区域的羌人有了称谓上的区别，即"西羌"与"西戎"。就此，孰先孰后不待赘言。

(二) 氐羌与羌戎

氐是我国历史上曾经的古老族群，主要分布在甘肃的东南部，即现在的甘、川、陕交界处。氐与羌同样早现于甲骨文，《通典》记述为："氐者西戎之别种，在冉駹东北，广汉之西，君长数十，而白马最大。"当代有些学者极力主张氐为古代西北的单独民族共同体，与此相反的观点认为，氐羌同体，氐是从羌人中分化出来的。因为这种"平列"关系，使得有关氐人的活动记载并不太多。据学者研究，氐出自春秋，盛于秦汉，氐羌以地理分始于汉，南北朝以后氐消融，后人遂以"氐族"命名之。

尽管氐字出现较早，但皆与羌字联出，如："龙来氐羌""自彼氐羌""氐羌来宾"等，这种氐羌并列而出的情况使后人有了氐即羌的认识，进而认定氐是羌分化出的一支。据李文实先生论证，氐乃地名，氐地之羌是谓，绝非两族。他说："古书上氐羌连称，当为羌的别种。氐羌因地得名，此可为证。"①

羌戎之称在时空上显然是指当时生活在青藏高原的两个同宗的部族。"入中原后改从农耕，便改称为戎，古时称羌戎，羌谓无弋爰剑、烧当、先零、唐旄等仍在西陲诸部落……"②

据有关学者论述，羌先见于甲骨文及金文等文字史料，中间有一段被戎所代替，经年后戎字消失，羌又在典籍中复出。而这段时间，戎字的消失与戎人东渐构建并融入华夏族有关系。尤其到了秦汉以后，羌更是大量出现，而此时的羌已与中原汉文化相去甚远了。

笔者在这里要说的是，当一些脱离了游牧而进入了农耕社会的羌人改称戎人的时候，还有那些亦耕亦牧地区的羌人，或许被称为羌戎，或许被称为西戎，深入研究这时期的文化，对于认识所谓羌戎文化会有更多帮助。

（三）西羌与东羌

一般认为，居住在河湟、洮、夏一带的羌人为西羌，而于天水、陇西一带的羌人则为东羌。实际上，根据李文实先生的考证，汉武帝时陇西太守平定先零羌后，建议把部分降羌迁徙到天水、陇西、

---

① 李文实：《西陲古地与羌藏文化》，青海人民出版社2001年版，第61页。
② 同上书，第20页。

扶风三地，目的是分散羌的力量，防止羌人造反。至东汉，羌祸连连，典籍中遂有了东羌的记载，以区别于西羌。由此，成书于晋代的《后汉书》中便有了《西羌传》，而东羌已不多见于文字，被戎取代。

按照中国传统观念，有东必西，有西必东，就如有了西王母，后世人硬造出一个东王公。把内迁的羌人称为东羌，把仍然生活在青藏高原的羌人称为西羌，这仅是东汉王朝当时使用的军事术语，以区别东西两处居住的羌人，而更重要的是，这也反映出当时汉王朝与羌人之间的紧张对立，以及相互频发的战乱。

（四）古羌之谓

商代武丁以前的甲骨文中就有羌方、北羌的记载，这也是人类族号最早的记载。从古籍中看，羌当是青藏高原古代土著，考古也证明，马家窑文化、卡约文化、齐家文化、辛店文化等均属于古羌人文化。古代羌人分布广泛，历史悠久，足迹遍布今天的西北、西南，至少在夏以前就有部分先羌进入了中原地区，经过长期的融合，最终成为华夏族的重要组成部分。研究夏人的渊源，史家认为，作为人王的夏禹（大禹），尽管是神话传说的山川神主，"虽出现与形成有先后，但夏民族源于氐羌，则是无可怀疑的历史事实，不仅如此，她还是以后中华民族的主源之一呢！"①

诚然，古代西北除氐羌外还有其他族群也是入华夏并被华化者，但从族系上来说，夏商周与氐羌都有渊源，并且是最终构成华夏文明的主体。而把华夏文明作为中国古代各民族融合统一的历史标志，笔者且把最具代表性的周文化作为界限，将之前的羌人文化称为古羌文化，同理，将之前生活在青藏高原上的羌人及羌人部落称为古羌。当然，也包括被称为西羌且活动在河湟、洮、夏等区域的古代羌人。另外，从时间上划分，还包括古羌先民至先秦及十六国时期的后秦羌人

---

① 李文实：《西陲古地与羌藏文化》，青海人民出版社2001年版，第9页。

政权等。

何谓"古羌",皆因其古老,更有其源远流长的历史。诗曰:"龙来氏羌黄河头,征程漫漫几个秋?"古羌文化的研究正是基于这样一个大超越的古代文明的肇始,被称为"东方的玛雅文化",也正是它的神秘与曲折、古老与沉重,才使得我们产生无尽的猜想,进行不间断的探求!

二 古羌文化

关于历史文化的研究,现代人以更加新锐的文化视野,在注重人类物质和精神创造总和为文化的同时,更趋向于对文化的演进、文化要素的空间分布、文化的扩散、文化的历史影响、文化的历史遗留等方面的研究与探求。而对于古羌文化这样一个庞杂的研究课题,不仅仅是文化史学、文化地理学、考古学、文献学、古文字学、天文学、民族学、语言学等学科的有机结合,更是各种研究方法和学科交叉的艰难攻关。历时四年多完成的国家夏商周断代工程,是"九五"国家重点科技攻关项目,但工程仅仅给出了一个《夏商周年表》。尽管如此,毕竟研究精确了上古三代的年代史,终有了一个阶段性的成果。然而,这一成果对于古羌文化的研究提供了科学的年代背景,但对于古羌文化的深入探究则需要花费更大的气力、更长的时间。所以说,这是一个艰巨的任务,需要甘青及周边其他省区学者的通力合作,更需要举多方之力而戮力精进。

任何一种人类文化都会有其鲜明的文化气息与特质。寻根溯源,首先要认识的是,古羌文化不单单是人类史前文明的显现和演化,其悠远的步履与深厚的渊源足以表明它的古老和沧桑。从旧石器始,经中石器、新石器到铜石并用时期;由西南向东北,由远古向中古,由原始到文明肇始,古羌文化在河、湟、洮、渭这些地区孕育发展,并且形成了以甘青为中心的古先民文化序列,最终成为华夏文明摇篮之一。"黄帝以姬水成,炎帝以姜水成,黄炎合流,便有了夏商周三代彬彬灿然的华夏文化,可以说是中国文明的起源。"[1] 毫无疑问,华夏文明主要发祥于湟水至渭水之间,而炎帝则是"古羌人氏族部落的宗神,号神农氏"[2]。

丰厚的文化遗存、灿烂的历史积淀是古羌文化的另一个特质。仅就青海来讲,大量的出土文物证明,三万年前这里就有人类活动;贵南拉乙亥遗址出土的千余件文物说明,6800年前的中石器时期,就有古羌先民在这里生息繁衍。而在这块神奇广阔的土地上,还有属于马家窑文化的数万件精美绝伦的彩陶,其中的舞蹈纹彩盆是古代羌人集体舞蹈的绝唱,散发着古老艺术的独特魅力;更有齐家文化、卡约文化、辛店文化、诺木洪文化等,它们一一证明了古羌文化的久远、厚重、丰富、灿烂。

费孝通先生曾撰文称古羌是"一个向外输血的民族"。这一形象的比喻不仅是对古羌人作为族源的认定,更是对以血脉为联系的羌人种延续的称道。古代羌人殷殷血脉衍生出了戎人、氐人、夏人、商人、周人、秦人,而且通过迁徙流动形成了今天的羌族、白族、彝族、瑶族、基诺族、景颇族、纳西族、哈尼族、普米族、傈僳族、拉祜族等。尽管今天的这些民族在语言、文化和习俗等方面与古羌人的差异性远大于共同性,但是,从历史的角度看,这一血脉和文化渊源的关系不可否认。尤其是,由这种输血的强大生命力所产生的文化扩散和文化遗存,让我们观照到的是古羌文化的巨大融合力和创造力,并且,这一特质深深地注入华夏文化之中,更融入了炎黄子孙的性格当中。

古羌文化作为一个大超越的文化,顽强的历史抗争精神更是其文化特质的显现。在先秦的历史大潮中,面对不同时代不同文化力量的打压,抗争是其贯穿始终的精神主导。而到了汉代,尤其是东汉时期,对于政府的屠杀政策和强迫迁徙,羌人的反抗斗争从未停止过,

---

[1] 李文实:《西陲古地与羌藏文化》,青海人民出版社2001年版,第444页。
[2] 郭沫若主编:《中国史稿》,人民出版社1976年版,第108页。

从东汉三次大的羌人起义到十六国时期后秦等羌族政权的建立,再次证明了古羌文化的坚强。毕竟,顺应历史是必然之选择,当姚氏羌人政权(后秦)最终被东晋攻破,至此古羌人才彻底从中国政治历史舞台上消失。

　　古羌文化的研究自古迄今多有论述,而近代以来更不乏文字,但诸多研判多游弋于典籍文献,而于田野调查得来的考证并不十分丰富。尤其对于古羌文化的属性,相当一部分学者一直坚持着"中原仰韶文化向西延伸"之说。在这种中原本位文化中心论的支撑下,有的学者以情绪化的学术态度鄙夷古羌文化的文化地位,说什么"这里文明的曙光新石器文化,比中原地区晚了千年以上……切不可从形而上学或主观主义出发,认为黄河上游江河源头一定是文化源头,把我们这里的古代文明抬升到不符合历史逻辑的地步"①。我们以历史唯物主义来观照中国远古历史,一直强调多源多流、源流交融,尤其对人类文明起源有着多点起源的正理,绝不容"唯我独尊、唯我为大"。

　　对于古羌文化重要部分的马家窑文化,有人称之为甘肃仰韶文化,它包括半山、马厂等类型,东自甘肃清水,向西延伸至青海贵南,准确地说它当是仰韶文化的西支。因为这一文化是"开始由新石器文化发展到马家窑、半山、马厂文化及铜石并用的齐家文化、卡约文化,进而继续东进和仰韶文化结合,其东方最前哨的一部分进入中原地区与华夏族融合"②。这个推论至少说明了古羌文化并非"文化西流",更是对长期以来所谓"以先进为华夏,以落后为戎夷"之观点的批判,进一步说明了先史时代青藏高原人类与后世华夏族的关系。可以这样说,作为华夏文化的主源之一,古羌文化的历史地位不可动摇。

---

①　芈一之主编:《西宁历史与文化》,辽宁民族出版社 2005 年版,第 54 页。
②　《青海藏学会论文选集》(一),1983 年内部印刷,第 12 页。

三 古羌文化研究的几个问题

（一）关于羌藏文化

"羌藏文化"的提出，是李文实先生史学研究的重要成果，亦是西北史地文化研究里程碑式的文化创建。它不仅仅是关于藏族历史文化研究的突破和发展，还为古羌文化研究开创了一个新的局面。在谈及羌藏关系时，先生认为："羌是古代在青藏高原上活动的主体人种和氏族，属于古代的历史范畴，而藏族则是吐蕃的后裔。"[①] 他从民族史的角度厘清了羌、藏的渊源与流变，本着"旧学商量加邃密，新知培养转深沉"的态度纠正了片面狭隘的历史认知，从而使后人对于"先史时代青藏高原人类与后世中华民族的关系"有了更深刻更本真的认识。尤其要继承发扬的是，先生以古羌语与古藏语的关系，从不同语言的对音阐释和迁徙之迹来阐述古今地理的方法，这不仅为我们研究古羌文化赋予了新的方法，更为准确深入论证古羌文化开启了新途。

（二）关于"舜迁三苗"

《后汉书·西羌传》记曰："西羌之本出自三苗，姜姓之别也……及舜流四凶，徙至三危。"《史记·五帝本纪》谓："迁三苗于三危，以变西戎。"由此，学界一直认为羌人出自三苗，并非青藏高原的土著。近年来的考古发现，否定了这一观点。"把在中原作乱的一部分三苗，驱逐到雍、梁西南郊外的羌地去，这样既安定了中原地区，又抑制西戎的团结力量。"[②] 对于"三苗""三危"的考证李文实先生已作了论述，看起来这仅是一个历史事件的澄清问题，但是细查之则关系到羌人的根本，即羌人作为青藏高原土著和古羌文化源流的确认问题。笔者以为，所谓三苗当是就居住在三苗这个地方的人群所言，而

[①] 李文实：《西陲古地与羌藏文化》，青海人民出版社2001年版，第431页。
[②] 同上书，第57页。

非指苗人。表述应该是,将三苗这个地方的人迁至三危这个地方。至于其他观点,尚有待于今后的深入研究,以为共识。

(三)关于无弋爰剑

无弋爰剑是秦历公(公元前 476—前 441)时期从秦国逃跑的羌俘,至河湟落脚,后成为部落首领。《后汉书·西羌传》记曰:"河湟少五谷,多禽兽,以射猎为事。爰剑教之以田畜,遂见敬信。"爰剑所在的时代果真如其所言吗?更甚者如此说——"环顾左右,东望长安、中原、齐鲁、燕赵、秦晋等地已走过夏、商、周 1000 余年华夏文明历史,而且典章制度郁郁乎文哉,还有百家争鸣、学术鼎盛。而我们这里则无弋爰剑在教民田畜,至于文字、典籍、学术、政权等等,则混沌不知哩!"①

此言差矣。实际上早在爰剑 2000 年之前,河湟地区就已经有了发达的农耕和畜牧业。当时,谷物不仅成为时人的主食,从考古发现的古墓中,有的仅随葬的谷子就有数百斤之多。而从遍布湟水流域的不同时期的文化遗存中,发现的有柳湾流淌成河的精美彩陶,有沈那遗址巨型铜矛,有喇家出土的黄河磬王、巨型玉刀、距今 4000 多年最早的那碗面条——在这样一个文明程度较高的古羌文化区,不知当时的爰剑是如何"教之"的!从古籍及今人的发言中,我们体味到的却是另一种东西,即对知识和历史的不敬。

(四)关于古羌与今羌

古代羌人以虎为图腾,而在今天长江中下游的一些地区却有着许多崇虎的少数民族,其中一些仍然在传说和记事中指甘青地区为祖地,而甘青在远古则属于古羌人聚居的地区。比如说,20 世纪 80 年代发现于青海黄南同仁年都乎村的"於菟",被认为是古羌文化活化石。无独有偶,云南双柏小麦地彝族的"老虎笙"则与"於菟"如出一辙。分析二者,"於菟"自然古朴,表现了人类早期舞蹈和巫术结

---

① 芈一之主编:《西宁历史与文化》,辽宁民族出版社 2005 年版,第 18 页。

合的原始表演风貌和气势；而"老虎笙"不仅缺少这种古风，在表现的形式、内容、功能诸方面加入了许多非原始的元素，比如农事、性交欢等，但更多的是追忆祖源、缅怀先祖、凝聚人心的主题。据当地的传说，他们是 6500 年前从西北南迁而来。由此推断，二者不仅有着渊源关系，甚至是传承关系。

今天的羌族主要集中在包括四川阿坝州的茂县、汶川、理县、黑水、松潘，以及绵阳市的北川县等地区，现有人口约 32 万，是以古羌族名唯一保留下来的，并与彝、纳西、白、哈尼、傈僳、普米、景颇、拉祜、基诺等少数民族一样皆出自古羌。近年来，关于古羌与羌族的研究成为热点，西南地区的学者以羌文化为命题，从语言、社会、风俗、民间文艺等多个领域进行实证研究，硕果累累，这些成果对于古羌文化的研究积累了资源。但由于地缘和文化交流的迟滞，有些研究项目至今尚未对接。比如羌语的比较研究一直毫无动议，这里面包括羌与汉、羌与藏，以及与其他民族语言的比较研究。

文化的研究其最终目的是文化的发展、社会的进步。古羌文化涵盖的是古代羌人生活方式的各个方面，更是古代先民创造出的优秀的精神财富和富饶的物质财富的集合。简而言之，古羌文化是我们赖以发展的宝贵财富和人文力量。

古羌文化是河湟文化的引领，它对于我们系列文化的研究具有重要的奠基价值；古羌文化是昆仑神话研究的基础，它所提供的文化空间给了神话传说历史化的条件，才有了历史为现实社会服务功能化的可能。还有三江源文化研究、西王母文化研究、古丝绸文化研究等。就青海来说，在文化和旅游方面，以往打这个牌打那个牌，而忽视的却是这张古文化的牌。古羌文化当引起学界及各方的重视，毕竟它的历史沧桑感和人文吸附力是现代文化无法抗拒的。当然，它的价值与魅力还远不止于此，恕不赘言。

近年来的考古发现，最令人惊讶的是，否定了 1927 年以后一度认为的"我们来自北京猿人"的答案。那么我们究竟来自哪里呢？当有学者提出"由炎黄为首领的远古河湟一代的古羌人，是远古人类自西部进入中国大陆的"——这一观点令许多人惊愕了，这难道是真的吗？但是，面对河湟流域大量的文化遗存，更有神话包裹下的古羌人生活繁衍的远古图景，以及汉藏语言中关于语言传承的密码……我们是否有勇气将我们族源的研究另辟蹊径呢！也许若干年后，我们将得到这样一个答案——起源于青藏高原的古羌人作为华夏族的主源，一步一步迁徙到中原腹地，与其他土著先民相融合，历经三皇五帝的艰苦创业，最终，一个伟大的华夏文明诞生了！

基于古羌文化的研究在整个中华传统文化研究中尚处于起步阶段，对它的文化揭秘或一般描述尽管有限，但仍然可视为几代人共同的责任和历史担当的必然成果。不管如何，我们需要并坚持的是对它整体的历史的研究，包括理论的和实证的。

出于个人的经验，也是为了文章的安全，笔者删节了部分文字，匆忙凑就了短拙之作，意在抛砖引玉，以见蔚然。自然，字里行间少不了错讹之处，还望各路方家多加指教。

二〇一四年七月于西轩堂

参考文献：

[1] 丹珠昂奔：《藏族文化发展史》，甘肃教育出版社2001年版。

[2] 董家平、王丽珍、安海民、方丽萍：《三江源文化通论》，青海人民出版社2009年版。

[3] 陈光国：《青海藏族史》，青海民族出版社1997年版。

[4] 洲塔、乔高才让：《甘肃藏族通史》，青海人民出版社2004年版。

[5] 崔永红、张得祖、杜常顺主编：《青海通史》，青海人民出版社1999年版。

[6] 杨建新：《中国西北少数民族史》，民族出版社2003年版。

[7] 范玉春编著：《移民与中国文化》，广西师范大学出版社2005年版。

[8] 杨畲：《羌地杂语》，江河电子出版社2011年版。

[9] 徐杰舜主编：《雪球：汉民族的人类学分析》，上海人民出版社1999年版。

该文力图科学厘定古羌与古羌文化的人文定义，对于羌与戎、氐羌与羌戎、西羌与东羌等之区别和关系，以及古羌文化研究中的几个问题作了初步考释，提出了自己的观点。通过研究分析，认为氐羌历史古老、源远流长，"夏民族源于氐羌"，"是以后中华民族的主源之一"。文章结构清晰，论说在理，有助于对古羌文化历史地位价值的认识和研究的深入。但有关古羌人和古羌文化的时空及人文定义，是一大题目，尚有进一步探讨之必要。——蒲文成

汉代青海河湟地区的民族分布及其文化的交流与融合

马正录[*]

【摘　要】河湟地区是一个多民族多元文化分布及其互动关系密切的典型地区，这一地区多民族多元文化共生共长，交流融合，和谐共处，为中华民族多元一体格局的形成和发展提供了丰富的历史资源，也为各民族共同团结进步、共同繁荣发展的现实民族关系做出了鲜活的注解。河湟地区多民族多元文化格局是在长期的历史发展中逐渐形成和定型的，各个历史时期有着不同的发展形态和特点。汉代是河湟地区多民族多元文化格局酝酿和初步发展的时期，为这一地区多民族多元文化格局的进一步发展奠定了一定的基础。汉代青海河湟地区分布的主要民族有西羌、小月氏、匈奴、汉族，其分布有一定的特点，而且其文化的交流与融合十分明显。

【关键词】汉代；河湟；民族分布；文化融合

河湟地区是一个多民族多元文化分布及其互动关系密切的典型地区，这一地区多民族多元文化共生共长，交流融合，和谐共处，为中华民族多元一体格局的形成和发展提供了丰富的历史资源，也为各民族共同团结进步、共同繁荣发展的现实民族关系做出了鲜活的注解。

---

[*] 作者单位：陕西师范大学。

河湟地区多民族多元文化格局是在长期的历史发展中逐渐形成和定型的，各个历史时期有着不同的发展形态和特点。汉代是河湟地区多民族多元文化格局酝酿和初步发展的时期，为这一地区多民族多元文化格局的进一步发展奠定了一定的基础。本文就汉代青海河湟地区的民族格局作一些粗浅的探讨。

一 "河湟"一词的内涵及其民族学意义

"河湟"一词最早出现于汉代。《汉书》中多次提到了湟水，如《汉书》卷六十九《赵充国辛庆忌传》第三十九记载："是时（宣帝时），光禄大夫义渠安国使行诸羌，先零豪言愿时渡湟水北、逐民所不田处畜牧。安国以闻。充国劾安国牵使不敬。是后，羌人旁缘前言，抵冒渡湟水，郡县不能禁。"《后汉书》将黄河与湟水连起来使用，如《后汉书·西羌传》有"乃渡河湟，筑令居塞"的记载，这里的"河湟"指的是今甘肃和青海两省交界地带的黄河及其支流湟水。此后，"河湟"逐渐演变为一个地域概念。现在，"河湟"不仅是一个具有独特地理特点的地域概念，还是一个具有丰富内涵的文化概念。从地理角度来看，有"大河湟"与"小河湟"之称。"大河湟"指的是黄河上游、湟水流域及大通河流域构成的"三河间"地区，即今青海日月山以东，祁连山以南，西宁四区三县、海东地区以及青海海南、黄南等地的沿河区域和甘肃省的临夏回族自治州。"小河湟"仅指青海东部以西宁为中心的农业区，即今青海省西宁市、海东地区、黄南州、海南州及海北州的门源县等20多个县市。这里海拔在2500米左右，气候比较温和，多为河水冲积而成的谷地，还有众多的丘陵、沟壑、山坡、草地，既适于农耕，也适于畜牧。从文化角度来看，"河湟地区"是一个黄土高原和青藏高原交错接壤的过渡地带，是农耕文明和草原游牧文明交接融合的特殊地带，这里历来吸引容纳了既善于农业、商业的民族，又善于畜牧、游牧的民族，他们繁衍生息、交流互动，共同创造了这里的多元文化，形成了独特的文化风貌和文化品格，也造就了这一地区各个族群的独特性格。

从民族学的角度来看，"河湟"地区是一个多民族聚居的地区，目前，这里有汉族、回族、藏族、撒拉族、土族、蒙古族、东乡族等多个民族错居杂处，共生共长，由于民族杂居，因而又表现出了多种宗教和谐共存、互不干涉而又频繁互动的独特景观，这种我中有你、你中有我的和谐、和睦、和而不同的民族分布格局和民族关系为民族学、人类学的田野研究提供了丰富的资源。这种民族分布格局又是经过长期的历史发展逐渐演变形成的。这里曾经是古代丝绸之路青海道、茶马古道、唐蕃古道等主要交通要道的必经之地，在中西交通、文化交流史上占有重要地位，历史上各民族也在这里会合碰撞，创造了光辉灿烂的文化，留下了许多民族交流、民族融合的壮丽史实。因而，追述这一地区历史上的民族分布特点，也是非常具有价值的。

二　汉代青海河湟地区活动的主要民族

从历史文献和考古资料来分析，汉代活动于青海河湟地区的民族主要有西羌、小月氏、匈奴、汉族等。下面就这几个民族的分布情况作一简要阐述。

（一）西羌

羌人是我国民族史上的一个古老民族，他们的文化与炎帝传说联系在一起，构成了中华文化的渊源之一。黄烈先生说："我国羌族是一个有悠久历史的民族，它的起源和华夏族同样久远，传说中羌族的祖先与华夏族的祖先都是构成中华古老文明的源头。"[①] 古代羌人主要活动在青海地区，在青海境内考古发现的马家窑文化、卡约文化、辛店文化、诺木洪文化、宗日文化都与古代羌人有着一定的联系。而汉代活动于青海河湟地区的就是史学家所称的西羌。

关于古代羌人的分布地区，马长寿先生最早作了比较详细的分

---

① 黄烈：《中国古代民族史研究》，人民出版社1987年版，第39页。

析。他在《氐与羌》一书中通过考察《史记》《汉书》《续汉书》《后汉书》中的记载，认为古代羌族分布在青海东部的河曲及其以西以北等地。"河曲"指的是哪里？西晋时司马彪的《续汉书》说："西羌自赐支以西，至河首左右，居今河关西，可千余里，有河曲。羌谓之赐支，即析支也。"马长寿解释说："河关在兰州西南，以西千余里为河曲。黄河自西来，至大积石山脉东南端，曲向西北行；经小积石山的东北麓，又曲向东北行；至曲沟，又曲而东行，凡千余里皆称河曲。"① 这里所说的"河曲"就是黄河上游的九曲之地，包括了青海省的贵德县、共和县、尖扎县、循化县等地区。这一地区就是我们现在所说的河湟地区。

虽然在先秦文献中有大量关于羌与羌方的记载，但到西汉时期，对羌人的认识还不是十分清晰，在《史记》《汉书》中还没有专门记述羌人生活，西羌之名也未出现。《史记·秦始皇本纪》记载秦的疆域时说："西至临洮、羌中。"说明秦代的时候已有"羌中"地名，但它还游离于中原王朝的版图之外。《汉书·西域传赞》曰："孝武之世，图制匈奴，患其兼从西国，结党南羌，乃表河西，列四郡，开玉门，通西域，以断匈奴右臂，隔绝南羌、月氏。"这里因为羌在四郡之南，故称为南羌。应劭在《风俗通》中将居于析支的羌人称为河曲羌。系统记述西羌历史和生活状况的当属《后汉书·西羌传》。《后汉书·西羌传》开首就说："西羌之本，出自三苗。姜姓之别也。其国近南岳。及舜流四凶，徙之三危。河关之西南羌地是也。滨于赐支，至乎河首。绵地千里。赐支者，《禹贡》所谓析支是也。南接蜀、汉徼外蛮夷，西北鄯善、车师诸国。"这说明西羌的分布地域在河关之西南，即赐支河的整个沿岸地区，与蜀、汉、鄯善、车师等国接壤。由此可知，析支河就是黄河。这一点，李文实先生在《西陲古地与羌藏文化》中有详细的论述。我们现在所谓的河湟地区，在汉代时已经广泛分布着羌人。黄烈先生将西羌称为河湟羌，也因为他们是以河湟

---

① 马长寿：《氐与羌》，上海人民出版社1984年版，第11页。

为中心而分布的。《青海民族关系史》一书从今天青海部分古地名的藏语名称与历史文献所记的羌语名的相通性或相似性佐证了古代河湟地区是西戎之中羌人的活动地区。如青海化隆县曾名巴燕戎，藏语中至今将化隆称为"巴燕"。乐都在汉代称为"洛都"，藏语意为"双岔沟口"，与今天乐都的地形地貌完全符合。"洛都"原为羌语音译地名，汉语谐音演变成"乐都"。乐都的县城"碾伯"一词也是羌语。先零、滇零、封养、牢姐都可在藏语中找到同样的名称。《青海通史》说："羌人经过先秦很长一段时期的迁徙分化，其中不少已融合到其他民族中去了。到汉代仍保留自己的特点，还被称为羌人的古代民族主要集中在三个地区：一个是青海东部及与甘肃相邻地区；一个是塔里木盆地及其以南至葱岭的西域诸国；一个是陇南及川西北一带。其中青海地区的羌人，种落繁杂，人口众多，在汉代历史的发展中影响很大。"这里所说的青海东部地区的羌人就是河湟羌即西羌。芈一之先生主编的《西宁历史与文化》一书从考古的角度说明柳湾公共墓地、沈那遗址属于古羌人遗迹。柳春城等在《羌族源流考》一文中论述了宗日遗址是先羌文化遗迹。而从汉代在青海地区设立的临羌县、破羌县、护羌城等地名看，河湟地区在汉代就是羌人活动的中心地区。

汉代活跃于青海河湟地区的西羌种落繁多，人口相当庞大。其主要部落有以下几种。

（1）先零部落，先零之名初见于《汉书·赵充国传》，是西羌中最大的一个部落集团。他们主要分布在赐支河曲南岸的大、小榆谷（今青海黄河南岸贵德县东），湟水以南以北，西海（今青海湖）、盐池（今青海茶卡盐湖）附近。

（2）烧当部落，烧当是西羌研的十三世孙，这一部落以后便以烧当为名号。主要分布在赐支河曲北岸的大允谷（今青海共和东南），赐支河南岸的大、小榆谷（今青海贵德、贵南、尖扎、同德县一带）。这一部落是继先零以后最为强大的一个部落集团。

（3）卑湳部落，原居大、小榆谷，后徙于金城郡安夷县（今青海西宁市东南)。

(4) 旱(罕) 开部落，主要分布在湟中，即湟水流域、鲜水之阳（今青海湖北岸）、黄河南岸。

(5) 彡姐部落，原居河湟间，汉景帝时内徙，居陇西郡，称"彡姐旁种"。

(6) 勒姐部落，分布金城郡安夷县（今青海西宁市东南）东南的勒姐溪，后徙至陇西郡安故县（今甘肃临洮南）。

(7) 烧何部落，分布在金城郡临羌县（今青海湟源东南）。

(8) 钟存部落（或简称"钟羌"），分布大、小榆谷的南面，北与烧当羌为邻。

(9) 滇零部落，分布在赐支河曲以西，《西羌传》称之为"先零别种"。

(10) 牢羌部落，滇零的别部，随滇零羌徙往安定和北地等郡。

(11) 沈氏部落，原始居地不明。东汉时居上郡和西河郡。《续汉书》云："羌在上郡、西河者，号沈氏。"

(12) 巩唐部落，似为罕种羌的一部。

(13) 累姐部落，在赐支河曲。

(14) 卑禾羌，分布于青海湖地区，青海湖因此又称卑禾羌海。王莽时在其地置西海郡。

(15) 黄羝羌，分布于湟水流域，与先零羌错居。

《后汉书·西羌传》说："（羌人）所居无常，依随水草。地少五谷，以产牧为主。"但在记述羌人首领无弋爰剑的事迹时又说："河湟间少五谷，多禽兽，以涉猎为事，爰剑教之田畜，遂见敬信，庐落种人依之者日益众。"说明河湟地区的西羌经济生产方式原是以游牧为主，后来逐渐发展了农业耕作和牲畜养殖，过着半农半牧的生活，他们的畜牧后来就变成了定居畜牧。黄烈先生在《中国古代民族史研究》一书中概括了河湟地区羌人的社会经济状况，认为烧当、先零、卑湳等部落是因为据有黄河南岸土地肥美、宜于耕作的大片土地才富强起来的，居于青海湖以东的罕地羌等部落也有大量农田，农田范围很广。但他又认为畜牧业在河湟羌中仍居于重要地位,其所占比重超过了农业。河湟地区羌人的畜牧主要以马、骡、驴、牛、羊为主。

汉代河湟地区羌人的社会组织处于氏族社会向阶级社会的过渡阶段,拥有许多部落和部落集团,部落统治实行种姓家支制度。爰剑在河湟间被推为首领,其死后子孙世代成为羌人的首领。最初,首领与部民的关系带有自由结合的成分,到子孙时已成为固定关系。由于其诸子诸孙都有统治的继承权,因此分出家支,子子孙孙不断分解,按种姓维持宗族关系。按照《后汉书·西羌传》的记载,爰剑的子孙有150多种。

汉代河湟羌的风俗有多妻制,"父没则妻后母,兄亡则纳釐嫂",饮酒,火葬,信仰巫术。

(二) 小月氏

《史记·大宛列传》云:"始月氏居敦煌、祁连间,及为匈奴所破,乃远去……其余小众不能去者,保南山羌,号小月氏。"《汉书·西域传》记载:"大月氏本行国也,随畜移徙,与匈奴同俗。控弦十余万,故强轻匈奴。本居敦煌、祁连间,至冒顿单于攻破月氏,而老上单于杀月氏,以其头为饮器,月氏乃远去,过大宛(今乌兹别克斯坦费尔干纳盆地),西击大夏而臣之,都妫水(今中亚锡尔河)北为王庭。其余小众不能去者,保南山羌,号小月氏。"《汉书·张骞传》载:"乌孙王号昆莫,昆莫父难兜靡,本与大月氏俱在祁连、敦煌间,小国也。"林梅村先生认为汉代祁连山指新疆天山东麓,南山是汉代对今甘肃祁连山和新疆阿尔金山一带山脉的统称。① 田继周认为,南山就是昆仑山。当时,在昆仑山南麓分布着婼羌、西夜、依耐、无雷、蒲犁等行国,他们属于氐羌族系。② 高荣根据《凉州记》《新唐

---

① 参见林梅村《大月氏人的原始故乡——兼论西域三十六国之形成》,《西域研究》2013年第2期。
② 参见田继周《秦汉民族史》,四川民族出版社1996年版。

书》所引《西河旧事》以及唐初魏王李泰所撰的《括地志》这些史书的记载认为,汉代史书所说的祁连山就是当今之祁连山,在河西走廊境内。月氏最初的活动地域就在河西地区。①《汉书》卷六十九《赵充国辛庆忌传》第三十九有一段记载:"时上已发三辅、太常徒弛刑,三河、颍川、沛郡、淮阳、汝南材官,金城、陇西、天水、安定、北地、上郡骑士、羌骑,与武威、张掖、酒泉太守各屯其郡者。合六万人矣。酒泉太守辛武贤奏言:'郡兵皆屯备南山,北边空虚,势不可久。或曰至秋冬乃进兵,此虏在竟外之册。'"酒泉太守辛武贤所说的"郡兵皆屯备南山",其中的"南山"应当指武威、张掖、酒泉郡置所南部的山脉,其实就是祁连山。这与《凉州记》《西河旧事》等书的记载"祁连山,张掖、酒泉二界之上,东西二百里,南北百余里。山中冬温夏凉,宜牧牛"是一致的。至今,祁连山就是一个适宜放牧的地方。祁连山南麓就是今青海祁连县、门源县的牧区,这里在汉代就是羌人分布地区。由史书记载可知,秦汉时期,月氏是生活在今河西地区的一个古老民族。后来,由于匈奴侵占河西地区,逼迫月氏西迁和南下,从此分为两支。西迁的被称为大月氏,这一支后来在西域强盛起来,曾建立过贵霜王朝。南下的和仍留居河西地区的月氏被称为小月氏。这一支势力比较弱。"其余小众不能去者,保南山羌,号小月氏。"这说明,没有西迁的那部分月氏,进入南山,与当地的羌人杂居,还与羌人建立了密切的关系。随着汉朝对河湟地区经营的加强,"保南山羌"的月氏人不断南迁,逐渐到达了湟中地区,成为河湟地区的一个小民族,史书称为"湟中月氏胡"。《后汉书·西羌传》记载:"湟中月氏胡,其先大月氏之别也,旧在张掖、酒泉地。月氏王为匈奴冒顿所杀。余种分散,西逾葱岭。其羸弱者南入山阻,依诸羌居止,遂与共婚姻。及骠骑将军霍去病破匈奴。取西河地,开湟中,于是月氏来降,与汉人错居。虽依附县官,而首施两端。其从汉兵战斗,随势强弱。被服饮食言语略与羌同。亦以父名母姓为种。其

---

① 参见高荣《月氏、乌孙和匈奴在河西的活动》,《西北民族研究》2004年第3期。

大种有七，胜兵合九千余人，分在湟中及令居。"这一段记载说明，汉朝击败匈奴，开湟中以后，入南山的月氏又迁到了今青海湟中一带，也就是河湟地区，与羌人杂居在一起。《资治通鉴》中有载："湟中，湟水左右地也。"就是今天的西宁地区和海东地区大部。

关于河湟地区小月氏的经济文化，史书没有详细的记载，但从一些片言只语中也能发现一些特点。前引《汉书·西域传》说："大月氏本行国也，随畜移徙，与匈奴同俗。……其余小众不能去者，保南山羌，号小月氏。"月氏所活动的河西地区本是适于游牧的，因为这里水草丰美，才被匈奴所觊觎而不断地争夺，终于赶走了月氏的大部分，占据了这一天然牧场，也把匈奴的游牧文化带入了这里。月氏人本来也是"随畜移徙"，过的是游牧生活，他们的游牧文化与匈奴人的游牧文化有着共同之处，两种文化相遇后很快就融合了，所以史书说"与匈奴同俗"，可见，河西地区月氏人的风俗是与匈奴相同的。《后汉书·西羌传》又说"湟中月氏胡"是与羌人通婚的，而且"被服饮食言语略与羌同"，说明进入河湟地区的小月氏与羌人的文化交流十分密切，由于当时羌人的人口大于小月氏，羌人的经济社会相对比小月氏发达，在长期交流中，小月氏的文化逐渐与羌人趋于一致，到后来可能被羌人同化了。

《西宁历史与文化》一书说：韩遂起义失败后，小月氏由陇西迁入关中，又迁至上党，而后发展演变为羯人。此说可进一步探讨。

（三）匈奴

匈奴是我国古代一个重要的游牧民族，它对中国历史的发展产生了重大影响，甚至对欧洲的历史产生过影响。它兴起于公元前3世纪（战国时期），衰落于公元1世纪（东汉初），在大漠南北活跃了约300年，公元3至5世纪又在中原地区继续活跃了约200年。《史记·匈奴列传》说："匈奴，其先祖夏后氏之苗裔也，曰淳维。唐虞以上有山戎、猃狁、荤粥，居于北蛮，随畜牧而转移。"《汉书·匈奴传》说："匈奴，其先夏后氏之苗裔，曰淳维。唐、虞以上有山戎、猃狁、荤鬻,居于北边,随草畜牧而转移。"可见,匈奴一直以来就是活跃于我国北方的一个强大民族。其分布地域非常广阔。根据《史记·匈奴列传》的记载,匈奴最高的统治者曰单于,其下"置左右贤王,左右谷蠡王,左右大将,左右大都尉,左右大当户,左右骨都侯。匈奴谓贤曰'屠耆',故常以太子为左屠耆王。自如左右贤王以下至当户,大者万骑,小者数千,凡二十四长,立号曰'万骑'。诸大臣皆世官。……诸左方王将居东方,直上谷以往者,东接秽貉、朝鲜;右方王将居西方,直上郡以西,接月氏、氐、羌;而单于之庭直代、云中。各有分地,逐水草移徙。"《汉书·匈奴传》亦云:"自淳维以至头曼千有余岁,时大时小,别散分离,尚矣,其世传不可得而次。然至冒顿,而匈奴最强大,尽服从北夷,而南与诸夏为敌国,其世姓官号可得而记云。单于姓挛鞮氏,其国称之曰'撑犁孤涂单于'。匈奴谓天为'撑犁',谓子为'孤涂',单于者,广大之貌也,言其象天单于然也。置左右贤王、左右谷蠡、左右大将、左右大都尉、左右大当户、左右骨都侯。匈奴谓贤曰'屠耆',故常以太子为左屠耆王。自左右贤王以下至当户,大者万余骑,小者数千,凡二十四长,立号曰'万骑'。其大臣皆世官。呼衍氏、兰氏,其后有须卜氏,此三姓,其贵种也。诸左王将居东方,直上谷以东,接秽貉、朝鲜,右王将居西方,直上郡以西,接氐、羌;而单于庭直代、云中。各有分地,逐水草移徙。"

由此可知,匈奴帝国的疆域十分辽阔,当时中国北方的大部分地区都有匈奴活动的足迹。据学者考证,十多个匈奴王的驻地大致如下:浑邪王与休屠王的驻牧地,在今甘肃河西走廊一带;犁污王及温偶涂王的驻牧地,俱在今甘肃河西走廊以北一带;姑夕王的驻牧地,在匈奴东边(约在今内蒙古通辽、赤峰地区和锡林郭勒盟一带);左犁污王咸的驻牧地,在今内蒙古托克托县北部一带;日逐王的驻牧地在匈奴西边,与今新疆连界;东蒲类王的驻牧地在今新疆准噶尔盆地西南部;南犁污王的驻牧地,在今新疆吉木萨尔县北及准噶尔盆地以东一带;于骡王的驻牧地在今贝加尔湖一带;右奥鞮日逐王比的驻牧地,在今内蒙古旧长城以北,西自河套,东至河北北部南阳河以西一带;

左伊秩訾王的驻牧地,在今锡林郭勒盟一带;皋林温禺犊王的驻牧地,在今蒙古境内满达勒戈壁附近;呴林王的驻牧地,在今内蒙古额济纳旗居延海北300余公里处;呼衍王的驻牧地,在今新疆吐鲁番及巴里坤湖一带;伊蠡王的驻牧地,在今新疆吐鲁番以西腾格里山一带,距离车师前庭(今吐鲁番雅尔和屯)不远。①由这些驻牧地的分布可以推测,匈奴的活动范围与当时青藏高原的羌人活动范围连界,浑邪王与休屠王的驻牧地河西走廊更是与南山羌直接接触。史籍中虽然没有明确记载河湟地区有匈奴部落分布,当时从匈奴与羌人的关系以及匈奴南迁内附的足迹中可以推测河湟地区有过匈奴活动。匈奴在河湟地区活动的可能性有以下几种情况。一是匈奴地域与羌人地域相接,便于往来。《史记》《汉书》《后汉书》等都提到匈奴右方王居西方,直上郡以西,接氐、羌。羌人居住的地方在汉代是适宜于畜牧的。匈奴是随水草迁徙的马背上的民族,驻牧于河西地区的匈奴人很容易越过祁连山,到达河湟地区。二是羌人与匈奴始终有着友好的关系。《后汉书·西羌传》称:"时先零羌与封养牢姐种解仇结盟,与匈奴通,合兵十余万,共攻令居、安故,遂围枹罕。汉遣将军李息、郎中令徐自为将兵十万人击平之。始置护羌校尉,持节统领焉。羌乃去湟中,依西海、盐池左右。"先零羌反叛,是与匈奴联合的,匈奴起了一定的推波助澜的作用,而且匈奴兵参与了攻令居、安故的战斗,这是一支羌与匈奴的联军。先零羌主要活动在湟中地区,有时也叫"西零"。《晋书·吐谷浑传》:"其后(吐谷浑)子孙居有西零以西,甘孙之界,极乎白兰,数千里。"《宋书·吐谷浑》:"西零,今之西平郡。"西平郡,即今之西宁。这说明,西宁在古时也称为"西零","西零""先零""西宁"都是同一羌语音的汉语音译,"先零羌"由活动地域而得名。既然先零羌活动在古时湟中(西宁)地区,其与匈奴组成联军,肯定有大量匈奴人到了湟中地区,部分匈奴士卒留居在湟中不是没有可能。《史记·匈奴列传》言:"汉使杨信于匈奴。是时汉

---

① 参见盖山林、盖志浩《远去的匈奴》,内蒙古人民出版社2007年版,第4页。

东拔秽貉、朝鲜以为郡，而西置酒泉郡以隔绝胡与羌通之路。汉又西通月氏、大夏，又以公主妻乌孙王，以分匈奴西方之援国。"可见，匈奴与羌人是经常交通往来的，来往的路线就在河西走廊与祁连山之间，也就是古丝绸之路南道。汉朝与匈奴争夺河西地区及丝绸之路控制权的过程中采取的战略措施之一就是"隔绝胡与羌通之路"。《汉书·张骞李广利传》叙述张骞出使大月氏，不得大月氏要领，"留岁余，还，并南山，欲从羌中归，复为匈奴所得"。此时，河西走廊被匈奴占据，张骞打算翻过祁连山，从羌中回到汉朝，结果又被匈奴发现捉住，匈奴为什么能轻易地捉住张骞一行人？一方面，可能是匈奴得到了羌人的帮助；另一方面，可能是羌中地区有大量的匈奴人在活动，甚至控制了丝绸之路的部分交通要道，张骞是很难"偷渡"的。还有一段史料值得深入分析，《汉书·赵充国辛庆忌传》说："元康三年，先零遂与诸羌种豪二百余人解仇交质盟诅。上闻之，以问充国，对曰：'羌人所以易制者，以其种自有豪，数相攻击，势不一也。往三十余岁，西羌反时，亦先解仇合约攻令居，与汉相距，五六年乃定。至征和五年，先零豪封煎等通使匈奴，匈奴使人至小月氏，传告诸羌曰：汉二师将军众十余万人降匈奴。羌人为汉事苦。张掖、酒泉本我地，地肥美，可共击居之。以此观匈奴欲与羌合，非一世也。间者匈奴困于西方，闻乌桓来保塞，恐兵复从东方起，数使使尉黎、危须诸国，设以子女貂裘，欲沮解之。其计不合。疑匈奴更遣使至羌中，道从沙阴地，出盐泽，过长坑，入穷水塞，南抵属国，与先零相直。臣恐羌变未止此，且复结联他种，宜及未然为之备。'后月余，羌侯狼何果遣使至匈奴借兵，欲击鄯善、敦煌以绝汉道。充国以为：'狼何，小月氏种，在阳关西南，势不能独造此计，疑匈奴使已至羌中，先零、罕、开乃解仇作约。到秋马肥，变必起矣。宜遣使者行边兵豫为备，敕视诸羌，毋令解仇，以发觉其谋。'"先零豪封煎通使匈奴，匈奴又派人到小月氏，对诸羌进行蛊惑，匈奴使者到达的小月氏，笔者以为就是湟中小月氏，因为先零羌在湟中地区，而不在河西地区，匈奴派使者应该是得到了先零羌的邀请，属于"回访"。赵充国认为匈奴与羌人的合作，非一世，而是世代"共呼吸""同命运"的，他也怀疑匈奴秘密派使者到羌中，与羌人阴谋联合反叛。羌侯狼何反叛时确实向匈奴借兵，狼何是羌侯，是羌人的一个首领，但他又是"小月氏种"，说明此时湟中小月氏已经羌化，匈奴派使者到湟中小月氏居地，这里实际上是先零羌的政治中心。狼何向匈奴借兵多少，这在史书上没有记载，但数量肯定不少，不然不会造成其后迅速的发展态势。这些匈奴兵在河湟地区出现，在河湟民族（种族）中自然增加了匈奴人的成分。三是到东汉时期，汉朝基本上控制了整个河湟地区，南匈奴中内附的部众经过丝绸之路留居河湟地区是极有可能的。

另外，史书中出现了关于"义从胡"的记载。《后汉书·西羌传》在记述湟中月氏胡时说道："又数百户在张掖，号曰义从胡。中平元年（184），与北宫伯玉等反，杀护羌校尉泠征、金城太守陈懿，遂寇乱陇右焉。"似乎很明确，这里将留在张掖地区的小月氏称作义从胡。《后汉书·西羌传》记载："四年（顺帝永建四年——笔者），马贤将湟中义从兵及羌胡万余骑掩击那离等，斩之，获首虏千二百余级，得马骡羊十万余头。""永康元年，东羌岸尾等胁同种连寇三辅，中郎将张奂追破斩之，事已具《奂传》。当煎羌寇武威，破羌将军段颎复破灭之，余悉降散。事已具《颎传》。灵帝建宁三年，烧当羌奉使贡献。中平元年，北地降羌先零种因黄巾大乱，乃与（汉）［湟］中羌、义从胡北宫伯玉等反，寇陇右。事已见《董卓传》。兴平元年，冯翊降羌反，寇诸县，郭汜、樊稠击破之，斩首数千级。"这里将湟中羌、义从胡对举，湟中是地名，是共同修饰羌、义从胡的，可见湟中地区也有义从胡。《后汉书·董卓列传》说："桓帝末，以六郡良家子为羽林郎，从中郎将张奂为军司马，共击汉阳叛羌，破之，拜郎中，赐缣九千匹，卓曰：'为者则己，有者则士。'乃悉分与吏兵，无所留。稍迁西域戊己校尉，坐事免。后为并州刺史，河东太守。中平元年，拜东中郎将，持节，代卢植击张角于下曲阳，军败抵罪。其冬，北地先零羌及枹罕河关群盗反叛，遂共立湟中义从胡北宫伯玉、李文侯为将军,杀护羌校尉泠征。伯玉等乃劫致金城人边章、韩遂,使专任军政,共杀金城太守陈懿,攻烧州郡。""六年,征卓为少府,不肯就,上书言:'所将湟中义从及秦胡兵皆诣臣曰:牢直不毕,禀赐断绝,妻子饥冻。牵挽臣车,使不得行。羌胡敝肠狗态,臣不能禁止,辄将顺安慰,增异复上。'"这两段史料明确提出了湟中义从胡的名称,北宫伯玉、李文侯乃是湟中义从胡的首领。这个湟中义从胡的族属是什么呢?从前述《后汉书·西羌传》"又数百户在张掖,号曰义从胡"的记载来看,义从胡指的是小月氏或其中的一部。但后面还有一句"与北宫伯玉等反",联系《后汉书·董卓列传》的记载,北宫伯玉是湟中义从胡的首领,可以推知,河西地区的义从胡与湟中义从胡不相类属,《后汉书·西羌传》也没有指出湟中月氏胡又号义从胡。这个义从胡是湟中诸胡中的一种。《后汉书·西羌传》提到:"十二年,遂复背叛,乃胁将湟中诸胡,寇钞而去。""初,累姐种附汉,迷唐怨之,遂击杀其酋豪,由是与诸种为仇,党援益疏。其秋,迷唐复将兵向塞,周鲔与金城太守侯霸,及诸郡兵,属国湟中月氏诸胡、陇西牢姐羌,合三万人,出塞至允川,与迷唐战。""诸胡"是一个泛称,说明湟中地区除了有羌胡、月氏胡以外,还有其他的胡人,义从胡就是其中之一。这个义从胡与卢水胡有着一定的关系。史书中有许多关于卢水胡的记载。卢水胡的族源,有的学者认为是汉化了的匈奴。如赵向群先生的《五凉史探》《卢水胡源起考论》认为:"秦胡"是降汉的匈奴人,卢水胡是降汉"秦胡"的后裔。但这个"卢水胡"一般认为是指安定地区的卢水胡。青海省大通县上孙家寨村有一处从原始社会到汉代的墓葬区,考古工作者在这里发掘出 200 多座汉墓,其中乙区一号墓被认为是匈奴墓。该墓是由条砖垒砌成的砖室墓,穹窿。特别是该墓出土了一枚铜印,长 2.3 厘米,高 3 厘米。印纽是一匹形象生动、卧姿优美的骆驼。印面阴刻有"汉匈奴归义亲汉长"八字篆书。[①]许新国先生对这枚铜印作了考证研究,断定其年代为东汉晚期,属于

---

① 赵生琛、谢瑞琚、赵信:《青海古代文化》,青海人民出版社 1985 年版,第 98 页。

南匈奴遗物。这枚铜印证明东汉时期在河湟地区有匈奴人活动是确凿无疑的。许先生认为河湟地区的匈奴就是卢水胡。他说："匈奴的主体没有到过湟中，东汉时期到湟中的只是匈奴别部卢水胡。""卢水胡是起源于张掖以南源出祁连山的卢水一带的匈奴别部，到东汉时分居在湟中及令居。"关于卢水的地理位置，许文也作了说明。他引了《水经注·河水》的一段话："湟水又东，径临羌县故城北，湟水又东，卢溪水注之，水出西南卢川，东北流注于湟水。"《后汉书·窦固传》李贤注认为此卢溪水即卢水胡的发祥地。李文实先生论定现西宁南川河水即为古卢溪水。[①] 若此说成立，可推断卢水胡是因活动于卢溪水地区而得名，卢溪水地区就是现在的西宁。汉代又将匈奴称为胡，此卢水胡就是南匈奴内附过程中留在河湟地区的后裔。但笔者认为，史书在记载河湟地区的民族时没有提到卢水胡，卢水胡应是活动于河西走廊的杂胡，河湟地区的匈奴可能就是前面提到的"义从胡"，因为上孙家寨匈奴墓出土的铜印刻有"汉匈奴归义亲汉长"，这是汉朝颁给归义的匈奴部族的印，"胡"是匈奴的别称，正好说明"湟中义从胡"是这枚铜印的主人。不过这只是一种简单的推测，还需要深入研究。

河湟地区的匈奴与羌人、月氏胡等杂居，其文化受到这些民族的影响是很自然的。

（四）汉族

河湟地区汉族大规模出现是在汉朝击破匈奴、羌人以后，由于实行屯田、移民实边政策，大量汉人从各地迁来，以后逐渐发展成了青海的汉族。

据学者研究，青海河湟地区的汉族移民始于文帝时期。当时晁错针对边防空虚的实际情况，提出了募民徙塞下的建议，被文帝采纳，但实际效果不大。到汉武帝时，移民的条件成熟，开始大规模移民。青海汉族也是在此时开始迁入的。武帝元狩三年（前120），徙关东贫

---

① 参见许新国《"汉匈奴归义亲汉长"铜印考说》，谢佐等编《青海金石录》，青海人民出版社1993年版，第319页。

民 72.5 万人口于陇西、北地、西河、上郡、会稽等地；元狩五年（前 118），徙天下奸猾吏民于边，第二年又徙民实河西等。这一时期的移民并非直接迁移青海，据史书记载，对青海直接移民最早是在元鼎六年（前 111），当时西羌反，汉将军李息，郎中令徐自为击平之，这次军事行动，使西汉实现了对湟中的军事占领。羌人退据青海湖周围，于是汉政府移民填补。至宣帝神爵元年（前 61），赵充国平定羌人的反抗起义。为了能够长期安边定羌，赵充国三上《屯田奏》，在湟中地区极力推行移民屯田，当时仅屯田士卒就有"万二百八十一人"，其中不少的屯田士卒就扎根青海了。自宣帝神爵元年至王莽秉政时（平帝元始二年，公元 2 年），共 60 余年中，移民不断迁入青海。

移入青海的汉族主要分布在湟中、大通、民和、乐都、平安、西宁、互助、海晏、贵德等地。河湟地区是汉族最集中的地区。从这一带出土的大量汉墓及文物中可以得到证实。目前，青海共发现汉代遗址（包括墓葬、古城等）400 余处。分布范围较广，也相当集中，若对现有遗址大体作一归纳，可以发现汉代遗址主要分布在今民和县下川口，湟中县总寨乡和多巴镇及其周围，平安县的平安镇，乐都县的高庙镇，互助县的沙塘川乡和丹麻乡，大通县的后子河乡上孙家寨，西宁市等七市县。故可以断定以上文物密集地区，应为两汉时移民的主要迁入区。

迁到青海的汉族有各种类型，但主要有三军屯士卒、关东下贫、罪人及免徒复作三种。①

三　汉代青海河湟地区民族分布的特点

（1）羌人和月氏胡主要居住在宜于畜牧的地区，并且随着汉人的不断迁入，逐渐向青海湖一带及青南牧区移动。从史籍上看，元鼎六

---

① 参见贾伟、李臣玲《试论两汉时期青海汉族人口迁移》，《青海民族研究》1999 年第 3 期。

年，汉击平羌叛，"羌乃去湟中"，退据青海湖周围，湟中"地空"，汉"稍徙人以实之"。

（2）汉族居于东部农业区，开垦田地，延续了他们的农业文明。

（3）汉族与羌人、月氏胡、匈奴有一定的杂居。如在湟中、贵德、海晏等。汉朝在贵德、海晏、青海湖北岸进行过移民，但后来停止，这些地区又被羌人占据。汉族和羌人混居在所难免。

四　汉代青海河湟地区多民族文化的交流与融合

由以上论述可知，汉代青海河湟地区已呈现出多民族杂居共处的格局，其中羌族是这一地区的主体民族，因为羌族分布地域广阔，种落繁多，且在人口上占多数。月氏胡、义从胡、汉人与羌族杂居，他们的文化相互影响、相互吸收，进而加以融合是历史的必然。《后汉书·西羌传》开篇就说："所居无常，依随水草。地少五谷，以产牧为业。"说明羌人所居地区的自然环境适于牧业，不适合农耕。羌人的社会最初是游牧社会。"自烧当至滇良，世居河北大允谷，种小人贫，而先零、卑湳并皆富强，数侵犯之。滇良父子积见陵易，愤怒，而素有恩信于种中，于是集会附落及诸杂种，乃从大榆入，掩击先零、卑湳，大破之，杀三千人，掠取财畜，夺居其地大榆中，由是始强。"羌人部落之间相互抢掠的目的是获得牲畜，这也从侧面说明羌人的游牧社会性质。但是从考古遗迹反映的特点来看，羌人的文化又是界于农业文化和牧业文化之间的。从已发掘的考古资料分析，青海地区属羌族文化系的有马家窑文化、宗日文化、齐家文化、卡约文化、诺木洪文化和辛店文化。这些遗址出土的生产工具有刀、铲、锄、镰、锛、纺轮、斧、镞等，同时又有牛、羊、猪等动物骨骼。由此，可以认为，羌人的文化属于半农半牧间有狩猎的文化。月氏人本来也是属于游牧民族，迁居河湟地区后，言语服饰习俗与羌同，自然在生活方式方面也与羌人趋同了。大家熟知，匈奴人的社会是纯粹的游牧社会，但是从大通上孙家寨匈奴墓出土的生产工具和生活用品来看，河湟地区的匈奴人接受了农业文明，过上了农耕生活。在大通上孙家寨匈奴墓出土的器具有鼎、钅𣎴、壶、碗、甑、釜、井、灶、仓、铁刀等，这些都与农业生产有关。汉人的文明自然属于农业文明，他们到了河湟地区以后，在这里实行屯田，进一步传播了中原地区的农业生产技术，促进了河湟地区农业文明的发展。据此，我们可以得出结论，汉代青海河湟地区出现过游牧文化、畜牧文化、狩猎文化、农耕文化几种文化形态共存的局面，后来随着民族融合的加强，农耕文化逐渐成为主流文化。

  该文界定"河湟"的地理范围，重点论说汉代活动于河湟地区的主要古代民族，兼及各族的分布特点及族际文化交流与融合。文章考证汉代河湟民族着力颇多，资料丰富，论说有力，特别是从匈奴与羌人往来、张骞蒙难、义从胡考释等方面说明匈奴在河湟有过活动的观点，颇有新意，值得重视。有关古羌人的分布尚待进一步讨论，关于汉代河湟民族分布及民族间的文化交流融合还需加强，以求论说深入和文章各部分的平衡。——蒲文成

李文实先生学术思想与
研究方法的当代秉承
——从《西陲古地与羌藏文化》探析李文实先生文史研究特色

陈 强*

【摘 要】《西陲古地与羌藏文化》涉及青藏地区古地名的考据、民族文化发展历史的探究,集中体现了李文实先生治学及研究的特色。在还原历史本真的基础上,始终贯穿着民族统一、文化共建的思想,探讨李文实先生的文史研究特色,对于指导研讨民族文化,包括研究民族发展问题,都有着基础性的指导意义。

【关键词】西陲古地与羌藏文化;李文实;研究特色

李文实先生凭借深厚的史学功底和对羌藏文化的了解,致力于华夏民族文化历史渊源的研究,其治学特色在《西陲古地与羌藏文化》一书中有十分鲜明的体现。《西陲古地与羌藏文化》包括了李文实先生多年研究的主要成果,分为古地之部、民族文化之部两部分,共24篇文史学文章,涉及青藏地区古地名的考据及民族文化发展历史的探究。这些文章虽不是完整的关于青藏地区古代历史文化的通史性著作,但这一系列论著,为人们拓展了从思想观念、语言变化、传说演变的角度深入考察和研究青藏地区古文化历史的新视角、新领域。本文围绕李文实先生《西陲古地与羌藏文化》[①]一书,就其研究特色作一点粗浅的探析。

---

* 作者单位:青海民族大学。
① 本文引文均出自《西陲古地与羌藏文化》(青海人民出版社2001年版)一书。

一　考据翔实、见微出新

在历史研究中，整理史料与运用史观阐释历史是不可或缺的两个重要环节，起着互相补充、相互辅助的作用。

李文实先生在其著作中以大量篇幅显示了对史料考辨的偏重，并在此基础上进行了合理出新的阐释。这样的例子在其论著中俯拾即是。

比如，在《西王母统考》一文中，他"本着神话归神话、传说归传说、历史归历史的这一轨迹"，从神话、传说、历史三个层面考据西王母的历史渊源。关于神话中的西王母，他引据了《山海经》中《西次三经》《海内北经》《大荒西经》中有关西王母的记载，明确"是属于神话范畴的"。甚至还引据了《淮南子·览冥训》"羿请不死之药于西王母，姮娥窃以奔月"这个涉及西王母的神话来印证。关于传说中的西王母，他引据了《穆天子传》《汉武故事》《汉武内传》《神异经》《吴越春秋·越王阴谋外传》《史记·大宛列传》《后汉书·西域传》《魏书·西域传》等8部古书，并阐释"这便把西王母完全人性化了，而且还能赋很雅正的古诗。不仅把远古的神话敷衍为具体的传说，甚至还历史化了"。关于历史记载中的西王母，他引据了《汉书·地理志》《论衡·恢国》《十六国春秋》，以及《晋书·沮渠蒙逊载记》《隋书·地理志》关于西王母的一些记载，并说明"在王莽时代已把神话传说中的王母供奉在这里，则是无疑问的了。这也和我们现在祭黄帝陵是同样的事例，并不是把西王母完全历史人物化了"。

在翔实考据的基础上，李文实先生提出："就上所论述，知西王母神话来源于昆仑之丘，而这昆仑之丘，其地就在今青海地区。"并说："我倒注意的是王母一词的来历，过去我曾假设西王母的西字是方位词，而王母则是译名，因为今天的藏语读音与古书上汉语译名相同或相近。"他更进一步设定"汉文记载中的西王母，乃氐羌最早的女首领的称号，汉文音译为王母，便也被理会成神话中的女神，传说中的女王了"。

这篇论著以十分清晰的脉络,把西王母这个神话传说中的人物展现在人们面前,再加上精辟的阐释,让人看到了人物在历史发展中的演变。

史料考据的翔实无疑是李文实先生在史学研究中十分注重的。但其最引人入胜、发人深思的,个人认为是引据大量史料之后,厚积薄发、见微出新对历史的阐释。

比如,在考据传说中的西王母时,他分析西王母在后人的传说中被异化,进而阐释"传说到了后代,则愈放愈大,也愈来愈美化了,早已脱离了神话的圈子,这就是一个显例"。

再比如,在《"华夏"臆说》一文中,李文实先生详细考据了"华夏"一词的历史演变发展、语音变化,以及考古发掘的资料,进而阐释"所谓华夏文化,实为中国古代各民族融合统一的标识,而民族文化,常又具有地理上的特点,从古籍上夏水、夏虚、夏口、夏阳、夏县以至西域、陇西之大夏等地名,结合藏语中'嘉''嘉乃亥''麻嘉'等称谓来看,夏民族足迹或传说,几遍于四方,因此不仅沿革地理可借以历史,即民族语言与迁徙之迹,都足以相互证发"。

在李文实先生诸多论著中,以翔实引据进而阐释历史的例子很常见。

比如,在《大夏和姬水——为史念海先生八旬寿辰作》中,他引经据史详细考证之后,说:"我写这篇文章,可以说是很大胆的。但我之所以这样做,是有感而发的。……今西来说既已为考古发掘所粉碎,而卡诺、曲贡文化的发掘与考察,又将证明藏族从古以来,就是华夏民族不可分割的一支成员。考证古代文化、民族地理,对于加强中华民族的凝聚力和追溯历史渊源,有极其重要的现实意义。"这样的例子还有很多,都十分鲜明地显示出李文实先生史学研究注重以科学方法整理,以哲学方法观察,综合系统阐释历史的特色。

二 追本溯源、注重应用

通读《西陲古地与羌藏文化》，对李文实先生治学讲究追本溯源的风格，印象十分深刻。

比如，在《西陲古地释名》一文中，李文实先生从地名学和历史地理学的角度，对中国古代西部部族与地域名、山水名、州县名、青海古地名等进行了大量的考证，详述了很多地名的真实出处、古今演变，十分鲜明地反映出追本溯源的治学风格。其在青海古地名中讲到"囊家歹"一名，很有意思。他讲自己世居化隆县甘都街，幼年时和回族儿童厮混，有时被他们骂为"囊噶哇"，但听大人们谈话，有时也用这个名称，却并无贬义。如汉俗过了腊八以后，就要杀猪宰羊，炸油果，蒸馒头，准备过年，于是他们便和汉人开玩笑说："囊噶们吃了糊涂饭（腊八粥）以后便糊涂了起来，把柜里的面和缸里的油都要弄光了才算！"汉人有时在和回民谈到伊斯兰教派时也常说："新教老教，不叫囊噶睡觉。"

由此，李文实先生对"囊噶"一词的来历进行了考据，从陈寅恪先生《元代"汉人"译名考》、薛文波先生《西北民族史料散介》中找到，"囊噶"一词陈寅恪先生的译称是"囊家歹"。元时蒙古族称辽、金治下的汉人为"札忽歹"，称宋治下的汉人为"囊家歹"，并确定"中国虽由元朝重行统一了，而这种分割时代的称谓，不仅相沿未改，甚至成为此后在少数民族地区汉人的统称了"。

在注重文史研究结果应用方面，李文实先生态度十分鲜明，其对西陲古地与羌藏文化的探究，在还原历史本真的基础上，始终贯穿着民族统一、文化共建的思想，这一点在《藏族源流于汉藏关系》的论著中有比较集中的体现。

他在该文引论中就明确："我认为探讨包括藏族在内的中华民族的源流与现状，必须要确立两个前提：一为统一性，即中国自来是一个统一的多民族国家。……另一前提为整体性。中国既然是一个由历史形成的统一的多民族国家,则其民族的主体意识应是形成这个国家民族共同体的中心思想文化。"

他详细列举了中华民族统一性和整体性在历史文化上的种种表现,概括说:"以上种种例子,均说明中华民族这一大的共同体,既有各民族本身的历史文化特征,又有共呼吸、同命运的共同性,也就是中华民族的整体性。我们国家中现有56个民族,这是现代民族学的分类。而我们所谓中华民族共同体,则是中国历史发展的产物,也是一种文化类型。因此,用现代民族学特别是马克思列宁主义的民族学分类来说,是当代社会主义中国56个现代民族;而从历史来说,同时是一个同一文化类型,也就是从整体性上来讲的。"

再比如,在《吐谷浑历史上几个问题的考察》一文中,他详述了吐谷浑的出处和发展历史,进而论说:"近年来一般都忌谈民族的同化与融合,甚至还认为民族融合不能在阶级社会中实现,这都是片面之见。在我看来,同化与融合,也并不是截然可以划分的两码事。实际上同化着重指改变本民族原有的特征,而融合则偏指大民族同化多种少数民族后使其兼具一定的新的素质,如在体制上、性格上、精神面貌上、习俗上等。融合并不是混合,也不是消灭,而是相当于各民族之间在一定程度上的新陈代谢。同化、融合并不专指大民族对小民族,同时也指小民族对小民族和小民族对大民族。如汉时没于匈奴的汉军,唐时没于吐蕃的唐军及边地各族人民,以及同时期被回纥(回鹘)掳掠、贩卖的大量汉族妇女等,都属这类。历来居住在边地的汉族,一直是少数民族,而吐谷浑、吐蕃、回纥等则是多数民族。这中间相互转化的过程,有的是自然的,也有的是被强迫的,然后才逐步融合为一体。总之,文化水平较高的民族更有融合力,这是肯定的,也是主要的。"

他的这些文史研究的观点,对于指导研讨民族文化,包括研究民族发展问题,都有着基础性的指导意义。

三　辨伪求是、破旧立新

考据的严谨，使李文实先生在历史文化研究的海洋中，有了很多新的发现。这些发现与以往历史的记述有不少是不一样的。李文实先生以科学的态度小心求证，对一些不实的历史说法进行了认真的辨识和纠正，还历史于真实，破旧立新，给世人留下了宝贵的文化财富。

比较有名的例子是在《敦煌与莫高窟释名及其他》一文中，李文实先生对历史上敦煌、莫高两个词的解释提出了异议，他引《汉书·地理志》注引应劭曰：敦，大也；煌，盛也。引唐李吉甫《元和郡县志》卷四十沙洲"敦煌县"条云：隋大业二年，复为敦煌，敦，大也，以其开广西域，故以盛名。他认为，这和解释张掖为"张中国之臂掖，以通西域，断绝匈奴右臂也"同样无稽。

李文实先生继而求证："敦煌之为羌语译音，盖于庄浪、张掖、删丹等相同。我曾为此遍询深通藏语文的专家，他们根据我的提示和设想，最终由索南杰同志提出'朵航'的对音来，这在现代的藏语中是'诵经地'或'诵经处'的含义。"并明确"我认为这是得实的"。

关于"莫高"一词历史上也是多种解释，李文实先生列出了三种前人的说法，认为都不贴切。他亲历敦煌，考据了《宋书·鲜卑吐谷浑传》《魏书·吐谷浑传》《晋书·四夷·吐谷浑传》《新唐书·吐蕃传》等史料，确认"莫高"是译音，即突厥语沙碛的意思。由此，李文实先生对汉以来敦煌、莫高两词的误解通过译音进行了更正。

李文实先生以对敦煌一词的考证，继而对佛教传入中国的时间进行了确认，对于研究佛教对中国文化的影响意义很大，体现了其注重文史研究实际应用的特色。

同在《敦煌与莫高窟释名及其他》一文中他讲："敦煌的名称，既在汉武帝通西域时早已存在，那么佛法东来河西走廊西端，当在汉武帝以前，只是由于当时汉廷的州郡建置尚未及于这个地区，故一般都以佛法传入中国，当始自东汉，因此对见于牟子《理惑论》的永平

李文实先生学术思想与研究方法的当代秉承
——从《西陲古地与羌藏文化》探析李文实先生文史研究特色

求法,也存有怀疑。"更提出:"因佛法在汉初即已在天竺西北部盛行,大月氏西迁,早蒙佛化,而小月氏则仍留在河西走廊,张骞初通西域,即远至大夏,大月氏虽未在东返,但佛法却因其传播于河西走廊,不难从敦煌的得名窥其梗概了。更由于汉武帝开河西四郡,佛法便随之传入内地。"他得出结论:"是佛法初入中土,或早在文、景之世,而正式传入,则始自张骞通西域后,不必等到明帝永平之世了。"

再比如,李文实先生对《中国历史地图集》把"九曲"定在今共和县河水向东转弯处以为不妥。在《西陲古地释名》一文中,他说:"黄河九曲的名称,始自河图,是就河的全流程而言,并非地名。唐代以河西九曲地为金城公主汤沐邑,称为河西九曲。……而当时九曲的得名则本自羌语的水名,今流经同仁间的保安大河,藏语称为'勾曲'。勾为九,与古汉语读'九'为'勾'同音;曲义为水。勾曲即九水河。据我实地查看,此河实由九条支河合成,与汉文黄河九曲义有异。因此按汉文释义定九曲地在共和、贵德间黄河转向东行处,是与《汉书》和《唐书》不合的。这是完全以汉文释义而误会。"

李文实先生做文史研究从不人云亦云,在求真务实上敢于立言。正如他自己所讲的:"我以为他山之石,可以攻玉,借人之长,本是正着,但仰人鼻息。以讹传讹,则既无味,且败学风。"(《大夏与姬水——为史念海先生八旬寿辰作·余论》)

他这样说也是这样做的。比如,在《吐谷浑历史上几个问题的考察》一文中,他认为范文澜先生在所著《中国通史》中讲羌族在青海建立起吐谷浑国不准确,他说:"他(指范文澜先生)不说吐谷浑在羌地立国,而说是羌族在青海建立起吐谷浑国。这样,吐谷浑国成了羌族在建立吐蕃国之前的一个羌族国家,而吐谷浑族也就成了羌族的组成部分,不复独立存在了。"

众所周知,范文澜先生是当代史学泰斗,但李文实先生就学问说学问,敢于讲出自己的观点。在《吐谷浑历史上几个问题的考察》这篇论著中,李文实先生以当时和后来的历史事实,用大量的篇幅佐证吐谷浑族发展、演变的历程，从历史事件记载、吐谷浑语言的遗留、吐谷浑民族的习俗特征等多方面，确证吐谷浑族到今天其后裔仍生活在青海、甘肃一带，新中国成立后被确定为"土族"。他的结论为，"根据以上之比较，则吐谷浑立国早在吐蕃王朝兴起以前。其实羌族尚以部落群体分散活动于今西北、西南等广大区域，为吐谷浑国所役属，何能认为羌族建立吐谷浑国？所以吐谷浑国未被后起的国家吐蕃王国所征服前，并不存在羌化问题，而在其为吐蕃王国所灭之后。其种姓也并未改变。吐谷浑族的被融合同化，基本上在宋以后，而且在今青、甘两省境内，尚有基本保持其古民族特征和传统的大量土族存在着，自更不能说吐谷浑早在建国时即以被羌化的断语了。所以吐谷浑早就羌化和羌族建立了吐谷浑国的说法，是没有历史根据的"。这样的研究，不仅需要学问功底的支撑，更需要求实的态度和风范。

李文实先生的《西陲古地与羌藏文化》，写的是青藏古地的历史文化，开篇是古地部分，初次接触，很多生僻字都要搬着字典才能读下去，但越往后看，越引人入胜，这不单是因为本人生活在青海，他讲的好多都是青海的地名、青海的人和事，更主要的是他的论说不仅仅停留在历史文化的典故上，他在考据的基础上有很多新的发现、新的观点，能启迪人的思考。

除了上面粗略探析的三大特色外，李文实先生《西陲古地与羌藏文化》20余篇论著，其语言表述都很平实，由于要引述大量史料，在讲那些艰涩难读的历史文化典籍时，李文实先生都是尽量使用十分通俗的语言去解释、联系，包括大量现代藏语的译音，也是尽量用拼音、汉字去标注，让人能读出音，进而体会含义；他的论著文章，结构都是开门见山，条目清楚，让读者能感觉到虽是论古的文章，但提纲挈领，干净利索，便于理清思路；他的论著所引的资料全都据实展示，原汁原味，标注清晰；文章中涉及某个问题的前人研究的成果，也仔细介绍，最初怎么说，后又如何增减变化等，娓娓道来，脉络感很强。尤其令人称道的是，李文实先生在一些他认为没有确实把握，或者还需深入挖掘的问题上，都留下提示话语，作为线索，提示后人

李文实先生学术思想与研究方法的当代秉承
——从《西陲古地与羌藏文化》探析李文实先生文史研究特色

可以循迹探索,给后世研究留下空间,读李文实先生的论著,确实感受到文史大家风范。李文实先生不仅留下了很多宝贵的文史研究成果,其治学的精神更给后人树立了榜样。

该文通过李文实先生的一系列研究事例,总结文实先生研究文史注重史料考辨、见微出新,治学严谨、追本溯源,辨伪求是、破旧立新,善于思考、敢于立言,结合现实、注重运用等方法和特色,认为这对于"研讨民族文化,包括研究民族发展问题,都有着基础性的指导意义"。文章说理有据,令人信服,言简意赅,颇具总结性。——蒲文成

李文实先生和费孝通先生之中华民族一体论比较
——谨以此文纪念李文实先生诞辰一百周年

陕锦凤[*]

【摘　要】在李文实先生诞辰一百周年纪念之际,笔者拜读先生的著作《西陲古地与羌藏文化》,发现先生对于"中华民族是多个民族的统一体"这一观点有独到的见解和阐述,与费孝通先生的"中华民族多元一体论"有异曲同工之妙,本文试对两位先生的观点进行阐述和比较。

【关键词】费孝通;李文实;中华民族;多元;一体

读过李文实先生的著作《西陲古地与羌藏文化》,发现先生在文中探讨过中华民族共同体的问题。对于此问题,已故社会学、人类学研究大师费孝通先生也早在1989年著文《中华民族的多元一体格局》,阐述中华民族是由多个民族共同组成的。两位先生对于中华民族各民族成员间的关系都进行了阐述,笔者试对二位先生的观点作一论述和比较。

一　费先生的"中华民族多元一体"论

1989年夏,费孝通先生赴香港中文大学作一次学术讲演,题目是"中华民族多元一体格局"。其中费先生系统阐述了中华民族多元一体

---

[*] 作者单位:青海民族大学。

李文实先生和费孝通先生之中华民族一体论比较
——谨以此文纪念李文实先生诞辰一百周年

格局的形成和发展。所谓"多元",是指中华民族不是单一的民族,而是由56个兄弟民族所组成的复合民族共同体。所谓"一体",是指结成一个有机的整体,这个整体是逐步形成和完善的。中国历史上各民族生息、繁衍,在历史舞台上扮演了不同角色,最终形成了多元一体的格局。目前,这一观点已为民族学界、考古界、文化学界广泛接受。

"中华民族多元一体格局"的论断不仅仅是一种学术论述,还是一个现实的阐述,更是对将来的一种期待。费先生在重新审视中国的民族及各个民族与中华民族的关系时,认识到民族是分不同层次的,认为中华民族不能等同于56个民族。他以中华民族指中国疆域里具有民族认同的13亿人民,认为中华民族包括的56个民族单位是多元的,中华民族是一体的。"中华民族多元一体格局"阐释清楚了中华民族与56个民族之间的层次关系,并且他论证中华民族大家庭中各个民族之间的关系特征是:许许多多分散存在的民族单位经过民族间的接触、混杂、联结和融合,同时也有分裂和消亡,形成一个你来我去、我来你去、我中有你、你中有我,而又各具个性的多元统一体。在这个过程中,汉族是凝聚的核心,少数民族不断给汉族输入新鲜血液,同时汉族也充实着少数民族。

费先生在文中从中华民族的来源、构成及各成员民族间的关系变化全方位地论述了中华民族的形成。

(一) 多元的来源

费先生认为,"中华民族的主流是由许许多多分散孤立存在的民族单位,经过接触、混杂、联结和融合,同时也有分裂和消亡,形成一个你来我去、我来你去、我中有你、你中有我,而又各具个性的多元统一体。这也许是世界各地民族形成的共同过程。中华民族这个多元一体格局的形成还有它的特色:在相当早的时期,距今三千年前,在黄河中游出现了一个由若干民族集团汇集和逐步融合的核心,被称为华夏,像滚雪球一般地越滚越大,把周围的异族吸收进入了这个核

· 187 ·

心。它在拥有黄河和长江中下游的东亚平原之后，被其他民族称为汉族。汉族继续不断吸收其他民族的成分而日益壮大，而且渗入其他民族的聚居区，构成起着凝聚和联系作用的网络，奠定了以这个疆域内许多民族联合成的不可分割的统一体的基础，成为一个自在的民族实体，经过民族自觉而称为中华民族"。

在文中，费先生较为详尽地梳理了中华民族多元格局形成的历史。分别从"中华民族的生存空间""新石器文化多元交融和汇集""凝聚核心汉族的出现""地区性的多元统一""中原地区民族大混杂、大融合""北方民族不断给汉族输入新的血液""汉族同样充实了其他民族""汉族的南向扩展""中国西部的民族流动"等几部分进行阐述。

（二）主要论点

第一，中华民族是包括中国境内56个民族的民族实体，并不是把56个民族加在一起的总称。因为这些加在一起的56个民族已结合成相互依存的统一而不能分割的整体，在这个民族实体里所有归属的成分都已具有高一层次的民族认同意识，即共休戚、共存亡、共荣辱、共命运的感情和道义。这个论点后被陈连开先生引申为民族认同意识的多层次论。多元一体格局中，56个民族是基层，中华民族是高层。

第二，形成多元一体格局有一个从分散的多元结合成一体的过程。在这一过程中，必须有一个起凝聚作用的核心，汉族就是多元基层中的一元，由于它发挥凝聚作用把多元结合成一体，这一体不再是汉族而成了中华民族，一个高层次认同的民族。

第三，高层次的认同并不一定取代或排斥低层次的认同。不同层次可以并行不悖，甚至在不同层次的认同基础上可以各自发展原有的特点，形成多语言、多文化的整体。所以高层次的民族可以说实质上是既一体又多元的复合体，其间存在相对立的内部矛盾，是差异的一致，通过消长变化以适应于多变不息的内外条件，从而获得共同体的

李文实先生和费孝通先生之中华民族一体论比较
——谨以此文纪念李文实先生诞辰一百周年

生存和发展。

概而言之,费先生认为,中华民族、汉族和少数民族可以各得其所,分属于不同层次的认同体,尽管我们在语言中都用"民族"这同一个名词,但它可以指不同层次的实体。汉族和55个少数民族同属于一个层次,他们互相结合而成中华民族。中华民族是56个民族形成的多元一体,是高一层次认同的民族实体。

二 李先生的中华民族一体论

李先生主要致力于以青海为中心的西陲古地与民族文化的研究。虽然由于历史的原因,先生的人生黄金时段无端被荒废,但他老而弥坚,奋起锐进,在学术上取得了足以传世的成就。正如赵宗福老师所说:"(李先生)的研究对象是区域史地,研究方法是史料实证,但在论证体系上并不是史料的堆砌,看问题的眼光也不拘囿于一时一地,而是把西陲史地放到中国乃至世界大历史文化的背景下加以考察发明。譬如在研究某一地名时,在充分利用文献史料的同时,还从古汉语、藏语、古羌语以及突厥语、蒙古语角度做比较,纵横捭阖,发微出新。"李先生的学术及贡献不仅于此,更有价值的是由此进而追寻民族迁徙演变的历史,从而探索中国多元一体文化的进程与价值。

李先生在著作《西陲古地与羌藏文化》的《藏族源流与汉藏关系》一文中开篇先阐述了中华民族的源流与现状。他认为,"民族是一个历史的范畴,其在一定历史时期所形成的共同体,与这个国家的兴衰与存亡存在着血肉相连的关系,也就是说同患难、共命运的"。

(一)中华民族的统一性

李先生在文中指出,要谈谈包括藏族在内的中华民族的源流与现状,必须要确立两个前提。其一是统一性,强调中华民族自来是一个统一的多民族国家。

从传说中的黄炎到后来形成被后世所称的华夏族,再到后来统一的夏、商、周三代,再经过春秋战国东西方各民族融合,而孕育诞生了更进一步发展统一的国家。李先生梳理了各个朝代各民族之间的互动,比如,在以汉人为主的秦汉时期,与周边少数民族匈奴、羌和西域各边疆民族之间既有互相争夺,又有相互吸收,文化经济交流频繁,和亲结盟也开始建立。又如在隋唐时期,民族融合空前发展,在唐代,李氏君主不分地域地重用各边疆民族中的英雄豪杰、文臣武将,出现了"开元盛世"和"贞观之治",民族团结与融合,为统一国家倍增了光彩,加深了各民族之间的相互依存关系。

除此之外,在元朝和清朝这两个少数民族执掌政权的朝代,国威之盛,版图之广,都超越了前代,肯定了中国统一民族国家的最终巩固和发展,在这个时期凝固与定型,形成了多民族的共同体,同时产生了"中华民族"与"炎黄子孙"的称号。

(二)中华民族的整体性

李先生指出,中华民族来源与现状问题的第二个前提是整体性。"中国既然是一个由历史形成的统一的多民族国家,则其民族的主体意识应该是形成这个国家和民族共同体的中心思想文化。中国是世界上文明古国之一,尽管自近世纪以来,迭受外力的侵袭,而终能屹立于世界,不被侵略势力或外来文化所吞噬,其原因即在我们文化传统的整体性,所有民族的一致性、凝固性。"

李先生从六个方面论证了他的这一观点。第一,中华民族发展到现在,有一个独立自主的民族意识和文化传统,其表现于共同文化上的共同心理素质是密切相连而不可分的;第二,无论是汉人执掌的政权还是少数民族执掌的政权,无论是分裂时代,还是统一大王朝,各时代都基本上继承发扬了以儒家政治和道德伦理思想为主体的传统文化;第三,李先生还追溯了历史上各个阶段在抗击外侮时,各民族都表现出同仇敌忾,"兄弟阋于墙,外御其侮"的特点;第四,在抗日斗争中,各少数民族与国民党政府存在一定的距离和不满情绪,但当其少数民族统治不符合他们的意愿时,不去反抗外侮时,各民族民众自发地抵制和反抗外侮,维护祖国统一,争取抗战胜利;第五,在反对中华民族内部统治阶级的歧视和压迫中，不论是哪个民族，和反侵略一样，都具有同样的心理，如反军阀割据、资本家和地主剥削、牧主头人的压迫等；第六，各民族之间相互通婚，各少数民族和汉族杂居的地区表现出宗教上的互相渗透。在民族地区，汉语和少数民族语言共用，在生活习惯上，也表现出汉族与各少数民族相互渗透和相互影响的特点。

（三）核心观点

第一，56个民族共同组成中华民族。在历史上，由多种的中国古代民族（在古代称为夏人、殷人、商人、周人、秦人及汉人）所互相融合而形成的民族共同体，其血统、语言、地域和文化等诸因素，和世界上其他民族的形成与素质，不仅应有其共同点，而且更应重视其特点的存在。

要在当前中国社会主义体制下，达到各民族平等以至互相融合无间的共同目的，就必须根据各民族自己的实际条件走并不完全一致的道路，必须经过一个历史过程，才能完成。这就是中国的民族个性与特点所在。

第二，对于中西方文化的融合问题上，不能盲目地全盘吸收。在世界历史上，无论是哪一种文化形态，在它出生的土壤上有个演进的过程，即随着社会的发展、条件的变化，而因时因地制宜地加以革故鼎新，也就是顺应新陈代谢的自然规律逐步演进。李先生指出，文化的传承和发扬，都不能脱离其历史地理条件，如果把传统文化中的优秀部分都认为是拖累，只能说是"数典而忘祖"了。

李先生认为，在中国这块大地上生息活动的古代民族是一个文化上的共同体，用民族学的概念来说，是广义的民族，并不存在血统、语言、地域及风俗习惯等方面的共同因素。但随着历史的演进，中国境内各民族在血统上互相融合，在文化上互相渗透，在经济上相互补充，在政治上共戴一天，形成独特的多民族统一体。如果一味地强调西方化，则会造成文化上的"消化不良"。

三 两位先生的理论之意义和贡献

强调"一体"、追求统一是中国历史的主流。这种各政治势力执着追求的统一,是在承认差异、不求政治制度整齐划一基础上的统一;是在坚持华夏"大文化"的前提下,不要求少数民族改变其语言文字、风俗习惯和宗教信仰基础上的统一;是在强调"天下一家"的前提下,以文化、习俗等社会因素而不是以血缘、地缘等自然因素作为区分民族标准基础上的统一。换句话说,是在"多元"基础上的"一体",而不是"多元多体"或"一体一元",这是中国历史发展的一条基本规律。

(一)承认中华民族的多元性有利于各民族更好地发展

少数民族都有自己的风俗习惯、宗教信仰、语言文字和民族渊源等,甚至在同一民族内部也有差别,显示出多元性质。我们只有承认了民族的多元性,才能理解他们的宗教感情,尊重他们的生活习俗规范等;才能增进各民族之间的了解,友好相处以实现民族平等和团结;才能使各民族更加体会到中华民族多元一体的内涵。这对于维护民族地区的稳定和发展,对于实施党和国家的民族宗教政策,对于促进中华民族的共同繁荣昌盛都具有深远的历史意义和现实意义。

"中华民族多元一体论"具有深厚的文化底蕴,它是"和而不同""王者无外""夷夏一体"等传统中国文化思想的另一种表述。"多元一体格局"理论,既回答了以汉族为中心同化论的偏误,又正面阐明了"多元"和"一体"的辩证关系,强调二者不可偏,必须坚持中华民族各民族平等和共同繁荣的原则,并完善民族间互助团结的具体措施,昭示了在现代化建设过程中,通过发挥各民族团结互助的精神达到共同繁荣的目的,继续在多元一体的格局中发展到更高层次的美好前景。

（二）强调"中华民族多元一体"必将增强我国各族人民的凝聚力

尽管在不同时期，不同文化的发展状态、发展成果有差别，但不存在永恒不变的文化中心，每种文化的价值都是独特的、无法取代的。因此，必须宽容地对待不同文化，通过交流和对话，相互借鉴、取长补短、共同发展，使不同的文化异彩纷呈、交相辉映，人类的生活才能更加丰富多彩。

因此，强调"中华民族多元一体"论就能使各民族更加认识到民族之间的相互依存、不可分割性，并进而促使各民族之间倍加团结。这样，既能保持国家的集中统一，即"中华民族一体"，又能充分保障各少数民族行使平等权利，即"中华民族多元"。应该说，这是维护国家统一，加强民族团结，逐步实现各民族共同繁荣的最好的理论形式。

1848年鸦片战争后，西方列强以征服者的姿态渐次踏上中国的土地，开始肆意侵略中国，使中国的社会性质发生了根本性的变化，中外民族矛盾成为压倒一切的严重问题。对外推翻帝国主义，实现中华民族的独立解放，对内推翻封建主义、官僚资本主义，实现各民族一律平等，成为各族人民的共同奋斗目标。在反对外来侵略的共同斗争中，国内各民族之间产生了患难与共、风雨同舟的新型民族关系。可以说，共同的命运把全国各族人民紧紧联系在一起。中华各民族强大的凝聚力和向心力在这场斗争中也得到了进一步巩固和加强。

（三）"多元一体"论同样适用于整个人类世界

"多元一体格局"观点对已进入新世纪的世界同样具有重要的现实价值。不同国家的社会制度、意识形态及价值观念是不同的历史、政治、文化、传统和地理环境等多种因素综合作用的结果，不应该也不可能完全一致。

"多元一体格局"不仅能合理地解释多民族的中国的民族与国家的关系，而且也适用于当今绝大多数国家的政治、民族整合的现实。由于历史的惯性作用，民族文化体系的相对稳定，民族认同的情感维系等诸多因素的综合作用，在当今时代，在多元一体的多民族国家内部，民族成分的多元化并不构成分裂多民族国家的理由。诸多外国学者也已形成如下共识：现代民族国家既不是唯一可能的国家形式，也不是人类历史上最辉煌的政治成就。将人民、民族、社会、国家的概念包含在一种人为划定的领土背景之中的概念框架，是具有局限性的特定历史时期的产物。即便是在民族国家出现最早、数量最集中的欧洲大陆，具有多民族国家外壳的欧洲联盟也正在孕育当中，这表明民族的充分发育和在多民族国家当中结成一个具有利益共同体意义的国族，将更加符合历史和时代的潮流。费先生的理论清楚地昭示给我们的是：不同的民族之间是完全可以完满地融合在一起的；对于多民族国家而言，它们要做的就是通过不断的族际利益的调适来确保各民族的共同繁荣，在社会的整体进步中不断增进国家中各民族的相互认同感，以保证国家安定、民族团结与领土完整。

"多元"并不意味着对立和冲突，而应在和平基础上取长补短、互相促进。只有坚持"多元一体格局"，人类才能在和平的环境中实现自身的全面发展，不断增进人类的福祉。在经济一体化的今天，任何一个国家或地区都是全球经济网络上的一个"结点"，每一个"结点"发生故障，都会给全球经济带来负面影响，所以，必须按照"多元一体格局"的原则，在尊重不同国家发展模式、发展道路的前提下，寻求彼此间的共同之处，促进全球经济健康发展。人类社会要健康发展，就必须既解决好人类自身的问题，又解决好人与自然的关系问题，实现以人为本、人与自然协调的可持续发展。

总而言之，"中华民族多元一体格局"的观点既是对中华民族历史经验的总结，又是对现实社会的高度把握，它不但适合于我国国情，而且对已进入21世纪的人类同样具有重要的现实价值。

参考文献：

[1] 李文实：《西陲古地与羌藏文化》，青海人民出版社2001年版。

[2] 费孝通：《中华民族多元一体格局》，中央民族大学出版社1999年版。

[3] 杨碧青：《试析费孝通"中华民族多元一体论"》，《和田师范专科学校学

报》（汉文综合版）2005年第25卷第6期。

［4］黄淑娉：《费孝通先生对中国人类学的理论贡献》，《中央民族大学学报》（哲学社会科学版）2007年第4期。

　　本文就费孝通先生的"中华民族多元一体"的观点与李文实先生的"中华民族一体论"的观点，从"多元的来源""主要论点"，"中华民族的统一性""中华民族的整体性"及其"核心观点"等几个方面，分别进行了历史的比较和分析，提出了两位先生所作出的理论贡献的共性与个性特点。体会深刻，论说有据，有一定的启发性。——贾晞儒

文学小辑

缅怀学术前贤　继承前贤精神

马凤兰

2014年9月20—21日，为期两天的"李文实先生诞辰100周年纪念会暨西北文史研究专题研讨会"在青海民族大学文学与新闻传播学院如期召开。

文实先生是中国历史地理学、民俗学和西北地方史研究专家，是青海省著名的学术前贤，早年师从学术大师顾颉刚先生，是顾颉刚先生的得意门生。早年李先生蒙冤入狱，失去自由近三十年，尽管学术生涯很短暂，但他潜心致力于西北历史、文化、地理、风俗的考察和研究，在中国古代西北史、历史文献学、历史地理学研究等方面做出了独特的贡献，并撰写了几十万字的《西陲古地与羌藏文化》论著。

自2014年上半年开始筹备"李文实先生诞辰100周年纪念会暨西北文史研究专题研讨会"，截至8月底，会议提交学术论文几十篇。为使其眉目清晰，阅读方便，编者对这几十篇文章做了大致分类。综观本次会议论文的研究内容，可以涵盖回忆纪念、学术钩述、史地研究、文史考辨、传承影响等多个方面。令人感慨和欣慰的是：很多文章从文史结合的角度，以"以诗证史"的研究方法，继承先生的学术精神，从中可见当下以前贤为代表研究领域持续拓展之势，亦可见研究者学术视野之开阔，方法思路之多元。

"诗史互证"是目前学术界颇为推崇的一种治学方法，就中国文学而言，自清代学者章学诚"六经皆史"观之后，胡适、梁启超等大大拓展了"诗文皆史""以诗入史"理念和治史方法,到对这种方法运用有集大成之功者陈寅恪先生,他将"以诗证史"的治史方法推向了精妙境界,堪称方法论上的典范。而今,运用诗歌研究历史,越来越受到文学界和史学界的重视,现代史家将这一治史方法广泛运用于历史研究中并取得了显著成就。

此次研讨会很多文章就是以咏青诗歌为媒介,对青海的地方和历史文化进行研究。主要有以下几个方面。

一 咏青诗歌与历史文化研究

运用咏青诗歌对青海的地方和历史文化进行研究,应该说是学者们开拓研究的一个新尝试。马青芳教授的文章《唐代诗歌与河陇牧马》,认为唐朝马牧业空前繁荣发达的主观原因是马匹在国防军事、交通运输和社会生活中的重要地位,使唐朝统治者高度重视马牧业生产,为此组织和制定了系统完整的马政机构和制度,建立了规模宏大的监牧基地,大力开展对外马匹贸易,采取了鼓励养私马的措施和政策。客观原因是,自西晋末年起大量游牧民族迁徙内地,带来了塞外习俗和畜牧生产的经验技能,并在北方汉人中获得传播。马教授进而指出:唐朝前期国家安定,社会经济空前繁荣,为发展马牧业生产提供了雄厚的物质基础,唐朝的马牧业达到了我国自秦汉以来最兴盛的水平。

因此,在唐代诗歌中,由于马与人们的生活息息相关,便成为很多诗人表现历史、时政、理想、性情的题材,并且以具体的诗歌详尽地阐述了这个问题。

拙文《"青海只今将饮马 黄河不用更防秋"——历代咏青诗歌中青海独特意象符号的形成》,以历代大量的咏青诗歌论述历代青海地区重要的地理位置和战略地位。从搜集的咏青诗歌中阐释自古以来青海地区是当地少数民族与内地汉族之间相互交流、彼此冲突,地方小政权与中原中央政权之间安边屯田、扩疆拓土的必争之地。因此,在历代咏青诗歌中,这片土地被赋予了一种文化的象征,是一个区域的代表和符号,也是进行国家祭祀，实施国家权力的象征和政治符号。

马海龙博士的文章《论诗史差异及其形成原因——以唐代咏哥舒翰诗为例》，略论了诗史差异及其形成原因，指出诗歌与历史之间既有互证性，又有差异性。我们应该加强文学与历史间的相互结合，以文学佐证历史，借历史审视文学，高度拓展中国古代文学研究的阐释空间。但是，也应该看到文学与历史间的差异性，"艺术的真实来源于生活的真实，但不是生活原型的翻版。作家在创作实践中，有意识地改变自然或社会的生活真实，并不是十分罕见的事情。文史互证，不等于对号入座。仅仅从局部着眼是很危险的"。因此，应该正确处理文学与历史、诗歌与本事之间的关系，力图寻找到二者间的最佳契合点。力图为中国文学研究者乃至历史研究者提供有益的参考。

二　咏青诗人与历史文化的研究

一直以来，中国古代在青海这片古老的土地上土生土长的著名诗人委实不多；青海著名女诗人更是屈指可数；而青海著名少数民族女诗人，简直就是凤毛麟角。王宝琴教授的文章《论土族才女李宜晴》，全方位地研究青海著名土族女诗人李宜晴，李宜晴的诗歌文学造诣之深、数量之多，在河湟乃至甘青地区也是首屈一指的，甚至在全国范围来说都是少有的。因此，对她的研究可以说是相当有价值和有意义的一件事。更重要的是李宜晴的诗词不仅内容丰富、题材广泛，而且具有很高的艺术成就，充分体现了土族人民高超的艺术创作才能和独特的审美特征。特别是她诗词中表现出的作为女性特有的细腻感受、丰富情感、缠绵韵味，大可与李清照相媲美。还有，她诗词中所表达的一些思想意蕴和情感是超越民族性和地域性的。比如有关对自然的亲和，对人性中真善美的歌颂，对亲情、友情、爱情的珍惜，对家乡故土的深深眷恋，对祖国的无比热爱等，都涉及人类许多共通的情感与价值。所以无论是就青海文学，还是就整个中国当代少数民族文学而言，李宜晴都应该占有一席之地。所以，对李宜晴的研究，无论是从民族文化史方面讲，还是从地方文学史方面看，都具有一定的历史意义和现实意义。

李清老师的文章《近代河湟诗人李焕章诗歌创作的美学追求》也是文学与地方文化、历史研究的一种尝试。在青海近代的文化史上，李焕章也是一位能关心民瘼，同情人民群众的疾苦，敢于反映和揭露当时社会的诗人。他的诗歌创作中不乏反映社会现实、自然风物、民俗风情等方面内容的工丽精深、成就卓越的作品，其诗歌具有现实主义的精神与浪漫主义的风格，在近代青海诗歌中极具代表性。既有一定的艺术价值，又有较高的美学价值。这些创作为我们宣传青海、了解青海提供了宝贵的资料，为欣赏青海乡土文化提供了艺术精品，在青海汉族文学史上起到了"筚路蓝缕，以启山林"的作用。总之，诗人有着得天独厚的条件，故而创作出一些真正透射着鲜明的时代特征和浓郁的地方特色的文学作品。这些作品，既有一定的艺术价值，又有较高的美学价值。李焕章的作品，在青海文化史上有着一定的地位，我们研究李焕章等西宁诗人及其作品，对认识青海，宣传西宁，研究青海文化发展史，进而研究我国西部文学都是有益的。

三 咏青诗歌意象与历史文化研究

诗歌意象是一种独特的文化符号，包含深厚的历史文化内涵和人文情感，挖掘其独特的内蕴和无限丰富的关于历史文化的"诗性空间"，也是了解诗歌内涵，进而了解历史文化的一种重要方法。

李亚静教授的文章《唐代西北民族关系下的边塞诗歌意象》，指出唐代特殊的西北民族关系给唐人生活、思想及唐诗创作带来了至关重要的影响。

唐诗创作中，文人墨客总是喜欢以"陇右""河西"地区为文化空间，营造诗歌意象，这主要由于陇右、河西地区地势复杂，不仅拥有相对封闭、宜农宜牧的自然环境，而且各地商旅往来此处，无所停绝。西北地区少数民族如果要问鼎中原，一般都以河陇地区为跳板，河陇地区就成为少数民族关注的焦点和中原王朝极为关注的国防安全区域。因此，也就出现了唐人唐诗中的边塞意境。这些诗歌密切反映西北民族生活，使唐诗在发展中生成了独特的边塞意象。

贺雯婧博士的文章《试论"花儿"的鸟类意象》，继承李文实先生研究"花儿"的角度和方法，通过对"花儿"鸟类比兴意象的研究让我们可以对"花儿"有多方面的认识和理解。

"花儿"是流行于我国青海、甘肃、宁夏、新疆四省区的回、汉、土、撒拉、东乡、保安和部分裕固、藏族之间，用汉语来歌唱的一种民歌。"花儿"作品浩繁，曲调丰富，文学艺术价值很高。李文实先生的研究发现，"花儿"在艺术创作手法上完全继承了《诗经》当中"赋""比""兴"的艺术传统。甚至"花儿"在运用这些手法时已达到得心应手、挥洒自如、情景交融的地步，使人听起来悦耳动听、读起来意味深长，并会引起无限的遐想，广受人民群众的喜爱。

贺博士的文章对"花儿"中的鸟类意象，多是从审美角度来理解的，并进一步指出，在"花儿"这种艺术现象背后，有着特殊的历史原因和文化象征意义。因此，在对整个"花儿"比兴意象的研究中，只有挖掘出其更深刻的文化内涵和象征意义，才能使"花儿"研究更加深入、更加全面。

"翩翩飞鸟，息我庭柯。敛翮闲止，好声相和。"文实先生离我们而去已有十多年，但先生的音容宛在、教诲不忘。诸位专家在本学术研讨会上继承先贤学术精神的学术佳作与高论，伴随着民族大学满园牡丹的绽放，留给我们一段芬芳的记忆！

唐代诗歌与河陇牧马

马青芳[*]

唐初，统治集团在基本上稳定了国内局势以后，面临的一个亟待解决的重要问题，就是如何消除边患。谢弗（美国，E. H. Schafer）在《唐代的外来文明》中说："在与流动的敌人，特别是与唐朝的贪婪的对手，即游牧民族的战争中，马是供战士骑乘和驮运给养的重要工具，唐朝统治者在亚洲民族中的崇高地位及其广被天下的权威，在很大程度上依赖于他们能够得到的战马的数量，所以对唐统治者而言，马具有极为重要的意义。"可见，战马及骑兵力量的强弱成为决定战争胜负的关键。

唐朝前期的边患主要是汉族与所谓"夷狄"之间的冲突。唐与突厥、吐谷浑、吐蕃、高丽等都发生过战争，尤其是和突厥、吐蕃、高丽之间的战争，不仅规模大，而且持续时间长。要同这些善于骑射的游牧民族作战，就离不开骑兵；唐前期多次发动大规模的军事远征，战场辽阔，长途奔袭。如贞观九年（635），唐军远征吐谷浑；贞观十三年（639）唐朝出兵高昌；天宝六年（747），唐将高仙芝率步骑一万人远征小勃律国等，不仅以骑兵为主，而且从征步兵也自备私马。另外，唐代军队中普遍重用强悍的外族兵将。陈寅恪先生说："玄宗后半期，以蕃将代府兵，为其武力之中坚。"（《金明馆丛稿初编》）李渊在太原起兵时，军队里就有蕃兵蕃将（主要为突厥人）。到开元天宝时，使用蕃将

---

[*] 作者单位：青海民族大学。

有了更大发展，如安禄山、哥舒翰等蕃将都任节度使，这些兵将的最大特点就是精于骑射，唐朝前期的对外战争之所以能够坚持数十年之久，并且不断取得胜利，扬国威于境外，重要原因之一，就是唐朝有一支称雄于世的强大军队。而空前发达的马牧业为其提供源源不绝的大量高质量的战马，为军队保证了强大的战斗力。战争对战马的依赖，为唐朝发展大规模国家监牧养马和民间养私马，繁荣马牧业生产开辟了广阔的前景。

《新唐书》卷五〇《兵志》："马者，兵之用也。监牧，所以蕃马也，其制起于近世。唐之初起，得突厥马二千匹，又得隋马三千于赤岸泽（今陕西大荔县南），徙之陇右，监牧之制始于此。"在这里，我们清楚地了解了唐马的主要用处、唐马的来源及其监牧制的产生。其一，马为军队战场所需。其二，唐马主要为外来马，即"蕃马"。第三，监牧制始于陇右。

据史书记载，唐政府以获得的突厥马和隋代马匹为基础，在河陇设置官营牧场，至唐太宗时已经颇具规模。

> 自京师东赤岸泽移马牧于秦（今甘肃天水）、渭（今甘肃陇西）二州之北，会州（今甘肃靖远）之南，兰州狄道县（甘肃临洮）之西，置监牧使以掌其事。仍以原州刺史为都监牧使，以管四使。南使在原州西南一百八十里，西使在临洮军西二百二十里，北使寄理原州城内，东宫使寄理原州城内。①

河陇牧场规模巨大，天宝（747—756）中期，诸使共有50监：南使管18监，西使管16监，北使管7监，东宫使管9监。截至天宝十二年（753），河陇诸监马匹存栏数接近32万匹，可见，河陇地区的官营牧场的存栏数相当高，其军事和经济意义为唐朝统治者所倚重。

---

① （唐）李吉甫：《元和郡县志》卷三《关内道三》，中华书局1983年版。

唐高祖武德时期（618—626）初创马政，以太仆寺卿张万岁负责全国马政，其祖孙三代从事马政，对唐代的马政做出了积极贡献。太宗贞观（627—649）至高宗麟德（664—665）的近40年间，在唐高祖武德（618—626）年间的基础上，国家牧场的马匹多达77万匹，在岐、豳、泾、宁千余里地，设置保乐、甘灵、南普闰、北普闰、岐阳、太平、宜禄、安定等八坊。八坊国营牧地，计有1230顷。八坊之内的马匹分为48监，后因马多地狭，逐渐不能适应国营牧业的发展，政府不得不另外分出8监，将其置于"河西丰旷之野"。当时规定凡马5000匹以上者为上监，3000匹到5000匹者为中监，3000匹以下者为下监。国营监牧内部的官职，副监以下有丞和簿及牧长、牧尉等下级官吏。"凡马、牛之群，以百二十；驼、骡、驴之群，以七十；羊之群，以六百二十。群有牧长、牧尉、补长。"这样，"跨陇右、金城、平凉、天水四郡之地"，"幅员千里"的大型国营牧场，"犹为隘狭"，后来另外"布于河曲丰旷之野，乃能容之"。由于唐代国营牧场的马匹数量充足，使马匹的价格比较便宜，"方其时，天下以一缣易一马"。西北地区马政的繁荣程度，远远超过了秦汉时期。

唐玄宗时鉴于政府马匹数量减少，周边民族形势严峻的社会现实，除了继续保证官营牧场人员配备和进行一系列马政改革外，还采取积极措施发展民间私人养马业，作为官营养马业的重要补充。为了鼓励私人养马，唐玄宗时中央政府规定，凡"能家畜十马以上，免帖驿邮递征行，定户无以马为资"。这正是张万岁"三代典群牧，恩信于陇右"的政策因素。据史书记载，唐玄宗天宝十三年（754）官营牧场的畜牧存栏数为有唐一代的最高数：

> （天宝）十三载（754）六月一日，陇右群牧都使奏："臣差判官殿中侍御史张通儒、群牧副使平原太守郑遵意等，就群牧交点：总六十万五千六百三头、匹、口。马三十二万五千七百九十二匹（内二十万八十匹驹）；牛七万五千一百一十五头（内一百四十三头牦牛）；驼五百六十三头，羊二十万四千一百三十四口，

骡一头。"①

宋代人是这样评价唐代畜牧业生产基地的：

> 唐之牧地，西起陇右金城、平凉、天水，处暨河曲之野，内则岐、豳、泾、宁，东接银、夏，又东至楼烦。今则没入蕃界，沦于侵佃，不可复得。惟河东岚、石之间，山荒甚多，汾河之侧，草地亦广，其间水草最宜牧养，此唐楼烦监地。②

评论者为时任群牧使的欧阳修。按欧阳修在奏议中所称，唐代前期国营牧地的分布情况，其规模远远超过宋代。

总之，安史之乱前经过不断努力，唐王朝发展了以陇右、河西牧场为主要骨干的大型国营牧场群，其主要分布于西北一个巨大环形区域内，成为当时世界上最大的国营牧场之一，这也为唐前期养马业的空前成功奠定了现实基础。

唐代畜牧业经济在前期得到了长足发展，但是，随着藩镇割据局面的出现，西北地区的畜牧业经济遭受重创，并开始出现衰落迹象。唐代后期国营牧业开始出现的萧条与衰落，反映了唐王朝在政治上和军事上开始走下坡路的一种趋势。安史之乱后，唐代国势衰落，为了对付藩镇割据，唐政府不得不将国防边军东调，这样便出现了西线空虚的局面，强大的吐蕃乘机占领了陇右地区，唐政府的国营牧场的基地被吐蕃占领。"至德（756—758）后，西戎陷陇右，国马尽没，监牧使与七马坊名额皆废。"

值得注意的是，西北河陇地区的少数民族在唐代畜牧业经济尤其是马政建设方面的积极贡献是不可忽视的。唐代民族贸易的主要对象之一是兼营农业、以牧业为主的吐蕃，而吐蕃在唐代的畜牧业经济有了长足的发展。史称吐蕃"俗养牛羊，取奶酪供食，兼取毛为褐而衣

---

① 唐长孺：《唐书兵志笺正》，科学出版社1957年版，第118页。
② （元）脱脱等：《宋史》（四），中华书局2000年版，第3299—3300页。

焉",吐蕃"畜牧,逐水草,无常所"。正因为如此,吐蕃的畜牧业经济是相当活跃的,"其兽,牦牛、名马、犬、羊、彘;天鼠之皮可为裘,独峰驼日驰千里"。关于吐蕃畜牧业发展的情况,不但汉文史料有如此的记载,藏文也有同样的记载,如其记载早在吐蕃七贤臣之首如勒杰时期,已经"在夏天将草割下成捆收藏以备冬天饲养牲畜"。(达仓宗巴·班觉桑布《汉藏史集》)逐水草而居与家养相结合成为唐代吐蕃畜牧业经济的一个特点。另外,吐蕃在河曲地区培育出来的优良品种"河曲马",蜚声中外。唐代元和十一年(816)正月,唐"命中使以绢万匹,市马于河曲",对于改良唐代其他牧场的马匹质量产生了不可低估的积极影响。与此同时,党项族的畜牧业经济也有值得称道的地方。唐代党项族"俗皆土著,有栋宇,织牦牛及羊毛以覆之",其"男女并衣裘褐,仍被大毡,不知耕稼,土无五谷,气候多风寒,以牦牛、马、驴、羊、豕为食。五月草始生,八月霜雪降"。党项族世代以畜牧业经济为主,积累了在西北高原从事畜牧业生产的丰富经验,为当时当地的畜牧业经济发展做出了积极贡献。党项马是当时最受欢迎的良种之一。吐谷浑民族的畜牧业经济,也是值得肯定的。尤其是吐谷浑在长期的畜牧业经济生产中,创造性地将本地马与西域良马杂交培育出了举世闻名的"青海骢"。

综上所述,唐朝前期马牧业空前繁荣发达的原因可以归纳为主观和客观两个方面。从主观上来说,是由于马匹在国防军事、交通运输和社会生活中的重要地位,使唐朝统治者高度重视马牧业生产,为此组织和制定了系统完整的马政机构和制度,建立了规模宏大的监牧基地,大力开展对外马匹贸易,采取了鼓励养私马的措施和政策;从客观上来说,自西晋末年起大量游牧民族迁徙内地,带来了塞外习俗和畜牧生产的经验技能,并在北方汉人中获得传播。唐朝前期国家安定,社会经济空前繁荣,为发展马牧业生产提供了雄厚的物质基础,使唐朝的马牧业达到了我国自秦汉以来最兴盛的历史水平。

在唐代诗歌中,马由于与人们的生活息息相关,便成为很多诗人表现历史、时政、理想、性情的题材。如李白《天马歌》:

天马来出月支窟，背为虎文龙翼骨。
嘶青云，振绿发，兰筋权奇走灭没。
腾昆仑，历西极，四足无一蹶。
鸡鸣刷燕晡秣越，神行电迈蹑恍惚。
天马呼，飞龙趋，目明长庚臆双凫。
尾如流星首渴乌，口喷红光汗沟朱。
曾陪时龙蹑天衢，羁金络月照皇都。
逸气棱棱凌九区，白璧如山谁敢沽。
回头笑紫燕，但觉尔辈愚。
天马奔，恋君轩，駷跃惊矫浮云翻。
万里足踯躅，遥瞻阊阖门。
不逢寒风子，谁采逸景孙。
白云在青天，丘陵远崔嵬。
盐车上峻坂，倒行逆施畏日晚。
伯乐翦拂中道遗，少尽其力老弃之。
愿逢田子方，恻然为我悲。
虽有玉山禾，不能疗苦饥。
严霜五月凋桂枝，伏枥衔冤摧两眉。
请君赎献穆天子，犹堪弄影舞瑶池。①

　　李白（701—762），字太白，祖籍陇西成纪（今甘肃天水附近）。在群星灿烂的盛唐诗坛上，李白是最耀眼的一颗巨星，他的诗歌体现了开元时代乐观向上的进取精神，同时又反映了唐王朝处于盛极而衰的转折关头的社会现实。他以强烈的激情和豪迈的气魄歌唱自己远大的理想，憎恨和反抗封建政治中的不合理现象，追求独立的人格和自由的精神世界；同时继承了前人诗歌创作的全部成就，完成了盛唐诗歌的全面革新。丰富的想象、大胆的夸张、天然清新的语言、壮浪纵

---

① 萧枫主编：《唐诗宋词元曲·唐诗》卷三，线装书局2005年版，第871页。

恣的风格，使他成为屈原之后最伟大的诗人，代表着我国古典诗歌发展的最高峰。

李白这首诗歌，穷极想象，思路纵横。对天马的来历、形貌、神性都以神话境界出之。其间"月支""昆仑""西极""瑶池""穆天子"使人不能不将天马与青海这块神奇的土地联系起来。我们知道，西王母源自昆仑神话。《汉书·地理志》说：金城郡临羌县"西北至塞外，有西王母石室、僊海、盐池。北则湟水所出，东至允吾入河。西有须抵池，有弱水、昆仑山祠。莽曰盐羌"。这恐怕就是李白所说的"无极"之地。李白盛赞的天马据此来看便产自昆仑山的青海地区。秦汉之时，陇右就因"多马、牛、羊、旃裘、筋角"而"畜牧为天下饶"。魏晋、北魏、北周、隋朝都曾于河陇大批牧马。唐统治者开国初将监牧制始用于河陇正是源于这种深厚的畜牧渊源。李白此诗所描写的天马，形、神、气超凡绝俗，诗末"老弃之"的天马命运结局，恰恰是李白自信"天生我才必有用"而仕途多舛的真实写照。以马喻人，马为天马，人为诗仙，盛唐之音的最强音就在这种无以复加的宣泄中达到高潮。

杜甫《高都护骢马行》：

> 安西都护胡青骢，声价欻然来向东。
> 此马临阵久无敌，与人一心成大功。
> 功成惠养随所致，飘飘远自流沙至。
> 雄姿未受伏枥恩，猛气犹思战场利。
> 腕促蹄高如踣铁，交河几蹴曾冰裂。
> 五花散作云满身，万里方看汗流血。
> 长安壮儿不敢骑，走过掣电倾城知。
> 青丝络头为君老，何由却出横门道？①

---

① 《杜诗详注》，中华书局1979年版，第88页。

杜甫（712—770），字子美，原籍湖北襄阳，生于河南巩县（今巩义市）。远祖为晋代功名显赫的杜预，乃祖为初唐诗人杜审言。唐肃宗时，官左拾遗。后入蜀，友人严武推荐他做剑南节度府参谋，加检校工部员外郎，故后世又称他杜拾遗、杜工部。杜甫生活在唐朝由盛转衰的历史时期，其诗多涉及社会动荡、政治黑暗、人民疾苦，将现实主义诗歌推至艺术的巅峰，被誉为"诗史"。其人忧国忧民，人格高尚，诗艺精湛，被奉为"诗圣"。

这首咏马诗，作于天宝八年（749）。诗中的高都护，是安西都护府都护高仙芝，他在天宝六年（747），平定勃律国，虏获勃律王，由此建功。天宝八年入朝，次年，又出征讨伐石国。本诗当作于入朝后、出征前这段时间里。

诗歌为七言歌行体，首段写骢马的来历。高仙芝是安西都护，他的毛色青白相间的骢马，随着主人东至长安，名声与身价也随之骤增。骢马曾在边地立过战功，虽是牲畜，却有人的感情，一心助主人建立大功。"与人一心成大功"句，沈德潜认为"即'真堪托死生'意"（《唐诗别裁集》卷六）。随主人入朝以来，受着恩惠被豢养在厩里。老骥伏枥，尚且有千里之志，何况骢马并没有衰老，"雄姿"尚在，"猛气"犹存，骢马时刻不忘建功沙场。"腕促蹄高如踣铁，交河几蹴曾冰裂"，据《相马经》载，良马腕须短促，促则力健；蹄须高厚，蹄高则坚硬。"五花散作云满身，万里方看汗流血"，这匹骢马是汗血马，奔驰万里，才能见到身上汗流如血。因为它雄骏绝伦，京都"壮儿"都不敢骑乘它，骑术高超的人驾驭它，风驰电掣地在城里奔跑，全城的人都知道它是一匹良马。骢马的志向怎在一城一厩之间？冲出横门，重新驰骋于战场才是骢马心志。

作为咏物诗，本诗摹写骢马的形貌、才力、品格、志向，句句写马，体贴入微，颇得其神理。诗人借着骢马的伏枥境遇，比喻自己困守长安的遭际；借着骢马的雄姿才力，喻写自己的才能襟怀；借着骢马的立功心愿，寄托自己施展抱负的愿望。正如张綖所说："如此咏物，不唯格韵特高，亦见少陵人品。"（仇兆鳌《杜诗详注》）

杜甫《秦州杂诗二十首》：

> 南使宜天马，由来万匹强。
> 浮云连阵没，秋草遍山长。
> 闻说真龙种，仍残老骕骦。
> 哀鸣思战斗，迥立向苍苍。①

秦州为伏羲文化发源地。其地草场优良，适宜养马。汉武帝时，曾养汗血马于此。东汉羌乱，氐羌来居。西晋以来，鲜卑人、匈奴人、西域胡人也来此活动，他们均擅长畜牧，善于养马。隋唐二代，因羌胡之俗，设监牧马。唐太宗贞观年间（627—649），京师的牧马机构由赤岸泽迁至陇右，重建了陇右牧，设东西南北四使。南使就驻于秦州附近，遂改此城为南使城。南使的实力在诸牧使中发展最快。唐前期南使辖15监，仅次于西使。到天宝时期（742—756）发展到18监，居群牧之首位。开元十三年（725）唐玄宗东封泰山时有南使诸监选送的上万匹良马从行。唐朝每年从南使监牧选优质军马万匹充于战场，南使之马因之闻名全国。

杜甫诗将秦州的马称为"天马""真龙种"，可见秦州马之盛名。事实上，马在中国古代的地位非常特殊。很多传说都赋予了马神圣的色彩、奇异的品性。在神话中，几乎所有的名驹都被当作龙的化身。因为秦州马优质，唐朝人才将它称为"龙种"马。杜甫将秦州马盛赞为"万匹强"，实在是所言不虚。

中唐以后，安史战乱的阴影、藩镇割据的加强、边患战火的危机使得唐代社会举步维艰，面对现实，很多诗人有了盛唐诗人不曾有的强烈的忧患意识和国家责任意识，能够深刻思考关系国计民生的重大问题。而马的题材，往往成为诗人借以表达政治见解的平台。中唐刘长卿《送南特进赴归行营》："闻道军书至，扬鞭不问家。庑云连白

---

① 王启兴主编：《校编全唐诗》（上），湖北人民出版社2001年版，第867页。

草,汉月到黄沙。汗马河源饮,烧羌陇坻遮。翩翩新结束,去逐李轻车。"晚唐李频《赠泾州王侍御》:"一旦天书下紫微,三年旌旆陇云飞。塞门无事春空到,边草青青战马肥。"以及翁绶《白马》中"一夜羽书催转战,紫髯骑出佩骅弓",均语出激愤,反映边塞军政的昏暗与无能,揭露中晚唐社会动荡不宁的原因,是典型的时世讽喻之作。

论土族才女李宜晴

王宝琴*

【摘 要】 李宜晴出生在汉文化素养较高的青海东伯府土司家庭，从小受祖父——末代土司李承基的有意栽培和私塾先生的教诲，后来不断外出求学、工作以及与甘青两地文化名人的交往，使她具备了丰厚的文化底蕴，加之她天资聪颖、勤奋好学、酷爱古典诗词以及她坎坷的生活经历、丰富细腻的情感特征等，使她写出了具有丰富思想内容和很高艺术成就的诗篇，向世人展示了她的才华。

【关键词】 李宜晴；土族女诗人；生平坎坷；情感丰富；诗词成就

一

李宜晴（1919—1977），青海省民和回族土族自治县川口镇旧城人，是青海省著名的土族女诗人。她曾被著名学者章士钊先生誉为"少数民族中难得的才女"；《民和县志·李宜晴传》记载："宜晴的诗词，咏事范围之广、文学造诣之深、数量之多，在省内女诗人中堪称第一。她不仅是一位才华横溢的诗人，也是一位爱国主义者。"《青海当代文学五十年》（青海人民出版社）、马光星著《土族文学史》等书中

---

* 作者单位：青海民族大学。

都对这位土族女诗人做过一些传述和记载。2006年11月2日的《西海都市报·文化周刊》中"青海已故名人系列报道之李宜晴卷"专版有宜晴生前友人，青海省学者陈希夷、李逢春、李培业、马光星、董绍萱等先生所写的回忆性文章，回顾了一代土族才女李宜晴生前的一些生活片断、音容笑貌，并对她的文学才华进行了高度肯定与赞美。李宜晴现存诗词百余首，被李逢春先生收编整理并出版，名为《土族女诗人李宜晴诗词注释》，其录诗40首、词79阕、残篇6首（阕）。

在青海这片古老的土地上土生土长的著名诗人委实不多；青海著名女诗人更是屈指可数；而青海著名少数民族女诗人，简直就是凤毛麟角。青海为黄河流域灿烂文化的开端，是三江的源头地区，是中华民族发祥地之一，在中国古代史上及人类文明中占有重要地位。"在青海大地上，包括河湟流域、青海湖畔、三江源头、祁连山下，自古以来，就是多民族居住区，多民族文化生态区。"但青海自古以来就是一个经济、文化相对落后的地区，作家文学的历史基础相当薄弱，尤其是少数民族作家文学的积累更为贫乏。青海这一称谓向来是作为湖泊的专名或蛮荒边地的指称出现在文人墨客的吟唱书写之中，古代诗人"青海城头空有月，黄沙碛里本无春"所渲染的凄凉、荒芜、粗粝的景致建构了时人对青海的基本想象。长久以来，战乱的纷多，政权的频繁更迭，中央政府与游牧民族对这块土地的拉锯式争夺，使"青海"所指称的疆域无法确定，加之，青海又处于多种文化势力的边缘地带，因此，其文化身份始终在以中原农耕文明为主体的华夏历史中处于暧昧不明的状态。直到1929年建省，"青海"才有了明确所指的地理区域，作为多民族文化交汇之地的"文化青海"的形象才得以凸显。青海新文学正是在本地现代行政制度建立之后，伴随着青海社会的现代化进程应运而生的。通观新中国成立前的青海少数民族作家，主要是由用藏文进行创作的藏族、土族及蒙古族僧人构成，作家群体不仅人数甚少，作品数量也不多。新中国成立后，一贯重视民族文化建设的中国共产党制定了对少数民族的文学发展重点加以培养和推进的民族文化保护的倾斜策略，从而使少数民族作家文学在新的时代气氛下有了一个大的飞跃。具体地说，从发展少数民族教育事业到在少数民族知识分子队伍中培养文学作者，从开办专门发表少数民族作家文学作品的刊物园地到举办各项少数民族文学奖励活动，从促进国内各兄弟民族间作家的相互学习到派出少数民族作家赴国外与各国作家进行交流等，一系列有益于少数民族文学发展的措施相继实施，使青海尤其是河湟地区当代少数民族作家文学事业的生存和成长环境得到了最大限度的优化。

在青海早期，由于文人文化不发达，土族文学的主要领域在民间，即表现为民间文学，如神话传说、民间故事、英雄史诗等。以后随着文人阶层的逐步形成，文人文学这个领域也被开拓出来，与民间文学并列，成为土族文学的另一大组成部分。但总体来说，土族文学从远古文学到近古文学至当代文学，其创作多为民间歌谣、神话传说、民间叙事诗等，而作为土族作家文学，只在当代文学中才出现，且作家人数非常少，尤其是文人诗歌创作更是寥寥无几。在马光星先生所著的《土族文学史》中，只记载了三位土族诗人：李宜晴、祁建青、师延智。其中后两位创作的主要是现代诗，而李宜晴是唯一写古典诗词的，而且是唯一的女性诗人。那么，李宜晴作为青海著名土族女诗人，在河湟乃至甘青地区也是首屈一指的，甚至在全国范围来说都是少有的。因此，对她的研究可以说是相当有价值和有意义的一件事。更重要的是李宜晴的诗词不仅内容丰富、题材广泛，而且具有很高的艺术成就，充分体现了土族人民高超的艺术创作才能和独特的审美特征。特别是她诗词中表现出的作为女性特有的细腻感受、丰富情感、缠绵韵味，大可与李清照相媲美。还有她诗词中所表达出的一些思想意蕴和情感是超民族性和地域性的。比如有关对自然的亲和，对人性中真善美的歌颂，对亲情、友情、爱情的珍惜，对家乡故土的深深眷恋，对祖国的无比热爱等，都是涉及人类许多共通的情感与价值的。所以无论是就青海文学，还是就整个中国当代少数民族文学而言，李宜晴都应该占有一席之地。应该说对她的研究具有一定的理论意义和现实意义：从纵向看，对青海土族文学乃至青海当代文学的发展具有推动作用;从横向看,可以丰富对我国少数民族诗人的研究以及扩充对少数民族作家作品研究的范围和领域。然而,现当代文学的研究中,对这位青海土族才女却很少有人关注,比如祝注先所著的《中国少数民族诗歌史》(中央民族大学出版社)及上海文艺出版社出版的《中国少数民族文学作品选》、青海人民出版社出版的《中国少数民族现代作家传略》等有关研究中国少数民族作家作品的书中都没有对李宜晴进行记载。所幸马光星先生在其著作《土族文学史》中对李宜晴的生平及创作有所论述(其中所述内容与《青海当代文学五十年》中"青海当代土族诗歌创作——李宜晴"一节的记载相同),虽然记述简略,但对这位土族女诗人给予了充分的肯定,使其在青海当代文学史上占有了一席之地。特别是李逢春先生编纂的《土族女诗人李宜晴诗词注释》一书对李宜晴诗词进行了搜集整理并做了注释,对研究李宜晴的诗词创作工作提供了很大的便利。

二

李宜晴是青海东伯府李土司的后裔。土司制度是封建王朝对少数民族的一种特殊的统治方式,是通过给予世官名号和世袭特权,收买各族的上层分子,对少数民族进行统治的一种政治制度。但土司又不同于一般封建官僚,他们虽有品级,但又不领俸禄,即所谓"皆无岁禄"。且"土司皆不准立城"(朱国桢《涌幢小品》卷四)。所以青海境内各土司,都没有立城的。青海境内(尤其东部)各家土司大都韧始于明代,沿袭于清代。青海是土司设置较多的地区,仅碾伯县属土司就有十家:东李土司、小李土司、赵土司、阿土司、东祁土司、冶土司、甘土司、朱土司、辛土司、喇土司。李宜晴祖先则属东李土司世家。东李土司世袭指挥同知,世居上川口。辖十五庄,又六族,四千余户,是土司中势力最大者。始祖李南哥是西宁州土人(土著人,《清史稿》云"西番人"),后融合到土族,元朝时为西宁州同知,洪武四年(1371)以州降明。明初,朝廷封这位文武双全的土族首领为土司，任西宁卫镇抚指挥，建树颇丰。其子李英为第二代土司，以文韬武略著称朝廷，深受永乐、宣德二帝的宠赏，调至京城，封为右府左都督，赐爵"会宁伯"，转战疆场，功勋卓著。三世土司李昶颇具文才。四世土司李玑官至掌用皇帝玉玺、符牌、印章的尚宝司少卿。李宜晴的祖父李承基是东伯府第十八代土司，也是其家族最后一位代理土司。①

土族土司与朝廷的关系相当密切。如明朝时期李南哥招抚过"西番八族"。他儿子李英精于骑射，有胆气，会打仗，熟悉甘青等地地形和各族情况。他随从明成祖北征，屡立战功。洪熙时（1425）李英率兵追讨叛逃的安定卫、曲先卫指挥，逾昆仑山，擒获之，平定边患，升左都督，后二年封会宁伯，破例给禄千石，并敕赐丹书铁券（熔铁铸瓦，状如蒸笼，断而为二，与朝廷各执一半），可谓殊礼了。李英之侄李文，官至陕西行都司都指挥使，英宗天顺时以左都督出镇大同，有战功，封高阳伯。② 青海土司制度一直沿袭到了 20 世纪 30 年代才结束。

东伯府李土司还是一个书香世家。据《明英宗实录》记载，第三世土司李昶"素著才能"；四世土司李玑为明成化辛丑科进士，"喜读书，不事华饰"；李昶第五子李与的儿子李完，《西宁府新志》记载他"工古诗词"。李宜晴就是在这样一个汉文化积淀很深的家族中出生并成长的。她从小受到祖父李承基的文化熏陶和有意培养，"到十岁时便广览文史典籍"，为日后的诗词创作奠定了良好的文化底蕴，十三四岁时即能创作出像"小别慈帏去，踟蹰不忍行。据鞍驰古道，立马依孤城。路人深山断，桥经野水倾。不堪回首处，烟锁暮云平"这样饱含情感且具有高度艺术性的佳作。

---

① 参见芈一之《黄河上游地区历史与文物》，重庆出版社 2006 年版，第 320—325 页。
② 见《明史·李英传》及《明史·李文传》。

三

作为一代土族才女，李宜晴的生平经历是坎坷的。她少年时期便失去父母，这对她的打击很大。"夜雨孤灯，忆去年时节。记得满院绿荫，喜椿萱斑衣醉月。到而今、慈云都散，剩有满怀愁结。"（《玲珑四犯·题先母遗照》）可看出父母的双亡给诗人幼小的心灵留下无尽的伤痛，以致后来写下了很多凄凉哀婉的悼念父母之诗篇，如《梦母》《瑞鹤仙·题先母遗照》《玲珑四犯·前题》《大江东去·吊父墓》等。李宜晴十五岁时与乐都县达拉乡才子王正魁（字少夫）结为伉俪。王少夫毕业于甘肃学院文史系，爱好考古，据《青海古代文化》记载："1954 年，乐都县中学教师王少夫发现新石器时代遗址十一处……采集的遗物都比较完整，有大小不同的彩陶罐、陶瓷等五十多件。"他与爱好诗词的李宜晴真是情投意合，感情甚笃。

1937 年，李宜晴冲破世俗观念束缚，离开家乡，赴兰州女子师范学校学习，得到一次接受学校教育的机会。正当她刚刚开始以满腔热情投入学习、竭力吮吸知识乳汁的时候，抗日战争爆发，日本侵略者对兰州进行狂轰滥炸，迫使学校停课，李宜晴只得辍学返乡。这是她接受的唯一一次学校教育，可惜只有短短的一个多月。诗人目睹了日本侵华的种种残暴行径，国仇家恨郁积于胸，在以后的时间里，写下了许多慷慨激越、充满爱国主义激情的诗篇。

1938 年，回乡后的李宜晴先于西宁女子师范小学部任教，后改任青海省政府秘书处会务股职员。期间，曾与基生兰、钟锡九、石殿峰等青海文化界名人相交往，并拜基生兰为师学习诗词知识，并互有唱和之作。1940 年 4 月，西南联大等校在青海招生，李宜晴与丈夫及青海同学一同赴重庆求学，因一些客观原因李宜晴未获准参加考试，求学的愿望再次未能如愿。她的丈夫王少夫也因此放弃了报考研究生或文官考试的打算，夫妇相伴，辗转成、渝两地数月后归。其间写下了多首描写西南风光和人情的优美诗篇，如《蝶恋花·南温泉弓桥夜泛》《翠楼吟·忆家》《瑶台聚八仙·落凤坡怀古》等，描写了巴蜀秀美风光，抒发了诗人热爱自然的情趣，其中也流露出浓厚的思乡怀人之情。

从四川返青后，1941年5—12月间，李宜晴和王少夫同时参加巡回施教队去甘肃夏河县工作，宜晴当图书阅览室的管理员，从此她与图书事业结下了不解之缘。这也为从小爱好读书的诗人提供了一个良好的读书环境。这一时期，李宜晴写了一些较轻盈明快的诗词，如《梦母》《赠友》《过花园寺题松》等。1942年，李宜晴同丈夫一道去兰州工作，一直到兰州解放前夕。她先在甘肃省政府秘书处编译室图书股做图书管理工作，以后除1946年至1947年7月失业家居外，大部分时间在兰州图书馆工作。这一时期，她结识了以赋诗著名的甘青宁监察使高一涵，甘肃学院的历史学教授慕少堂，陇右著名学者张维、丁宜中、包道平等人，并参加了由这些甘肃文化界名流结成的"千龄诗社"（多为年长者，各人年岁相加逾千，故名），而李宜晴那时年仅23岁，是其中最年轻的一位。他们彼此唱和赠答，这对李宜晴的诗词创作有很大促进。《醉蓬莱》一词所记述的正是诗人与诸名家之间的交往和友谊："记蓬莱高处，云影护窗，山光映幔。酒暖金卮，曾亲陪文宴。一代文豪，当今硕士，错蒙垂青盼。曲径回廊，游兴未艾，徘徊忘返。别后归来，寒鸦古木，霏雪楼台，斜阳庭院。咫尺云林，极目情何限。仙使忽来，新诗乍读，幸豁明双眼。有负先生，消寒佳会，愧侬难践。"词有原序云："九九消寒日，徐韵潮先生以诗召余赴宴，因事未果往，以此词谢之。"在这一时期，她创作并在报刊上发表了一批诗词作品，引起文学界的重视。1942年，她在兰州与一代名家章士钊结识，互有诗词酬答唱和。李宜晴有一首《鹧鸪天·读章行严先生〈入秦草〉》就是赞美章先生诗才的："读罢新词信壮哉，生花笔写汉宫槐。寰中久已钦山斗，海内何妨称霸才。神会处，鬼神猜，文豪今有兼词魁。长安月色灞桥柳，都入先生囊底来。"章士钊也称赞李宜晴是"少数民族中难得的才女"[①]。

---

① 《青海百科大典·李宜晴传》。

青海解放后,李宜晴先是在乐都县民政科工作,1951年11月,经章士钊通过全国政协向青海省人民政府推荐而任省图书馆馆员,1963年被任命为省图书馆采编部副主任。她组织修订了《青海省图书馆中文图书卡片》,成为一部重要的工具书,为青海图书事业做出了贡献。1957年,《青海日报·江河源》副刊创刊,该报记者李千之向她约稿。李宜晴就写了一首《水调歌头·为〈青海日报·江河源〉作》:"极目白云外,翘首昆仑巅,行行昆仑尽也,知是江河源。我欲乘槎天上,睥睨三山五岳,俯仰斗角间。万里无云翳,终古好河山。牧草地,石油井,稼穑田。工农牧业齐著,祖国美家园。莫道江河源尾,同饮江河中水,清浊自相关。欲使蛟龙伏,众手挽狂澜。"这是新中国成立后,李宜晴公开发表的唯一一首词。

正当她拥有了一个幸福的家庭和一份稳定的工作时,她的家庭发生了变故。李宜晴的丈夫王少夫在"镇反"中因历史问题,被打成"右派",送到八宝农场劳教。1957年劳教期满后由于种种原因,又到祁连农场劳动教养。1961年在劳教队亡逝。这对诗人造成的心灵伤痛是难以言喻的,她在后来的诗词中多次表述了失爱的哀痛和对丈夫的追念。如《长相思》一词:"泪长流,水长流。百感丛生尚未休,夕阳无限愁。思悠悠,恨悠悠。病榻无眠到晓筹,未忘恩与仇。"当李宜晴承受着中年丧偶的不幸与悲痛,艰难地拉扯着三个未成年的孩子时,"文化大革命"又开始了。与所有的知识分子一样,李宜晴也未能逃过被冲击的命运,身心再一次受到极大摧残。李宜晴因会填词作诗而闻达于社会贤达之中,也因词作而在"文化大革命"中受到牵连。1938年,马步芳代理青海省主席时,提出了以"训练壮丁、编组保甲、修筑公路、积极造林、厉行禁烟、推广识字"为内容的六大中心工作。1939年2月,赵镜源、基生兰等乡绅写了歌颂"六大中心工作"的诗作,一时属和者众,李宜晴也写了六首诗。之后,姚钧等人将这些诗辑册出版了。于是,这六首诗便成为她的罪证,在"文化大革命"中受到大字报批判。这对女诗人心灵造成很大创伤,以致后来她写的一些诗词更加趋向于委婉含蓄的抒情,很少直触现实。在这场浩劫中，李宜晴的诗词稿本几乎散失殆尽。所幸李宜晴的表兄李仲连先生及李宜晴的子女收集保存了一部分诗词，今又被李逢春先生整理并出版，才使我们看到了一代土族才女如此优美的诗章。

1976年10月，李宜晴退休。1977年10月30日，一代土族才女李宜晴病逝于西宁。

四

李宜晴脾气温和，性情忧郁。据李宜晴的内亲、现西安财经学院教授李培业回忆，李宜晴是一位非常温和可亲的人，而且是他诗词的启蒙老师。"一天，我趁着交作业本的机会去了王先生（李宜晴的丈夫）的家。……（李宜晴）热情的话语，顿时使我们的距离拉近了。1949年下半年和1950年，我常到王先生家，向宜晴姐学习诗词。她给我讲了许多诗词格律的知识……她给我也抄了很多她自己的诗词，王少夫先生在课堂上还介绍她的诗作，我誊录在一个本子上，放在家中，'文化大革命'中和藏书一起烧毁了，甚为可惜。""1958年流放到巴山深处劳动。在一个夜晚，月亮从东山而起，布谷鸟声声不已，我悲从中来，写了一首哀怨之诗，宜晴姐的音容笑貌，立刻浮现脑际。改革开放后，我调回西安，在高校任教，治数学史之余，写了一些诗词，居然选入《数学家诗词选》中。这些诗词，不合格律，不能登大雅之堂，但追思其源，是宜晴姐指导的结果。宜晴姐之启蒙，何如此深远哉！"[①]

李宜晴的长女、大通县农业银行退休员工王玲是这样概括她母亲的性格的：脾气温和，不急不躁，轻声细语，性情忧郁。

李宜晴之性情忧郁，除了她天生的感伤诗人气质之外，应该与她的生活遭遇有关。她从小失怙，家道中落，"文革"中夫妇都受到政治冲击，夫妻长期分离乃至死别，自己一个女人家，艰难地拉扯着三

---

① 见2006年11月2日的《西海都市报·文化周刊》"青海已故名人系列报道之李宜晴卷"。

个孩子，其生活的重压以及心理上的痛苦是可想而知的。性情的忧郁也体现在她表达感情的方式上。王玲至今清楚地记得母亲接到父亲去世的通知时那无语凝噎的悲怆。李宜晴不善于用过多的言辞表达自己的喜怒哀乐，却将一腔情愫放向文字中——在其诗词里倾诉无遗。

秀外慧中，不露才扬己。李宜晴秀出名门，自幼得益于私塾先生的启蒙，兼熏习书香门第的礼仪教诲，这在当时尚未开放女子学禁的时代，已属不易。尤其是她能不以识学为小技，而是以诗词著作成其大者，更令人肃然起敬。李宜晴禀赋聪慧，刻苦好学，酷爱诗词格律，并利用各种机会研习古典诗词，虚心向有学问的人求教，又不断练习实践，勤奋写作，因而在古典诗词方面有较深的造诣。据曾同李宜晴一起到重庆求学、青海师大的教授陈希夷老先生介绍，李宜晴在当时写了200多首诗词，1940年秋在重庆给当时国民党政府考试院院长戴季陶呈送了一部手抄本，并请帮助出版，戴细翻她的作品后说："是不可多得的中华女诗人。"

李宜晴虽然很有才，但她从不露才扬己。李宜晴生前同事、地方史学者董绍宣先生曾经在回忆第一次见到李宜晴时的情景以及后来对这位女诗人的印象时谈道："上世纪50年代，我在原省文教厅社文科工作。有一天，领导派我到厅属单位省图书馆统计来馆借阅书报的读者人数。图书馆离文教厅不远，出了省政府大门，绕过西教场街，就到了设在今解放路北边的馆内，只见馆员们正忙着从一辆架子车上搬卸新购的图书。在说说笑笑的人群中有一位大个子妇女，沉默寡言，只埋头搬书。她头发虽被剪成'刷刷头'，但上身穿的是男式蓝布褚袄（有大襟的老式棉袄），下身是蓝布裤子，其服饰比远乡的农村妇女还要土气。更令人纳闷的是她嘴角上还叼着半支廉价纸烟。我以为她是图书馆从社会上雇来搬运图书的临时工，但总觉得她有点与众不同。回单位后，我就问科内同事：'那个吸着纸烟的女人，是从啥地方招来的？'回答是：'你不要小看她！她是大名鼎鼎的章士钊推荐来的青海才女——名叫李宜晴，会写诗词。'""后来我听说王少夫因所

人如其文　贵在其实
李文实先生诞辰100周年纪念暨西北文史专题研究

谓历史问题劳教去了，李宜晴自然成了劳教分子的家属。我在图书馆见到她时，虽已改穿了一身灰布的女干部服，但廉价纸烟仍叼在嘴上，而且身后尾巴似地总跟着一个小女孩。到上世纪60年代，我还参加过几次图书馆的政治学习讨论会，在人们抢着谈认识、谈体会的情景下，已是采编部副主任的李宜晴仍不露才扬己，仍然像柴总兵上的石人——一言不发，默默地坐在不显眼处，静听别人的发言。"[1]

　　生活俭朴，工作勤恳。李宜晴生活简朴，一生没有穿过华贵的衣服，饮食只求吃饱而已。她的嗜好就是吸点儿廉价的香烟，喝点儿熬茶。但在工作方面，她勤勤恳恳，任劳任怨，在省图书馆工作20多年，为青海省的图书事业做出了贡献。她生前同事毛文炳、高纪惠、邓尚元、李恒年四人曾在2006年11月2日的《西海都市报》上撰文回忆了李宜晴在青海省图书馆工作时的一些情景，其中写道："李宜晴同志自1951年11月调来青海省图书馆，直至1976年10月退休，她在省图书馆工作了整整25个年头。加上新中国成立前在甘肃省兰州市图书馆和夏河县做过图书管理工作时间，可以说，她把一生中最好的年华都献给了图书馆事业。""李宜晴初到省图书馆时，重新修建的藏书楼刚刚竣工。北京图书馆、甘肃图书馆等兄弟馆大力支援青海，调拨了一些图书，省馆的藏书建设重新起步。省图书馆的古旧图书指的是线装形式的图书和新中国成立前出版的图书。李宜晴同志当时负责整理、管理古旧图书，同时也参与采购图书工作，以补充馆藏。古旧图书的分编在当时费了一番踌躇，用新编的图书分类法分编，有些书不好归类；沿用传统的经、史、子、集四部分类法又显得不合时代精神。一时不能确定，只好采用变通办法，用登录号排架，编制书名、著者卡片目录，先便于使用，发挥图书的作用。李宜晴同志在这项工作中打下了基础，制作了卡片目录。印象比较深、较为突出的如《东方杂志》《地学杂志》等大部头、具有史料价值的期刊就是李宜晴经手购置的。1963年李宜晴担任省图书馆采编部副主任以

---

[1]　见2006年11月2日《西海都市报·文化周刊》。

后,在她的主持下,组织人力,修订和补充了省馆原先采用的《北京图书馆中文图书卡片目录检字表》。她们按字体笔画多少、笔形逐字进行比对,科学规范地编排,并刻印成册。这本《青海省图书馆中文图书卡片目录检字表》已成为图书馆不可或缺的工具书。"①

五

从李宜晴现存的百余首诗词来看,其诗词题材广泛,内容丰富:怀人、咏物、写景、抒情、叹世、嗟生、赠答、凭吊、记游、念国……几乎涉及生活的各个方面。其中以怀人思亲、叙离情别意类题材为多,有怀念亲人的,如《梦母》《途中二首·小别慈帏去》《瑞鹤仙·题先母遗照》《玲珑四犯·前题》《大江东去·吊父墓》等,写得情真意切,十分感人,且艺术水准相当高。像"弱女伶仃,高堂寂寞,泪洒东原草";"目断天涯芳草渡,惟有相思,惟有相思苦"等句,大可与李清照"物是人非事事休,欲语泪先流";"花自飘零水自流,一种相思,两处闲愁"等诗句相争奇。其次是写羁旅乡愁的作品,也非常感人。浓郁的乡土情结始终贯穿在作者的诗篇中:"梦里乡关又到,依稀旧日风华"(《临江仙·纪梦》);"烟凝大麓家山远,波撼荒村客梦孤"(《雨阻湟水》);"他乡不恨无知己,恨故人相逢,依旧天涯"(《高阳台·赠刘春山同乡》);"风尘劳七载,多半客重阳。所怪逢佳节,偏怜在异乡"(《九日登白塔山》)……异乡的一草一木,甚至良辰美景都会在诗人眼里牵愁惹恨;而故乡的山山水水都会成为她魂牵梦绕的审美感知中心。在这些怀人思乡的诗篇中,诗人以一颗赤子之心面对自己的民族与家园,表达对乡土、乡情的深深爱恋,反映出土族人民热爱自己的家乡,热爱自己的民族,重视伦理亲情,珍视友情的民族性格以及为人真诚、朴实善良的美好品格。

李宜晴还善于写景状物,观察入微,描摹细腻。她以一位土族女诗人独有的眼力以及细腻的心理捕捉自然之景、聆听天籁之音,给我

---

① 见2006年11月2日《西海都市报》毛文炳等先生的回忆文章。

们留下了许多描写自然、借物抒情的美丽诗篇：月夜赏花、秋园晚眺、秋山即景、铁桥远眺、伤春、悲秋、咏雁、赞松、咏蝴蝶、叹柳絮……大自然的一草一木、一山一水无不与诗人发生心灵的碰撞，一方田园，一片风景，在多愁善感的女诗人眼中，它们都富有盎然的生机和诗意，每一片自然风景，都有自己的情趣和韵致，每一处风光自有动人的魅力。也许，只有如此热爱着美丽人生的人才会有如此激赏自然山水的胸襟，才能在山水中求得心的宁静，才能与自己的真身对话。千山竞秀，万壑争流，百草丰茂，云蒸霞蔚，这些本来就是自然界中的真实存在，并未曾因为某个人而改变其固有的姿态，也不曾因无人欣赏感到寂寞，"草木有本心，何求美人折？"（张九龄诗）但是，当苦闷的诗人投入大自然的怀抱中时，我们才惊奇地发现了自然清峻超拔的独特魅力。正如黄宗羲所言："诗人萃天地之清气，以月露风云花鸟为其性情，其景与意不可分也。月露风云花鸟之在天地间，俄顷灭没，而诗人能结之不散。常人未尝不有月露花鸟之咏，非其性情，极雕绘而不能亲也。"

在李宜晴游览寄兴的诸多作品中，有一些描写青海风景名胜的诗词，读起来让我们备感亲切，如《探芳讯·游南禅寺》《飞石崖》《雨阻湟水》《莲花台僧院白牡丹》等。这些作品，不仅歌颂了青海的自然风光及人文景观，而且表达了诗人对家乡青海的热爱之情。来看这首《探芳讯·游南禅寺》：

> 登临处，甚柳映疏帘，花遮人面。正山衔落日，远视河如练。幽阶不扫苔痕碧，堪笑山翁懒。凭栏干，太息沧桑，几经迁变。
>
> 游兴正非浅，记石峡风雄，土楼春暖，凤岭麟河，佳话千秋远。归来余兴依然在，写景添诗卷。等重游，好约词人作伴。①

---

① 李逢春编注：《土族女诗人李宜晴诗词注释》，兰州大学出版社2005年版，第73页。

南禅寺在西宁城南凤凰山麓，为明代所建。据《西宁府新志》记载："南禅寺在（西宁）南门外二里许。寺成，有孔雀一双来楼上。"此词重点不在于描写南禅寺本身，而是选取不同角度描写从南禅寺上所看到的远近高低各不同的景点，最后抒发情感。词人不断变换视角：有近看，有远视；有俯瞰，有远眺。词一开头先描写寺周围的柳暗花明，再放眼望去，古湟中八景之一的"石峡清风"、对面北山的土楼观、相邻的凤凰山、脚下流过的南川河之美景尽收眼底。词人立足南禅寺，仰视"正山衔落日"，再"远视河如练"。这里一个"衔"字，将山头落日写活了；"幽阶不扫苔痕碧，堪笑山翁懒"一语衬出寺院幽静安谧的环境。词中还引用了凤凰飞临南山的优美传说，给南禅寺增添了几分神秘色彩。此词并未停留在景物描写上，而是通过游览来寄兴：先是凭栏遐思，喟叹景观与人事的沧桑变迁。游至最后，词人竟被大自然的神奇美丽所感染，于是"归来余兴依然在，写景添诗卷"。整首词中所游之景生机勃勃，游览兴致跃然纸上。

从1942年2月至1949年8月间李宜晴一直在兰州工作，期间写了很多吟咏金城兰州的诗词，如《登金城木塔》：

> 不信高无极，凌空万象悬。
> 云程通一线，目力尽三边。
> 喧闹人疑海，苍茫水化烟。
> 安能携谢朓，搔首问苍天。①

木塔原在今兰州张掖路西端街北嘉福寺。这首诗气势雄浑，景象壮阔。"高无极""万象悬"写出了木塔之高、之险；"通一线""尽三边"等诗句表现出诗人目及之远、视线之阔。最后诗意归结到抒怀：由登高望远而产生一种孤独感，有一种"前不见古人，后不见来者"的空旷寂寥之感。诗人不由想到南朝山水诗人谢朓，如果能与他一同

---

① 李逢春编注：《土族女诗人李宜晴诗词注释》，兰州大学出版社2005年版，第13页。

登塔游览那该多好。既含蓄地透露出知音难觅的孤寂之感,又表达出对谢朓的欣赏之情。

由于曲折坎坷的经历以及女性特有的细腻善感,李宜晴的大部分诗词感情基调都比较低沉哀怨,流露出浓重的忧患意识。如一些表达离愁别绪的诗作,写得含蓄委婉,缠绵悱恻:"画窗明月,离绪满怀谁与说";"恨几般,愁几许。怕对黄昏,怕对黄昏雨"……如烟似雾的愁绪,似乎总是困扰着诗人,挥之不去,拂去还来。这类诗词最能体现李宜晴诗词基调低幽、情绪感伤、心境哀婉、抒情委婉、表达细腻的特点。其次是感生伤怀类诗作,《鹧鸪天》是其代表。这首词应该是诗人离世前不久的作品,读之让人断肠:"踏月归来独怅然,几番无语倚栏干。平生一副辛酸相,留得更深枕上弹。灯已尽,夜将阑,回思往事一般般。娲皇纵有补天手,不为离人补恨天。"这是诗人对自己一生失意的悲怆总结。联系女诗人充满悲苦的一生,再读她这首泣血诗篇,感觉无限凄凉哀切!

抒情委婉还表现在她特别善于选取富有特征和表现力的意象入诗方面,使客观物象具有主观色彩,以传达诗人丰富的思想与情感,显示出很高的艺术技巧。在诗人笔下,寒雁飞鸿、芳草斜阳、霜林落叶、黄昏残月、寒山淡烟、孤灯夜雨……都会承载起她无边的愁云,激发她浩渺的思绪,更烘托出其诗词深远迷蒙的意境。这种借景抒情、情景交融的艺术技巧完全可以与李清照诗词相媲美,像《采桑子·小楼镇日销魂苦》中"淡烟凉月黄昏后,灯影帘栊"直追李易安"东篱把酒黄昏后,有暗香盈袖"句。诗人尤其喜欢用一些冷色调的意象,如"残阳""冷月""断梦""寒鸦""秋雨""衰草""孤帆"等,蕴含沉重的生命意识和忧患情绪。在其诗词中,还经常出现"断肠""销魂""寂寞""凄凉""泪""梦""愁""苦"等直抒胸臆的词语,充满了哀婉缠绵的气氛,突出了女诗人苦闷忧伤的心境,体现出一种生命意识,有很强的艺术感染力。除了以上这些冷色调的意象群之外,还有一个"愁"字。女诗人一生之中离愁、乡愁、国愁、家愁盘根错节于一身。这一切都在诗人心中凝聚为一个"愁"字。她把

"愁"作为主调,谱写千百年来令人潸然泪下的愁歌。有惜春愁草;也有相思愁爱;更有愁己悲国。这种种闲愁别恨伴随了她一生。"愁"在诗人的笔下蕴藉着丰富的神韵,悲凉委婉,情感炽烈,有的淡如轻烟,有的浓似云雾,将人引入凄婉美丽的意境中,给人以"愁情美"的享受。

另外,李宜晴诗词风格多样,以婉约为主,兼有豪放。总体看,她的怀人思亲、叹世嗟生类作品多婉约缠绵,含蓄蕴藉;写国仇家恨、登临怀古之作,则慷慨激越、豪迈奔放,大有辛弃疾之风。如写于抗日战争时期的作品《八声甘州》:"叹年华,不禁搔首,问苍茫。摩剑作龙吟,待扫尽,东南烽火,欧亚风狂。"充满磅礴气势。

李宜晴诗词语言清丽秀美,善用典故,喜欢吸收古典诗词的清词丽句,使其诗词显得圆润玲珑,耐人寻味,具有很强的艺术美感。再从其诗词对仗工整、音调和谐的特点看,李宜晴在古典诗词格律运用方面也有相当深的造诣。

总之,正如李逢春先生所说:"李宜晴的诗词在中华民族的文化财富宝库中占有一席之地,为中国土族文学史增添了亮丽的一页;在中国少数民族史,乃至中国当代文学史上,也应有其一定的地位。"[①]所以,对李宜晴的研究,无论是从民族文化史方面讲,还是从地方文学史方面看,都具有一定的历史意义和现实意义。

---

① 李逢春:《土族女诗人李宜晴诗词注释》,兰州大学出版社2005年版,第10页。

"青海只今将饮马，黄河不用更防秋"
——历代咏青诗歌中青海独特意象符号的形成

马凤兰[*]

【摘　要】 自古以来，青海这片土地被赋予了一种文化的意义和象征，因此在历代咏青诗歌中"青海"成为一个意象符号，是一个区域的代表和符号，也是进行国家祭祀，实施国家权力的象征和政治符号。

【关键词】"青海"；区域符号；政治符号

青海，在古代中国版图上，最早是湖名，称作"西海""鲜水""鲜水海"，由于青海湖一带早先属于卑禾羌的牧地，因此又叫"卑海""羌海"，汉代称为"仙海"，从北魏以后，始称"青海"。而"青海"一词，取自于蒙古语"库库诺尔"和藏语"错温波"的意译，即青色的湖。后又因湖而成为地理名。

自古以来，这里是当地少数民族与内地汉民族之间相互交流、彼此冲突，地方小政权与中原中央政权之间安边屯田、扩疆拓土的必争之地。因此，在历代咏青诗歌中，这片土地被赋予了一种文化的象征，是一个区域的代表和符号，也是进行国家祭祀，实施国家权力的象征和政治符号。

---

[*] 作者单位：青海民族大学。

"青海只今将饮马，黄河不用更防秋"
——历代咏青诗歌中青海独特意象符号的形成

一　民族冲突与交流的区域符号

这里是历代兵家必争之地，为争夺这块风水宝地，发生在青海湖畔的战争持续不断。汉代以前，羌人在这里以游牧为生，是当地的土著民族。汉初，羌人受北下匈奴的怂恿，经常发动以掠夺奴隶和财富为目的的战争，从西边侵扰汉朝边地，可谓战事频仍、烽火连天。汉武帝时，中原形成了政治稳定、国力强盛、百姓富足的中央集权政治，并具备了解除边境威胁、开疆拓土的能力，于是开始"征伐四夷、开地广境，北却匈奴、西逐诸羌"①的战略行为。西汉末年，安汉公王莽秉政期间，派中郎将平宪等人前往日月山以西，威逼利诱羌人首领得西海（青海湖）、允谷（今青海共和县东南部地区）和盐池（今青海查卡地区）等地后，奏报临朝的太后，谓当时已有东海郡、南海郡、北海郡，请求在西海（即青海湖）地区设置西海郡。西海郡的存在虽然很短暂（19年），但西海郡的设立把汉代西部疆域和郡县扩大到青海湖地区，使青海广大西羌地区划入了当时汉帝国的政治统治区域之内，对以后整个青藏高原逐步归入祖国的版图，有深远的意义。自此，"青海"便成了历代咏青诗歌中战事重地、遥远边关的象征和茶马互市、民族交融的重地及和亲通道，因此，"青海"一词，在咏青诗歌中成为具有独特而鲜明意象的地域符号。

唐代及唐以前绝大多数咏青诗歌中都将"青海"定位于遥远荒僻的边夷，是西部战争前沿的象征和民族矛盾冲突的背景。对多数作家而言，青海很大程度上或只存在于他们的想象空间，或来自前人具有夸张色调的描述，或源于征战归来将士对战事场景口口相传的过度渲染，如李白的诗歌《关山月》②："汉下白登道，胡窥青海湾。由来征

---

① （南朝宋）范晔等：《后汉书》卷一一七《西羌传》，中华书局2005年版，第1944页。

② 管士光编注：《李白诗集新注》，上海三联书店2014年版，第61页。

战地，不见有人还。"通过诗人的空间想象，道出了边夷地区青海频仍的战事和边地征战将士几无归途的惨烈。又王昌龄《从军行》①："青海长云暗雪山，孤城遥望玉门关。黄沙百战穿金甲，不破楼兰终不还。"以长云、雪山、孤城映衬身穿金甲、脚踏黄沙、久经百战的将士，不仅表达了诗人保卫边关的爱国情愫，同时遥远的青海与玉门关作为诗人杀敌立功的背景符号，激起唐代诗人无限的豪情壮志。

据《新唐书》记载："唐兴，四夷有弗率者，皆利兵移之，蹶其牙，犁其廷而后已。惟吐蕃、回鹘号强雄，为中国患最久。赞普遂尽盗河湟，薄王畿为东境，犯京师，掠近辅，残鬄华人……逆贼一奋，中原封裂，讫二百年不得复完，而至陵夷。"② 中原王朝与吐蕃之间紧张的疆域和民族关系，使许多咏青诗歌弥漫着浓重的杀伐之气和死亡之音，如杜甫的《兵车行》③："君不见青海头，古来白骨无人收。新鬼烦冤旧鬼哭，天阴雨湿声啾啾。"柳中庸的《凉州曲》④："关山万里远征人，一望关山泪满巾。青海城头空有月，黄沙碛里本无春。"还有令狐楚的《从军词》⑤："暮雪连青海，阴云覆白山。可怜班定远，生入玉门关。"形象地表达了当时紧张的民族关系和日益加剧的边境问题。

不同历史时期连年不断的战事，既使中原大国与边地民族之间的矛盾得不到彻底解决，又使中央集权政府背负了沉重的经济负担和舆论压力，于是从唐代起，便出现了安边固疆的新举措——和亲。青海虽然不是和亲的目的地，可作为和亲的必经之地和遥远边关的象征屡屡出现在和亲诗中："绛河从远聘，青海赴和亲。"⑥（唐代李适《奉和

---

① 赵宗福选注：《历代咏青诗选》，青海人民出版社1986年版，第9页。
② （宋）欧阳修等：《新唐书》卷二一六下《吐蕃列传下》，中华书局1975年版，第6109页。
③ 刘学锴：《唐诗选注评鉴》（上），中州古籍出版社2013年版，第816页。
④ 赵宗福选注：《历代咏青诗选》，青海人民出版社1986年版，第36页。
⑤ 刘常生编著：《历代咏玉门诗词选》，甘肃文化出版社2010年版，第122页。
⑥ 赵宗福选注：《历代咏青诗选》，青海人民出版社1986年版，第4页。

"青海只今将饮马，黄河不用更防秋"
——历代咏青诗歌中青海独特意象符号的形成

送金城公主适西蕃应制》）"青海和亲日，潢星出降时。"① （张说《奉和送金城公主适西蕃应制》）金城公主"出降"，正是由京城西来经金城（今兰州市），过河湟，翻越日月山而入逻迤（今拉萨）的。诗歌通过"远聘""和亲"，点出了大唐政权与吐蕃之间通过联姻结盟友好，以求得边境安宁、民族团结的具体措施。

同时，诗人们更以"青海"为象征表达对安定边疆的强烈渴望。高适的《九曲词》②："铁骑横行铁岭头，西看逻迤取封侯。青海只今将饮马，黄河不用更防秋。"李白的《答王十二寒夜独酌有怀》③："君不能学哥舒，横行青海夜带刀。西屠石堡取紫袍……"刘长卿的《平蕃曲》④："吹角报蕃营，回军欲洗兵。已教青海外，自筑汉家城。"这是天宝十二年（753）哥舒翰破吐蕃，收九曲黄河后的情境，也是将士立功异域、取得封侯的抱负与四海统一、民族和睦的社会蓝图的艺术折射。

北宋统治触角一度进入青海，但仅限于其东部河湟谷地，且为时短暂。其后宋朝因国力不济而退出，青海河湟谷地和青海湖周边又成为金与西夏争夺的焦点。宋代咏青诗中继续笼罩着悲笳和战鼓的阴影，于是便有了陆游《北望》⑤诗篇末"何时青海月，重照汉家营"和严羽《塞下曲》⑥中"玉关西去更无春，满眼蓬蒿起塞尘。汉马不归青海月，悲笳愁杀陇头人"发出的感慨，青海意象充满了诗人渴望边疆和宁的无限遐想。

蒙元崛起于漠北，建立王权，控制势力逐渐深入青海全境："自封建变为郡县，有天下者，汉、隋、唐、宋为盛，然幅员之广，咸不逮元。汉梗于北狄，隋不能服东夷，唐患在西戎，宋患常在西北。若元，则起朔漠，并西域，平西夏，灭女真，臣高丽，定南诏，遂下江

---

① 赵宗福选注：《历代咏青诗选》，青海人民出版社1986年版，第6页。
② 同上书，第18页。
③ 刘学锴：《唐诗选注评鉴》（上），中州古籍出版社2013年版，第715页。
④ 赵宗福选注：《历代咏青诗选》，青海人民出版社1986年版，第24页。
⑤ 张春林编：《陆游全集》（上），中国文史出版社1999年版，第564页。
⑥ 王小舒：《神韵诗学》，山东人民出版社2006年版，第279页。

南,而天下为一。故其地北逾阴山,西极流沙,东尽辽左,南越海表。"① 蒙元统治者通过武力征伐建立起一个疆域空前广阔的帝国,唐人"九曲非外蕃""万里不防胡"的社会理想,在元朝及以后才逐渐得以实现。元初著名文臣王恽《奉送平章赵公赴阙庭之召少答省檄见招之意云》②诗云:"龙旆南还沸捷音,汉台凝望几登临。洗兵未用挽天汉,入梦应知有传霖。暖日晴消青海雪,春风熏扫黑山阴。君王若问来归策,为说虞皇待象心。"辽东丹王突欲八世孙耶律楚材在所作《和高丽使》③诗中毫不掩饰内心的喜悦与自得:"仁绥武震诚无敌,重译来王四海同。"(其一)"扬兵青海西凉灭,渡马黄河南汴空。百济称蕃新内附,驰貂来自海东门。"(其二)以民族的归附与祥和的气氛象征天下为一,边疆和宁。元代文学家马祖常的《黄河书事》④:"阴山铁骑角弓长,闲日原头射白狼。青海无波春雁下,草生碛里见牛羊。"与唐诗"青海城头空有月,黄沙碛里本无春"和宋诗"汉马不归青海月,悲笳愁杀陇头人"形成强烈反差,照射出蒙元政权实现了以往中央集权大国不曾有过的扩疆拓土和对青海实际意义上的统治。

明朝建立后其统治势力逐渐进入青海地区,曾兵临青海各地或伐或抚,将青海各部族逐渐纳入其统治之下。此时诗人笔下的"青海"硝烟散去、不复烽火:"烟消青海城边堠,兵洗黄河天上流,庆祝皇图万年寿。蛮夷殄收,戎狄遁走,恁时节描入麒麟画工手。"⑤(汤舜民【南吕·一枝花】《赠人》)"旄头射落天山空,青海不复烽火红。仁义之将良可宗,丈夫不数卫霍功。时清包裹刀与弓,八蛮入贡重译

---

① (明)宋濂等:《元史》卷五八《地理志一》,中华书局1976年版,第1345页。
② (元)王恽:《四库全书·别集》第139册《秋涧集》卷十四,台湾商务印书馆1986年版,第173页。
③ (元)耶律楚材:《四库全书·别集》第130册《湛然居士集》卷七,台湾商务印书馆1986年版,第550页。
④ 本宗福选注:《历代咏青诗选》,青海人民出版社1986年版,第79页。
⑤ 谢伯阳编:《全明散曲》,齐鲁书社1993年版,第113页。

"青海只今将饮马，黄河不用更防秋"
——历代咏青诗歌中青海独特意象符号的形成

通。"①（薛瑄《怀忠堂为都指挥李进赋》）"德化虽无外，神州自有疆。洗兵青海上，秣马黑山阳。"②（何乔新《偏头关书事》）"百年青海无传箭，今日朝廷正右文。"③（杭淮《至日陪祀山陵》）表现出国力强盛、天下太平、边患消除的意象。而就实际而言，青海地区，尤其是青海牧区不论从时间上还是空间上都并未真正纳入明王朝的统辖范围，而是长期为蒙古族所据有，"青海"地区一如既往弥漫着民族冲突与战争的硝烟，如明代谢榛《塞下曲》④："青海城边秋草稀，黄沙碛里夜云飞。将军不寐听刁斗，月上辕门探马归。"范瑟的《塞上》⑤："青海城头飞羽箭，天门峡外平夷人。将军铁甲红流血，锋镝黄沙雪作银。"杨慎《青海引》⑥："金马门如千里遥，哪知青海城头事。"赵时春《河西歌》⑦："十万鸣弦小十王，曾驱叛寇入河湟。青海便为胡部落，赤斤元为汉封疆。"这些诗歌真实地道出了明朝时期连年不断的战事和无法稳固的西部疆界。

二 对西部民族实际统治的政治符号

清朝建立了远比汉、唐、宋、元更为统一的多民族国家，此时咏青诗歌中的"青海"渐渐荡尽硝烟、扫去往日的战争阴云，成为统一的封建王朝版图上的显著标记，并逐渐演变为大一统清朝对西部民族实行实际统治、实施国家权力的象征和政治符号。

清朝初年，清政权刚刚入主中原，国内政局不稳，一时无暇对青海地区进行全面统治，只是承袭明朝所设置的卫所制度，进行着形式

---

① （明）薛瑄：《四库全书·别集》第182册《敬轩文集》卷三，台湾商务印书馆1986年版，第177页。
② （明）何乔新：《四库全书·别集》第188册《椒邱文集》卷二十一，台湾商务印书馆1986年版，第343页。
③ （明）杭淮：《四库全书·别集》第205册《双溪集》卷八，台湾商务印书馆1986年版，第301页。
④ 赵宗福选注：《历代咏青诗选》，青海人民出版社1986年版，第97页。
⑤ 同上书，第108页。
⑥ 同上书，第101页。
⑦ 同上书，第103页。

上的辖制,而广大的蒙藏地区仍处在和硕特蒙古统治之下。康熙二十二年(1683)平息吴三桂叛乱后,清朝对内地的统治日趋稳固。继康熙平定新疆准噶尔部噶尔丹叛乱,雍正初年又出现了青海和硕特部的罗卜藏丹津叛乱。在这种战乱不断、边境不宁的情况下,清廷的军事重心开始转向西北地区。尤其是雍正初年(1725),平定罗卜藏丹津叛乱后,清朝才得以在青海全面建政施治。关于罗卜藏丹津叛乱,清代著名的文学家和思想家魏源(1794—1857)作《荡青海》诗咏之。清道光十五年进士,桂林人朱琦(1803—1861)的诗歌《平青海》,也描写了此次战役。此后,以年羹尧所奏《青海善后事宜十三条》及《禁约青海十二事》为基础,清政府吸取历代筹边的经验,依据青海的民情、民俗、地理、历史的特点,制定出一套特殊的治边制度和政策。

　　青海地区昔日萧萧马鸣、兵戈交错的战争场面,已成为遥远的过去和回忆:"朝从青海行,暮傍青海宿。平野浩茫茫,隆冬气何肃……卑禾百战地,秦汉尚遗镞。"(《青海道中》)清代诗人杨揆恰值隆冬路经青海湖区,虽然天气寒冷,千里湖面冰封,万里原野雪飘,但湖光山色满目皆白,银光闪闪如万顷琉璃。曾经的青海湖区战马嘶鸣、狼烟滚滚,杀伐之声连天蔽日。而今战争的硝烟已消散殆尽,只有历代战争中遗留下来的残损兵器依稀可见。

　　曾为西宁办事大臣的文孚到青海湖参加祭海会盟时所写的《青海》(二首),写出了青海湖周边独特的自然景观以及整个青海高原壮阔广袤的景象:"其一:乍来青海畔,霜雪满弓刀。不到椎牛地,安知汗马劳。幕随秋草远,鹰挟塞风高。莫笑书生儒,临边气倍豪。其二:清笳何处起,偏动异乡愁。塞岭常凝雪,边声总带秋。河源天外落,海气日傍收。欲访飞仙迹,昆仑最上头。"表现了已非昔日的兵戈相见、硝烟弥漫、惨烈战场的高原秋日独特景象。

　　青海本土诗人来维礼的诗作《光绪乙亥秋日登察汗城观青海》,刻画了青海湖周边秋日全景图:"荷戈来塞外,薄暮上孤城。海接青天立,山连白雾平。番童冲雪牧,野马啸风鸣。一片秋烟起,遥闻去雁声。"诗人光绪元年秋日登上察汉城（"察汉城"在青海湖东南大群科滩北山根，是清代祭海会盟的地方），看到的是水天一线、一片浩渺的青海湖，以及隐现在白雾中似有似无的山峰，勾画出无限广袤、幽远的意境和安宁祥和的景象，映衬出清廷在青海施政的效果。

此时，建立中央集权的大一统帝国是清统治者政治运作的至高原则。青海这个地理名通过祭海的仪式完全纳入封建大一统的范围，成为君权神授的政治符号。对于天地、山林、江海的祭祀在华夏大地自古有之，是一件庄严神圣的政治活动，对青海湖的祭祀，历代大都进行遥拜祭祀，神话传说青海湖中有小山，山上住有神仙，湖周围山上也有仙窟，西王母石室就在青海湖北边。唐代以来青海湖屡得封号，玄宗天宝十年（751），封西海神为"广润公"。宋仁宗庆历元年（1041），封其为"通圣广润公"。这种诏封和祭祀都是在政治中心的郊区举行"遥祭"，即设祭坛望而祭之，行四望或三望礼，所谓"望祭"，即面向该神的方位行礼致祭。是宣扬统治阶级君权神授的一种象征性仪式。

在青海湖滨举行临湖祭海，始创于清代。清朝初期，清世宗雍正元年（1723），封其为"青海灵显大渎之尊神"，雍正二年（1724），清四川提督、奋威将军岳钟琪率军追击罗卜藏丹津至伊克哈尔吉时，人马甚渴，掘地得泉，涌泉成溪，万马欢饮，岳钟琪认为有青海神灵护佑，便如此上奏。雍正帝对于岳钟琪在追击罗卜藏丹津的过程中关于"兵到哈达河，袭守地贼，追奔一昼夜，士马俱渴，塞外严冻，忽涌泉成溪，人马欢饮，遂追入崇山，歼敌二千"①的青海神显灵之说的奏闻非常欣赏。当时，清雍正帝初即位，特别需要各种"祥瑞"的报告以慑服人心，这一奏闻正中下怀。因此在雍正三年（1725），清世宗胤禛亲自撰写的《御制平定青海告成太学碑》文中，称之为"师以顺动，神明所福，旬日凯归，不疾而速"。这里的"神明所福"等

---

① 朱世奎：《青海湖祭海史话》，《中国土族》2006年（秋季号）。

语，包含了所谓"青海神显灵"的内容。雍正四年（1726）三月，诏封青海"水神"为"灵显宣威青海神"，并于同年九月在湖滨"会亭子"的地方，竖立由满文、蒙古文、汉文书写阴刻的"灵显青海之神"石碑一块，筑碑亭一座，同时派员致祭青海神于湖滨，这是在青海湖近祭的开端。自此，每年夏历七月十五日祭海，清廷专派钦差大臣或由驻西宁大臣召集各族王公会集青海湖滨，进行隆重的祭祀仪式，次日，全体参与祭海活动的王公等，齐集东科尔寺（今湟源县日月乡境内），在钦差大臣或西宁办事大臣的督导下，举行会盟，以期达到倾听诉求，化解矛盾，统一认识，传达政策，羁縻笼络蒙藏王公、千百户的政治目的。这一近祭礼仪，一直延续了220年，即以民国三十八年（1949）最后一次祭海会盟为止。清末武举人、国民蒙藏委员会委员长马福祥在其长诗《祭青海歌》中较全面地描绘了祭海会盟时的情形和过程："我来伛偻荐牺酒，岳渎祭秩礼宜崇。南海庙碑志灵怪，肃雍能令神感通。"并表现了青海湖的地理位置、神话传说、壮阔景象、丰富的物产等。

祭海会盟作为由朝廷封疆大吏亲自主持、具有浓厚宗教色彩的祭祀活动，其重要意义显然不仅仅在于处理和解决具体的事务，更在于其强烈的政治象征功能，通过体现皇朝的"威仪""威德"，强化地处边陲的民族社会对清朝的高度认同感和归属感。因此，这一制度对于维系边陲地方的秩序起着重要积极的作用。最高统治阶级有意地把这种自然崇拜纳入天命理论之中，通过封禅祭海等活动，彰显"普天之下，莫非王土"的皇权思想。尤其是清王朝，改遥祭为近祭，并将祭海和会盟结合起来，于是"青海"这个地理名进而演化为彰显"普天之下，莫非王土"的政治符号。

悠悠岁月，浩浩乾坤，抚古思今，百感交集。触摸历史悠远的脉络，秦皇汉武、唐宗宋祖及至康乾盛世和民国烟云，都已成为凝固的历史文字符号。而不论是历朝历代中央集权的帝王将相和忧国忧民的仁人志士眼中的边地沃土、黎民百姓，还是地方少数民族王公贵族马蹄声中的广袤草原和农耕稼禾，绝大部分时空都弥漫着铿锵的刀剑杀

"青海只今将饮马，黄河不用更防秋"
——历代咏青诗歌中青海独特意象符号的形成

伐、战马的悲鸣和战争的硝烟。"青海只今将饮马，黄河不用更防秋"，唐代著名诗人高适笔下青海边地多民族平安、祥泰、和谐共处的社会理想在新中国成立后得以长久实现，实属国家之大幸、中华民族之大幸。

宗教语境下藏戏的文化解构与反思

王志强[*]

【摘 要】藏戏，作为一种凝聚着高原民族文化信息的艺术奇葩，因其神秘与古朴的表演风格，在中国戏剧史研究中格外引人瞩目。然而对于藏戏所表现的文化精神，一直存在精英话语与大众经验两种不同的文化语境，对其的分类和价值的认识同样存在分歧。本文借助文化解构的理论和方法，通过探究与分析宗教文化语境、表演内容与世俗阅读方式，对藏戏文化内涵做新的思考。

文化是人类思维、感知和相互交往的背景。人类文化提供了一套精神的情景架构。在这个架构面前，由于文化背景上的差异，不同人所获取的文化的视角不同，所获得的文化内涵也便产生了差异。换言之，不同地域、不同社会阶层、不同的教育水平与文化修养，以及人们不同的信仰价值体系，往往使人们对民族艺术的主题和趣味产生"误读"。因此，为了深入认识各民族文化的特质，就必须回溯本体论的分析，对这种文化存在的社会语境进行解蔽，从文化的根源探索其建构和发展的特点。当前文化人类学研究的各个领域，反思性知识（reflexive knowledge）与解构知识（deconstructive knowledge）越来越多地被运用于民族学的研究当中。一方面，文化的反思，为文化的

---

[*] 作者单位：青海民族大学。

认识提供了一个多元视角。将民族艺术的理解进一步扩大到对社会、政治、宗教、经济等话语的再生产领域，可以在一个更为广阔的文化空间和文化语境下认识艺术的特性。另一方面，我们对于民族文化的解说往往按照主流文化的书写和解读模式，并且在社会意识形态下急于将民族艺术限定在固定的意义所指和类型分析上，这种追求确定性的阅读模式是一种典型的线型模式，但却往往割断了学术话语与艺术主体间的文化沟通，忽视了民族艺术在创造之初所隐含的文化价值和社会意义。反映在当前的民族艺术的研究中，对艺术主题和趣味的认识，经常会看到精英话语体系与世俗阅读方式、艺术经典认同与多元文化价值观间的矛盾与存疑！

  藏戏是藏族文化的重要组成部分，同时它也是东方和世界戏剧艺苑中的一株奇葩。藏戏的产生如果从西藏僧人汤东杰布（1385—1464）将藏族民间说唱、歌舞艺术融入戴面具表演，并以哑剧形式表现简单故事情节的娱神舞算起有近500年的历史。然而对高原民间艺术中的戏剧性因素的追溯则可以追溯到形成于8世纪的"白面具戏曲"。今天，我们在桑耶寺正殿大门右侧的山墙上，依旧可以看到高原历史上戴着面具进行艺术表演的形式。据《中国大百科全书·戏曲曲艺卷》下"藏戏"条目载，17世纪时，五世达赖振兴黄教，要求寺院闭关修习，而在开禁的布施宴会上，邀集一些在民间享有盛誉的藏戏班子进哲蚌寺做助兴演出，由此形成一种供养僧人并观摩藏戏的宗教性节庆活动——"雪顿节"。这为藏戏融合各种地方歌舞形式，表演特定的宗教内容，形成家庭式的表演队伍提供了必要的文化空间。以后这种宗教性质的表演也逐渐向俗人开放，世俗的审美与情节加入其中，特别是打破了藏戏在寺院诞生阶段女性角色始终由男性扮演的状态，从此藏戏也成熟并兴盛起来。藏戏在以后的发展中，特别是1959年民主改革后，其艺术的形态得到进一步的充实和发展。演出不再受宗教节日的限制，表演形式上大量汲取汉地艺术的丰富营养，而在演出时更讲究戏剧表演的布景和舞台的声光效果。最终从广场戏泛戏剧化表演形态跃升为一种名副其实的"戏剧"舞台艺术。

尽管此前的学者就藏戏艺术的历史起源、剧种流派划分、剧本故事、唱腔音乐、服饰面具、表演机构、形式美学及戏曲比较研究等进行了激烈的学术商榷。但毋庸讳言，其中的概念界定和剧种与剧本认识等问题依旧存在矛盾和分歧。如藏戏究竟是傩仪还是戏剧，传统的藏戏应如何分类，藏戏剧目的主题是什么等。究其实质反映出"精英话语"（elite discourse）和"民众经验"（mass experience）之间的冲突。不可否认，精英"话语体系"作为一种"工具"，对于我们深入理解藏戏的历史与反映诸多表演形态等问题是有帮助的。甚至在某些方面可能验证了大众的经验，理论地解释了大众经验背后的某些意义。但在涉及藏戏这种宗教文化深厚的民族艺术品格时，精英话语可能与大众的经验有了一些差距，甚至可能与大众经验相违背。归因在于我们没有关注到学术话语与民族主体性之间的联系，忽视了研究"地方性知识"对文化主体——民众阅读方式——的体验与尊重。

一

列维·斯特劳斯在《结构人类学》一书中提出，人类社会文化的表面结构之后，都隐藏着真正的社会结构，人类学研究的任务就是要用建立模式的方法去分析、说明和提示这种真正的结构，并提示人类的思维结构，其实质就是挖掘文化现象的深层内涵，探索人类的思维轨迹。

藏族是一个全民族信仰藏传佛教的民族。佛教既是一种信仰，也是一种包含了精神、艺术、语言、文学等的全方位文化。自佛教传入雪域这块神奇的土地之后，对整个藏民族的生活习俗及各个方面产生了极为深刻的影响。"转经拜佛""焚香礼佛""跳神展佛"等宗教活动，已成为民俗生活中的一部分。涂尔干《宗教生活的基本形式》指出，宗教不再只是一种世界的解释，而是作为手段制造对社会之象征的阐述。它的兴趣不在宗教的起源而在宗教的功能。而这其中，宗教教义的传播功能直接影响了藏地艺术的美学内涵和世俗化形态。

神圣与世俗是这个世界上的两种存在方式，由此形成的宗教与艺术的心灵对话，是在历史进程中被人类广泛接受的两种存在状态。一方面，人类情感在宗教中被赋予崇高与神圣的感知作用；而另一方面，人类通过世俗的艺术形式不断建构宗教的哲学意义与情感体验。但在藏传佛教的高原传播的形式看，宗教与藏族社会是紧密联系而且相互支撑的，并非"神圣"与"世俗"的二元对立。高原世俗社会对佛教神圣世界有着深刻的领悟与认同，藏传佛教不仅被作为藏民族的人生理想和价值观存在，更是民族认同感的重要标志。"普度众生""利乐众生""业报轮回"的宗教观和逻辑思维不仅存在于佛堂庙宇中，更是参与到世俗生活的各个角落，与世俗的生活保持密切的联系。歌舞、绘画、雕塑、建筑等各种艺术形式，同藏民族日常口诵"六字真言"，转山绕塔一样，被看作简化了的宗教仪轨。所谓宗教的艺术，在社会层面正是借世俗的方式以表现宗教观念，宣扬宗教教理，展示宗教膜拜的"神圣仪式"，而非单纯的审美活动。

因此，在传统的高原社会中，艺术的一切职能都是服务于宗教的，这与汉地佛教"礼佛又娱人"的形式有所不同。宗教所形成特殊的环境感应与文化传承，使藏地艺术基本没有自由的维度与选择的空间，完全是宗教的衍生产品。以绘画和雕刻为例，其创作的作品是不能带有作者主观意图的，必须严格按照《丹珠尔》中"工巧明"所记述的仪轨，以"三经一疏"记载的内容和尺度支架构图。至于乐舞表演则被看作宗教观念与仪式最显著的外化方式。密宗《大日经义释》卷六讲："一一歌咏，皆是真言，一一舞戏，无非密印。"因为既成僧伽，就要有礼佛之仪，既有礼佛之仪，则有赞呗之需。目的就是展现佛教慈悲为怀，为众生排忧解难、离苦得乐的精神。

具体去讲，藏传佛教在藏地传播伊始，乐舞艺术就被作为佛教"大小五明"中的一个重要知识体系（与乐舞文化有直接关系的文献均集中于"声明"类），将其作为修菩提心、行菩萨行、慈悲为怀、展佛度厄、利乐众生的一种手段或工具。可以说"五明"文化知识体系的建构受到了佛教世界观的强烈影响。如果想离开佛教世界观去独立表现"五明"文化知识中某一分支是不可能的。藏传佛教的这一教理思想对于藏戏表现内涵和美学思想的深刻影响是远远超过具体剧目传播的。因此，服务于宗教是藏地各类艺术产生和传承的社会性选择。这是今天我们理解藏戏的根本出发点，离开这个文化语境，便为无源之水。

二

如果我们从展演形态、内容和世俗阅读方式上分析，会对这一文化语境有更深一步的认识。宗教的仪式一般分三种形态：消极膜拜、积极膜拜和禳解仪式。消极膜拜是各种祭祀、禁忌和戒律，借以实现明确划分神圣世界与世俗世界的功能；积极膜拜包括模仿仪式、表现仪式和纪念仪式，是"社会群体定期重新巩固自身的手段"；禳解则是集体成员受到挫折后的"复活"仪式。格尔茨把这种宗教的仪式称为一种"文化的表演"，即一个完整的宗教仪式总是在一个特定的时间、特定的环境和场景中公开的一系列行为的综合展现。很明显，藏传佛教乐舞艺术属于其中的积极形态，定期的展演被认为是佛为利益一切众生，而说之方便法门。

被学者称为藏戏艺术中最典型的"羌姆"，藏语称为多吉嘎羌姆，意为"金刚法舞"，是一种群体面具式的哑剧组舞，也是藏传佛教重大法事活动中的一种极富特色的"宗教仪式舞蹈"。一般研究者都将其称为"傩戏"，等同于汉地原始自然信仰中的"驱鬼逐疫"仪式，甚至一些藏族研究者也为适应这一话语方式，从藏族历史上的"雍仲苯教"文化中去探析这个宗教乐舞的来源。然而从结构人类学的角度去审视，"羌姆"的表演有着其更为深层的宗教美学内涵。

在雪域高原，各藏传佛教寺院由于教派不同，使羌姆的表演形式、风格特征等略异，而且每个寺院几乎都有自己的羌姆舞蹈仪轨程序。但同时，各个寺院在整个羌姆仪式过程中却也保持了大体一致的整体结构，只是在进入舞蹈仪式表演段落时，呈现出极不一致的态势。换而言之，绝大多数藏传佛教寺院羌姆在最基本结构上，保持着某种一致性，但这种仪式结构在"秩序"方面却呈现出非常灵活的组合状态。我们以青海塔尔寺"羌姆"为例，塔尔寺每年农历正月十四"神变祈愿大法会"、四月十四日"佛祖涅槃大法会"、六月七日"转法轮节法会"、九月二十三日"观经法会"都要进行宗教仪式活动。按佛教的理念，这种因佛祖灵光而定期举行的法会，应称其为"布施仪式"，即以慈悲心而利乐众生。其中包括三个仪式段落，即展佛仪式、跳神仪式和燃灯礼佛仪式。

展佛仪式又称为"法布施"，它以展示巨大的唐卡佛像和为寺院佛像重新涂抹金粉（俗称为佛洗脸）为主要内容，通过展佛浴佛让世间芸芸众生领略佛法的广大，破迷开悟；燃灯礼佛仪式又称为"财布施"，它以施财制作酥油花、供奉酥油灯来礼敬诸佛，代表佛法的功德圆满与因果报业的智慧；跳神仪式又称为"无畏布施"或"肉布施"，是藏传佛教中最为神秘的"密宗"的宗教仪式，传统上是不对外表演的。这一仪式以跳"金刚法舞"的形式，展现佛教救苦度厄、去疾除灾的无畏形象，并以佛菩萨的愤怒状震慑诸相，使其迷途知返，诚心敬佛。

现在有学者将这一宗教"跳神"仪式称为"斩妖除魔"舞，并以"托干"（骷髅神）送"阿杂拉"（面捏妖孽）来加以证明，实际上是对这一宗教活动的曲解。一方面，羌姆是宗教法会中的象征仪式，所谓"在虚空中作金刚舞"。其面具中的三目威猛、竖发骷髅、烈焰长角，特别是地狱之主——阎魔的愤怒尊相，意在令人警惕无常，克服疾病与死亡的恐慌。另一方面，羌姆以诸佛菩萨的愤怒相展示，其中"大威德怖畏金刚"（藏语称玛哈嘎拉，俗称大黑天）是佛祖的法身，"马头明王"（藏语称为亚玛塔嘎）是密宗本尊观世音菩萨的化身，阎君（藏语称为辛吉）为文殊菩萨的化身。其余如吉祥天女、毗沙门天王、依怙明王、巴莫等都是密宗的护法天神，就是骷髅神"托干"也是被佛教收服的最底层的护法神。虽然这些神佛手中持剑或金刚法器，蹙眉蓄威，但其对象是象征瘟疫与灾祸的"外道"灵鬼而不是人，代表着佛菩萨的震怖与劝导而不是杀戮，因为佛教是戒杀生的。

如果进一步深入观察，可以发现"羌姆"法舞中的手势和脚步都有严格的规定性，其脚踏跋腿蹦跳的金刚步，手势为佛教中的吉祥印、施愿印、金刚界自在印、无畏印、降魔印等"手印"，象征诸佛菩萨特殊的愿力。其面具色彩"具身密之威的红面具，具语密之威的黄面具，具意密之威的蓝面具"均是佛理的象征。因而羌姆的象征仪式是被严格限制在佛教的戒律内的。熟悉和了解藏传佛教的发展历程的人都知道，佛教在藏地的传播过程并非一帆风顺，其中就经历了与藏地本土宗教——苯教的残酷斗争。吐蕃赤松德赞时，迎请莲花生大师前来雪域传教，修建了第一座佛教寺院——桑耶寺。相传莲花生大师入藏途中以广大的神通镇服外道神鬼，并使他们立下三昧誓言，皈依我佛，永远守护佛法。羌姆仪式中的威猛持剑所象征的正是佛教与外道间的斗争，同时，以"肉布施"的方式，将外道的肉身奉献于佛教神圣的法座上，而其灵魂则经过"度化"这样的"通过仪式"，幡然悔悟，成为捍卫宗教的护法金刚。正如佛祖"舍身饲虎"的智慧，将自己最后的肉身也"布施"于佛法和众生，体现的正是大乘佛教"利他"主义的根本信念。所谓"大慈与众生一切乐，大悲拔众生一切苦"，度人亦即在自度。从这个意义上讲，"羌姆"只能是密宗坛场的修行仪式，这也从一个侧面印证了"羌姆"这种宗教仪式密不对外的原因。

三

作为传统的藏戏剧目，经过专家的收集与整理，现在人们都习惯用"八大藏戏"来称呼（但这其中缺少了为藏族民众所喜爱的"米拉日巴劝化记"）。今天，研究者将传统的藏戏明确列出 9 个大小不等的剧种，包括西藏的白面具戏、蓝面具戏、昌都戏、门巴戏、德格戏、安多戏、嘉绒戏、康巴戏和华热戏，并提出"考察它们的发展历史——德格藏戏、嘉绒藏戏、白面具藏戏和门巴戏，都是属于典型的傩戏"。据此，著名戏剧理论家曲六乙先生也撰文指出："德格藏剧——属于傩戏范畴，白面具戏——早期可能属于'亚傩戏'形态。至今安多藏剧、康巴藏剧、昌都藏剧及拉萨藏剧，都属于戏曲艺术而非傩戏型戏曲。"以上的分类方式，从最为古老的白面具戏，到汤东杰布进行戏剧改革出现的新派蓝面具觉木隆戏、门巴戏、德格戏、嘉绒戏，到最晚形成的康巴戏、昌都戏和安多戏和华热戏。混杂有按面具（白、蓝之分）和大小地域形态（康巴、安多为藏族历史上大的区域，门巴、德格、昌都等为地名，而华热又为部落名）的多种划分。而在对藏戏性质的认识上又提出"傩戏""亚傩戏"的定义，让人产生了很多的疑问。应该如何正确理解藏戏的文化内涵，这需要我们透过象征符号的表面模式，去解构或重建被包含在文化中的更深层的意义。

如前所述，服务于宗教是藏地各类艺术产生和传承的社会性选择。藏戏作为藏族文化艺术中的一个品类，同样与藏传佛教的知识体系紧密联系在一起。

首先，藏戏艺术在17世纪中叶，五世达赖喇嘛组织的宗教性的节庆活动——雪顿节活动中逐渐成熟（而此前的白面具舞和阿姐拉姆仙女歌舞，只能视其为藏戏形成的历史）。五世达赖喇嘛阿旺·罗桑嘉措（1617—1682）是位声名卓著的活佛，建立了西藏噶丹颇章"政教合一"政权。为了振兴黄教，五世达赖喇嘛为藏区各大小寺院制定了严格的僧规和闭关修习程序。在开禁的日子里，世俗的百姓则需要准备酸奶供养僧侣，由此形成了一种宗教性的节庆活动——雪顿节。五世达赖喇嘛还要求西藏各地农村要在"雪顿节"期间到拉萨应支差，为解制后的僧人献技，其中以古老的面具舞形式，带来大量取材于佛经故事、历史事件和神话传说的泛戏剧表演，宗教色彩浓厚。因高原游牧社会中居所的不定，最早的业余藏戏的演出都是在寺院里组织起来的，使寺院成为这种新兴艺术的组织者和传播中心。因此，藏戏演出的宗教性动机是非常明显的，并明确指向了一个纯粹的宗教性意义——世俗的供养仪式。

供养是对佛、法、僧三宝进行心与物两方面资养的行为。佛经中讲：众生欲正觉，广聚无量粮。通过参与供养佛、法、僧三宝，世俗之人可在这个过程中积聚更多功德，同时又达到教育自己的目的。而供养的方式则有："财供养"（意指供香花、明灯、饮食等物质层面的供养）和"法供养"（意指闻诵佛经、赞颂佛相、礼拜佛法等精神面层的供养）两种主要形态。"供施关系"是佛教文化中"积极膜拜"的象征活动，差别在"布施"的主体是神圣的寺院，代表佛菩萨度化四方、福利予人的慈悲之心；"供养"的主体则是世俗大众，代表信仰者累求功德、祈求圆满的虔诚之念。这点在藏语中有较为严格的界定，称布施为"曲吉金吧"，称供养为"供节"。

一如藏传佛教，融神圣于世俗的社会存在状态，除了对庙宇、佛像、佛塔和僧侣的祭祀供养外，藏戏也被作为"供养仪式"中礼敬"佛、法、僧"三宝的特殊媒介，通过供养的"无量功德"，将慈悲之心化作"普度众生"信念，并以展演的方式将佛教世界观中"因果报应，苦海轮回"的教理以现世的方式加以要求，从而让信仰者从高尚的行为之中得到启迪，领悟那玄妙深奥的佛法意境。

其次，传统的藏戏表演基本上呈现为三段式的戏剧表演结构。第一部分为开场仪式"温巴顿"，由温巴（意为猎人）戴着面具净场祭祀，祈求祝福，并介绍剧情。第二部分为正戏"雄"，内容为传统的"八大藏戏"。第三部分称为"扎西"，为集体歌舞，意为祝福迎祥。无论藏戏的剧目如何变化，宗教的主题依然占据最主要的位置，反映出藏戏演出形态的特殊性。

从艺术形式美的特征上看，这种演出具有广场戏开放的视觉空间、较粗放的类型化面具手段、讲唱文学的剧本结构和说唱艺术的演出格式、程式化的歌舞身段与表演。具有戏剧意味的是，在表演中也开始按世俗人物面貌性格来造型，演唱也有了成套的联曲，甚至有的剧目表演中还加入了娱乐性的道白和喜剧小品。但应该特别注意到，尽管为吸引信徒和招徕观众，藏戏的演出中日益增加了富于观赏性和娱乐性的小品、杂技等内容，但在被纳入佛教文化体系后，这些序幕和尾声都成为表演的附件，正戏"雄"才是表演的主体，戏剧的编演也特别突出宗教的宣教功能。

从藏剧目表演的内容上看：今天的"八大藏戏"，《诺桑法王》的故事取材于大藏经《甘珠尔·百世如意藤》，由释迦牟尼108品本生事迹改编而来；《白玛文巴》取材于大藏经《甘珠尔·大乘庄严宝经》，反映的是莲花生大师本生故事；《文成公主》则取材于藏文史籍《西藏王统记》，反映了藏王松赞干布与唐朝文成公主和亲的事迹；《智美更登》故事来源于藏译佛经《方等部·太子须大拏经》，是根据释迦牟尼为其弟子讲经中的故事改写而成；其他如《顿月顿珠》，为18世纪时，五世班禅洛桑益西所作；《朗萨雯蚌》，传为18世纪后藏俗官定钦云巴·次仁旺堆所作；《卓娃桑姆》，据传为17世纪门巴族高僧梅惹·洛珠嘉措根据民间故事《俩姊弟》创作而成；《苏吉尼玛》，则是根据莲花生大弟子毗如遮那和大译师希吾·洛扎瓦由梵藏译本创编。还有如《米拉日巴劝化记》（又称《贡保多吉听法记》）则根据《尊者米拉日巴传之盛解道歌》改编。上面这些藏戏剧本可以分为两类，一是佛本生故事，二是佛居士故事。因而对它们的展演活动是一个非常典型的宗教"圣显仪式"或宗教"赞美诗"。藏语也因此将其称为"南木特"，意为传奇，并相信它的真实存在性。通过再现佛陀事迹和佛与外道的斗争，演说积德行善、因果业报的佛教智慧，目的是直接向广大民众宣讲和普及佛教思想和知识，是一种广布教化的宗教活动。所谓"知音者无不得启迪，传音者无不得潜化"。正是因为传统藏戏表演性质上的严肃性，所以，过去西藏地方政府对每年参加雪顿节演出的剧目、脚本、演出形式、唱词等有严格的审查制度，违者均要面临严厉处罚。

从戏剧演出的格式上看：藏戏表演既借鉴藏地民间传统面具歌舞的样式，同时又明显保留了鲜明的佛教讲唱文学的特点，即我们常说的"俗讲"方式。谈到"俗讲"，它是寺院普通流行的一种讲经说法形式，是佛教经典与有关知识体系的通俗化演讲。藏民族在接受佛教文化的过程中，同样也接受和学习了佛教中的这一艺术形式。如藏族民间就有"喇嘛嘛呢"（说唱唐卡故事）、"折嘎"（讲吉祥话）、"钟垦"（说唱格萨尔史诗）等说唱艺术形式。宗教讲唱文学对象主要是信教民众，尤其面对的是没有文化或文化水平较低的人群。因而这种艺术形式很容易为文化普及相对单薄的游牧民族所接受，并在民俗文化的土壤里保持强大的生命力。藏戏中的表演就运用了这一艺术形式，剧中角色一般采用"连珠韵白"加诵唱的表演格式。演出现场，不论剧中角色，全体演员出场，围成半圈，轮到自己表演时，即出列表演，其余时间参加伴唱和伴舞。

再次，藏戏在高原历史的发展中，由于受到严格的宗教神规制约，一直保持着一种相对纯净的形态，而对宗教艺术的"阅读经验"深深地铭刻在藏地社会的心理结构之中，成为族群"集体无意识"的社会活动。荣格认为宗教的价值在于它可以将人们无意义的生活变得有意义，通过有意义的神话或象征性仪式将情感移植到人们心中，并起着积极的作用。

佛教讲"诸法由因缘而起"，一切事物都产生于因果关系，因此强调"因果报应"的真谛。有所谓的"三世因果"之说，即前世造因，今世造业，来世受果。"诸恶莫做，众善奉行"，强调个人言行"业"的自我责任，并将积蓄"福德"当作改变命运的最有效手段。于是在藏地的社会生活中，宗教的"业报轮回"观念被简化为日常活动中的每一种行为，一句六字真言为积福德，一次转经也是积福德，一次虔诚的供养是积福德，而听一次讲经，看一次佛本生故事同样也是积蓄福德。因此，藏戏表演在一般社会群体意识中被当作现世众生为"积福德"而进行的一次有意义的宗教活动。

在我们开展的调查活动中，每一位藏戏表演者，都将演戏当作一次"积福德"的宗教仪式，并将每一次演出效果的好坏与自己敬佛的虔诚态度联系在一起。演出前的礼佛诵经与演出过程中，"唵嘛呢叭咪吽"六字明咒不绝于耳。而普通牧民则把能否"积福德"作为参与戏剧活动的前提条件。"观者都应是怀着虔诚的祈求心情来观看，演者也应该怀着赐福的心情来表演。"因此，在对待藏戏的认识上,世俗的"大众经验"与"精英话语"是有一定差距的两个文化语境。

首先在剧目的认识上,比较传统的白面具藏戏,一般只搬演《诺桑法王》《卓娃桑姆》《智美更登》等几出戏中宗教性质的部分段落,而非整部戏,而这几个片断就能唤起人们心中对宗教的膜拜。用宗教信众的话讲,它是给有佛缘的人看的,而非娱乐大众。因此,用戏剧"歌舞演人生"的审美规范是无法审视它的。自五世达赖喇嘛组织藏戏献演活动"雪顿"节后,受新派蓝面具戏的影响,藏戏表演的内容开始扩充,逐渐形成了前后连贯的整本戏。演出时间也增加到了两三天时间。而今天我们所看到的所谓"八大藏戏"是20世纪50年代藏戏改革,通过挖掘整理并经过戏剧化改造后的新剧目。

其次在对戏曲内容认识上,现在多数研究者喜欢从人物形象的分析与道德的评价层面来认识藏戏。如《诺桑法王》表现人们追求自由爱情生活的强烈美好愿望,并以法王的德能和佛法治世的理想,解释和引证了正义性和历史演变的必然规律,《卓娃桑姆》渲染了惩恶扬善的积极题旨,同时也反映了藏族的一种积淀深厚的精诚善良的传统心理习俗,《苏吉尼玛》反映了古代藏族人民对美好生活的追求,塑造了纯洁温婉、智慧内秀的藏族女性形象。《朗萨雯蚌》则是对封建农奴制社会的愤怒控诉,《智美更登》异常真实地反映了古代藏族虔诚地躬行佛教利他主义教义的传统意识和社会风俗。

应该讲"精英话语"在总结"大众经验"背后的某些意义时有其值得肯定的价值。但具体到藏戏这种民族艺术,"精英语境"与藏族僧俗重视宗教"精神层面"的价值认识有一定的差距。我们这里以藏戏《文成公主》为例,研究者将其称为一出反映汉藏联姻的千古佳话的历史传奇藏戏,着力塑造了藏族人心目中的文成公主。藏戏《文成公主》虽然其故事情节根据历史资料和民间传说改编创作而成,但该剧男女主人公——松赞干布、文成公主,在藏民族的情感世界里则完全被当作藏传佛教中的"观世音菩萨"和"绿度母"的化身来演绎,具有深厚的宗教色彩。传统的藏戏演出中只表演几个段落,并以其中文成公主自汉地迎请来佛祖释迦牟尼十二岁等身像"觉卧佛"为最主要的内容。藏族民众深信观佛祖入藏地，这是最大的"供养"与"积福德"行为。因而表演每至此，便法鼓号齐鸣，演员与观众齐声唱颂。至于新派藏戏中加入的藏王使臣噶尔·东赞入唐地"智慧请婚"，以及由此展开的汉藏间的甥舅友谊等内容，因为没有什么"福德"，大家几乎没有什么特别的印象。

通过以上的文化解构，我们对藏戏的文化特质会有一个更为深入的认识。但不能否认，藏戏在宗教文化氛围的支撑和关注下，戏剧的因素在迅速增加。正如英国学者哈里森《古代艺术与仪式》一书所说："原始仪式在褪去了巫术的魔力和宗教的庄严之后，就演变为戏剧。"值得思考的是，尽管藏戏表演中大量借鉴了民间面具歌舞的形式，甚至在演出中，为招徕观众的需求，加入了祛病除疫的祷祝、诙谐的讲唱小品、民间杂技等内容，但在纳入宗教文化的体系后，已然脱胎换骨，成为礼敬佛法的"供养"活动。今天，民族文化研究中，因藏戏中有面具和祈祷求福的形式，将其归类为"亚傩戏"是很不恰当的，也为藏族民众所不能接受。"傩"在汉语中解释为"见鬼惊词"，意为驱鬼逐疫。在藏地确实也有与这种"驱傩"活动相近的民间巫术活动，藏语称其为"拉哇"或跳"法拉"。但在佛教僧众的眼中，这种活动是"外道"，虽然也相信它有一定的法力，但膜拜巫觋、牺牲献祭等形式，是不能容于佛法的殿堂里的。而藏戏表现的宗教内容中，很多正是反映佛与外道的斗争。因之，传统的藏戏将其定义或归类为具有浓厚宗教主义色彩的"泛戏剧化"表演可能更为合适。

四

藏戏在 1959 年民主改革后，其艺术的表演内容得到进一步充实，形式则发生了质的飞跃。演出不再受宗教节日的限制，表演形式上大量借鉴汉地艺术的丰富营养，如面具艺术开始由简单的类型化面具向突出人物特点的性格化脸谱发展，面具逐渐缩小只戴在头顶处成为舞台表演中的一个象征部件；舞台表演向程式化、行当化过渡，改变了原来藏戏剧本结构拖沓、重复，表演节奏缓慢等问题；舞台唱腔更加圆润精致，并逐渐形成了男女分腔的专业表演体制；舞蹈身形动作更趋于规范；在歌舞伴奏中增加了笛、龙头琴、笙、三弦等乐器，甚至形成了十多人的小型管弦乐队，而在演出时更讲究戏剧表演的布景和舞台的声光效果，成为完全意义上的舞台剧。20世纪60年代，由《诺桑法王》改编而成的大型安多藏戏《意乐仙女》，在首都北京等地上演，因其浓郁的雪域民族特色，为藏戏获得极大声誉。

改革开放以来，随着我国民族宗教政策全面恢复贯彻，西部各省相继成立了民族文化遗产研究机构，藏戏的抢救、发掘和研究工作也随之开展，取得了丰硕的成果。然而，不管是业余藏戏队还是正规的藏剧团，经过了一些后期改编和重塑，藏剧已然失去了传统藏戏的原汁原味，民间习惯将之称为"藏京剧"，大量观众因之流失。

新时期，随着中央政策的扶持和无私援助，藏区社会的各项事业也发生了翻天覆地的变化。现代生活的快节奏和演出市场的激烈竞争，使传统藏戏和内地的戏曲剧种一样，面临资金缺乏、艺人断档、技艺失传、理论研究薄弱等诸多问题。如何保护藏戏这一民族文化遗产瑰宝成为当前我们亟须解决的难题。这也让我们的讨论回到了本文解析的一个中心，即认识民族艺术的文化生态环境是我们开展文化艺术的前提，而这就需要我们理解各民族文化选择的历史，尊重民众的阅读经验，学习传统并理性地看待传统，营造民族艺术展演的文化空间，唯其如此，民族艺术才能得以健康发展。

传统文化是一个民族的精神支柱，精神上无所依托，必然导致本民族独立性人格与价值体系的崩溃。因而，如何对待传统文化问题，已不单是文化问题，而是一个关系民族命运发展的问题。站在这一高度上的民族文化保护必然赋予我们更大的责任与信心。

参考文献：

[1] [法] 多斯：《解构主义史》，季广茂译，金城出版社 2012 年版。

[2] [瑞士] 荣格：《原型与集体无意识》，徐德林译，国际文化出版公司 2011 年版。

[3] [法] 涂尔干：《宗教生活的基本形式》，渠东、汲喆译，上海人民出版社 2006 年版。

[4] [英] 哈里森：《古代艺术与仪式》，刘宗迪译，生活·读书·新知三联书店 2008 年版。

[5] 刘志群：《西藏祭祀艺术》，西藏人民出版社、河北少儿出版社 2000 年版。

[6] 刘志群：《藏戏与藏俗》，西藏人民出版社 2000 年版。

[7] 刘凯：《藏戏及乡人傩新识》，中国戏剧出版社 1999 年版。

  王志强的《宗教语境下的藏戏文化解构与反思》一文，对高原民族文化的深入研究，有作者新的见解。作者认为藏族信仰藏传佛教，"佛教既是一种信仰，也是一种包含了精神、艺术、语言、文学等的全方位文化"。对藏传佛教仪轨中的法舞做了阐释，对藏戏剧目的历史源流进行了深入剖析，提出了传承保护民族传统文化的迫切性。——谢佐

唐代西北民族关系下的边塞诗歌意象

李亚静[*]

【摘　要】唐代特殊的西北民族关系给唐人生活、思想及唐诗创作带来了至关重要的影响，这些诗歌密切反映西北民族生活，使唐诗的发展动因生成了独特的边塞意象。

【关键词】唐代西北民族关系；西北民族文化；边塞诗歌意象

在广阔的西北大地上，地域范围随历史发展而不断变化。自秦始皇统一天下，推行郡县制，分天下为三十六郡，才形成了"西北"这一地理概念。秦在西北的统治，一直到秦昭王筑长城，除陕西外，还在甘肃设陇西郡、北地郡。陇西郡辖今兰州、临夏、定西、天水等地，北地郡地处陇东，辖今约庆阳、平凉，另还有陕北、宁夏和内蒙古的部分地区。而甘肃河西、宁夏的部分地区、青海、新疆，则尚未在当时纳入王朝所辖地区，多为少数民族居住。汉代，张骞通西域后，中西交通畅通，宣帝时，使郑吉"并护以西北道，故号都护"。西域都护的设置，标志着西汉在西域的统治完全到位，同时也必然使甘肃河西、宁夏的部分地区及青海、新疆正式被纳入中原王朝的疆域内。唐开元二十一年（733），玄宗"因十道分山南、江南为东、西道，增置黔中道及京畿、都畿，置十五采访使，检察如汉刺史之职"，

---

[*] 作者单位：青海民族大学。

将十道改划为十五道，分别是：京畿道、都畿道、关内道、河南道、河东道、河北道、陇右道、山南东道、山西西道、剑南道、淮南道、江南东道、江南西道、黔中道、岭南道。以唐初十五道为体系，唐代西北的地域范围约与关内道和陇右道的地域所契合。大体相当于今甘肃、宁夏部分地区及青海、新疆，生活的少数民族主要有吐蕃、突厥、回纥、党项、吐谷浑。唐睿宗景云二年（711），将陇右道中的凉州、甘州、肃州、瓜州、沙州和伊州、西州和北庭都护府、安西都护府另置为河西道，并设立节度使。河西地区以北先后是匈奴、鲜卑、突厥等族的活动地区，以南则是羌、吐谷浑、吐蕃、党项等族活动之地。若以唐时中原王朝疆域而言，"河西道"的主要功能是"阻断羌胡"，"羌"主要指吐蕃，"胡"主要指突厥，即以河西道来阻绝吐蕃与突厥的联系。西北独特的地理环境以及重要的军事战略地位成为唐代统治者经营西北的出发点，为更好地治理西北民族地区，唐朝实行了羁縻政策。司马贞《索隐》云："羁，马络头也；縻，牛也。"《辞海》释"羁縻"为"笼络使不生异心"。就其语义来看，羁縻亦有牵制之意。羁縻政策的实施主要表现在政治上，不改其俗，因俗而治，经济上采用安抚、内附、册封、赏赐、和亲等方式加强与诸族的联系。陈陶《陇西行》其四，"自从贵主和亲后，一半胡风似汉家"。诸族在长期交融的情况下，相互依存、多元发展，客观上促成了相互之间的社会经济文化发展和唐代的民族大融合。

唐诗创作中，文人墨客总是喜欢以"陇右""河西"地区为文化空间，营造诗歌意象，这主要由于陇右、河西地区地势复杂，不仅拥有相对封闭、宜农宜牧的自然环境，而且各地商旅往来此处，无所停绝。西北地区少数民族如果要问鼎中原，一般都以河陇地区为跳板，河陇地区就成为少数民族关注的焦点和中原王朝极为关注的国防安全区域。因此，也就出现了唐人唐诗中的边塞意境。

陇右、河西地区特殊的地理位置，使河陇地区成为诸族问鼎的焦点，也成为各民族迁徙融合的舞台，出现了以西凉州和河湟为主题的边塞诗歌。如柳中庸的《凉州曲》、王翰的《凉州词》（二首）、王之涣的《凉州词》(二首)、孟浩然的《凉州词》(二首)、李贺的《凉州词》(五首)、张籍的《凉州词》(三首)、薛逢的《凉州词》(三首)、岑参的《凉州馆中与诸判官夜集》、元稹的《西凉伎》、白居易的《西凉伎》等；卢照邻的《陇头水》、王维的《陇头吟》、张籍的《陇头行》、耿湋的《陇西行》、陈陶的《陇西行》(四首)等；张谓的《送人使河源》、吕温的《经河源军汉村作》《题河州赤岸桥》、杜牧的《河湟》、张乔的《河湟旧卒》、罗邺的《河湟》、司空图的《河湟有感》等。这样一类题材和一类乐调成为唐代诗歌创作中的一个热点，并为人们所关注，更主要的是西北地区特有的浑厚朴实、朴野稚拙影响了唐诗风采以及唐人的气质与观念，在拓展了唐人视野的同时，也激发了唐人潜在的豪迈乐观、坦荡纯净的胸怀，使唐诗创作产生了独特的审美倾向和艺术动力，唐诗的发展迎来了新的天地。

"河湟何计绝烽烟，免使征人更戍边。尽放农桑无一事，遣教知有太平年。"(罗邺《河湟》)反映了当时人们对河湟长期战争的强烈抗议。长期征戍，致使人民不堪负担，农桑荒废，人们竟不知有太平年。"河湟何计绝烽烟"，既是自问，又是对唐最高统治者的质问。王昌龄《塞下曲》："某日长城战，威言意气高。黄尘足今古，白骨乱蓬蒿。""羌笛何须怨杨柳，春风不度玉门关"(王之涣《凉州词》其一)，更不要说边塞环境的恶劣和艰苦令人悲郁。"大漠风尘日色昏"(王昌龄《从军行》其三)，"青海长云暗雪山，孤城遥望玉门关"(其四)。"胡瓶落膊紫薄汗，碎叶城西秋月圆。明敕星驰封宝剑，辞君一夜取楼兰。"(其六)诗人尽其笔墨向大家展现了胡地的山川日月、异样生活，促进了民族间的理解，推动了各民族文化的融合和思想上的共通。"朔云连百草，汉月对黄沙。"(刘长卿《送南特进赴行营》)"暮天沙漠漠，空碛马萧萧"(皇甫曾《送和西蕃使》)，"九夏呈芳草，三时有雪花"(佚名氏《青海望敦煌之作》)。徐彦伯《胡无人行》："十有繁霜下，征人远凿空。云摇锦车节，海照角端弓。暗碛埋沙树，冲飚卷塞蓬。"这些意境凄寒愁苦自不待言，诗人还要用边塞乐器寄托情思。

羌笛，又称吹鞭、横吹。它原本是古代羌族放牧人的乐器，所以又称羌笛。由于笛音音色悠扬、清冷、寂寞，所以在唐人笔下，它多与边关要塞、征人思妇相连，宜于表达凄凉、哀婉之情。高适《塞上听吹笛》："雪净胡天牧马还，月明羌笛戍楼间。借问梅花何处落。风吹一夜满关山。"以笛声入诗，一展边地征人的行役之苦和思乡之情。"琵琶出塞曲，横笛断人肠。"（李欣《古塞下曲》）凭借音乐，突出了沉郁的氛围。王昌龄《从军行》（其三）："琵琶起舞换新声，总是关山旧别情。缭乱边愁听不尽，高高秋月照长城。"这里极写陇右边地，乐舞本以求快意，但难解离别旧情，边声已听之不尽，而明月高照长城，更引人愁。"凉州七里十万家，胡人半解弹琵琶。琵琶一曲肠堪断，风萧萧兮夜漫漫。"（岑参《凉州馆中与诸判官夜集》）胡笳，属于军乐器，笳者，胡人卷芦叶吹之以作乐也，谓之胡笳。后改用竹子制作，其音悲凉。长于渲染悲愁凄凉的氛围，岑参在《胡笳歌送颜真卿使赴河陇》一诗中这样吟道："君不闻胡笳声最悲，紫髯绿眼胡人吹。吹之一曲犹未了，愁杀楼兰征戍儿。凉秋八月萧关道，北风吹断天山草。昆仑山南月欲斜，胡人向月吹胡笳。胡笳怨兮将送君，秦山遥望陇山云。边城夜夜多愁梦，向月胡笳谁喜闻！"以胡笳声作为贯穿全诗的线索，写诗人送友赴边的深切忧思。"日暮天山下，鸣笳汉使愁"（高适《部落曲》），"胡笳听彻对泪流，羁魂惨惨生边愁"（戴叔伦《边城曲》），其中"愁杀""双泪流"等词点出了胡笳的悲凉之风，想来听到此种乐曲内心自然郁凄不已。"行人刁斗风沙暗，公主琵琶幽怨多"（李颀《古从军行》），"胡笳一曲断人肠，座上相看泪如雨。琵琶长笛曲相和，羌儿胡雏齐唱歌"（岑参《与孤独渐道别长句》）。李益《夜上受降城闻笛》："回乐烽前沙似雪，受降城外月如霜。不知何处吹芦管，一夜征人尽望乡。"这些诗情景交融，或歌或泣，深刻地表达了边庭将士久戍思归的无尽情思。唐诗中关于西北地区边塞的苦、寒、荒意象的勾勒与营造，使唐诗包含了无限丰富的关于历史文化的"诗性空间"。

极力赞颂民族间的文化交流，抒写祖国丰富的文化遗产和壮丽河山，不仅让诗人们的眼界得到了极大的开阔，而且大西北的壮美河山使唐人得到了更大范围的审美空间，张仲素《天马辞》"不知玉塞沙中路，苜蓿残花几处开"，不知玉门关，而知苜蓿，可见西北边地生活风情极为内地人所喜爱，也可见西北物产流通之广。王翰《凉州词》"葡萄美酒夜光杯"，三种物产连用，极言边疆物产的丰美。

岑参《热海行送崔侍御还京》："侧闻阴山胡儿语，西头热海水如煮。海上众鸟不敢飞，中有鲤鱼长且肥。岸旁青草常不歇，空中白雪遥旋灭。蒸沙烁石然虏云，沸浪炎波煎汉月。"将西北边疆的旷远和山势的高峻写得精彩绝伦，令人产生对边塞的热爱，豪气干云于西北的文治武功。"北风夜卷赤亭口，一夜天山雪更厚"（岑参《天山雪歌》），"轮台九月风夜吼，一川碎石大如斗，随风满地石乱走"（岑参《走马川行奉送出师西征》），异域的风土民俗给好奇的诗人提供了极其丰富的创作源泉，凡是中土没有的奇景几乎都被岑参收进诗里，写风雨中毡幕散发的膻气，就说"雨拂毡墙湿，风摇毳幕膻"；让我们感受无比的奇寒，就说"将军角弓不得控，都护铁衣冷难着"（《白雪歌送武判官归京》）。诗人总是以无限欣赏、喜爱之情去表现西北山川所特有的风情韵致，表达自己对边疆瑰丽风光与罕奇风俗的钟爱，这一类作品也因而更能激发内地文人对祖国山河的感情。周繇《送入蕃使》："远塞风狂移帐幕，平沙日晚卧牛羊。"以白描的手法和粗犷的气势，勾勒出青海高原浩瀚无涯、遍地帐幕、满山牛羊的壮丽景象，在辽阔无垠的草原上，到处是藏族牧民的帐篷，在草原之风的吹拂下，处处都是闲散而卧的牛羊，真是一幅太美的草原画啊！

随着唐代贸易的空前繁盛，开元、天宝之际，长安以胡姬掌店售酒的酒肆也兴盛起来。西域胡人既会酿酒又长于经商，当时长安西市多胡店，胡姬当垆，把酒伴唱，渐成风俗，又成为唐诗中一个独特的意象组合。"胡姬貌如花，当垆笑春风，笑春风，舞罗衣。君今不醉欲安归？"（李白《前有一樽酒行三首》其二）这里的胡姬，不仅貌美，而且能歌善舞、酒艺俱佳、热情好客，"妍艳照江头，春风好留客"（杨巨源《胡姬词》），很能吸引长安子弟，流连驻饮。文人秀士

人如其文 贵在其实
李文实先生诞辰100周年纪念暨西北文史专题研究

纵酒狂歌于"胡姬当垆"中,"五年年少金市东,银鞍白马度春风。落花踏尽游何处,笑入胡姬酒肆中"(李白《少年行》其二),将胡姬当作自己笔下的吟唱对象。就连初唐诗人王绩在《过酒家五首》中都这样叹道:"有客须教饮,无钱可别沽。来时长道贯,惭愧酒家胡。"道出了胡姬和酒肆具有太大的吸引力。"胡姬春酒店,弦管夜锵锵。……玉盘初鲙鲤,金鼎正烹羊。上客无劳散,听歌乐世娘。"(贺朝《赠酒店胡姬》)在异域文化的风情之宴中,充盈着铿锵骠勇的乐声,而酒客正喝着胡姬的美酒,也许她们还和文人熟客呢喃细语,倾诉衷肠呢。胡人酒肆常设在城门路边,人们常在此送友饯行,"送君系马青门口,胡姬垆头劝君酒。为问太原贤主人,春来更有新诗否"(岑参《送宇文南金放归太原寓居固呈太原郝主簿》)。胡姬的身份与唐代妇女相比,不仅负载着少数民族特有的勇武刚健的任侠和英勃豪爽的开朗,而且是游离于封建道德之外的一个服务性群体。相对来讲,在脱离社会伦理和责任的约束之下,可以自由地与文人士子交往,更重要的是她们与文人之间的交往不存在外在环境所强加的任何政治和功利的目的,因此,胡姬也就顺理成章地成了文人士子的"言情知己",这使得初唐、盛唐、中唐时期都有文人雅士将胡姬当作自己笔下的吟唱对象,也无怪乎岑参会把"胡姬"与"青门""酒""送别"组合在一起写下那么一首送别诗了。这是符合盛唐文人的心理需求和审美体验的。"安史之乱"后,国势衰微,西北边疆频频告急,长安困厄无路,胡姬又成了文人慨叹国事、伤怀天下的隐喻对象。中唐以后,所咏胡姬诗作已经一改盛唐狂歌健朗的谐音,除了政治上的原因之外,还由于汉文化的濡染,使得本受礼教约束较少的胡姬也多了些脂粉气与矫揉气,而少了边塞异域的粗犷奔放,这便与盛唐时的胡姬意象相去甚远,但至少唐人也透过胡姬形象来表达他们对当时政局的关切与对奢靡风尚的忧心。看来,诗人的情感也因时局的变化而有所转变。

应该看到,西北的天风地籁、浑厚豪壮,使唐诗的意象生成了独特的发展动因。使唐诗在繁荣的基础上,更以一种惊涛骇浪、瑰奇苍劲之姿展现在人们面前,给我们如此雄强有力的激发和充满新鲜感的启迪。

参考文献:

[1](唐)元结、殷璠等:《唐人选唐诗》(全二册),上海古籍出版社1958年版。

[2]赵宗福选注:《历代咏青诗选》,青海人民出版社1986年版。

[3]赵宗福选注:《历代咏藏诗选》,西藏人民出版社1987年版。

[4]李之亮、李迪选注:《边塞诗精华》,京华出版社2001年版。

[5](宋)欧阳修、宋祁:《新唐书·地理四》,中华书局1975年版。

[6](宋)司马光:《资治通鉴》,上海古籍出版社1956年版。

　　正如李亚静著文《唐代西北民族关系下的边塞诗歌意象》,从西北民族关系对唐人诗歌创作的影响来研究边塞诗歌意象。作者的结论是"西北的天风地籁、浑厚豪壮,使唐诗的意象生成了独特的发展动因。使唐诗在繁荣的基础上,更以一种惊涛骇浪、瑰奇苍劲之姿展现在人们面前,给我们如此雄强有力的激发和充满新鲜感的启迪"。这种认识是深刻而切中实际的。——谢佐

论诗史差异及其形成原因
——以唐代咏哥舒翰诗为例

马海龙*

【摘　要】诗与史间既有互证性，又有差异性。以唐代咏哥舒翰诗为例，唐诗中的哥舒翰呈现出两种不同形象类型：一是骁勇善战，保国为民的沙场英雄；二是黩武穷兵、贪功好胜的军中败类。而唐史中的哥舒翰则是个文武双全、智勇兼备的民族英才。这种诗与史间差异的形成，有其深刻的思想根源、社会背景及心理因素。它是诗人深受儒道两家"中和"与"不争"思想影响的产物，是唐玄宗后期社会历史背景在边塞诗中的折射，是诗人在不同境遇和心理下特有的审美体验和艺术心态。可见，艺术源于生活却高于生活，诗史互证不等于对号入座。

【关键词】唐代；诗；史；哥舒翰；差异；原因

"诗史互证"是目前学术界颇为推崇的一种治学方法。所谓"诗史互证"，汪荣祖先生说："一方面以诗为史料，或纠旧史之误，或增补史实阙漏，或别备异说；另一方面，以史证诗，不仅考其'古典'，还求其'今典'，循次批寻，探其脉络，以得通解。"[①]但实际上，其中"诗"的内涵不仅限于诗本身，而是中国古代的词、小说、寓言、文论，

---

* 作者单位：青海民族大学。
① 汪荣祖：《史家陈寅恪传》，台北联经出版事业公司2005年版，第128页。

乃至政论文章，均可包括在内。换言之，举凡古代文学作品均可作为史料来研究历史。卞孝萱先生说："文学作品是文人心声的反映，从一个人的诗词小说可以看见这个人的心。统治阶级内部矛盾斗争的错综复杂，造成了人们在复杂环境中的种种心态，这在史书中是看不到的，只有在文学作品中才能看得出来，何况史书中有粉饰，有隐晦，有曲笔，不可都信，有赖于利用史书以外的材料进行比较、判断。可见，文史互证不但是可能的，也是必要的。"① 因此，我们应该继承和发扬这种治学传统，加强文学与历史间的相互结合，以文学佐证历史，借历史审视文学，高度拓展中国古代文学研究的阐释空间。但是，也应该看到文学与历史间的差异性，绝不能将文学作品简单地视为历史事件的图解，更不能在诗史互证中过于求深坐实、对号入座，而是力图挖掘诗史差异形成的原因，这是今后诗史互证研究中亟待解决的一大难点。有鉴于此，本文拟以唐代咏哥舒翰诗为例，略论诗史差异及其形成原因，以期为中国文学研究者乃至历史研究者提供有益的参考。

一　唐史中的哥舒翰

据《旧唐书》哥舒翰本传载："哥舒翰，突骑施首领哥舒部落之裔也"，"父是突厥，母是胡"，"倜傥任侠，好然诺，纵蒱酒"②。可知哥舒翰是我国历史上名垂史册的少数民族将领之一，在草原文化影响下，他的身上具有粗犷豪爽、任侠仗义的民族性格特征。又据《新唐书》哥舒翰本传："翰能读《左氏春秋》《汉书》，通大义，疏财，多施予，故士归心。"③ 可知哥舒翰又受到中原文化的深刻影响，具有较高的文化修养，为人深明大义，重义轻利。因此，可以说哥舒翰是唐代社会多民族、多文化融合互通的典范。就文化修养而言，哥舒翰

---

① 卞孝萱：《略谈文史互证》，《中南大学学报》（哲学社会科学版）2004年第2期。
② （晋）刘昫等：《旧唐书》卷一百四《哥舒翰传》，中华书局1975年版，第3211、3213、3211页。
③ （宋）欧阳修等：《新唐书》卷一百三十五，中华书局1975年版，第4569页。

能读《左氏春秋》《汉书》，可见其曾受过很好的儒家文化教育。这一点，亦可从其文学作品《破阵乐》得到证明。其辞曰：

> 西戎最沐恩深，犬羊违背生心。
> 神将驱兵出塞，横行海畔生擒。
> 石堡岩高万丈，雕窠霞外千寻。
> 一唱尽属唐国，将知应合天心。①

这首六律，《全唐诗》未见收录，仅见于"敦煌伯 3619 唐诗写卷"，盖当时仅流传于西部边塞，鲜为人知。② 其艺术水平虽不堪与唐代著名边塞诗人之作品媲美，但笔力遒劲，语言朴实，音韵和谐，亦有称道之处。在中国历史上，像哥舒翰这样热爱文学并留下作品的少数民族将领可以说是屈指可数。当然，对于一个武将而言，最重要的莫过于运用其智慧和骁勇，抵御侵略，保国为民。哥舒翰生逢唐与吐蕃关系异常紧张的时代，参与和领导过多次唐蕃战争，其中最负盛名者乃天宝六载（747）"麦庄之役"，天宝八载（749）"石堡城之战"和天宝十二载（753）"九曲之战"。这三大战役的胜利在唐蕃关系史上产生了巨大影响，哥舒翰因此而被晋封西平郡王并名垂史册。可以说，这三大战争既成就了哥舒翰，又给他带来了非议。下面我们就根据史籍所载，试看这三次唐蕃战争及哥舒翰的军事才能与战斗形象。

首先看麦庄之战。据《旧唐书》哥舒翰本传载："先是，吐蕃每至麦熟时，即率部众至积石军获取之，共呼为'吐蕃麦庄'，前后无敢拒之者。至是（天宝六载），翰使王难得、杨景晖等潜引兵至积石军，设伏以待之。吐蕃以五千骑至，翰于城中率骁勇驰击，杀之略尽，余或挺走，伏兵邀击，匹马不还。"③《资治通鉴·唐纪三十一》亦载："每岁积石军麦熟，吐蕃辄来获之，无能御者，边人呼为吐蕃

---

① 谢桃坊编著：《唐宋词谱粹编》，四川人民出版社 2010 年版，第 67 页。
② 黄进德：《说哥舒翰〈破阵乐〉》，《唐代文学研究》1998 年第 00 期。
③ （晋）刘昫等：《旧唐书》卷一百四《哥舒翰传》，中华书局 1975 年版，第 3212 页。

麦庄。(哥舒)翰先伏兵于其侧,虏至,断其后,夹击之,无一人得返者,自是不敢复来。"① 可见,吐蕃统治者长期频繁地抢掠,给边地人民带来了沉重灾难和巨大损失。哥舒翰运用其智慧和骁勇在麦庄之战中取得胜利,为保护边民的生命与财产安全做出了杰出贡献。

其次看石堡城之战。石堡城是隋唐时著名关隘,其地理位置在今青海省湟源县哈城东石城山。关于石堡城,清杨应琚《西宁府新志》载:"石城山,西南去县治(今青海西宁)而百八十里,即石堡城。崖壁峭立,三面绝险,惟一径可上。隋史万岁诗曰'石城门峻谁开辟,更鼓误闻风落石'是也。"②《资治通鉴·唐纪二十九》胡三省引宋白注曰:"石堡城在龙支县西,四面悬崖数千仞,石路盘屈,长三四里,西至赤岭三十里。"③ 史籍虽记载不一,却均强调石堡城形势极为险峻,易守难攻,有"铁仞城"之称。这里曾是唐和吐谷浑边界,吐蕃侵占吐谷浑牧地后,成为唐朝防御吐蕃的军事重镇,同时也是唐蕃的交通要冲。开元天宝之前,吐蕃就攻陷了石堡城,留兵拒守,并以此为基地侵扰河右,给唐朝造成了极大威胁。天宝六载(747),玄宗欲派河西、陇右节度使王忠嗣攻石堡城,忠嗣奏云:"石堡险固,吐蕃举国守之。今若顿兵其下,非杀数万人不能克,臣恐所得不如所亡,不如且厉兵秣马,俟其有衅,然后取之。"④ 以婉言谏劝玄宗不宜强取,"玄宗因不快"。其后将军董延光奏请领兵攻打石堡城,玄宗命王忠嗣分兵协助,但久攻未克。天宝八载(749),玄宗命陇右节度使哥舒翰率陇右、河西及突厥阿布思兵,益以朔方、河东兵,凡六万三千,攻克吐蕃石堡城。这就是哥舒翰攻取石堡城的背景。诚然,这次战争使唐军"士卒死者数万,果如忠嗣所言",时人和后人多议其牺

---

① (宋)司马光:《资治通鉴》卷二百一十五,中华书局1976年版,第3212页。
② (清)杨应琚:《资治通鉴》卷一百一十三,青海人民出版社1983年版,第131页。隋史万岁《石城山》诗云:"石城门峻谁开辟,更鼓误闻风落石。界天白岭胜金汤,镇压西南大半壁。"
③ (宋)司马光:《资治通鉴》卷一百一十三,中华书局1975年版,第6784页。
④ (宋)司马光:《资治通鉴》卷二百一十五《唐纪》三十一,中华书局1975年版,第6878页。

牲太大，得不偿失。但牺牲和损失是任何一场战争所不可避免的，这并不能成为批判哥舒翰和判定战争性质的主要依据。可以说，石堡城之战的胜利，使唐朝在唐蕃长期对峙中取得了明显的优势，也给河陇地区百姓带来了较长时间的安定与和平。

最后看九曲之战。九曲，指今青海贵德县、化隆县一带的黄河地区，本属唐地，属廓州。睿宗景云元年（710），唐派左骁卫大将军杨矩送金城公主入蕃和亲，据《旧唐书·吐蕃传》载："时杨矩为鄯州都督，吐蕃遣使厚遗之，因请河西九曲之地，以为金城公主汤沐之所，矩遂奏与之。吐蕃既得九曲，其地肥良，堪顿兵畜牧，又与唐境接近，自是复叛，始率兵入寇。"① 吐蕃诈取九曲地后，遂逾河筑城，置独山军（今青海同德南部）、九曲军（今青海贵南西部置），架桥于黄河之上（今青海共和县曲沟附近），以此作为东进临洮、兰州、渭源等地的军事基地。开元二年（714）秋，即吐蕃得九曲的第三年，"吐蕃大将坌达延、乞力徐等率众十余万寇临洮军，又进寇兰、渭等州，掠监牧羊马而去"②，吐蕃占据九曲给唐王朝造成了巨大威胁和损失。直至天宝十二载（753），哥舒翰率军击吐蕃，拔洪济、大漠门诸城，悉收九曲部落，终于才使其失而复得。哥舒翰收复九曲，不但彻底清除了吐蕃统治者的侵略和威胁，而且给边境人民带来了相对安定繁荣的局面。据《资治通鉴·唐纪三十二》载：时"自安远门西尽唐境万二千里，闾阎相望，桑麻翳野，天下称富庶者无如陇右"③。

由此可见，唐代史籍中的哥舒翰是个文武兼备、智勇双全的少数民族英才。他凭借自己的智慧和骁勇在抵御吐蕃统治者的掳掠战争中屡立战功，成就了一番丰功伟业，为保护国家领土完整、保卫边境和平安宁做出了杰出贡献。

---

① （晋）刘昫等：《旧唐书》卷一百四十六《吐蕃上》，中华书局1975年版，第5228页。
② 同上。
③ （宋）司马光：《资治通鉴》卷二百一十六，中华书局1975年版，第6918页。

二　唐诗中的哥舒翰

在唐代诗坛上，不少诗人曾作诗咏及哥舒翰，如李白、杜甫、高适、储光羲、西鄙人等，但是歌颂者有之，批判者有之，毁誉不一。为了说明问题，兹择其几首咏哥舒翰诗加以分析。其一，高适《同李员外贺哥舒大夫破九曲之作》：

> 遥传副丞相，昨日破西蕃。作气群山动，扬军大旆翻。
> 奇兵邀转战，连弩绝归奔。泉喷诸戎血，风驱死虏魂。
> 头飞攒万戟，面缚聚辕门。鬼哭黄埃暮，天愁白日昏。
> 石城与岩险，铁骑皆云屯。长策一言决，高踪百代存。
> 威棱憺沙漠，忠义感乾坤。老将黯无色，儒生安敢论。
> 解围凭庙算，止杀报君恩。唯有关河渺，苍茫空树墩。①

这首诗是诗人高适与李员外奉贺哥舒翰收复九曲而作。诗人不惜笔墨，热情颂扬了哥舒翰的威武神勇与赫赫战功，字里行间，充满着无比喜悦和钦慕之情。其二，高适《九曲词》（三首）：

> 一
> 许国从来彻庙堂，连年不为在疆场。
> 将军天上封侯印，御史台上异姓王。
>
> 二
> 万骑争歌杨柳春，千场对舞绣骐驎。
> 到处尽逢欢洽事，相看总是太平人。
>
> 三
> 铁骑横行铁岭头，西看逻迤取封侯。
> 青海只今将饮马，黄河不用更防秋。②

---

① 《全唐诗》卷二百一十四，中华书局1979年版，第2235页。
② 同上书，第2242页。

人如其文　贵在其实
李文实先生诞辰100周年纪念暨西北文史专题研究

关于高适此组诗的具体创作时间，郭茂倩《乐府诗集》卷九十一云："天宝中，哥舒翰攻破吐蕃洪济、大莫等城，收黄河九曲，以其地置洮阳郡，（高）适由是作《九曲词》。"① 故有学者认为作于天宝十二年（753）秋。赵宗福先生认为当作于天宝十三年（754）春，创作地点在陇右节度使所在地西平郡（今西宁乐都）。② 第一首诗颂扬哥舒翰以身许国，连年立功疆场的英雄形象和丰功伟绩。第二首诗描绘胜利给边境人民带来的欢乐与太平。第三首诗描写戍边将士保边卫国的飒爽英姿和收复九曲的重大历史意义。其三，储光羲《哥舒大夫颂德》：

> 天纪启真命，君生臣亦生。乃知赤帝子，复有苍龙精。
> 神武建皇极，文昌开将星。超超渭滨器，落落山西名。
> 画阃入受脤，凿门出扞城。戎人昧正朔，我有轩辕兵。
> 陇路起丰镐，关云随旆旌。河湟训兵甲，义勇方横行。
> 韩魏多锐士，蹶张在幕庭。大非四决轧，石堡高峥嵘。
> 攻伐若振槁，孰云非神明。嘉谋即天意，骤胜由师贞。
> 枯草被西陆，烈风昏太清。戢戈旄头落，牧马昆仑平。
> 宾从俨冠盖，封山纪天声。来朝芙蓉阙，鸣玉飘华缨。
> 直道济时宪，天邦遂轻刑。抗书报知己，松柏亦以荣。
> 嘉命列上第，德辉照天京。在车持简墨，粲粲皆词英。
> 顾我抢榆者，莫能翔青冥。游燕非骐骥，踯躅思长鸣。③

此诗为时任监察御史的储光羲所作，把哥舒翰写得英明勇武、神奇非凡，尤其是对其石堡城之战给予了极高评价。其四，西鄙人《哥舒歌》：

---

① （宋）郭茂倩：《乐府诗集》，人民文学出版社2010年版，第1833页。
② 参见赵宗福《历代咏青诗选》，青海人民出版社1986年版，第19页。
③ 《全唐诗》卷二百一十四，中华书局1979年版，第1389—1390页。

论诗史差异及其形成原因
——以唐代咏哥舒翰诗为例

> 北斗七星高，哥舒夜带刀。
> 只今窥牧马，不敢过临洮。①

此诗为西鄙人即当地百姓所作。关于此诗，《全唐诗》注云："天宝中，哥舒翰为安西节度使，控地数千里，甚著威令，故西鄙人歌此。"（后两句《太平广记》作"吐蕃总杀尽，更筑两重壕"）清沈德潜说此诗："与《敕勒歌》同是天籁，不可以工拙求之。"②诚然，诗仅以寥寥数语描绘出哥舒翰的战斗形象和赫赫战功，语言简洁自然，有一种朴素美。可以说，此诗代表当时普通百姓对哥舒翰的看法及态度。

但是，在唐代诗坛上，有另外一些诗人对哥舒翰的看法及态度与高适等人截然相反。最为典型者莫过于李白、杜甫两大诗人。试就其咏哥舒翰诗列举一二。其一，李白《答王十二寒夜独酌有怀》：

> 君不能狸膏金距学斗鸡，坐令鼻息吹虹霓。
> 君不能学哥舒，横行青海夜带刀，西屠石堡取紫袍。③

此诗乃李白为哥舒翰拔石堡城而作。瞿蜕园、朱金城《李白集校注》引詹锳注云："王（琦）谱天宝八载附考云：是年六月，陇右节度使哥舒翰攻吐蕃石堡城，拔之。白有《答王十二寒夜独酌有怀》诗……知为是时以后之作。"④从诗中可以看出，李白对哥舒翰持强烈否定态度，赤裸地指斥其带刀横行，屠城邀功，行径丑恶如"狸膏斗鸡"之徒。言辞犀利，咄咄逼人。其二，李白《古风·十四》：

> 胡关饶风沙，萧索竟终古。
> 木落秋草黄，登高望戎虏。

---

① 《全唐诗》卷二百一十四，中华书局1979年版，第8849—8850页。
② （清）沈德潜：《唐诗别裁》，上海古籍出版社2008年版，第636页。
③ 《全唐诗》卷一百七十八，中华书局1979年版，第1820页。
④ 瞿蜕园、朱金城校注：《李白集校注》，上海古籍出版社1979年版，第1148页。

人如其文 贵在其实
李文实先生诞辰100周年纪念暨西北文史专题研究

> 荒城空大漠，边邑无遗堵。
> 白骨横千霜，嵯峨蔽榛莽。
> 借问谁凌虐，天骄毒威武。
> 赫怒我圣皇，劳师事鼙鼓。
> 阳和变杀气，发卒骚中土。
> 三十六万人，哀哀泪如雨。
> 且悲就行役，安得营农圃。
> 不见征戍儿，岂知关山苦。
> 争锋徒死节，秉钺皆庸竖。
> 战士死蒿莱，将军获圭组。
> 李牧今不在，边人饲豺虎。①

据元萧士赟考证，李白此诗"当是为哥舒翰攻吐蕃石堡城之事而作。……盖当时上好边攻，诸将皆希旨开边隙，忠嗣独能持重安边不生事。……此诗盖以李牧叱忠嗣也"②。这首诗表现了李白对哥舒翰的极端鄙视和深恶痛绝，嘲讽其加官晋爵是"一将功成万骨枯"（语出唐代曹松《己亥岁二首》）的卑劣行径。其三，杜甫《送高三十五书记》：

> 崆峒小麦熟，且愿休王师。
> 请公问主将，焉用穷荒为？③

此诗为杜甫规劝哥舒翰而作。清代杨伦《杜诗镜铨》引朱鹤龄注云：哥舒翰"遂因麦庄一捷，而黩武穷兵，屡致败衂。今高之往，适当其时，公故戒其贪胜，欲适以之告翰也，此是送高本旨"④。清之钱谦益《钱注杜诗》亦云："哥舒翰大举兵伐石堡城，拔之，士卒死者

---
① 《全唐诗》卷一百六十一，中华书局1979年版，第1672—1673页。
② （唐）李白：《萧士赟补注》，（元）杨齐贤，上海书店出版社1989年版。
③ 《全唐诗》卷二百一十六，中华书局1979年版，第2252页。
④ （清）杨伦笺注：《杜诗镜铨》，上海古籍出版社1998年版，第51页。

数万。……此诗以穷荒为戒。"① 从诗的内容看，二诗论家所言为是。其四，杜甫《喜闻盗贼番寇总退口号五首》（其二）：

> 赞普多教使入秦，数通和好止烟尘。
> 朝廷勿用哥舒将，杀伐虚悲公主亲。②

此诗为杜甫闻吐蕃退却而作。大历二年（767）十月，唐朔方节度使路嗣恭破吐蕃于灵州城（今宁夏灵武县）下，吐蕃王朝进攻唐王朝受阻，开始退却。诗意谓朝廷不要任用像哥舒翰那样的"边将好功之人"轻开边衅，并表明了诗人颂扬和亲、反对战争的政治态度。

从这二首诗，可以看出杜甫虽不似李白般直接严厉，但亦对哥舒翰持强烈批判态度。在他看来，哥舒翰黩武穷兵，轻开边衅，是破坏唐蕃友好关系的罪魁祸首。"李杜文章在，光焰万丈长"，李、杜咏哥舒诗，历来颇为流行，影响很大。后来论者，多袭其议，对哥舒翰予以否定。

由此可见，唐代诗人对哥舒翰形成了两种截然不同的看法及态度，从而使其在文学作品中呈现出两种形象：一是高适等诗人笔下英明神武、保国卫民的英雄形象；二是李白、杜甫二大诗人笔下黩武穷兵、贪功好胜的枭雄形象。二者大相径庭，判若两人。

三 诗史差异形成原因

显而易见，唐代诗与史中的哥舒翰既有一致性，又有差异性。一致性容易理解，因为"不管作者如何虚构，一涉笔墨，往往不自觉地会留下了时代的烙印和社会的真相"③。那么，差异又是如何产生的呢？只有挖掘出其中原因，才能正确处理文学与历史间的关系，才能找到诗歌与本事间的最佳契合点。究其原因，以笔者所见，大致有三。

---

① （清）钱谦益笺注：《钱注杜诗》，上海古籍出版社2009年版，第3页。
② 《全唐诗》卷二百三十，中华书局1979年版，第2520页。
③ 许倬云：《历史分光镜》，上海文艺出版社1998年版。

(一) 思想根源

唐代诗人对哥舒翰的否定,究其根源,则根植于中华民族传统的儒、道两家思想文化之中。自古以来,中华民族传统的儒家文化倡导"中和"思想,认为"中也者,天下之大本也;和也者,天下之达道也。致中和,天地位焉,万物育焉"(《礼记·中庸》)。故在处理民族与民族、国与国之间关系上,主张和平与友好,反对暴政和战争。传统的道家文化亦倡导和平,反对斗争。老子曰:"上善若水。水善利万物而不争"(《老子》第八章),"夫唯不争,故天下莫能与之争"(《老子》第二十二章),"天之道利而不害。圣人之道为而不争"(《老子》第八十一章)。儒、道两家这种"和为贵"的思想对中华民族产生了巨大影响,并历史地内化为深层的民族心理结构,即厌战反战心理。所以,在中国古代边塞诗中,我们看到了不少颂扬和平、批判战争的诗篇。这些作品,无疑是深受这一传统民族心理影响的产物。众所周知,在文化开放、儒佛道并重的唐代,诗人中很少有单独受到或儒或佛或道一家影响的。以李白、杜甫二大诗人为例,李白出生于一个有儒家文化素养的家庭,他说:"五岁诵六甲,十岁观百家","常横经籍书,制作不倦"(《上安州裴长史书》),"十五观奇书,作赋凌相如"(《赠张相镐二首》其二)。可知他曾受很好的儒家文化教育。李白的少年时代,又受到道教的深刻影响。他说:"家本紫云山,道风未沦落"(《题嵩山逸人元丹丘山居》),"十五游神仙,仙友未曾歇"(《感兴八首》其五)。道教的影响几乎终其一生。而伟大诗人杜甫则一生"奉儒守官","忠君恋阙,仁民爱物",是一个典型的儒家知识分子。毋庸置疑,儒、道两家文化对李白、杜甫二大诗人的思想有巨大影响。李、杜诗中对哥舒翰的否定,显然是深受中华民族厌战反战心理的影响。

(二) 社会背景

诚然,唐代诗人对哥舒翰的否定与当时的社会历史背景密切相关。唐玄宗后期,朝政大权先后落入权相李林甫和杨国忠手中,政治黑暗腐败。据《资治通鉴·唐纪三十一》载：天宝六载（747）"上（玄宗）欲广求天下之士，命通一艺以上皆诣京师。李林甫恐草野之士对策斥言其奸恶。建言：'举人多卑贱愚聩，恐有俚言污浊圣听。'……既而至者皆试以诗、赋、论，遂无一人及第者。林甫乃上表野无遗贤"①。又据范文澜先生《中国通史》载："唐玄宗自恃强盛，定要侵侮邻国来满足自己的骄侈心……边疆凭借国家的威力，侵侮邻国来求富贵是常有的事，关键在于朝廷能否加以控制。唐玄宗本人就有好战心，节度使立功名，往往入朝作宰相，实际上，是鼓励边将生事邀功，唐与邻国当然不会相安无事。"② 从以上史实可知：其一，当时国家奸佞当道，政治黑暗腐败，统治者好大喜功，边将贪功好胜，使得朝纲大乱，内忧外患此起彼伏。其二，当时知识分子受到奸相李林甫的压制与排挤，空有才华和抱负却得不到重用。而有些边将却凭借国家威力，黩武穷兵，生事邀功，继而加官晋爵。这种黑暗现实和不平待遇，使得当时的知识分子深感愤懑和不满，他们以笔为武器，写诗进行抨击。如杜甫云："去时里正与裹头，归来头白还戍边。边庭流血成海水，武皇开边意未已。"（《兵车行》）李白云："何日平胡虏，良人罢远征。"（《子夜吴歌·秋歌》）"由来征战地，不见有人还。戍客望边邑，思归多苦颜。"（《关山月》）高适云："战士军前半死生，美人帐下犹歌舞。"（《燕歌行》）王昌龄云："更吹羌笛关山月，无那金闺万里愁。"（《从军行》）诗人们借对征戍士卒艰辛生活和幽怨思归情绪的描写，来表达对统治者穷兵黩武的强烈不满和对无休止战争的深恶痛绝。哥舒翰正是在这一社会历史背景下奉命出征吐蕃并取得胜利，继而加官晋爵的，因此受到批判和否定是必然的，同时这也真实地反映了当时普遍的社会心理。

（三）心理因素

文学作品是作家思想情绪的反映。我们联系诗人生平事迹，可以

---

① （宋）司马光：《资治通鉴》卷二百一十五，中华书局1975年版，第6876页。
② 范文澜：《中国通史》（第三册），人民出版社2008年版，第161页。

寻到诗人对哥舒翰持不同看法及态度的心理因素。如前所述，玄宗后期，朝政大权先后落入权相李林甫和杨国忠手中，政治黑暗腐败，杜甫、高适、元结等诗人均在当时应试中被奸相李林甫所黜落，成为那场骗局的受害者。落第后的杜甫客居长安，为了求得援引，"朝扣富儿门，暮随肥马尘"，却一无所获，贫困无以为生，乃"卖药都市，不足则寄食友朋"。此时其处境之艰难、情绪之苦痛是可以想见的。而李白当时则为高力士所陷害，得罪杨贵妃，被玄宗"由是斥去"，结束了其一生最光辉灿烂的一段生活，也就是他供奉翰林时期，而开始了长达十年左右的漫游。他"浪迹江湖，终日沉饮"，看似逍遥快活，实则如人饮水，冷暖自知。二人内心深处均充满因受统治阶级排斥、压抑而产生的强烈愤懑之情。在这种情绪影响下，他们看待唐蕃战争时往往只注意到其"黩武""杀戮"的消极影响，而忽略了其积极意义。

再者，李、杜二人虽有不少边塞之作，但与唐代绝大多数边塞诗人一样，并未真正到过边塞，更未经历过边塞战争。他们二人关心时事，对边塞之事必有所知，但因并非战争的亲历者，故对当时的政治局势、战略全局、用兵部署均无法有较为清楚的认识和准确的把握。他们只是根据传闻等间接信息，加以分析判断，形成对唐蕃战争及哥舒翰的看法和态度。但是，诗人高适却与其不同。高适亦是个以经济自负的人，颇有用世之心，但是始终遭受统治阶级压抑而仕途坎坷，在梁宋间过了十余年"混迹渔樵"的流浪生活。据周勋初先生《高适年谱》言，天宝十二年"秋，（高适）受田良丘推荐，赴河西幕府谒哥舒翰，不遇；转至陇右，始为入幕之宾"[①]。直至天宝十二年（753），53岁时，高适才因田良丘推荐，至河西节度使哥舒翰幕下。哥舒翰见而异之，表为左骁卫兵曹，充翰府掌书记。高适作为哥舒翰的掌书记，随军多次征战，熟悉边塞局势，与李、杜相比，感受自然要深刻得多。更重要的是，当时的高适正值否极泰来的人生转折时

---

① 周勋初：《高适年谱》，上海古籍出版社1980年版，第77—78页。

期,心情愉悦,思想积极,情绪高昂,所以当哥舒翰大破吐蕃、旗开得胜之时,诗人情不自禁地以诗尽情讴歌,表达心中的欣喜、兴奋之情,同时借哥舒之事,抒发自己"万里不惜死,一朝得成功。画图麒麟阁,入朝明光宫"(《塞下曲》)的豪情壮志和建功立业的强烈愿望。可见,诗人境遇各异,情志有别,看待事物的角度自然不同,感受、结论也就不一样。

综上所述,诗歌与历史之间既有互证性,又有差异性。我们应该加强文学与历史间的相互结合,以文学佐证历史,借历史审视文学,高度拓展中国古代文学研究的阐释空间。但是,也应该看到文学与历史间的差异性,"艺术的真实来源于生活的真实,但不是生活原型的翻版。作家在创作实践中,有意识地改变自然或社会的生活真实,并不是十分罕见的事情。文史互证,不等于对号入座。仅仅从局部着眼是很危险的"①。因此,应该正确处理文学与历史、诗歌与本事之间的关系,力图寻找到二者间的最佳契合点。

> 马海龙以唐代咏哥舒翰诗为例,论述诗史差异及其形成原因,他认为诗与史之间,既有互证性,又有差异性。马海龙将唐史中的哥舒翰与唐诗中的哥舒翰相互印证,追溯其差异,认为源自儒、道思想。马海龙进一步从当时的社会背景和心理因素方面作了论证,他的结论是"以文学佐证历史,借历史审视文学,高度拓宽中国古代文学研究的阐释空间"。这也不失为文学研究的一种途径,因为文学创作与时代关系密切,包括一个时代的思想观念、道德风范,乃至重大历史事件,譬如安史之乱对杜甫的诗歌创作影响极深。——谢佐

---

① 黄进德:《说哥舒翰〈破阵乐〉》,《唐代文学研究》1998 年第 00 期。

近代河湟诗人李焕章诗歌创作的美学追求

李 清*

【摘 要】 在青海文化史上，李焕章是一位卓有成就的诗人。在他的诗歌里，反映和揭露社会现实之作具有强烈的时代感和写实精神；批驳世之谬误或宣扬救世之作则将抽象的说理寓于形象的描写之中；山川风物、民族风情之作清新明快，表达出诗人对家乡山水、人民的爱恋之情。他的诗歌创作，因其鲜明的审美特色，成为极具写实性、说理性、抒情性的河湟诗歌典范。

【关键词】 诗歌；李焕章；写实性；说理性；抒情性

在青海近代的文化史上，李焕章是一位能关心民瘼，同情人民群众的疾苦，敢于反映和揭露当时社会问题的诗人。他的诗歌创作中不乏反映社会现实、自然风物、民俗风情等方面的工丽精深、成就卓越的作品，其诗歌具有现实主义的精神与浪漫主义的风格，在近代青海诗歌中极具代表性。既有一定的艺术价值，又有较高的美学价值。这些创作为我们宣传青海、了解青海提供了宝贵的资料，为欣赏青海乡土文化提供了艺术精品，在青海汉族文学史上起到了"筚路蓝缕，以启山林"的作用。

---

* 作者单位：青海民族大学文学与新闻传播学院。

一 李焕章的思想与文学主张

李焕章（1867—1924）字文斋，号奋生，又号惜阴轩主人，西宁云谷川刘家堡（今湟中县刘家堡）人。李焕章祖父名李清，其时家境颇为富裕，清之三子李彬即李焕章的父亲，从小就勤奋好学，深受中国传统文化主流思想——儒家思想的影响，有着通过科举入仕的梦想，极为上进。同治年间，河湟发生事变，李氏家族家业凋零，父亲李彬开始务农，便将科举成名的愿望倾注到了李焕章身上，先是口传身授，教焕章诵习四书五经、制艺试帖之类。到焕章16岁时，又送他到外村私塾求学。此时的焕章为了稍解家庭的困难，请求父亲允许他舍读务耕。然而李彬坚决不同意焕章弃学的主张，不论有多大困难，也要他坚持学习，说："尔书，吾乐此不为疲也！"在父亲的鼓励之下，1887年李焕章考中秀才，到湟中书院学习深造，由于当时西宁地区连年遭遇饥荒，家境更加贫寒，常常"箪瓢屡空，昼粥犹断"，只能靠炒面充饥，而且"食品只有炒面而常虑不足"，所以，被人们戏称其为"炒面秀才"。1890年李焕章回到家中教书，不久父亲李彬与世长辞，家庭的负担一下子压到了李焕章的身上，然而他一面教书，一面坚持自学，并未放弃科举入仕的愿望。1903年李焕章考中举人，以举人资格去兰州求古书院、兰州师范学校读书。在此期间，他接触到了近代自然科学知识和资产阶级民主主义思想。第二年，参加礼部会试，廷试为一等。由此可以看出，李焕章深受父亲的影响，在他身上体现出中国封建社会知识分子的品格，即强烈渴求功业的积极进取态度以及治国平天下的意识和社会责任感。这种思想对其政治和文学活动产生了重要影响。

作为诗人的李焕章，一生著述颇丰，诗文集有《惜阴轩诗草》（其中存诗226首，词39阕）、《惜阴轩诗话》《寡过堂日记》及《弁言实业杂记》等。

在文学上，"照事物应该有的样子描述和描写人物却按照他们的本来的样子"。根据这种说法分为现实主义和浪漫主义两种创作方法,李焕章的诗既继承了自《诗经》以来现实主义的表现手法,对稍后的基生兰等西宁诗人有较大的影响。前人评他的诗"不屑以嘲风月,弄花鸟见长",而对社会现实"蒿目时艰,怆怀民隐,颂言急切,无所回护",使其诗歌具有现实主义的批判精神。又因为诗人生长在青海,他对家乡的山川风物、民族风情的描写,可以说是真情实感、形象生动、细致入微,又体现出浪漫主义风格,从而使其诗歌具有现实主义的批判精神与浪漫主义的艺术风格。

二 李焕章诗歌创作中的美学追求

诗人李焕章在民族的特定时期,用诗歌创作实践了他独特的美学追求,其诗集《惜阴轩诗草》成为那个时代的代表诗作。诗人用诗歌宣泄了对时代的抗争、对民族的忧郁、对家乡的热爱,在审美倾向上表现出写实性、说理性和抒情性的特质,主张艺术与社会、自然的有机融合。

(一) 写实性

以"怨"言诗是中国诗学思想中一条重要的理论意脉,它源于孔子的"《诗》可以怨"。"怨"是中国古代诗歌的基本感情之一,以诗抒怨是古代诗歌的基本特征。"哀怨"是审美主体对坎坷不平的客观现实的特殊反映形式,诗中的怨情都是现实中的弱者遭遇不幸后而产生的人生感慨,带有浓郁的悲剧色彩,此类怨情是人所共有的,由于它发自诗人之肺腑,因此"自怨生"(语出司马迁《史记·屈原列传》)的诗作的美感往往更加强烈,真切感人。在一定程度上具有较大的普遍性和较高的审美价值,因而能引起人们的普遍共鸣。李焕章深受现实主义思想的影响,他的创作无论是对具体形象的塑造、细枝末节的刻画,还是在整体的表现形态上,都力求贴近社会生活现实,追求艺术虚构的真实感。正如韦勒克所说:"艺术应该忠实地表现这个真实的世界,因此,它应该通过精微的观察和仔细的辨析来研究当代的生活和风俗。它应该不动感情地、非个人地、客观地表现现实。"

李焕章身历清末和民国前期。由于他长期身处农村,有机会接近人民群众,目睹和体察了人民群众身受的疾苦,对当时的社会现实有着比较深刻的认识。旨在针砭时弊,反映人民疾苦,构成了李焕章诗歌的现实主义基调。如《丰州杂咏》《湟中杂咏》等就是这方面的代表作。

丰州杂咏

国匮生机蹙,官邪意气高。
有财皆尔禄,无俸不民膏。
寸缕终年著,千金一掷豪。
广宴长席上,曾否听饥号!①

这首诗是诗人任绥远知县时期写的,他以犀利辛辣的笔触揭露了社会的黑暗,用强烈的对比手法描绘出了压迫、剥削者与被压迫、被剥削者两个对立的方面,一方面写出了国库空虚,而另一方面官员一掷千金,宴席之上,觥筹交错,却听不到黎民的饥号声,也反映出诗人对人民群众的同情之心。尾联"广宴长席上,曾否听饥号"。一声棒喝,确能振聋发聩。我们读到此诗时,不能不联想到杜甫"朱门酒肉臭,路有冻死骨"的千古名句。诗人客观如实地记录了官、民的生活现实,全诗具有现实主义基调。

青海从清同治年间始,官府向农民在田赋正额之外加征"营买粮草",到民国时完全成为加在农民身上的只有"营买之名"并无"营买之实"的沉重负担。农民辛勤劳作一年,交完田赋,"营买粮草"后则十室九空。每年九十月兵役下乡追缴粮草,急如星火,在缴纳时又要受到官吏的百般刁难、克扣和勒索,李焕章在《湟中杂咏》中反映了这一弊政:

---

① 李逢春编注:《西宁历代诗人诗词选注》,陕西人民出版社1995年版,第128页。

> 采买何年始？苍黎近代穷。
> 营粮千廒裕，廪粟四乡空。
> 忍视飞刍苦，谁知射利工。
> 军门深万里，难得此言通。①

人民生活在水深火热之中，本来就很贫穷的广大人民还要担负各种税收、徭役，生活变得更加苦不堪言。与李焕章同时代的诗人基生兰也以此为题，写道：

> 租税年年重，差徭日日烦。
> 民贫兼土瘠，苦况不堪言。②

两首诗以同样题材描写了青海近代，在马氏家族统治青海时期的社会、政治、经济状况，都反映了诗人关心国事民情、心系天下的豪情。

辛亥革命后，统治甘肃省（包括今青海省）的甘肃军政府在"民国"的招牌下，使这一地区又陷入了封建官僚军阀的统治。由于进入近代之初，青海因不是一个省，加之工商业发展程度不高，金融业的发展受到影响，很长时期金融机构阙如。封建军阀统治者就竞相苛夺民财，中饱私囊，滥发纸币，土法铸造铜币，扰乱金融，甘肃财政严重空虚。1922年后，又在"寓禁于征"的口号下，甘肃大开烟禁，全省遍地罂粟，烟民到处皆是。李焕章《壬戌新年金城记事》一诗可作这一段历史的征信资料。诗写道：

> 国旗飘五色，新历贺三元。
> 遍市鸦军闹，沿街雀讼繁。
> 点金无妙术，易钞有烦言。
> 欲觅铜山地，铸钱塞乱源。③

---

① 李逢春编注：《西宁历代诗人诗词选注》，陕西人民出版社1995年版，第128页。
② 同上书，第148页。
③ 同上书，第130—131页。

这首诗里描写了社会秩序混乱、金融混乱、通货膨胀，人民遭受极大浩劫。它具有"诗史"般的独特性质，同时也充满了诗人忧国忧民的伟大情怀，表达了诗人对地方稳定、和平的殷切企盼。

另，如《朱家井纪事》二首：

一

此地瘠贫久著名，忍看雹雨似盆倾。
有秋顷刻成泡影，陇畔号啕起哭声。

二

十家农户九家贫，冷灶无烟甑有尘。
凄绝啼饥小儿女，牵衣阿母唤频频。①

两首诗史诗般地记录了朱家井地区人民的现实生活，朱家井地区以贫瘠闻名。1922年秋，一场雹雨突袭了这个地区，将丰收在望的稼禾打得颗粒无收，老百姓的生活遭受了很大的打击，纷纷在田垄上看着冰雹过后的麦田号啕大哭。尤其是诗中描写那饥饿难熬、牵衣唤母求食的小儿女的凄惨形象，使人不忍卒读。李焕章的这类诗我们可以当作历史来读。

通过对以上作品的分析，我们可以得出这样的结论：诗歌追求的写实性在李焕章的创作中已成为一种显在的呈现，写实的手法让诗歌成为一种"真实"的叙述，它给诗歌创作带来了新的生命力。

(二) 说理性

诗歌，是最富有启示力的艺术。它不能没有"理"，而且要以"理"教人服人。宋代黄山谷就说过："诗当以理为主，理得而辞顺，文章自然出类拔萃。"清人蒋兆兰也说："盖无论何种文字，莫不以理为质。理者，意之所寓也。"因此一首诗如果理说得透，议论得好，还会收到事半功倍的效果，并起到画龙点睛的作用。它能启发读者的

---

① 李逢春编注：《西宁历代诗人诗词选注》，陕西人民出版社1995年版，第135页。

人如其文 贵在其实
李文实先生诞辰100周年纪念暨西北文史专题研究

思维、联想和想象，使感情更加浓烈，意境更加美妙。正如近代学者、文学评论家王国维先生在《人间词话》中所说："诗人对于宇宙人生，须入乎其内，又须出乎其外。入乎其内，故有生气；出乎其外，故有高致。"因此诗歌的说理能够达到深入浅出，妙趣横生，读之犹如痛饮了陈年佳酿，既是醇美的享受，又会留下绵长悠远的回味。

民国时期，在资本主义经济初步发展之形势的拉动下，一些近代科学技术开始陆续传入青海，诗人李焕章在这时接触了近代自然科学知识和资产阶级民主主义思想，面对当时青海的实际，主张实业救国，振兴民族，他的诗不仅揭露时弊，同情人民群众，而且提出"何如挥金作事业"，通过实业补时弊，拯救黎庶。他用诗的形式阐述、宣扬这些思想和主张，这就形成了他的说理诗。当然，诗歌要达"理"，自然要借助于形象；没有形象，即使有"理"，也无以寄托，诗歌就不免流于概念和议论，流于枯燥乏味的空洞说教，不容易吸引读者、引起共鸣，这样就不可能将"理"达人。所以在李焕章的说理诗中，最明显的特点就是借助形象来阐理。如他批驳迷信风水的陋习，强调做任何事情不以物喜，不以己悲，不因迷信地师言以南北山势来判断贫富关系，这种说法误人兼误己，提出"勤者富之基，惰者贫之始，贫富本靡常，惰勤考素历"（《辟贫富关系地理说之谬》）。李焕章的这类诗能借诸具体事例，通过北山和南山举例来说明，以具体生动的景物形象来表达深邃的思想，阐发深奥的哲理，由此及彼，娓娓道来，似与友人促膝谈心，读来却饶有兴味。

地 震

忽然楼动屋摇荡，如泛波涛巨舰轻。
丁男子女夺门走，卧榻娇儿泣喤喤。
廿分钟后始宁静，方息千家鼎沸声。
夜分复闻地球震，四壁铮铮金铁鸣。
拂曙庐室又砰訇，一夕令人数次惊。

> 谁知次日天刚午，雷声殷殷动窗楹。
> 昕夕之间四次震，坤元似鸣其不平。
> 我闻地球亦行星，自转公转旋太清。
> 有时火喷或陷落，地球被震声轰轰。
> 更有断层殊可怖，城郭覆没山岳倾。
> 既不若日月之簿，蚀可推测而预明。
> 又不若鬼魔之作，祟可祈禳以精诚。
> 可怜国人遇地震，斋僧侫佛何营营。
> 多少素称慈善者，误信御灾赈贫氓。
> 贫氓虽感解推惠，徒惹人嗤太憃生。
> 何如挥金作事业，造福苍黎博大名。
> 地球不坠名不坠，卓哉志愿何恢宏。①

《地震》一诗写的是发生在 1920 年的一次地震，他用细致的笔墨记述了地震的过程，用科学知识说明地震的成因，然而笔锋一转，指出那些一遇地震便斋僧侫佛祈求保佑的愚昧行为，以慈善者的面目搞一些施粥施汤的赈济也只是暂时之举，提出"何如挥金作事业，造福苍黎博大名"。与其做些表面文章，还不如筹资兴工，做实事，为老百姓谋福利。李焕章的说理诗就这样旗帜鲜明地批驳世之谬误后，进一步宣扬救世的主张。

(三) 抒情性

"诗是主情的艺术"，抒发情感是诗的灵魂，同时，抒情性也是诗歌创作重要的审美特征。"诗缘情"（语出陆机《文赋》），意谓写诗的基础是情感，诗歌是为表达情感而抒发的。情感，对文艺创作来说，是不可或缺的。它是诗人心灵迸发的火花、思想情感的结晶。对情感方面的要求，它比起其他文艺样式来，自然要更高一些。基于情感对诗歌创作的重要性，"诗圣"杜甫提出"有情且赋诗"（《四松》）。他

---

① 李焕章、李逢春：《惜阴轩诗草》，青海人民出版社 2012 年版，第 301 页。

人如其文　贵在其实
李文实先生诞辰 100 周年纪念暨西北文史专题研究

把"有情"作为"赋诗"的先决条件。诗人写诗当然不能乏"情",否则就写不成诗歌。诗人不仅要"有情",而且要感情深厚浓烈,充满激情,才能写出好诗。李焕章生活的青海西宁,地处青藏高原东北边缘湟水流域,被人们称为"诗歌的海洋"。如此的乡土人文浸润着诗人敏感诗意的内心,流于笔端的文字优美诗意,而他也俨然是一位诗人在挥洒着充沛的激情。

由于自然风物是我国诗歌的传统题材,不同时期不同地域的诗人创作的山水之作又都呈现出不同的特色。李焕章的山水诗写景状物,清新明快,抒发所感,情景交融,以风格而论,它们是潇洒飘逸的浪漫主义,代表李焕章诗歌风格的另一面。如他写的《贵德竹枝词》《尕壤即景》《暮春之初过拉鸡山》等,这些诗突显了他的写景诗的特点。诗人不仅对这里的风景做了细致入微的描写,反映了家乡的真实面貌,更重要的是字里行间传递出诗人对故乡的无限热爱。诗人生于斯,长于斯,熟悉这里的山山水水、一草一木。因此能用独特的眼光去观察,用质朴的情愫去感受,使一些看来凄楚苍凉的景象变得熠熠生辉,别有情趣。如《暮春之初过拉鸡山》二首:

一

翡翠铺万山,乍涌一峰雪。
策马琼瑶间,人境两清绝。

二

山北寒凝冰,山南暖化雪。
崎岖下山阿,回头叹陡绝。①

这两首组诗描绘了四五月份的拉鸡山景色。拉鸡山,按《西宁府新志·地理山川·西宁县》所述:"腊鸡山,在县南一百里。往时赴贵德所者,由穷家番族绕道数十里。今文武官捐俸开修此山,

---

① 李逢春编著:《西宁历代诗人诗词选注》,陕西人民出版社 1995 年版,第 122 页。

路直而捷,为南北要道。"它位于青海省海南州贵德县境内,拉鸡山属日月山支脉,藏语称"贡毛拉",意为嘎拉鸡(石鸡)栖息的地方。第一首诗写到拉鸡山草木郁郁葱葱如翡翠一般,铺满了整个山脉。策马一路上山而去,诗人看到了山顶冰雪尚未融化,诗人策马行进,如同行走于琼瑶之间。第二首诗写到拉鸡山山北、山南的景色。山北由于四五月份阳光照射不到、冰雪未融化而结成一层厚厚的山冰。山南在太阳的照射下,冰雪都融化了。山路崎岖,宛如长蛇盘转而下。再回头看看所走过的山路,山路陡峭,让世人发出由衷的感叹。这两首组诗,用清新的笔调描绘了暮春拉鸡山的景致。两首诗不仅仅是山水景物诗,而且将诗人自己的情感融于诗中,诗人的审美感情移情于审美对象,诗人的心境融入、渗透于物境之中,于是境界产生出来了,达到情与景的相互交融、契合,即所谓诗歌的"情景交融",尤其是第一首的第三、四句,不仅写到了诗人策马行进于山路间的景色,也写出了诗人此时此刻的心情。"人境两清绝"有着陶渊明"结庐在人境"的韵味,将诗中的景物与人的情感完全交织在一起。

与此同时,诗人李焕章常年生活在河湟地区,在任职期间足迹所到之处,留下了不少佳作。由于诗人熟悉当地的风土人情,在他的诗中就有一部分写到了当地的社会风貌、风土人情,这些诗不仅描写了当地人民群众的生活状况,而且写出了青海近代的社会特点、民族风情,如《河阴竹枝词》:

青蛾皓齿跨雕鞍,满背银墩亦壮观。
却怪炎云红日里,灿如白雪戴羊冠。①

这是首描写青海农业区藏族妇女服饰习俗的词。"彤云红日下,一群(或一个)眉毛弯弯似黑蛾,如雪白牙把人耀的藏族女子,头戴

---

① 赵宗福选注:《历代咏青诗选》,青海人民出版社1986年版,第287页。

灿如白雪的羔皮帽,背饰引人注目的银墩(亦作银盾),跨上马鞍,挥鞭驰骋,健美无比。"藏族女子纯洁、矫健的形象深深地印入读者的脑海。一幅藏族女子骑马行进的图画被形象生动地描绘了出来。这首诗表现出了诗人高超的艺术表现力,同时也表现出了诗人非凡的文学功底。诗人没有过多描写藏族女子的体貌特征,只是紧紧抓住了"青蛾、皓齿、银墩、羊冠、雕鞍"等方面,将藏族女子的身份表明了出来。自古以来,青海省农业区藏族妇女特别注重头饰,词中涉及面饰、头饰、背饰三种习俗,其中"满背银墩"的背饰最为壮观。背饰,因全部饰品均垂于背后发辫,故可称之为发饰。"妇女背坠长辫,盛以锦套,上缀银质图形之盾,镶以珊瑚、宝石之类,富者动以百计。""藏妇发辫亦分为二,惟置于脑后,上缀以珍珠、珊瑚或银碗八个或十二个不等。"这首诗中重点通过姑娘的头饰、银饰来判断这位姑娘身世不俗。除此之外,文字的应用也恰如其分,就拿几个表现色彩的词如"红日、白雪、青蛾、皓齿、银墩"来说,一方面词中将服饰模特儿置于马背上,展现了藏族妇女善于骑射的风貌;另一方面又以"炎云红日"的天气为背景,强化了高原服饰的独特风格。将藏族女子的矫健、脱俗的图画集于一首诗中,再现了诗人非凡的诗思和高超的诗艺。

总之,诗人有着得天独厚的条件,故而创作出了一些真正透射鲜明的时代特征和浓郁地方特色的文学作品。这些作品,既有一定的艺术价值,又有较高的美学价值。李焕章的作品,在青海文化史上有着一定的地位,我们研究李焕章等西宁诗人及其作品,对认识青海、宣传西宁、研究青海文化发展史,进而研究我国西部文学都是有益的。

李清著文《近代河湟诗人李焕章诗歌创作的美学追求》作了研究。李焕章出生于青海湟中县,清末民初时人,自幼家境贫寒,了解并同情民间疾苦。他的《朱家井纪事》二首对当时西北地区农民困苦生活的描写可谓入木三分,"此地瘠贫久著名/忍看雹雨似盆倾/有秋顷刻成泡影/陇畔号啕起哭声"。"十家农户九家贫/冷灶无烟甑有尘/凄绝啼饥小儿女/牵衣阿母唤频频。"这样反映时代民生的诗作，叫人不忍卒读。诗人体察民情，李清认为，"故而创作出了一些真正透射鲜明的时代特征和浓郁地方特色的文学作品"。——谢佐

试论"花儿"的鸟类意象

贺雯婧*

鸟类作为自然界中客观存在的一种生物,不仅和人类的生活息息相关,而且常常被诗人作为一种意象在作品中用来起兴,并以此来寄托自己的情思和意趣。这是因为它联系着上古先民的信仰,表现了他们的图腾崇拜,象征着他们希冀永恒的渴望。从《诗经》及《山海经》中,鸟意象就展现出了丰富的文化意蕴。特别是"不死鸟"的意象,成为上古先民对灵魂不死的信仰象征。《楚辞》中,屈原将鸟意象从道德层面上的细化分类,提高到了精神人格的尺度,可视为以鸟喻人的滥觞,并由此开创了"善鸟,香草,以配忠贞;恶禽,臭物,以比谗佞……虬龙、鸾凤,以托君子"的咏物传统。"花儿"在艺术上最突出的特点在于抒情,而在抒情的过程中,总离不开具体的物象起兴或作比。因此,通过对"花儿"鸟类比兴意象的研究我们可以对"花儿"有多方面的认识和理解。

一 "比兴"的类型和作用

"花儿"是流行于我国青海、甘肃、宁夏、新疆四省、自治区的回、汉、土、撒拉、东乡、保安和部分裕固、藏族中间,用汉语来歌唱的一种民歌。"花儿"作品浩繁,曲调丰富,文学艺术价值很高。李文实先生

---

* 作者单位:青海民族大学。

研究发现,"花儿"在艺术创作手法上完全继承了《诗经》当中的"赋""比""兴"的艺术传统。甚至"花儿"在运用这些手法时已达到得心应手、挥洒自如、情景交融的地步,使人听起来悦耳动听,读起来意味深长,并会引起无限的遐想,广受人民群众的喜爱。因此,著名"花儿"演唱家朱仲禄说:"'花儿'中既没有反动统治阶级的改篡,也未经所谓文人的修饰,它完全属于劳动人民。"赋、比、兴这三种艺术手法,最早出现于《周礼·春官·大师》,最早给予解释的是后汉的郑玄。此后,刘勰在《文心雕龙》中也做出过相关的解释,但对赋、比、兴给予最全面阐释的则是宋代的朱熹。他说:"比者,彼物比此物也";"赋者,敷陈其事而直言之也";"兴者,先言他物以引起所咏之词也",三者各有特点,又密切联系。其中关于兴者中的"先言他物"与"所咏之词"之间的关系,历来备受学术界的争议。大致有以下观点:其一,认为兴的作用不仅可以作为歌曲的引子,引起所咏之词,而且还具有启发诱导的作用。如郑玄、孔子等人。其二,认为"先言他物"和"所咏之词"没有必然的联系。如20世纪初,顾颉刚先生在研究《诗经》比兴时认为,兴的运用主要在于谐韵起头,没有高深的内涵。李文实先生在研究"花儿"比兴时也持相同的观点,并认为:"从这里我们可以体会到民歌(特别是情歌)所以多用比兴的手法,是由于初见难以启口,只能勉强用搭讪的口吻开腔。因为以唱歌的形式来表情达意,较言语更难为情,在这种场合下的歌曲,用兴的手法,给歌者以委婉转圜的余地,这就是兴歌的妙用和它产生的缘由。"① 由此他进一步认为,这更可说明兴词与主题,本没有义理方面的关联,只是为了借此启口和谐韵之便。赵宗福先生也认为:"民歌创作者们在唱歌的时候,往往没有更多的时间像文人作家一样苦思冥想地构思,而是就眼前所见和心中突然记起的事物先编出第一句甚至第二句,然后一边唱一边想如何表达主旨,等唱完了起兴部分,后边的主旨也就已经规范为符合格律的句子了,于是再继续

---

① 李文实:《"花儿"与〈诗经·国风〉》,《青海民族学院学报》1980年第4期。

唱出来，将前后连贯起来便是一首完整的花儿。正因为如此，河湟花儿中前半部分与后半部分仅仅是韵脚相押而看不出意义上有关联的作品占有很大比例。"[①] 以上几位学者的论述虽然阐述的角度不同，但都对民歌创作中的比兴问题做出了精辟的论述，并总结了比兴产生的原生态现象。这样的论述是很有价值的。尤其是李文实、赵宗福两位先生所论更为具体、生动、准确地指出了"花儿"中比兴的问题。其实就"花儿"本身而论，"花儿"的比兴除了上述的形式之外，还具有重要的文化象征作用。而文化的共享性决定了创作者们在运用比兴手法时会选择同一个物体去表达情感。如闻一多先生在其《说鱼》文章中，就挖掘出"鱼"以及与鱼经常组合使用的"饥""食"等词均是男女两性关系的隐语，含有"配偶""情侣""合欢"等意，并从古埃及、亚洲及希腊等民族习俗中找到了鱼崇拜的证据。赵沛霖先生在《兴的源起》一书中，也认为人们最初以"他物"起兴，既不是出于审美动机，也不是出于实用动机，更不是随随便便、信手拈来，而是出于一种深刻的宗教原因。不过这种宗教是产生于原始社会一定发展阶段的原始宗教。也就是说，兴的源起植根于原始宗教的土壤之中，从最初个别的具体的原始兴象到后来作为一般的规范化的艺术形式的兴。而规范化的艺术形式的兴则是在众多的原始兴象的基础上产生的，是这些原始兴象由于历史的发展而丧失其原有观念内容而逐渐演化成的抽象的形式。当然，关于诗歌起兴意象的文化意义方面，外国学者也有相关的研究和理论。洛德认为："诗中经常出现的某些景物带来的联想，这些景物是象征性的，歌者借助于习惯和联想，用这种景物引出某种固定的情绪。"[②] 再如，苏珊·朗格认为："但就民歌而言，不论它有多少种变化形式，总有某个人第一个在韵律、节奏上创

---

① 赵宗福：《花儿通论》，青海人民出版社1989年版，第4页。
② [美] 阿尔伯特·贝茨·洛德：《故事的歌手》，尹虎彬译，中华书局2004年版，第40页。

作了这个故事,并为这个题目的各种变化提供了'诗的内核'。"① 由此不难发现,在"花儿"中就存在很多鸟类意象的"诗的内核",而这些"诗的内核"最早可以追溯到《诗经》时代。虽然,其在时间上经过了沧海桑田般的变化,但是依然保留了它的本质内涵,依然能够引出某种固定的情绪反应。比如,以"鸟"来作为物象和现象比兴的作品,其"所咏之词"多反映的是热恋。"鸟"意象便代表了这类诗歌的"内核"和文化原型。以鸟作为意象进行比兴的歌一定与爱情有着某种情感、氛围等方面的关联,于是这些意象便成了"花儿"中的"经典意象"之一。

二 以鸟类起兴的原因及其文化分析

在"花儿"中,人们除了喜欢用花尤其是牡丹花起兴之外,还喜欢用鸟作为意象来进行起兴创作。据笔者对赵宗福、吉狄马加主编的《青海花儿大典》中各类型"花儿"的统计,发现其中写到的鸟类就有鸽子、麻雀、鸳鸯、喜鹊、布谷鸟、乌鸦等。关于对鸟意象的记录,我们最早可以追溯到甲骨文中。当时这些鸟意象主要是用来进行占卜活动。因此,便带有一些神秘意义。如"鸣雉"(《京》2859),"日之夕,□鸣雉"(《海》1.1)。这两条记录是关于鸣雉的。这应当是对非正常现象的记述,否则不会特书一笔。至于"鸣雉"其意何在,因记载过于简略,我们不好确定。但可以肯定,其中蕴含原始的宗教意识。李学勤先生以为此是以雉非时而鸣为灾异的,若此,则是中国历史上最早的以鸟类活动为吉凶征兆的记载了。除此以外,此类鸟意象在《尚书》《周易》《春秋》《左传》《国语》及《逸周书》中也有出现。而在这些作品中,鸟意象都存有一个共同点,都是把鸟类作为一种预言载体或事物的征兆来对待。而出现这样的相同点,是和上古先民的观念与习俗有关。而且这种观念是世界性的一种原始观念。

---

① [美]苏珊·朗格:《情感与形式》,刘大基等译,中国社会科学出版社1986年版,第320页。

人如其文 贵在其实
李文实先生诞辰100周年纪念暨西北文史专题研究

在希腊文里,"鸟"这个词兼有"预言"与"天之信息"的意思。人们根据鸟的鸣叫、飞行或出没活动来预测事物的吉凶。正如列维·布留尔所云:"对现象的客观联系往往根本不加考虑的原始意识,却对现象之间的这些或虚或实的神秘联系表现出特别的注意。"① 而这种习俗几乎不同程度地存在于世界上所有的民族中。如南婆罗洲的伊班人或沿海达克雅人通过解释几种鸟类的鸣叫和飞行情况来占卜吉凶。有冠鸟的快速鸣叫使人联想起炭火燃烧时的噼啪声,人们因而预言,烧草肥田的工作会顺利成功。特罗公的惊叫像是动物被杀时的喘气声,这预示着狩猎会满载而归。吴歌中有歌谣说:"老鸦哑哑叫,爹爹赚元宝,姆妈添弟弟,哥哥讨嫂嫂,姊姊坐花轿。"吴地人认为老鸦叫是吉祥之兆,因而以老鸦起兴,既引出了一连串的喜事,又渲染了一种气氛!相反,贵州苗族认为乌鸦叫是不吉之兆,故有歌谣说:"今年乌鸦叫得恶,新坟埋在旧坟脚。爹娘会养不会配,拿把白米配荞谷。"不难看出,在原始逻辑思维的支配下,人们认定相类似或可互为象征的事物之间,即人与自然之间,冥冥之中有一种联系。这种信仰与观念,依附于原始的人类生活经验的背景,随着历史的运行,在人们的心灵深处逐渐生根,化育出一种生命意识,影响到了他们对外在事物的认识,也影响到了他们对未来事物的判断与生活的情绪。

鸟类在最初只是作为占卜祸福的一种符号而存在于人们的意识中。因为它们的习性便于拟人化象征,因此它们对吉凶祸福的预示,也必然关联着当事者情感的波动。当鸟类意象出现在各种作品中,其不仅作为意象携带特别意义而天衣无缝地与诗之内容融为一体,而且还会更有效地表现人的情感世界。东汉的王充在其《论衡·道虚篇》中说:"鸟兽含情欲,有与人相类者。"可见从占卜工具到成为诗歌兴象,其间并不需要什么过渡或中介。因为诗歌本来就是人类情感的载体。因此,在很多时候创作者们以鸟类起兴并不是真的听到了鸟的叫

---

① [法]列维·布留尔:《原始思维》,丁由译,商务印书馆1981年版,第69页。

声，诗只是以此张扬一种情绪状态，渲染气氛而已。因这种民俗尚存，故而在民歌的起兴物与所兴事之间，人们既不会感到突然，也不会引起误解。

三　以喜鹊、鸽子起兴的原因及其文化分析

在"花儿"中，可以看到种类繁多的鸟意象。据笔者对《青海花儿大典》中所收录"花儿"的粗略统计，其中以喜鹊和鸽子意象进行起兴的作品占多数，而且这些作品多半反映的是男女热恋和求爱的感情。为什么在种类繁多的鸟类中，创作者们都会不约而同地去选择喜鹊和鸽子作为起兴对象表达男女之间的爱情，而不是以常见的鸳鸯、燕、雁、黄莺、凤凰、孔雀、杜鹃进行起兴呢？究其原因在于以下三个方面。

第一，动物意象与动物象征是古今中外文学作品中屡见不鲜的艺术表现形式，由于动物的形象早已深入人心，文学家们便常常以动物世界喻示人的世界，用动物来间接表现作品中人物的心理感受与状态。喜鹊和鸽子就是"花儿"歌手们常用的动物意象。

第二，青海地处青藏高原东北部，大部分地区海拔处在 3000～5000 米之间，全省地貌复杂多样，4/5 以上的地区为典型的高原大陆气候，干燥、少雨、多风、缺氧、寒冷，地区间差异大，垂直变化明显。在这样残酷的气候下，青海地区鸟的种类远不如温暖、湿润的南方水乡地区丰富。而喜鹊和鸽子都是适应能力比较强的鸟类。因此，生活在青藏高原的人们，在生活中最常见的也主要是喜鹊、鸽子等鸟类。而"花儿"的起兴特色就如赵宗福先生所说的，"是就眼前所见和心中突然记起的事物为主"。喜鹊、鸽子作为最"世俗"的鸟类，它们和人类的日常生活很贴近，因此很容易就被借用了。

第三，喜鹊和鸽子作为自然界中的客观生物，其本身没有什么内涵意义，但当它们进入创作者的眼中时，便脱离了客观存在，上升为创作者的一种观念。被意象化了的喜鹊和鸽子，就这样由现实的具体

存在变成了情感的寄托。因此，我们在理解"花儿"中的喜鹊和鸽子意象时，不能单纯地把它们作为客观生物去看待，而是应该看到它们身上被人类所赋予的文化内涵。

喜鹊，《本草纲目》中说它的名字包括两个含义：一是"鹊鸣，故谓之鹊"；二是"灵能报喜，故谓之喜"。正是由于喜鹊具有"灵能报喜"的特征，自古以来便深受人们的喜爱，在民间被人们赋予吉祥的象征。除此之外，喜鹊由于是"一夫一妻"制的鸟类，也被人们赋予忠贞爱情的象征，常常出现在各种表达爱情的文学作品中。如：

> 花喜鹊抬草盘窝哩，盘窝时要抱个蛋哩；千里的路上看你哩，我俩人配成个对哩。①

在这首"花儿"中，创作者通过喜鹊"抬草盘窝"和"下蛋"这一自然现象的描写，巧妙地表达出对心上人的那份忠贞的爱情以及想和心上人创建一个幸福美满家庭的美好愿望。再如：

> 娑罗罗树上的花喜鹊，倒枝柳树上的孔雀；生死的簿儿上查一个，奈何的桥儿上等着。②

喜鹊在人们心中本来就具有一种吉祥的寓意，而把喜鹊和佛教里的圣树联系在一起，除了想让这种吉祥变得更加浓郁之外，更有一种想表达爱情长久的意愿。"生死簿""奈何桥"这种民间传说中的事物，也被创作者拿来表达自己对心上人的那份执着、永恒的爱情。

如果说喜鹊是因为其特殊的文化象征被人们作为美好情感的寄托而常常出现在各种文学作品中的话，那么，在青海"花儿"中还有一种特殊的鸟类——鸽子，也被创作者用来表达男女之间的情感和忠

---

① 吉狄马加、赵宗福主编：《青海花儿大典》，青海人民出版社2009年版，第56页。
② 同上书，第89页。

诚，甚至出现的次数要远多于喜鹊。而这种现象却在其他民歌中极为罕见。出现这种特殊现象的原因除了上述的地理和心理因素之外，还因为鸽子这一形象也具有多种文化象征。

鸽子，在我国古时被称为"飞奴"，《周礼》中把鸽子列为"六禽"之一。早在秦末就有关于鸽子的各种传说，如"双鸽救刘邦""汉使鸽传书""张九龄训鸽""鸽子姑娘"等奇闻逸事。从上述这些传说中，我们看到鸽子从最初的神鸟到后来的信使和象征忠贞爱情的"爱情鸟"。于是，人们经常会借用鸽子，生动、形象地表达自己对心上人的那份忠贞爱情。如：

> 瓦蓝的鸽子崖前飞，翅膀儿搅着风哩；拔了肝花连了心，我俩儿同心着哩。①

在这首"花儿"中创作者用鸽子起兴，以此来表达自己对伴侣那种忠贞不渝的爱情。而这样的选择并不是一种偶然，除了受到传统文化的影响之外，创作者们还了解到了鸽子是一种"一夫一妻"制的鸟类。鸽子在其性成熟之后，对配偶具有选择性，一旦配对，便对伴侣感情专一，从此形影不离。而鸽子的这种自然属性恰恰和"我"要对心上人所要表达的感情是不谋而合的。再如：

> 一对儿鸽子半天里飞，膀膀儿扇着风哩；千里的路上看一回你，给妹妹宽心着哩。②

这首"花儿"以鸽子来起兴，从而表达"我"对妹妹的思念。而且在这首"花儿"中，创作者是把鸽子不管离家多远多久都能迅速找回自己的巢穴这一特性和自己"千里的路上看一回你"相联系，来表达"我"对妹妹那种不管多远也都不离不弃的忠贞爱情。

---

① 吉狄马加、赵宗福主编：《青海花儿大典》，青海人民出版社2009年版，第60页。
② 同上书，第69页。

总而言之，爱情从古至今一直是一个永恒而又美好的话题。鸟类因其成双成对、用情专一、南北迁徙、啼声悲欢等特征，成了爱情类诗词中的一个重要的审美意象。而对"花儿"中的鸟类意象，我们多是从审美角度来理解的，其实在其背后，有着特殊的历史原因和文化象征意义。因此，我们在对整个"花儿"比兴意象的研究中，只有挖掘出其更深刻的文化内涵和象征意义，才能使"花儿"研究更加深入、更加全面。

参考文献：

[1]（汉）王逸：《楚辞章句》，商务印书馆1937年版。

[2]（宋）朱熹：《诗经集传》，上海古籍出版社1995年版。

[3] 李文实：《"花儿"与〈诗经·国风〉》，《花儿少年论集》，中国民间文艺研究会青海分会编印1982年版。

[4] 赵宗福：《花儿通论》，青海人民出版社1989年版。

[5][美]阿尔伯特·贝茨·洛德：《故事的歌手》，尹虎彬译，中华书局2004年版。

[6][美]苏珊·朗格：《情感与形式》，刘大基等译，中国社会科学出版社1986年版。

[7][法]列维·布留尔：《原始思维》，丁由译，商务印书馆1987年版。

[8][法]列维·斯特劳斯：《野性的思维》，李幼蒸译，商务印书馆1989年版。

[9] 吉狄马加、赵宗福主编：《青海花儿大典》，青海人民出版社2010年版。

贺雯婧著文《试论"花儿"中的鸟类意象》，从河湟民歌"花儿""少年"的比兴手法入论，提出"以'鸟'来作为物象和现象比兴的作品，其'所咏之词'多反映的是热恋"。进一步指出以鸟类起兴的原因及其文化分析，并与古籍中相关的内容做比，作者更深层次地研究"花儿"词以喜鹊、鸽子起兴的原因及其文化分析。这是目前研究"花儿"方面别开生面的文章。——谢佐

读李文实先生《西陲古地与羌藏文化》有感

吕思盈[*]

初闻李文实先生,是在校图书馆一楼校名人照片中看到的第一位老先生。他形象谦和、慈祥,让我不由产生一种敬慕之情。我们要纪念老先生诞辰100周年,使我追忆起埋在我心中的对他思念和敬仰的感情历程:图书馆三楼李文实先生藏书馆中,陈旧的书架上一排排整齐地摆放着李文实先生生前的藏书,《校史录》中32篇学术论文的记录,让我不禁感叹这位史学家阅历的丰富、硕果的累累。再闻李文实先生,是在与贾晞儒老师的谈话中,贾晞儒老师用李文实先生治学的严谨、知识的广博和为人的谦虚教导我们应该如何做学问。煌煌鸿篇《西陲古地与羌藏文化》,是李文实先生生前最优秀的著作,从这本书中,便足以窥探出李文实先生卓越的学术成就,也似乎看到了李老先生高大、清瘦的身影,让我更深刻地感受到了老先生的为人做事的高尚品德和治学严谨的可贵精神,成为令我肃然起敬的长者。

中国有句古话:文史不分家。对于从高中便不再涉及历史学科的我来说,作为一名语言学与应用语言学的研究生,眼界必然是浅薄而短浅的。但作为史学家的李文实先生,使我从他的《西陲古地与

---

[*] 作者系青海民族大学文学与新闻传播学院2012级语言学与应用语言学专业研究生。

羌藏文化》和有关论文的字里行间体会到了他老人家语言学知识的夯实与广博。

萨丕尔说："语言是极端复杂的历史建筑。"语言是复杂历史的直观体现，研究历史，离不开对语言从古至今的语音转变、词义演变、语法变革等事实的追溯。语言除了有古今的差异外，还有方言与民族语言的差别，而语言的这些差异又往往是在其历史过程中表现出来的。西陲古地自古就是一个多民族聚居的地方，也是历史上逃荒、避难求生和待罪之人从不同地方、不同时期，操着不同的方言或语言及其文化而被发配于斯的地方，其间必有方言或语言的接触、碰撞和融合，形成了语言文化的复杂性，并且延续至今。在李文实先生的《西陲古地与羌藏文化》一书中，有数篇文章都是探究古地名的由来及演变，每篇文章都以可靠的例证追本溯源，以音韵学理论推古及今，以语言学知识解决史学问题，深入浅出地将问题逐一解决。

在《吐蕃一名的由来》一文中，对于"吐"和"蕃"的来源问题，尤其"吐"字的来源问题，引证《诗经》中的例句，结合音韵学知识，让人得以信服。对于"蕃"字的由来和含义，前人只是对该字的音义做了音义双关的探索，认为该字是藏文的音译，又可以读为"藩"，义从双关。但在《吐蕃一名的由来》中，李文实先生从音韵学的角度重新阐释了"蕃"字的来源：古读重唇音，即"番声"。根据钱大昕所说，"古读发如拨"，"古读藩如拨"，又根据古无轻唇音的原理，证实了他论证的准确性。"吐"的来源问题也是比较难解释的一个问题。当代人对于该字的解释也只停留在猜想阶段，但李文实先生提出了一个比较新的看法，那就是"蕃称吐蕃，乃与吐火罗和大夏有关"。根据史书的记载，吐火罗有多种音译，如吐豁罗、睹货逻等。西方史书所称巴克特里亚（Bactria），有人认为即 Tukhara（吐火罗），也即大夏的对音。按大夏都域 Bactria，不同史书中有不同的翻译：薄佉罗、钵和、缚喝、缚喝罗。缚、薄、钵、土、吐，古音同属五部，均属同部叶声字的转读，其字读音之例大部分可以在《诗经》

的诗句中找到答案。李文实先生所说的"古音属第五部",便是指段玉裁《说文解字》中古韵十七部的第五部。这一探求的过程需要对古代文献牢记于心并对音韵学知识具有极其扎实的基础,而李文实先生作为一位史学家能够利用语言学知识如此深入地分析地名的来源等问题,让许多语言学者都自叹不如。

语言是民族的指纹,是民族历史的一面镜子。一个民族的语言反映着一个民族的生存状态,是一个民族的命脉之所在。地名不仅是一个地区的代名词,也是一个地理符号,同时蕴含该地区的文化、地理、风俗等多方面的内容,是民族历史的记忆,尤其是少数民族地区的地名,它们往往存在一地多名的现象,或者多种语言的合璧,形成一种你中有我、我中有你的历史文化的语言蕴含,这是我们研究多民族地区的历史、文化所必须重视的一个重要问题。

此外,先生善于运用藏语言材料来论证历史问题。这说明了先生在研究多民族地区的历史问题的时候,不仅仅是从汉语史料中寻找答案,而且也充分利用少数民族语言材料进行论证,特别是藏语言材料。我们知道藏语言与汉语言是亲属语言,而且在历史上藏汉语言之间的接触影响也是十分悠久和广泛的,许多词语同源或者相互接近的现象比较普遍,尤其是在青藏高原这个特定的地域里,更需要汉语材料和藏语材料的相互佐证。例如,他在《西陲古地与羌藏文化》中谈到氐族时,说:"古史上氐羌或羌戎并称,而'戎'字向不得其解,数年前我曾从几位精通藏语文的专家处,得悉戎即当时的羌民入于中原而改从农耕者的称谓,今安多藏语犹称农业区的藏民为'戎娃'或'戎斡'(也有译为'隆吾')。"经过他的比较分析,最后得出结论,说:"夏民族源于氐羌,则是无可怀疑的历史事实,不仅如此,它还是以后中华民族的来源之一呢!"语言朴实、亲切,论证具体、翔实。这不仅是一个方法问题,而且更重要的是他给我们做出了榜样:做学问必须严谨、客观。要做到这一点,首先必须有渊博的知识、深厚的专业理论和充分的资料,不可浮躁和草率。

人如其文 贵在其实
李文实先生诞辰100周年纪念暨西北文史专题研究

我是刚刚走到学术之门的学子,就听到关于先生为人治学的许多动人的故事,令我倾心向往,我将会在继续拜读他的大作中,细细体会尊长的这种品德和精神,在做事做学问上,以李老先生为榜样,孜孜矻矻,永不满足。故此,在先生诞辰100周年之际,谨以此文表达对先生的怀念及敬仰之情!

非物质文化遗产的传播途径与保护之探索
——以"西北民族大学举行《格萨尔》艺人进校园"活动为例

张 美[*]

【摘 要】非物质文化遗产保护热潮掀起的今天,人们呼吁要保护它,其前提是什么?笔者认为应该是传播的手段、过程及传播带来的价值。本文以2012年"西北民族大学举行《格萨尔》艺人进校园"这一活动为例,论述了新形势下,新的传播途径对非物质文化遗产的保护带来的实用价值和所具有的深刻的现实意义。

【关键词】非物质文化遗产;保护;传播新途径

在信息与时尚不断充斥于人们生活的今天,年轻一代受流行音乐、西方节日等影响。传统的手工艺制作、丰富的说唱艺术、承载民族特色的礼仪习俗等在现代工业文明的介入下正在加快速度退出历史的舞台,人们对本民族的非物质文化遗产的了解仅限于电视盒网络检索、模拟体验浏览层面。而承载这些传统的人们(传承人和本民族人群)在当今年轻人的眼中,成了"跟不上时代步伐"的一类。这些拥有传统手艺的传承人面临这种形势从而产生了危机意识,危机意识的背后更多的是惋惜。传承人想把这种文化传播给外界,并希望后代将这些非物质文化遗产称为"我们的"遗产。然而,传播活动如何得以实现?如何通过传播使受众产生"文化认同"?如何实现非物质

---

[*] 作者系青海民族大学文学与新闻传播学院2013级研究生。

文化遗产"活态"的延续？这一系列问题都是值得思考的。本文以2012年9月20日西北民族大学举行《格萨尔》艺人进校园活动为例，对非物质文化遗产传播途径做些许思考。

一　《格萨尔》艺人进校园

2012年9月20日，西北民族大学举行了《格萨尔》艺人进校园活动，有来自青海果洛圆光艺人才智活佛、神授说唱艺人达哇扎巴、传承艺人丹玛·江永慈城、蒙古族说唱艺人敖特根白音、玛曲《格萨尔》说唱艺人才扎。说唱艺人将西北民族大学藏族、蒙古族、汉族等多民族学生与《格萨尔》研究专家、教授、领导、教师一起带入了这部"活着的史诗"中，享受了独特民族文化的盛宴。从事《格萨尔》研究的专家、教授围绕说唱的内容、特色及意义影响等方面，为艺人们的说唱进行了详细的评述。[①] 让我们展开《格萨尔》历史画卷重温它的风采。《格萨尔》是我国藏族人民集体创作的一部伟大的英雄史诗，它产生在古代藏族的部落社会时期，孕育了中华五千年悠久历史和灿烂文化的母亲河黄河、长江源头是古老史诗的发祥地，其具有鲜明的民族和地域特点。

故事讲述的是在很久很久以前，天灾人祸遍及藏区，妖魔鬼怪横行，黎民百姓遭受荼毒。大慈大悲的观世音菩萨为了普度众生出苦海，向阿弥陀佛请求派天神之子下凡降魔。神子推巴噶瓦发愿到藏区，做黑头发藏人的君王——即格萨尔王。为了让格萨尔能够完成降妖伏魔、抑强扶弱、造福百姓的神圣使命，史诗的作者们赋予他特殊的品格和非凡的才能，把他塑造成神、龙、念（藏族原始宗教里的一种厉神）三者合一的半人半神的英雄。格萨尔降临人间后，多次遭到陷害，但由于他本身的力量和诸天神的保护，不仅未遭毒手，反而将害人的妖魔和鬼怪杀死。格萨尔从诞生之日起，就开始为民除害，造

---

① 西北民族大学新闻网（http://www.xbmu.edu.cn/frontContent.action?siteId=12&articleClassId=151&articleId=41513，2012年9月24日）。

福百姓。5岁时，格萨尔与母亲移居黄河之畔。8岁时，岭部落也迁移至此。12岁时，格萨尔在部落的赛马大会上取得胜利，并获得王位，同时娶森姜珠牡为妃。从此，格萨尔开始施展天威，东讨西伐，南征北战，降伏了入侵岭国的北方妖魔，战胜了霍尔国的白帐王、姜国的萨丹王、门域的辛赤王、大食的诺尔王、卡切松耳石的赤丹王、祝古的托桂王等，先后降伏了几十个"宗"（藏族古代的部落和小邦国家）。在降伏了人间妖魔之后，格萨尔功德圆满，与母亲郭姆、王妃森姜珠牡等一同返回天界，规模宏大的史诗《格萨尔王传》到此结束。《格萨尔》共有120多卷，100多万诗行，2000多万字，远远超过了世界几大著名史诗的总和。它主要流传于中国青藏高原的藏族、蒙古族、土族、裕固族、纳西族、普米族等民族中，以口耳相传的方式讲述。

《格萨尔》这部史诗至今在藏族中传唱着，仍是藏民族的历史记忆，是珍贵的文化遗产。非物质文化遗产是人类历史上创造，并以活态形式传承至今的，具有重要的历史价值、艺术价值、文化价值、科学价值与社会价值，足以代表一方文化，并为当地社会所认可，具有普世价值的知识类、技术类与技能类传统文化事例。[1] 笔者研读《格萨尔》可以体会到它具有高度的文学价值。它源于社会生活，反映了极为丰富的藏族古代文化，特别是古代民间文学的坚实基础，如藏族谚语"春三月若不播种，秋三月难收六谷"等。从作品主体创作、作品素材、表现手法、宗教信仰、风俗习惯等，各类民间文学作品及其素材均在史诗中有所表现。《格萨尔》史诗是一部散韵相间的文学形式，将现实生活中的故事、神话、诗歌、寓言、谚语、格言等融为一体。《格萨尔》说唱，作为一个曲艺品种，亦作为一种艺术表演形式，表演方式是采用"一曲多变"式的专用曲调演唱，唱中穿插说白，有时还配以图画讲解。用藏语表演，常采用牛角琴伴奏。由于史诗内容丰富，结构体制庞大，所以一般的艺人通常只是截取某一部分或片断表演。

---

[1] 参见苑利、顾军《非物质文化遗产学》，高等教育出版社2009年版，第12页。

此外,《格萨尔》还具有很高的欣赏价值、审美价值、社会价值。它塑造了数以百计的艺术形象,无论是正面英雄还是反面暴君,或者男女老少,都个性鲜明、形象生动。诸如格萨尔、森姜珠牡、丹玛等形象成为藏族文学史上的艺术典范。《格萨尔》是藏族传统文化的精华,是研究古代藏族社会历史的一部"百科全书"。它表现了民族发展的重大历史事件,格萨尔不畏强暴、消除苦难、造福百姓的主题思想贯穿了整个史诗,体现了藏族人民厌恶战争,急切盼望和平安定的愿望,在深受苦难的藏族人民中引起共鸣。整部史诗展现的是昂然向上的进取精神,是中华民族共同的精神财富。

因此,2006年5月20日《格萨尔》被列入我国第一批非物质文化遗产的名录。《格萨尔》是一部"活着的史诗",具有"活态"传承的特点,有学者研究,传承有几种方式即神授的、托梦的、附体的。他们认为说唱史诗的本领是无法传授的,也是学不了的。全凭"缘分",靠"神灵"的启迪,是"诗神"附体。他们认为,一代又一代的说唱艺人是与格萨尔王有关系的某个人物的转世。随后2007年6月5日国家确定了《格萨尔》传承人。然而,随着现代化进程和全球化步伐加快,藏、蒙古等民族的生活方式发生了变化,老艺人相继去世,因此传承人出现断裂,从而使《格萨尔》的受众群也面临困顿,史诗传统有消亡的危险。而西北民族大学的此次活动为《格萨尔》史诗的传播与保护提供了新的途径。

二 非物质文化遗产的传承保护与新传播途径

非物质文化遗产是"活态"遗产,对其的保护并非如珍藏图书一样摆放在书架上并予以编号,而是需要将其不断传承并传播。只有文化传播,才能使受众产生认同感,从而形成保护意识,使之成为一个民族自豪和炫耀的资本。当非物质文化遗产保护热潮掀起时,人们讨论最多的是如何保护,保护的前提是什么。针对这些问题,本文首先要界定的是传承和传播概念的区别及联系。

非物质文化遗产的传播途径与保护之探索
——以"西北民族大学举行《格萨尔》艺人进校园"活动为例

从"传承"和"传播"的概念来看。"传承"意味着民俗、知识和经验甚至包括历史记忆的跨时代延展,它既指民俗或文化在时间上传衍的连续性,亦即历时的纵向延续性,也可用来指民俗文化的传递方式。① "传播"一词,是英语 communication 的对译词。据考证,这个词起源于拉丁语的 communicatio 和 communis,14 世纪在英语中写作 comynycacion,15 世纪以后逐渐演变成现代词形,其含义不下十几种,包括"通信""会话""交流""交往""交通""参与"等。② 非物质文化遗产只有具备"传承性"并进行"传播",才能使文化濡染更加广泛,传播方向更加有序。传承和传播有明显的区别,但也有千丝万缕的联系,传承是历时的纵向传播,是时间上的承续,又是艺术上的创新;传播则是传承的扩散性延伸。

传播是一种社会的互动行为,每个人通过传播保持相互影响和相互作用的关系。各民族的人们如何认识本民族的文化,需要相互传播并产生文化认同,形成共同保护本民族的人文资源的意识,并将其传承。费孝通先生提出了"人文资源"概念,他认为,"人文资源是人类从最早的文明开始一点一点地积累、不断地延续和建造起来的。它是人类的历史、人类的文化、人类的艺术,是我们老祖宗留给我们的财富。人文资源虽然包括很广,但概括起来可以这么说:人类通过文化的创造,留下来的、可以供人类继续发展的文化基础,称之为人文资源"③。而作为资源,在社会交往传播活动中才能显示它的价值和作用,否则资源的存在也就没有意义了。在古代藏族社会,民间文学相当发达,包含了诗歌、谚语、民歌、传说、寓言等,《格萨尔》所呈现出来的一方面源于艺人的创造,另一方面汲取了它们的营养,传承了其优秀的传统,藏族的民间文学作为资源为《格萨尔》提供了创作的沃土,将自身的文化继续传承和传播。《格萨尔》艺人进校园不仅是对史诗内容的传播,也是民族文化的传播,更是非物质文化遗产保

---

① 参见钟敬文《民俗学概论》,上海文艺出版社 1998 年版,第 13—16 页。
② 参见郭庆光《传播学教程》,中国人民大学出版社 1999 年版,第 2 页。
③ 费孝通:《西部人文资源的研究与对话》,《民族艺术》2001 年第 1 期。

护最好的方式。所以,传播是保护非物质文化遗产的手段之一,而保护是传播过程中达到的最终目的。

非物质文化遗产的传承性与活态性,充分证明了《格萨尔》史诗的传承方式,它的传播地域、传播范围、传播方式、传播受众等也受到关注。例如,随着非物质文化遗产理论建构逐渐完善,政府及媒体宣传不断扩大,科技传播手段不断更新的前提下,人们对非物质文化遗产保护观念日益增强,非物质文化遗产传播的方式更加理论化、具体化、手段化。2006年,国务院下发《关于加强文化遗产保护工作的通知》,决定从2006年起,每年6月的第二个星期六定为我国"文化遗产日"。这是一种官方保护的途径。

笔者认为西北民族大学举行的《格萨尔》艺人进校园活动是独特的传播方式。笔者对参加2012年《格萨尔》艺人进校园活动的说唱艺人丹玛·江永慈城进行了寻访。青海玉树说唱传承艺人丹玛·江永慈城,藏族,1942年出生,73岁,青海省玉树州结古镇人,现居住于青海省西宁市北大街玉树办事处家属院。丹玛·江永慈城五六岁开始对《格萨尔》史诗产生浓厚兴趣并开始说唱,他多年从事《格萨尔》史诗的说唱、翻译、收集、整理等研究工作,曾前往北京、内蒙古、拉萨说唱。他现已收集120部《格萨尔》史诗,其中最精华的60本准备做规范版本并制成音像制品。

在西北民族大学举行的《格萨尔》艺人进校园活动中丹玛·江永慈城和达哇扎巴向西北民族大学老师和同学们分别说唱了《岭格萨尔王·达赛施财》与《格萨尔·吐谷浑兵器宝》两个部分,说唱的时间分别为15分钟。丹玛·江永慈城用藏语说唱,同学们不理解的内容则用汉语进行讲解,说唱艺人通过讲述神话故事,再现了格萨尔王的英勇和藏族人民的智慧。活动中还有不同民族地区的《格萨尔》说唱艺人向大家做了精彩的演唱,他们清唱或伴着琴声,结合所唱的内容配以不同的表情和动作,时而高亢清远,时而浑厚低沉,博得在场师生的热烈掌声。曾走访各地说唱的丹玛·江永慈城告诉笔者,作为说唱传承人,说唱的内容不仅来源于史诗文本,也来自于群众收集的说唱内容。高校是传播《格萨尔》最有利的土壤，由于在座的多半是藏族，所以同学们对《格萨尔》说唱的内容比较熟悉，在高校培养从事《格萨尔》研究的同学也很多。丹玛·江永慈城与其他艺人相继到过云南大学、中央民族大学等高校，目的就是要传播《格萨尔》史诗，培养《格萨尔》研究人才，使受众产生"文化认同"并传承和弘扬民族文化。

由此可以观之，《格萨尔》艺人进校园活动是"活态"延续的新途径。"活态"具体表现在以下几个方面：首先，说唱是"活"的，每个艺人的说唱都有特定的心境，进行原生态说唱与在高校表演，艺人心境完全不同；其次，受众是"活"的，该活动针对的是正处于学习旺盛阶段的大学生，引起了同学们的强烈兴趣；再次，场景的变化（即文化空间的转移），艺人们走出原生态区域和范围，文化空间的转移对艺人产生了不同影响；最后，传播也是"活"的，面对学校的人文环境，面对大学生，说唱形成了新的变异。这是一种新型的、有效的、受众选择最为贴切的传播途径，以说唱艺人为中心，多向互动，在立体的场域中进行传播。不断接受新信息、新文化的大学生虽然不是《格萨尔》的传承人，却是《格萨尔》传播中最为新鲜并有力量的传播者，将来也许是挖掘、研究《格萨尔》说唱史诗中的一员。如果评价该活动的"独特"之处，笔者认为一方面是《格萨尔》艺人转移文化空间进行传播是积极的，面向的受众范围更广，受众直观体验非物质文化遗产的文化底蕴更深切，促进文化认同和民族精神的再次提升；另一方面，非物质文化遗产进校园活动是新形式的传播途径，同学和研究学者们对该活动传播内容的认同促成了"文化自觉"意识，而该活动的目的和意义也是如此。

三 非物质文化遗产传播、保护理论与现实意义

（一）传播方式推动"文化自觉"意识

深刻感受《格萨尔》辉煌巨作的同时，回归的依然是在 21 世纪每个国家都要面临的新局面——全球一体化中"文化自觉"的意识。

费孝通先生指出，文化自觉的意思是指生活在一定文化中的人对其文化有"自知之明"，不是要"复归"，同时也不是主张"全盘西化"或"全盘他化"。自知之明是为了加强对文化转型的自主能力，取得决定适应新环境、新时代的文化选择的自主地位。① "西北民族大学举行的《格萨尔》艺人进校园活动"其传播目的，一是"文化传播"使受众产生"文化认同"，二是文化传播过程中相互濡染。专家、教授评述过程也是其文化的解读过程，是文化传播的过程，不仅使《格萨尔》说唱史诗得到更好的推广和普及，也让来自不同民族的同学树立继承和发扬民族文化的意识，传承和弘扬民族文化。同样，一个民族的非物质文化遗产在向世人传播的过程中也增强了本民族的"文化自觉"意识，增强了本民族文化认同的凝聚力。

（二）文化空间的转移增添传播广度

非物质文化遗产传播值得关注的是文化空间的转移，在非物质文化遗产申报过程中，"文化空间"仅指某些非物质文化遗产类型异常丰厚的特定区域与场所。② "西北民族大学举行的《格萨尔》艺人进校园活动"中说唱艺人离开他们的原始说唱区域，走入高校，文化空间的转移并未干扰传播效果，现场的说唱让受众的感官更直接，认同感更强烈。然而，有些非物质文化遗产传播过程中文化空间不能盲目转移，如流传于青海省同仁县年都乎村的土族於菟民俗文化形态的环境，青海省黄南藏族自治州同仁县隆务河畔的热贡艺术中的村落画坊、家庭画坊模式等。文化空间盲目转移，不仅达不到预期的传播效果，还会破坏其原生态文化，变得不伦不类，这种情况下则需要利用其他传播手段将其记录并加以传播。例如，微电影、宣传片、纪录片等都是非物质文化遗产传播的助力工具。借助信息化的手段与新型媒介的作用，为非物质文化遗产的传承、传播、保护铺平道路。

---

① 参见费孝通《百年北大与文化自觉》（www.54youth.com.cn）。
② 参见苑利、顾军《非物质文化遗产学》，高等教育出版社2009年版，第16页。

（三）新的传播途径为传播理论奠定基础

无论是非物质文化遗产进校园的传播方式，还是利用信息化媒介"昭示"非物质文化遗产的价值，都为人们增强保护非物质文化遗产的意识夯实了基础，非物质文化遗产的传播方式与传播方向不断更新已成为不可逆转的趋势。对于遗产的认识，不仅要关心它的过去式、现在式，更要关心它的将来式。① 将来式的发展要靠新的传播途径给予非物质文化遗产得以传承和保护的保证。村落的传承只是传播的一部分，非物质文化遗产进入高校传播会引起学者、同学们的极大关注，对遗产的挖掘、研究工作更是大学生就业的新方向，只有不断补充新鲜血液，非物质文化遗产才能更好地传播。《格萨尔》艺人进校园活动是新的传播途径，对所有非物质文化遗产未来如何传播提供了新的走向，并提供给人们创新其他传播途径的灵感。所以说，探索新的传播途径对传播理论的发展与非物质文化遗产的保护带来了实用价值，并具有深刻的现实意义。

---

① 参见方李莉《遗产实践与经验》，云南教育出版社2008年版，第191页。

读《西陲古地与羌藏文化》的感受

才 智[*]

虽然从未接触过李文实先生，但先生的《西陲古地与羌藏文化》这本著作给我留下了深刻的印象，感叹先生对历史、民族语言和地理问题研究的深入。在纪念先生诞辰100周年之际，借此机会，作为后辈来说一下对这部著作的感受，以表达对先生的敬佩之意。

一 民族与民族语言

西陲古地自古以来就是我国少数民族生存和发展的地区，少数民族在这里创造和延续了自己的语言。语言是民族特征的一个重要标志，民族的形成是民族语言形成的条件，有了民族的共同体才会有共同的民族语言。要研究一个民族的历史，语言材料是必不可少的。在《西陲古地与羌藏文化》一书中，先生谈到氐羌族的分支渠搜时说道："渠搜现读都受或都秀，即今海南藏族自治州恰卜恰西南、河卡西北地，唐代译都受，今译都秀。都、秀一音之转，今藏语译义为后裔，则所谓渠搜，是谓都秀氏族后裔所居地。"通过词的音义变化与其所指称，可以看出氐羌与藏族的关系。

一种语言不可能是一个完全封闭的系统，从它的形成到发展，都是一个趋向于与社会发展状况同步的语言体系。少数民族的语言也不

---

[*] 作者系青海民族大学文学与新闻传播学院2012级研究生。

例外,各民族在战争或经济、文化往来中,往往受到阻碍的就是语言,而跨越该障碍的更为有效的手段就是学习双方的语言,这个过程在很大程度上能够体现一种语言在社会交际中的功能大小和语言地位。比如说,在唐与吐蕃的交往过程中,语言的交流是必不可少的。吐蕃统治西域的半个世纪,吐蕃语一度成为塔里木盆地南部诸国的官方语言。吐蕃统治结束之后,从南疆于阗一带到甘州,藏文还长期作为不同民族政权间相互联系的官方文字使用,这一情况一直延续了10个世纪。并且,现在藏族语言已经使用了很多汉族的词汇,增加了大量新词。同时,随着现代文化思想的影响,藏族人也开始使用一种通用于整个藏区的藏语普通话。

由此可以看出,民族和民族语言是不可分割的整体,语言是民族的烙印,是民族历史的一面镜子。一个民族的语言反映这个民族的生存状态,是一个民族的命脉之所在。但我们也要知道,民族是一个历史范畴,它是随着时代而发展演变的,但无论演变还是融合,主要的民族传统是不变的。比如现在的回族已经通用了汉语,但他们又保留了一定的厚有文字和词汇。

二 中华文化的发展离不开少数民族的贡献

先生在书中谈道:"中华民族发展到现在,有一个独立自主的民族意识和文化传统,就是说不论是中国统一政权的哪一个民族,其表现于共同文化上的共同心理素质是密切相连而不可分的。"这就说明,我国自古以来就是一个多民族、多语言、多文化的国家,在长期的经济、政治和文化往来中,各民族相互学习和吸收,促进了各民族语言、文化的融合和发展,这才形成了我国优秀的中华文化。

同时,我们也可以看出先生研究少数民族历史的观念,他主张把少数民族的历史放在整个中华民族这个大家庭中,是不能分开来看的。少数民族是中华民族重要的组成部分,没有少数民族的发展,中华民族也不会这么繁荣。

少数民族的语言在现代汉语的发展过程中不断被吸纳进来，丰富和增强了现代汉语的表现力和构词能力。例如，在北京等北方城市里把小巷子叫作"胡同"，这个"胡同"也是借用蒙古语的［xudag］，原是"水井"的意思。当长期生活在草原从事游牧生活的蒙古族进入城市，看到密如蛛网的大小巷子时，他们总要给一个名称，以便记忆，于是就把"巷子"与草原上的"井"联系起来了，以井的名称来指代"巷子"，这是一个形象的命名。再比如，"站"这个字，来自蒙古语的［ʤam］（路），从而引申出来汉语义，并以此为构词语素形成了一系列以"站"为核心的词汇群，如收费站、汽车站等。

由此，我们可以看出，一些民族语词进入现代汉语之中，取得汉语词的身份之后，并没有完全失去它原有的文化意蕴，同时又担当起与汉语固有词的交际和传情达意的功能，从而丰富了现代汉语的表现力。通过语言的相互融合，促进了少数民族与汉民族的融合和发展，共同创造中华文化的繁荣景象。

三　先生的研究学问

读先生的《西陲古地与羌藏文化》，不仅学习到了丰富的民族和历史的知识，还被先生的研究学问所折服。

首先是先生对求知的认真态度。一个人做事的态度，决定他人生的态度。正是先生在治学态度上的严谨，决定了他在做人、做事上的高尚态度。先生从历时的角度，介绍和分析了西陲古地及民族文化。从中可以看出先生知识的渊博、引用材料的严谨，这些都全面反映在对部族与地域名演变的研究中。例如，先生在介绍"吐谷浑"时说："吐谷浑本辽东鲜卑，永嘉乱时，西附阴山，逾陇而西，止于枹罕。后在今青海贵南县木格滩建都，称河南王。最后又迁海南州共和县伏俟城，并扩地到今新疆婼羌，吐谷浑本为族名，后亦作国名。"

其次是先生对待问题的全局观念，特别表现在民族问题上。这在前文已经介绍了，先生在研究中华民族和少数民族的历史关系时，强调其整体性和统一性。这种全局性不仅表现在民族问题上，还反映在该书的语言中。通过多角度、多方面的研究，全面展示了西陲古地与羌藏文化的知识。这种全局观念适用在学术研究的各个方面，不能脱离整体去研究个体，要坚持统一性和整体性原则。

四 结语

先生的《西陲古地与羌藏文化》不仅使我们了解了西陲各地的民族、地名的古今变化，也让我们进一步了解了语言和民族的关系等问题。可以说是受益匪浅，让我感触最深的还是先生治学的严谨态度，对知识的全面把握。在纪念先生诞辰100周年之际，用自己浅薄的知识来表达对先生的深深追思。

语言小辑

筚路蓝缕，开启山林

舍秀存[*]

顾颉刚先生曾经鼓励李文实先生要"筚路蓝缕，开启山林"，李文实先生没有辜负老师的期望，终于在艰难险阻中著成了大作《西陲古地与羌藏文化》，开启了西陲古地语言文化研究的大幕，同时也为后来青藏高原语言文化的研究奠定了坚实的基础。《西陲古地与羌藏文化》中的第一部分，即为"古地之部"，将地理学与语言学结合，开启了青海地理语言学的先河。对于"禹贡""敦煌""九曲"的解释，至今为世人称道。李文实先生的同窗史念海先生这样评价道："文实先生语言能力极强，所精通者实不限于蒙藏两方。"李文实先生精通青海各民族语言，对于蒙古语、藏语、撒拉语、土族语的研究均有涉猎。李文实先生将他毕生的心血奉献给了这片西陲古地，开启了一片学术山林。今天我们在李文实先生诞辰100周年的纪念会上，宣读我们的习作，希望李文实先生开启的这片山林，更加茂盛，长盛不衰。

李文实先生的研究与语言学研究密不可分。在此次李文实先生诞辰100周年纪念会上，有多位学者提交了语言学类的论文。

青海民族大学终身教授贾晞儒报告的题目是《史学钩沉的语言学

---

[*] 作者单位：青海民族大学。

反观之范》。贾教授对李文实先生的《西陲古地与羌藏文化》一书给予了高度的评价,认为此书在对地名的考证和民族历史的某些问题的研究上,充分运用民族语言材料、语言学理论和方法进行论证。言辞中肯,分析精当,具有入木三分之功。贾教授说,李先生作为一位著名的史学家,他把语言学理论与史学研究结合起来,通过对某些语言事实的分析来论证某个历史问题和历史地名,得出令人信服的结论,解决了某些历史谜团。论证严谨、缜密,树立了将历史研究与语言学研究相结合的典范。他孜孜以求的学术精神和为人谦和的品德是后人学习的榜样。

贾晞儒教授对《西陲古地与羌藏文化》一书重新进行了解读。他向我们展示了李文实先生的语言学成就。他谈道:"在《西陲古地与羌藏文化》一书中,先生从地名的演变、历史的变迁到民族关系、民族族源的探索,都充分利用了训诂学、语义学等语言理论和方法以及有关语言材料。从语音、词义等方面对一些地名、历史事件进行了科学的论证和分析,得出了令人信服的结论。先生的缜密论述,使我更加确信'语言是历史的一面镜子'说法的正确性。"

贾晞儒教授年过八旬,但仍孜孜不倦地投身在民族语言的教学和研究中。贾老师和李文实先生有着很多相同的经历,都曾经历过"文革",都曾在艰难险阻中做研究,虽为汉人但都将自己毕生的心血投入了青海民族语言的研究中,都将自己的青春奉献给了这片西陲古地。

李文实先生在《西陲古地与羌藏文化》自序中写道:"当时移民屯垦,其分垦区都称工,如分在今循化地带的有八工,而分在化隆地带的有五工,当地习称撒拉八工外五工。"青海民族大学马伟教授提交的论文即与这个"撒拉八工"的"工"有关。先生开启的这片山林,终有后人继承。马伟教授在《撒拉族社会组织"工"的语言学阐释》中从"撒拉族社会组织'工'""关于'工'的研究""对'工'的词源阐释"三个部分,并根据民族学、历史学材料,运用语言学的研究方法,对撒拉族的"工"这一社会组织名称的来源进行了新的阐释,得出了撒拉族社会组织"工"是历史背景的产物,其来源完全是汉语词"工",原意为"工区",后发展为相当于乡一级的行政区划的结论。由于长期以来学术界未能对撒拉族社会组织"工"进行正确解读。对"工"的词源的正确分析,无论是对了解撒拉族社会文化,还是理解清朝王朝如何具体将"边疆"地区真正纳入其直接而有效的统治范围当中,都具有重要意义。贾晞儒教授对于马伟教授的这篇论文做了点评,更进一步证实了马伟一文的观点。贾老师点评如下:"工"在甲骨文里是在"⊥"之上加一个"口",或者在"丅"之下加一个"口"。《说文》:"工,巧饰也,象人有规矩也。"应该说,它是来源于汉语,与撒拉族的社会组织"工"的语义也是一致的。

赵琳的《文化变迁与撒拉语的变化》通过田野调查,从语言人类学的角度,探讨撒拉族文化变迁与撒拉语之间的关系,并且提出了保护民族语言的重大意义。

汉语的巨大冲击,使得撒拉语日渐衰退。撒拉语长期与优势语言汉语接触,语音、词汇、语法等逐渐受到汉语全面而深刻的影响。词汇方面,撒拉语固有词数量急剧减少,汉语借词数量急剧增长。目前,撒拉语中借词和固有词并存并用的现象相当普遍。语言是非物质文化遗产的重要组成部分。撒拉族有丰富的口碑文学,但目前仅保存在极少数老人的记忆里。撒拉族一些非物质文化遗产如撒拉族婚礼赞词,需要撒拉语这个重要的载体来传承。还没有列入非物质文化遗产保护名录的具有撒拉族特色的各类口头传说,也无不依靠撒拉语传承。而现今掌握这些技艺的撒拉族老人,大都年事已高,即使作为传承人再保护他们若干年,这些技艺也出现了后继无人的局面。不知道用撒拉语传承的这些技艺和作品将来还能够传给谁?

由于没有文字,撒拉族没有任何书面记载的历史。关于撒拉族的族源以及撒拉族何时何地迁徙到循化,至今仍旧是个谜团。也许撒拉语正是解开这一谜团的密钥。一些学者正努力通过语言对比,来寻找撒拉族的族源。虽然撒拉族缺乏文献记载的历史,但撒拉族民间流传着有关撒拉族迁徙的口传史,这些珍贵的历史故事通过语言代代相传。撒拉语见证和承载着撒拉族的历史。语言作为民族或族群的一个重要标志，是区别于其他民族或族群的重要特征。撒拉族与回族在宗教信仰和生活习惯等很多方面都相同或者相似，区别他们的一个明显的标志就是语言。我们知道回族没有自己本民族的语言，使用汉语。如果撒拉族失去撒拉语这个重要的民族标志，几乎与回族并无二致。就语言本身来说，撒拉语的学术价值极高。撒拉语长期处于汉藏语系语言的包围之下，同汉语和藏语有过长期的接触，语言成分也有诸多因接触产生的特征。因此撒拉语是进行汉藏语系和阿尔泰语系语言接触研究的鲜活样本。

万德卓玛的《吴屯土族亲属称谓研究》通过田野调查，对五屯的亲属称谓词来源、称谓特点进行了较为具体的分析和研究。为五屯话的研究提供了一份宝贵的参考资料。

五屯人聚居于我国青海省黄南藏族自治州同仁县隆务公社五屯下庄大队、五屯上庄大队和江查麻大队，北与保安县下庄邻接，西隔隆务河与年都乎、郭么日、尕洒日相望，周围多系藏族村落；人口总数2000左右。由于五屯人的服装样式与年都乎、郭么日、尕洒日、保安下庄这4个土族村子的居民一样，而且过去同属一个千户管辖，因此被统称为土族。但是五屯人自己认为他们不是土族，是藏族。陈乃雄先生对五屯话早有研究，认为五屯话是一种混合语。他在《五屯话初探》一文中提到：大多数五屯人是双重语言者。他们自己讲的是五屯话，跟周围的藏族，包括懂藏语的汉族、回族、同仁土族等交际时则用藏语。五屯人一般不会汉语汉文，却会藏语，有些人还会藏文。当地其他民族，包括汉族居民在内，都不懂五屯话。把五屯话的词汇、语音、语法联系起来通盘考虑，可以认为五屯话是一种长期以来受到藏语，或许还有过去与五屯同属一个千户所辖、彼此来往密切、人数多于五屯人而操保安语的土族居民的语言强烈影响的以汉语为基础发展变化而来，逐渐具有了独特的内部规律的语言。虽然同仁的汉语方言长期受到藏语的影响，也产生了一些变化，具有了一些特点，有些变化和特点与五屯话的情况有相似之处，但是相比之下，汉语方言的变化只是量的变化，而五屯话的变化却已经属于质的范畴了。

闻名于世的五屯话一直吸引着世界各国语言学家。关于五屯话，国内外的学者都曾有零星的报道。五屯话整体的面貌研究至今还没有系统研究的论著问世。五屯话内部的一致性和差异性、各点之间的关系还没有人充分地研究过。针对五屯地区的语言接触、语言能力、语言态度、语言使用情况的研究甚少。五屯话与周边语言有长期的接触和融合关系，也都没有进行过深入调查。五屯话与汉、藏、土等语言有密切的接触关系。五屯话在与当地的藏语、汉语等语言的接触和磨合中，语言的结构和语言的使用发生了变异。五屯人的族源问题和五屯话有着密切的关系。研究五屯人的历史和来源有助于更好地分析和研究五屯话。五屯人在20世纪50年代的民族识别中全部被确定为土族；一说，五屯人原是汉族移民，也融合了蒙古族人；在民族认同上，五屯人呈现出有趣的藏族取向。因此，研究五屯人的族源问题有着重要的意义。五屯话、五屯人至今还存在很多谜团，还需要我们去深入挖掘。

青海民族大学贺虎教授的论文《土族汉语普通话声调偏误问题探略》通过分析计算机语音实验得出了土族汉语普通话四声的语图模式及声学数据，在此基础上，总结出土族汉语普通话声调方面的偏误问题，图文并茂，数据充分，具有很强的科学依据。

土族是青海特有的少数民族之一，土族语言属于阿尔泰语系蒙古语族，分互助、民和、同仁三大方言，该篇论文以青海省民和县三川地区的土族语言为研究对象。土族人民在日常生活中虽然没有本民族的文字，但在漫长的历史形成和发展过程中以口头语言形式保存了自己的民族语言。但在经济极速变迁的当前社会，现在会说土族语言的土族人随年龄减小呈递减趋势；口头土族语言传承人随时光逝去出现人亡语息的断代情况。

李文实先生一直专注于地名研究。结合史料，结合民族语言去考究地名。他的《黄河九曲新考》梳理了自春秋以来对河曲的解释。然后又结合藏语得出了结论。"因此认为勾曲的得名，以九河的义释为

人如其文　贵在其实
李文实先生诞辰100周年纪念暨西北文史专题研究

能得到其实,亦最允当。"今天青海民族大学廖贞教授的《"瓜州"与"瓜子"考》一文沿袭了李文实先生的研究思路,将历史与语言相结合来考证地名。文中梳理了"瓜州""瓜子"的起源之说,证明古"瓜州"与敦煌无关,更与"瓜子"无涉,均为附会之结果。同时,还探讨了"瓜州"与"瓜子"得名之新线索。"瓜子"来源于"瓜戎"之说,史书无凭,断难成立。

"瓜"为"傻,呆"之意究竟来源于何处,现在没有确切材料证明。从《说文解字》及汉代经学家的注解看,"瓜"还无此意。笔者根据词义发展规律大胆推测,这个词义可能起自魏晋口语,是一个比喻义。古人夸人聪慧常说心有百窍、空灵,而说人笨是"一窍不通",瓜是实心的,大多数的形态滚圆沉实,与"轻巧、机灵"意蕴相反,可能被借喻为"实在、不知变通、死心眼"之意,民间至今形容人蠢笨还说冬瓜头、南瓜头之类,人没经验是生瓜蛋子。顾先生在《瓜州》一文中说瓜子族"其人甚诚悫……以其悫也,人谬谥之曰'傻瓜'……"认为"瓜"是族称,把这个词当作一个偏正词组,值得商榷。"瓜"应是"老实、不灵活"之意,至于后来的"傻、笨、愚蠢"等义,均来自于"老实"。

冯宽平先生的《〈说文同文〉辨证》从字音、意义和构形三个方面入手,对黄侃《说文同文》异形同字现象进行辨证,这对辨析汉字形体构造和掌握汉字用字规律有一定的促进作用。李文实先生文字学功底相当扎实,他在论述每一个问题时都要从古文献资料中找证据。这也为我们的研究提供了一个思路。冯宽平先生毕生研究《说文解字》,取得了可喜的成就。

丹麦语言学家拉斯科曾经说过,在没有书面文献以前,我们要找出任何民族的历史,语言是一个最重要的工具。德国语言学家格里姆早在19世纪提出:我们的语言也就是我们的历史。他认为语言比考古发掘的古器物更为重要,他提到有一种比骨骼、武器和墓穴更为生动的东西可以证明民族的历史,那就是他们的语言……就古代史而言,这种保留下来的遗物使我们惶惑莫解,而别的史料又付诸阙如,这时除了详细研究我们的语言和土语亲属关系中的千丝万缕的联系之外，就再也没有什么办法可以帮助我们了。今天在李文实先生诞辰100周年纪念会上，我们缅怀先生、记忆先生，将先生留下的这份宝贵遗产传承下去，沿着先生的足迹，继续去开启一片山林。

史学钩沉的语言学反观之范

——为纪念李文实先生诞辰 100 周年作

贾晞儒*

【摘　要】先生的《西陲古地与羌藏文化》在对地名的考证和对民族历史的某些问题的研究上,充分运用了民族语言材料、语言学理论和方法,论述言辞中肯、精确,分析得深中肯綮,具有入木三分之功。先生是一位著名的史学家,却能把语言学理论与史学研究结合起来,通过对某些民族语言事实的分析来推论某个历史问题和历史地名,为我们揭开了历史谜团,给我们树立了将历史研究与语言学研究相结合的典范。

【关键词】历史；民族；语言

在拜读了李文实先生的《西陲古地与羌藏文化》一书之后,深感先生学问之渊博和求学精神之严谨,在纪念先生诞辰 100 周年之际,又引起我许多回忆,特别是这部著作对于我的启迪:做学问必须有一个"高度",这就是要站在整体和全局的立场上去观察、审视所要研究的问题,要有跨学科的视野,不能就事论事,更不能拘泥于一孔之见；研究历史,必然和民族相联系,必然要借鉴语言材料,凭借语言事实的帮助,因为"语言是思想的直接实现",是人类精神创造,一部语言史也就是一部民族史。语言不仅和文化紧密相连,而且它是文化

---

* 作者单位：青海民族大学。

的表现形式,语言意义中必然包含一定的历史、文化内涵,特别是民族的文化信息,不同的语言文化构筑了不同的民族历史,特别是研究我国的历史,不论是专史、民族史、通史,都离不开民族和民族语言。因此,必须有全局的观点和立场。

一　语言是极端复杂的历史建筑

不论是一个民族的历史,还是一个民族的风俗习惯,无不都是语言的诉说,离开了语言这个底座,就无从谈起历史。因为语言既是人类集体的精神创造,又是人类文化的表现形式,人类一切精神财富都必然"散落"在它的语言之中。如果把语言比作是各种各样的建筑物,在这些建筑物里必然贮存它的那个民族、社会的历史、文化及其一切物质的和精神的财富。所以说,语言是极端复杂的历史建筑。这是萨丕尔对于语言性质和功能的一句形象而精辟的比喻。事实上,研究历史离不开语言事实的借鉴,而语言的任何一个变化,诸如语音演变、词汇消长、词义引申或者转移、扩大,句法的某些变化等尽管有其内在的规律,但从外部因素来看,又无不与其服务的社会发展、变化相联系。语言与社会的这种不可分割的密切关系告诉我们:从语言的发展、演变的事实中,可以窥测其社会历史的发展状况,或者为历史研究提供有价值的信息和线索。我国自古以来就是一个多民族、多文化的大家庭,不论研究哪个民族的历史,都不能离开这个历史形成的大局,特别是研究汉民族的历史和文化,不能忽视历史上那些消亡了的民族和现在的 56 个民族的共同历史贡献和精神创造,而这一切都表现在各民族的语言和语言的述说里。但是,也许由于自己的学识浅薄,愚蒙不敏,比较系统地利用语言学和历史学的理论与方法,来研究我国历史、文化的著作还是鲜见的。而先生的这部力作却起到了点拨明智的作用。

1999 年冬,我在给美国的一位语言学博士讲授《民族与民族语言》时,也曾经试探性地引用了甘肃省甘谷县咀头话的一些方言材料，来证明咀头话里有藏缅同源词。例如：[va^{22}]"山崖"与[ke^{22}]"崖"并行使用。[va^{22}]有的还读[wγua]，也可指称"坡"，但[ke^{22}]没有这个用法。我们把这些词同其他藏缅语进行比较，就可以看到它们之间的对应关系是十分明显的。从比较中可以看出甘谷是历史上民族走廊的要冲。后来我又读了《读史方舆纪要》，在该书卷五十九《陕西·巩昌府·秦州》中说："巩昌（今甘肃靖远地——引者注），春秋时羌戎所居"；"秦州古西戎也"，"其后为氐羌所据"。可见，这些地区是历史上汉藏、彝藏接触的边界，是民族迁徙、民族融合、语言融合反复发生的地方，因此，这些地区的汉语中保留着古代氐羌民族的语言底层，是十分自然的事情，而这些地方汉话的语言事实必然折射出民族迁徙、融合、发展的历史状况，为我们提供了大量的有价值的历史信息。我的这些看法被先生的《西陲古地与羌藏文化》所证实。因此，读起来如获至宝，别有风趣。

在《西陲古地与羌藏文化》一书中，先生从地名的演变、历史的变迁到民族关系、民族族源的探索，都充分利用了训诂学、语义学等语言理论和方法以及有关语言材料。从语音、词义等方面对一些地名、历史事件进行了科学的论证和分析，得出了令人信服的结论。先生的缜密论述，使我更加确信"语言是历史的一面镜子"说法的正确性。事实上，社会历史的任何一个变化都必然会在其语言中得到反映，无论是政治的、经济的，还是文化的和民族心理的等各方面的变化，即使是很细微的，也都会在它的语言中找到蛛丝马迹；语言在民族构成、发展的基本要素中，是最能全面、深刻地体现民族特征的一个要素。例如，先生谈到"古姬水"的问题时说："我说是古姬水即今之大夏河，除上述的姬、姜族系姻缘外，主要还是姬字古声问题。姬字现属支部，读如基（[tɕi]——引者注）。古音则属十六部（读[kiə]——引者注），汉以后五支与十三佳同部，所谓支变为佳，成为一种变音。同时古代分用的第十七部歌戈也合入支部，又有歌变为麻的情况。我以古姬水即今之大夏河，就其古声以求，则支与平声嘉、加、哥，上声可、苛、果同在十七部，也就是说同声。就现在来说，

史学钩沉的语言学反观之范
——为纪念李文实先生诞辰 100 周年作

方言读'基'如'给'（gěi），吴音读'加'如嘎（ga），也是同样的道理。大夏河现在汉语虽读 xiàhé，而藏语却名噶曲（Gaqu），方言多保持重浊音，'噶'字喉鼻音较重，为古音之遗。与汉语音比较，则噶与上述加、嘉、哥读音相一致，也与河、何、曷、和相通。就语言学而言，汉、藏属一个语系，其相通并非是偶然的。"[1] 先生说的"十七部"是指古韵十七部，就是古韵母十七个类别。这是清代段玉裁所划分的。此段文字言简意赅，运用音韵学的理论与方法，分析音变的规律，得出正确的结论。因声求义，是考证历史地名的一个重要原则和方法，先生正确地运用了这个原则，得出了"古姬水"就是今之"大夏河"的结论，是科学的。现代汉语的"加"声母是由"噶"声母分化出来的。这是一个系列音变现象，即现代汉语的 [tɕ、tɕʼ、ɕ]，一是来源于中古汉语的齐齿呼和撮口呼的 [k、kʼ、x]，二是来源于中古汉语的齐齿呼和撮口呼的 [ts、tsʼ、s]。这些舌根破裂音、舌根摩擦音、舌尖破裂摩擦音、舌尖摩擦音，都是由于舌面前元音 i、y 的影响而变为舌面前辅音 [tɕ、tɕʼ、ɕ] 的。这是语音学上的所谓"同化现象"。可见，字形是词的外在因素，语音才是词的真正的物质外壳。仅靠字形来确定字义（词义），是难以廓清历史上的一些地名的内涵和外延的。"这不仅是因为古代有用字上的通假现象，还因为同源字的产生、方言词的分化，都是以声音为联系的。"[2] 特别是从古至今一直是民族迁徙、消长、交错、杂居之地的青海、甘肃的一地多名、多语种和多语合璧的地名并不鲜见。因此，要准确地掌握和理解一个地理名称的真正含义和它所概括的范围，非要语言学的理论和方法的帮助不可。因为，地理名称是遵循一定的语言规律而形成的一部分语言词汇，而这些地名又往往蕴含一定的文化历史意义，从语言文化学的角度讲，它们都是"语言文化单位"，一般都有着深厚的历史文化积淀。所以，地名学被认为是语言学的一个重要组成部分，或者说是语

---

[1] 李文实：《西陲古地与羌藏文化》，青海人民出版社 2001 年版，第 30 页。
[2] 陆宗达：《训诂简论》，北京出版社 1980 年版，第 104 页。

言学的一个重要分支。但是，地名一旦被个性化，"'标记'在一个具体事物上，因而成为个别的概念，它便成为专有名词。Большая гора（大山）在用来概括表示地貌特征，尚未概念化、具体化并'标记'在某一事物上之前，它是普通名词。因此，过去和现在地名均来源于经历了地理概念具体化和个性化的过程的那些普通名词"[①]。这就是说，地理名称从普通名词中分化出来以后，就越来越成为反映地理事物特征的抽象概念，这时，它作为普通名词原先所表示的特征"暂时保存在"地名之中，甚至会完全消失。所以，我们说，地名的考证离不开语言理论的借鉴，但必须是在历史考证基础上的借鉴，两者相辅相成，互为条件。《西陲古地与羌藏文化》正是唯物辩证地将这两个学科的有关理论、知识和方法巧妙地结合起来，运用于历史、地名的研究之中，得出的结论是可信的。如对"大月氏"与"大夏""允吾""仙海""西戎""析支""渠搜""噶斯口"等部族名和地理名称的考证，都采用了这种方法和有关材料。

我敬佩先生治学的严谨和论述的精深，无论在治学态度上，还是在做人上，都是我学习的榜样。特别是在当下学术界学风浮躁、沉不下心去，把做学问当作游戏而东抄西拼、弄虚作假、跟着"洋人"走的今天，更感觉到先生孜孜以求的探索精神和在做人上的平易、谦和的品格，都是我求知做人的动力和榜样。

二 语言与民族

读先生的《西陲古地与羌藏文化》，不仅获得了丰富历史知识，而且也领悟了做学问的真谛。这就是：做学问必须抱着学而不厌的态度，在知识面前永没有满足的时候，不跟"风"走，而且要诉诸实践，时时反省自己的不足而不断修炼自己，完善自己。通读《西陲古地与羌藏文化》之后，我十分敬佩先生不论在研究地理名称和历史沿

---

① [苏] В. А. жучЕвич：《普通地名学》，崔志升译，高等教育出版社1983年版，第9页。

史学钩沉的语言学反观之范
——为纪念李文实先生诞辰100周年作

革,还是在研究民族关系、族源等问题上,都很好地利用了有关语言材料和有关语言理论及其方法。因此,也使我获得了语言学方面的领悟,如对古代民族语言底层、民族语言关系和濒危的某些特殊语言的研究,都亟待深入和加强。特别是在对于青海省的历史、地理、民俗等学科的研究上,有的学者忽视对青海省各民族语言的研究和语言学理论和语言资料的借鉴而妄下论断,先生的学术实践给我们做出了警示。其中最突出的一个问题是关于吐谷浑语言的底层,这就是值得大家去刻苦探索的一个问题。因为这个问题关系着如何认识土族族源问题,不论是"吐谷浑说",还是"蒙古说",在我看来,其所叙述的历史事实与有关材料都不足以令人信服。20世纪80年代,原青海民族学院民族研究所曾多次组织过大小不同的关于"土族族源"问题的研讨会,学者们各抒己见,莫衷一是,争论不已,虽然没有达成一致的意见,但对于土族族源问题的讨论起到了促进和深化的作用。不论持"吐谷浑说",还是持"沙陀突厥说"或"蒙古说",实质上都不是截然对立的、毫无联系的不同观点的论战,即学者们都承认不论是吐谷浑语,还是沙陀突厥语或蒙古语,都是属于阿尔泰语系的语言。既然是亲属语言,相互之间必然有着不可分割的历史联系,而语言又是文化的载体,是文化的表现形式,文化又反过来制约、影响着语言,文化观念的形成和表达也要依靠语言,语言的大小结构单位,在一定意义上讲,就是表现它的那个民族文化观念的"语言文化的定型单位",这些单位既有现实的创造,更有历史的传承,它折射着一个民族的历史过程和文化历史现实。作为现代的土族虽然是源于某个古老的民族(或者部族),但在它发展的历史进程中也必然有对于其他民族成员及其文化因素的吸收和融合,即使是在古老的那个时代,也会有其他古老民族成分的吸收和渗入。从语言学角度去考虑,现在的土族语言与古老的吐谷浑语、沙陀突厥语和古蒙古语到底有什么联系?它们的亲疏关系怎样?土族语言是怎样形成的?等等。这都是在研究土族族源问题上必须明确的。如果说,吐谷浑或者沙陀突厥是土族的族源,那么,我们是不是可以说现在的土族语就是保存、继承和发展下来的吐谷浑语呢，或者说是保存、继承和发展下来的沙陀突厥语呢？起码应该在今天的土族语里有它们的"底层"。遗憾的是，至今还没有哪一位学者能够拿出这样的语言事实来。先生在他的这部论著里给我们提出了这样一个有趣的问题，是我们进一步深入讨论土族族源问题的一个重要线索。他在《吐谷浑历史上的几个问题的考察》中说："慕贺州不见于地志，而其地在两晋南北朝时称莫贺川，或以为'州'即为'川'之误，我则以为西平、湟河、三河三郡既均隶沙州，而《宋史》谓其国大抵治慕贺州，则沙州应为汉名，而慕贺为其本名，实当为一地，慕贺、莫贺、穆格乃一音之转。穆格为今藏语……即饥馑、荒凉之意……'慕贺''莫贺'则当是吐谷浑原语，今藏语即其译音。""……大母桥当为赤水上的桥，即今共和县曲沟水入河处，在恰卜恰东南，居赐支河曲西端。……'大母'当为当地土语，或即吐谷浑语。"又说："这年〔正平二年，公元452年，即北魏南安王（拓跋余）时代——引者注〕慕利延死，树洛干子拾寅立，于是汉文史册上才有'拾寅立，始邑于伏罗川'的记载，以出征大将名其地，这在历史上不乏其例。或许由于这并非吐谷浑本名，所以到隋唐时，又被改成大非川。'大非'可能仍是吐谷浑语，其义不详。"① 这个分析是有道理的。但它除了在汉文史籍中出现以外，在今天的土族语言里还没有发现其痕迹，至于说"慕贺"亦是蒙古语的"mangqa"［maηx］（"沙丘、沙原之义"），似乎在语音、语义方面有联系，然而，这个名称早在两晋南北朝时期就出现了，不能肯定地说它就是蒙古语词，因为那时还没有统一的蒙古语言，充其量也只能说是蒙古部族语言，不言而喻，也包含了鲜卑语和匈奴语。所以说它也可能是吐谷浑语的"底层"。"底层——这不是从外部吸收来的东西，而是这部分人在转入新的体系后，从自己原先的体系保留下来的东西。"② 历史唯物主义告诉我们，某个民族消亡之后，他们的语言、文化中的一部分还会留

---

① 李文实：《西陲古地与羌藏文化》，青海人民出版社2001年版，第329—332页。
② ［苏］B. И. 阿巴耶夫：《论语言的底层》，陈伟、陈鹏译，中国社会科学院民族研究所语言研究室印《语言底层问题译文集》，第79页。

史学钩沉的语言学反观之范
——为纪念李文实先生诞辰100周年作

存下来,保存在"胜利者"的语言和文化之中,特别是地理名称。正如苏联语言学家雅尔采夫说的:"……在外来者的进攻下土著人民退让了,或者变成外来者的奴隶;被征服居民的语言被看成是低等语言,它很快就消亡了,只留下为数不多的地理名称。"① 这又告诉我们,语言的底层必须以有民族的底层为前提,具体地说,主要表现在两个方面:"第一,民族底层的存在,是在语言中以一定的形式反映出来的;第二,民族底层引起的语言后果按其性质来说不同于比较语言学所承认的其他两种类型的语言相互关系:'亲属关系'和借用关系。"② 所以,我们探讨民族的族源问题,注意和观察语言的底层问题,是十分必要的。换句话说,对于一个民族的族源问题不能简单地从某一个方面或者从单一的文献资料方面来做出断定,应该从人类学、社会学、民族学、语言学、文化学,乃至千百年来流传在民间的传说、故事、歌谣、谚语、史诗之类的民间文学等多方面进行综合考察和研究,才有可能得出令人信服的结论。我国著名的历史学家吕思勉先生说:"民族缪悠之传说,虽若为情理所必无。然其中必有事实存焉。披沙拣金,往往见宝,正不容以言不雅驯,一笔抹杀也。"③ 是我们应该重视的。

青海自古以来就是一个多民族的地区,民族的消长、迁徙和变化,都曾经在这里反复发生过,给我们留下了许多难解之谜,不论是民族语言的研究,还是民族历史的研究,都曾经出现过"张冠李戴"的现象,这是不足为奇的。但是,它确实告诉我们精细的辨析、科学的考证是至关重要的。先生也说:"又西陲古地,以少数民族多迁徙无定,因而时常出现地以人迁之例。我们考证渠搜时从古音查证出今共和县都秀即其地,而朔方渠搜则系地以人迁。"④ 特别是青海的地理

---

① [苏] В. И. 雅尔采夫:《语言学史中的底层理论》,陈伟、陈鹏译,中国社会科学院民族研究所语言研究室印《语言底层问题译文集》,第11、18页。
② 同上。
③ 吕思勉:《中国民族史》,东方出版中心1987年版,第111页。
④ 李文实:《西陲古地与羌藏文化》,青海人民出版社2001年版,第65页。

人如其文　贵在其实
李文实先生诞辰100周年纪念暨西北文史专题研究

名称，语种复杂，同名异地或一地多名、一名多语等现象是不鲜见的，需要我们借鉴语言学、历史学、地理语言学，乃至自然地理学和有关自然科学知识的理论、方法。在这些方面，先生给我们做出了榜样，我们在学习先生的著作的过程中，也深深地体会到了这种旁征博引、孜孜以求的学术精神。

萨丕尔说："到了文化的地理、政治和经济决定因素已经不再相同的时候，共同语言也就不能无限期地作为共同文化的印证。"[①] 这就是说任何一种语言都是属于一定的民族的或者某个部族的，都是民族精神的创造，具有一定的民族性，是特定民族历史的一面镜子。因此，在一个多民族聚居的地方，由于历史上的民族迁徙、变更和此消彼长、你来我往等原因，形成了多语言、多文化交错，乃至重叠等现象是很自然的事情，反映在地名上，就不可能"无限期地作为共同文化的印证"，因为一个地名可能不是某一个民族的文化因素构成的，它可能折射着多民族的文化因素，这就是一地多名、一名多语或者此时称"甲"，彼时称"乙"的现象。另外，从语言的实际来看，民族语言毕竟不是民族的全部，民族语言与民族族源有一定的联系，但不是唯一的。语言有亲属关系，不一定是同一个民族；同一个民族也可能没有使用同一种语言。因此，对一个学术问题的研究必须是辩证的、多学科的、多角度的综合研究和考察，要充分掌握论证材料，要旁征博引，精确剖析，才有可能得出正确的结论。特别是在研究中华民族的各民族的历史及其关系的时候，还要坚持一个基本原则，这就是先生提到的两个"性"的问题。即"一个是统一性，一个是整体性。不要背离统一国家的前提而探求某一个现代民族的族源；同时也不要分割中华民族的整体性而去探求某个现代民族流别"[②]。也只有坚持这样一个原则，问题才能得到最终的解决。例如，在黄南州尖扎县康杨镇有一部分回族群众说的话，是非藏、非蒙古、非土、非汉而又

---

① ［美］爱德华·萨丕尔：《语言论》，陆卓元译，商务印书馆2010年版，第193页。
② 李文实：《西陲古地与羌藏文化》，青海人民出版社2001年版，第250页。

史学钩沉的语言学反观之范
——为纪念李文实先生诞辰100周年作

有与这些民族语言相同或相似的成分。我们曾经做过几次调查，认为它是一种特殊的语言，当时定名为"康家话"，在拟出版的调查报告和论著中，拟定名为"青海回族康家话"（因经费等原因未能出版）。操这种语言的人当时不到1000人，大部分是信仰伊斯兰教的回族居民，他们与今天的藏族、土族、保安族，乃至蒙古族有什么关系呢？甚至我们可以大胆地设想：他们与曾经在这里建国有数百年历史的吐谷浑有没有什么联系呢？我们现在很难做出断语。吐谷浑是鲜卑的一支，游牧于今辽宁凌海市西北，西晋末，其首领吐谷浑率部西迁至今青海、甘肃之间，并于斯建国数百年，应该留有大量历史文物。然而，关于他们的语言几乎荡然无存。这难道与北魏的孝文帝时代，鲜卑族官员在朝廷里都一律使用汉语文，而鲜卑语最终被汉语文所代替有联系吗？又如，青海汉话中的舌面后高元音、基本语序的颠倒、某些类似"格"语法范畴的出现、状语置于否定副词之前，以及特殊的词语等，既在一定程度和角度上，反映了青海汉话在历史上与周边各民族语言文化的关系，也在一定程度上反映了民族关系及其发展的历史状况。有人说青海汉话是受藏缅语言的影响，有人却持不同的观点，认为是受阿尔泰语言的影响，各持一端，莫衷一是。我想这两方面的影响都是存在的，其中，也会有已经消失了的那些民族语言的底层，不能断然地说只受某一种语言的影响，要具体问题具体分析。因为在青海的历史上，青海就是一个多民族、多语言、多文化并存的地区，汉族是后来的民族，他们的语言文化必然会同原有的其他民族语言文化相互接触和相互影响，在汉语中会有其他民族语言的成分，这是很自然的事情。只要我们不固执己见，客观地、历史地坚持先生提出来的"两性"原则，从大量的历史事实、语言材料和文物古迹中寻求规律，探赜索隐，民族族源、民族历史、民族关系史及民族语言关系史等的研究，都会有一个更加广阔的天地，为民族历史、文化和语言的研究相互借鉴、相互佐证提供更为科学的依据。笔者相信，只要发扬先生的这种学术思想，我们就会进入一个更加深广的研究领域。总之，先生的学术论著给我们的一个十分重要的提示，就是研究历史和其他学科都离不开语言学理论的指导和方法的借鉴，离不开语言事实。因为"语言始终必然依赖于人类的全部力量。人类力量中的任何部分都不容排斥，因为它是无处不在，无所不包的"①。

关于民族文化，先生也有十分精辟的论述。他说："中华民族发展到现在，有一个独立自主的民族意识和文化传承，就是说不论是中国统一政权的哪一个民族，其表现于共同文化上的共同心理素质是密切相连而不可分割的。如在文化传统上，'殷因于夏礼'，'周因于殷礼'，这件历史事实，不问三代间民族的不同，而仍有选择地继承发扬其优秀的文化传统，连孔夫子也发出赞叹说：'周监于二代，郁郁乎文哉！'这是一。自秦汉建立统一王朝，中经魏晋南北朝各少数民族建立分割政权，以迄元、清两代蒙古族、满族建立空前强大的大统一王朝，基本上都继承发扬了以儒家政治和道德伦理思想为主题的文化传统，其间如北魏孝文帝的政治改革和康熙、乾隆等帝的潜心儒学（康熙还跟外国传教士钻研西洋历算），使得北魏、元代、清代都在中国历史上焕发了特异光彩。就此看来，在继承发扬传统优秀文化这一点上，不论是鲜卑族、蒙古族、满族，其所表现的心理状态都是一致的。"② 先生的这一段描述，给我们说明了泱泱浩荡，绵亘五千多年历史的中华民族，之所以会在曲折中凝聚力愈强愈坚，一个根本的原因就是因为有着悠久而深厚的中华民族文化传统。新中国成立以来，基于这种深厚的中华民族传统文化基础之上的民族政策，极大地促进了各民族的大团结和大发展。当然，我们也不必讳言，"文化大革命"的十年，严重地破坏了党的民族政策，在民族关系上出现过一些问题，但自党的十一届三中全会以后，拨乱反正，恢复和完善党的民族政策，今天，团结友好的民族关系发展的事实也充分说明了这个规律。并不是像某些学者说的"这条思路（指新中国成立以来的民族政策——引者注）对改善民族关系非但没有表现出明显的实际效果，反

---

① ［德］威廉·冯·洪堡特：《论人类语言结构的差异及其对人类精神发展的影响》，姚小平译，商务印书馆1999年版，第49页。
② 李文实：《西陲古地与羌藏文化》，青海人民出版社2001年版，第248页。

而凸显和强化了各民族之间的认同差异、权力差异和利益差异，加深了民族间的隔阂，不断弱化少数民族国民对'中华民族'和国家的政治认同和文化认同"①。这是歪曲了新中国成立以来党的民族政策和制度的不断完善的历史事实的妄言，不可苟同。事实是除了在"文化大革命"的十年中，党的民族政策遭到破坏以外，在这半个多世纪的历史进程中，中华民族的凝聚力、向心力依然在中华民族传统文化的土壤中，孕育和培养了强大的中华民族文化精神，各民族之间的亲和力、凝聚力不是削弱了而是更加增强了，特别是改革开放以来，这种文化精神与时代精神相结合，更具有了丰富而深邃的文化精神内涵和神韵，并且得到了新的发展和升华。20世纪七八十年代，有人曾经贬斥中国传统文化，要用西方文化"改造"中国传统文化。这不但是一种偏激情绪，也表现了他们对于中华民族文化伟力的熟视无睹。费孝通先生在和中国台湾学者李亦园讨论中国文化问题的时候说："……马克思主义到了中国变成了毛泽东思想，现在又变成了邓小平理论，这也是中国化，同德国的马克思，已经有了很大的差别。这说明有了一个文化里边的东西，也可以说是中国的特点，在那里影响外边进来的东西。……这背后有中国文化的特点在起作用，我们却说不清楚。我觉得，研究文化的人应该注意这个问题，应该答复这个问题。"② 文化是人类超越自然的创造，是历史的积淀和凝结成的稳定的生存方式，并不是简单的人的意识观念和思想方法问题，它是特定民族或特定时代人们普遍认同的，由内在的民族精神或时代精神、价值取向、习俗、伦理规范等构成的相对稳定的行为方式，这一切都深深地烙有民族的印记，即具有很强的民族性，中国的就是中国的，要用西方的理念和思想来代替中国的理念和思想，那是不可思议的事。这就说，中国的问题要用切合中国实际的理论和方法，即中国化的马克思主义来鉴别，来解决。民族精神、民族文化像血脉一样，融入中华民族总

---

① 马戎：《关于中国民族问题的问答与讨论》，《青海民族研究》2014年第1期。
② 费孝通、李亦园：《中国文化与新世纪的社会学人类学》，《北京大学学报》1998年第6期。

体性文明的各个层面上,规范着、制约着、引导着人的各种活动行为。具有强大生命力的民族文化总是随着时代前进,不断吸收新的营养,来丰富自己、发展自己、强大自己,同时也不断地借鉴、吸收外来文化中的先进成分,而绝不是妄自菲薄,跪求他人。中华民族优秀传统文化是中华民族的向心力、凝聚力的"黏合剂",摈弃中华民族优秀传统文化,妄图以别的什么"文化"来替代它,是幼稚可笑的,实为无稽之谈。当然,我们也不能只强调中华各民族的个性特征而忽视整体性特征的研究和宣传,即使是研究个体民族的个性特征,也必须坚持整体性特征的原则,即先生所说的"统一性"和"整体性"的两原则。否则,我们的研究就会背离中华民族发展的历史客观规律,而失去其研究的价值。

总之,语言是承载和表现民族文化的一种符号形式,而文化又是蕴含在语言之中的民族的一种精神元素;各民族的语言都在编织自己的文化和文化规则,其中必有相互吸收借鉴的元素,形成共同的基本价值取向,体现出"谁也离不开谁"的历史观,这就是中华民族的共同基石,是牢不可破的精神家园的叙说,并且在不断地增添新的内容和精神养料。

三 结语

读先生的《西陲古地与羌藏文化》一书收获丰盈,特别是他严谨的治学精神和广博的学识,催我自奋;他为人的谦和与真诚,是我处事做人的榜样和动力,思念先生,总使我时时感到有一种"学如不及,犹恐失之"的惶恐,在学习、求知的道路上不可不自省以惭,兢兢业业。今天纪念先生诞辰100周年,我便用自己的学习心得作为敬献,以表对先生的缅怀。

古读 phja 如 pha

张 晟[*]

【摘 要】 本文主要有两个内容：一是通过研究唇音在汉藏共同语及汉藏语分离后的不同流变，寻找汉藏语同源词，从语源上解说八、弟、卜、外、粉等汉字的形声义；二是喉牙二音故已互易。通过研究汉藏语中喉牙二音古今的不同流变，寻找汉藏语同源词，从语源上解说鬼、畏、汉、虎、羲、羌等汉字。可见，同源词揭开了华夏文化之谜底。用藏语同源词解汉字，是汉字最可靠的解法。

【关键词】 青藏高原；汉藏语同源词；语源；不同流变

我在近二十年专心搞汉藏语同源研究是随李文实先生研究中国历史地理，认识到青藏高原是华夏民族主要发祥地而受到的启发。研究中遇到困难时，得到了文实先生大力支持和鼓励。先生临终前，还给我订购了《钱玄同文集》，嘱我细读先贤们研究古汉语的著述，再次指明进行汉藏语的同源研究，首先要搞清汉语古今的变化，希望我将研究进行到底。今日在纪念先生诞辰100周年之际，特写此文献给先生。

---

[*] 作者单位：青海民族大学。

一 古读 phja 如 pha

清人钱大昕在《古无轻唇音》中说:"凡轻唇之音,古读皆为重唇。"并举例说:"古读汾如盆。《庄子·逍遥游篇》:'汾水之阳',司马彪、崔撰本皆作盆水。"① 汾古读重唇盆。汾,从水分声。也就是分古读盆。钱氏所说古读之古,古在何时?是三代之前,还是更早?我们请一位初学汉语的藏族同胞发"凉粉"之音,他会发成"郎盆",这是五千年前的华夏古音。汉藏语分离后,汉语中重唇音"盆"变为轻唇音"汾",而藏族同胞发的是汉藏语分离前的古音。汉藏语分离后,藏语中的重唇音如 pa,pha 有无变化呢?笔者研究发现,pa 变为 pja,pha 变为 phja。

首先,藏文 30 字母中有 pa,pha 而无 pja,phja。pja,phja 是由 pa,pha 加 ja btags 衍生而来,古今分明。这就是文题"古读 phja 如 pha"之由来。

(一)八两半斤

八,《说文》:"别也。象分别相背之形。"《广韵》博拔切,帮母。

分,《说文》:"别也。从八刀。刀以分别物也。"《广韵》府文切,非母。

徐中舒主编的《汉语大字典》"八"下曰:"林义光《文源》:'八,分双声对转,实本同字。'高鸿缙《中国字例》:'八之本意为分,取假象分背之形,指事字……后世借用为数目八九之八,久而不返,乃加刀为意符作分。'"

据此,藏语中的同源词为 phed pa。phed pa,翻土,挖地,啃咬,劈开,砍开。

劈开、砍开就是以刀分别物,是分字。八之本意为分,这也是八的同源词。八之形象分别相背似用犁翻地,土分别相背之形。分,

---

① (清)钱大昕:《十驾斋养新录》,上海书店出版社 1983 年版,第 101、105 页。

《广韵》府文切非母。八，《广韵》博拔切，帮母。古无轻唇音，古音同为帮母。phed 为滂母。旁纽双声。

phed pa。除与分八同源外，汉文中还有一字"坺"为耕地翻土之意，也应与 phed pa 同源。

半，《说文》："物中分也。从八牛。牛为物大，可以分也。"《广韵》博漫切，帮母。

同源词应为 phjed ka。phjed ka 半，一半。phjed 分别，分开。phed ka phjed ka 一半。phje daŋ phjed daŋ 一半。

这就是说，分，半也。八分一词 phed。八亦半也。八两半斤，一斤十六两。

"分，半也。"古汉语中也有记载。如《公羊传·庄子四年》"师丧分焉"，何休注："分，半也。师丧亡其半。"春之半，称春分。秋之半，称秋分。

汉语半，帮母，重唇。而藏语 phed 滂母，重唇，应是古音，而 phjed 由 phed 衍生，古读 phja 如 pha。

（二）后生为弟

《说文》："弟，韦束之次弟也。从古文之象。凡弟之属皆从弟，𢎨古文弟。从古文韦省。丿声。"《广韵》徒礼切，又特计切，定母。

《尔雅·释亲》："男子先生为兄，后生为弟。"

弟由韦束之次弟引申为兄弟之弟。其实从同源词看，《尔雅·释亲》里的"男子先生为兄，后生为弟"之释是对的。

弟有二读。《广韵》徒礼，特计二切，定母。《说文》丿声。

定母，舌音，同源词为 rtiŋ。

rtiŋ ma, rdʑes ma, phji ma 后，后者。zag rtiŋ ma 次日，翌日。rtiŋ nas skjes pa 随后生（藻），弟。

rtiŋ 属端母，而徒、特属定母。端定旁纽双声。

《说文》"丿"声。"丿"俗称"撇"。普蔑切，滂母。

藏语中 rtiŋ ma, phji ma, phjis ma 同意，都指后者。所以，《说

文》弟丿声之同源词应当是 phji ma，phjis ma。

phjis skjes 后生（藻），弟弟。［增］幼弟或妹。

古读 phja 如 pha。pha 滂母。正好与滂母之"丿"双声。

《广韵》读定母。《说文》丿声滂母，均后生者为弟。

《藏汉大辞典》"phi"下曰："phi phji 字音变。"说出了 pha 与 phja 之音变关系，但没有说明 pha 为 phja 之古。

（三）卜与 phjwa

卜，《说文》："卜，灼剥龟也。象灸龟之形。一曰象龟兆之从衡也。ト古文卜。"

董作宾："某日，余欲闻所谓'龟语'者，乃凿新购之龟版而灼之，既墨将见兆矣。而爆然之声乃发于所灼之中，亟覆版视之，坼文纵横毕具而卜字之形亦遂与爆然之声同时出现，始信卜法所载不谬，并悟及卜字之音从，可知卜字之读ㄅㄨㄛ为商代古音之仅存者矣……卜字之义为灼龟见兆，故周礼注云：'问龟曰卜。'（商代龟卜之推测　安阳发掘报告第一册）。"①

卜之声，轻则蒲木切，并母，重则博木切，帮母。皆重唇音。其同源词应为 phja（phjwa）。phja mkhan 占卜者。phja tshan 占卜品。phjwa pa 占卜者，卜课者，打卦者；后妃之随从。phjwa 卦象，课象，征兆；迹象，运气，福气。

卜字之音来自灼龟问卜时爆然之声。这说明藏语中的同源词 phja（phjwa）正是自然之声 pha 这个重唇音音变而成。pha 滂母，与帮、并母，同为重唇音。

（四）卜和外

外《说文》："外远也。卜尚平旦。今若夕卜。于事外矣。外古文外。"《广韵》五会切，疑母。其同源词应为 ŋo。

外者远也，疏远之意。《汉书·霍光传》："今将军坟墓未干。尽

---

① 李圃主编：《古文字诂林》（三），上海教育出版社 2001 年版，第 721 页。

古读 phja 如 pha

外我家。"颜师古注："外谓疏斥也。"

ŋo gtɕog 伤情面。ŋo zlog 冒渎，冒犯，违拗。ŋo gnag 怒容，生气，变脸，沉下脸。

背离，背叛。《管子·版法》："骤令不行，民心乃外。"尹知章注："外，有外叛之心。"《史记·赵世家》："群君皆有外心。"

ŋo ja bjed 反对，反抗，作对。ŋo ldog pa 叛离。ŋo rgol 反对，反抗。ŋo log bied 反抗，反对，反叛，叛变。

外表，外层。《广雅·释诂四》："外，表也。"

ŋo 脸，面容，脸色；表面。ŋos 方向，表面，当前，当面。

外为疑母，属牙音，牙喉二音，古已互易。外之喉音在藏语中的同源词应为 gzan，jan。

另外；其他；别的。《孟子·滕文公下》："外人皆称夫子好辩，敢问何也？"赵岐注："外人，他人，议论者也。"

牙音 ŋo jas，别的，另一个，另一方。

喉音 gzan，别的，其余的，另外的，他人，别人。gzan jaŋ 另外，其余，别的。jan pa 另一，其他。jan pa ba 别的，旁的，另外的，其他的。

外，《说文》："卜尚平旦。今若夕卜。于事外矣。"段注曰："此说从夕卜之意。"而朱骏声《说文通训定声》"外"下曰："许说此字不憭。宜从盖阙。或从卜骨省，误为夕也。考工记梓人。外骨内肉。注，外骨龟属，龟所以卜。"朱氏认为许说不憭，就是不明了。研究卜辞的学者发现，卜辞"卜"字尚用作"内外"之"外"。"卜前一·五·二，不从夕，外丙外字作此形见合文三，卜前一·九·一，外壬见合文三（甲骨文编）。"[①]

外字为什么由夕和卜组成？外字为什么从卜？卜辞中卜字为什么用作内外之外？这些难题，只要我们找出藏语中的同源词，就找到了答案。

---

① 李圃主编：《古文字诂林》（六），上海教育出版社 2001 年版，第 526 页。

"外"字为什么从"卜"？上文提到"卜"的同源词为 phja (phjwa)，古音读如 pha。phja 不只是"卜"的同源词，phja 与 phji 同，也是外的同源词。如 phja mkhan 占卜者。phja mi 外人。phja gtog ba 散恶名。向外散布恶语者。藏语中"卜""外"同源词都是 phja，卜也是外，这就是外为什么从"卜"，以及卜辞中"卜"用作"内外"之外的答案。

藏语中 phja 与 phji 同，因有共同的语基 phja。phji 用作"外"可表如下意。

khaŋ pa phji ma 外面的房屋。phji mi 外人。phji bzin 外貌，外形。phji mo 外祖母，祖母，曾祖母，母亲（指异姓故言外）。phji pa 外道，佛教以外的其他教派。phji rol 外，外边，外面。phji snaŋ 表象，外表。phji gliŋ pa 外国人。phji rgja 外部，他方，别人方面等等。

古读 phja 如 pha。pha 这个滂母重唇音，不仅是"卜"之声，也有"外"之意。

pha gi 那边，那边的（指较远处）。pha mthaɦ 彼岸，那边，那一头。pha rol 对面，对方，彼岸。pha rol gji don 他利，别人的利益，外境，物质世界。pha rol po 他人，对方，敌方。

再说，外为什么从夕。

夕，《说文》："莫也，从月半见。"《广韵》祥易切，邪母。夕为晨之对暮也，指一日的最后一段时间，傍晚，也指晚上，夜间。其同源词应为 phji，与上面"外"之同源词相同，同为一词。

phji ma 后者，后面的，外面。phji mo 外祖母，祖母；晚，迟，最后。phji dro 下午，黄昏。phji ɕos 后来，在后，最后。

《藏汉大辞典》对 phji dro 有如下解说：phji dro 下午，午后，晚上。分白昼为三份的最后一份。

此说与《尚书大传》卷三《洪范五行传》中："凡六沴之作，岁之朝，月之朝，日之朝，则后王受之；岁之中，月之中，日之中，则公卿受之；岁之夕，月之夕，日之夕，则庶民受之。"郑玄注云："自正月尽四月为岁之朝，自五月尽八月为岁之中，自九月尽十二月为岁之夕……下旬为月之夕。平旦至食时为日之朝，禺中至日昳为日之中，下侧（昃）至黄昏为日之夕。"之记载似同出一源。岁、月、日均可以划分为朝、中、夕三段。夕为三段之最后一段。

从卜辞"卜"用作"外"可知"卜""外"本是一字"卜"，为区别只有在卜旁加一与外同词（phji）之夕作"外"。古人以音载义，phji 有夕意，也有外意。故夕卜为外。

藏语中还有夕之同源词 phji，古读重唇 pha 之记载：pha rol 对面，对方，彼岸，来生，后世。pha skjes 白昼之末，黄昏，晚上。

（五）一分声具三唇音

粉，《说文》："所以傅面者也，从米分声。"《广韵》方吻切，非母。

粉，傅面者也，指化妆用的粉末。《正字通·米部》："凡物磑之如屑者皆名粉。"清段玉裁《说文解字注·米部》："粉，引申为凡细末之称。"粉为细末，粉末之称。其同源词应为 phje。phje ma 面，粉，细末。如 bag phje 麦粉。ɕiŋ phje 木屑。

《释名·释首饰》："粉，分也，研米使分散也。"《周礼·天官·笾人》："糗饵粉餈。"郑玄注："此二物皆粉稻米、黍米所为也。"使成粉末，粉碎。其同源词为 ɦbjed。

ɦbjed pa，phje ba，dbje ba，phjes 分离，分开，剖析，解释，分辨。phje mar bjas pa 磨粉，使成细粉。ɦbjed sdud 分合，集散。phje ba 除法，算数中基本四则之一。

唐代王建《晚蝶》："粉翅嫩如水，绕砌乍依风。"表面带有粉状物的。phje ma leb 蝴蝶，粉蝶。

《集韵·问韵》："粉，傅也，饰也。"擦粉，粉刷。同源词应为 ɦbjug。如：bjug pa 涂剂。器物表面的涂料和化妆涂香。bjug gser 涂金，涂饰用的金粉。bjugs pa 涂沫，敷涂法。

粉，《广韵》方吻切，非母，轻唇音，古读重唇入帮母，而其同源词 phje，古音读重唇 pha，滂母，同源词 ɦbjed ɦbjug 有共同的语基

（双声）bja，古音读入重唇为 ba，并母。粉，帮母，其同源词在滂母、并母。帮、滂、并同为唇音，同一音者，虽旁纽则为双声，故造字者"粉，从米，分声"。一分声具三唇音。

二　喉牙二音，故已互易

（一）鬼方之名当作畏方

王国维先生在《鬼方昆夷猃狁考》中说："由此观之则㦽㦂二字确为畏字，鬼方之名当作畏方。……周时畏字汉人已用为鬼字，故《庄子·天地》篇之'门无畏'，郭象本作'门无鬼'。"①

鬼，《说文》："人所归为鬼，从儿甶象鬼头，从厶。鬼阴气贼害，故从厶。凡鬼之属皆从鬼。"《广韵》居伟切，见母。

藏语中的同源词为 ɦgoŋ po 非人，如妖魔鬼怪，能使人畜害病的魔鬼、厉鬼、邪魔。

畏，《说文》："恶也。从甶虎省，鬼头而虎爪，可畏也，㦽古文省。"李孝定《甲骨文字集释》按："契文象鬼执杖之形，可畏之象也。"《广韵》于胃切，影母。藏文中的同源词为 ɦgoŋ ba，畏惧，恐怕，畏葸，威慑。

gjaŋ za ba 悚然，怖畏。ja re tsha 可怖，可怕。jer ba 畏惧。

从鬼与畏二字同源词看，牙音鬼为 ɦgoŋ po，畏为 ɦgoŋ ba，古时应为一词，所以，古文"鬼""畏"字通。

畏，《广韵》于胃切，影母，即喉音。其同源词为 gjaŋ za ba，ja re tsha，jer ba，古喉牙同音，鬼方也就是畏方了。

（二）汉与 rgja

汉，《说文》："漾也，东为沧浪水，从水难省声。㵄古文汉

---

① 王国维：《王国维遗书》（二），上海书店出版社 1983 年版，第 7 页。

古读 phja 如 pha

如此。"

汉为水名，汉水一名"汉江"。从《说文》的解说看不出汉字的本义。朱骏声在《说文通训定声》中说："古文从水从或从大会意域中大水也。"汉有盛大之意。《尔雅·释天》："箕斗之间，汉津也。"《诗·小雅·大车》："维天有汉，监亦有光。"毛传："汉，天河也。"天河、银河称汉，可见汉又有广阔、辽阔之意。《方言》卷十二："汉，怒也。"《广雅·释诂二》："汉，赫，怒也。"汉语中又称男子，丈夫为"汉"。

汉，《广韵》呼旰切，晓母，为喉音。笔者依古喉牙同音之理，在藏语中找出如下牙音同源词：khoŋ jaŋs 1. 心宽，胸怀宽宏，气量大。2. rgja tɕhe ba 广阔，辽阔。khoŋ khro 怒，忿恨。khoŋ de 他，彼。khoŋ tsho 他们，彼等（是汉语中称男子，丈夫为汉之由来）汉的同源词应为 khoŋ。

今日藏语中称汉族、汉地为 rgja。看来 rgja 不是"汉"的同源词。

rgja 在藏语中的解释：印章；广大；网；汉地；汉族。汉与 rgja 同有"广大"之意。如 rgja tɕhe ba 广阔，广大；众多，广泛，普通。rgja tɕhen po 广大，宽阔。

（三）楚人谓虎为乌䖘

《说文新附》："䖘，楚人谓虎为乌䖘，从虎，兔声。"《方言》卷八："虎……江、淮、南楚之间谓之李耳，或谓之於䖘。"郭璞注："今江南山夷呼虎为䖘。"

乌、於同为影母，乌䖘也就是於䖘。为了搞清楚人为什么把虎叫乌䖘，我们先研究虎为什么叫虎。

虎，《说文》："山兽之君。从虍，从儿，虎足象人足也。䖆古文虎。亦䖈古文虎。"《说文》只以字形为解。想找到虎的语源，只有从藏语中的同源词着手。

ŋar skad tɕan 吼声者，啸声者；虎。ŋar skad 啸声，如猛虎之啸声。

虎之啸声为 ŋar（我日），在疑母，牙音。而虎《广韵》呼古切，晓母，喉音。古喉牙同音，可见，虎之名源自虎之啸声。

清人钱大昕说："古人于此四母（按指影、喻、晓、匣四母）不甚区别。"① 这就是说喉牙之易，疑母之牙音 ŋar 可易为晓母之虎，也可相转为影母之乌、於。所以，乌菟，於菟之乌、于是虎的啸声，也是汉语中虎之名。

再看，菟从虎，兔声。笔者认为兔声之菟应是藏语中虎之名 stag 之音转。兔，透母，而 stag 应为端母。端透旁纽双声。

这样，从虎（ŋar）、兔（stag）声之菟，就是藏语 ŋar stag 之转。具啸声之虎。

同样，乌（ŋar）菟（stag），於（ŋar）菟（stag）也是虎之名。这就是古楚人谓虎为乌菟之由来。

如今，青海地区人们在身上描绘虎纹，仍然跳着叫作"於兔"的舞蹈，驱除灾难和疾病。於兔之名，是由南方流传回青海的，还是青海自古流传至今的呢？

（四）男子先生为兄

《说文》："兄，长也。从儿从口。"《尔雅·释亲》："男子先生为兄，后生为弟。"

先生为长，为大，为兄。兄，《广韵》许荣切，晓母，喉音。古喉牙同音。笔者从藏语中找出牙音同源词为疑母之 sŋa ma，sŋa mo，sŋon，此三词有共同的语基（miŋ gźi）sŋa 都有先、前之义。如 sŋon skjes 先生，哥哥。sŋon po spun 兄长。

看来，《尔雅》男子先生为兄是对的，非段注所言浅人之谓（见《说文解字注》）。

（五）羲，气也

《说文》："羲，气也。从兮义声。"《广韵》许羁切，晓母。《说文》

---

① （清）钱大昕：《十驾斋养新录》，上海书店出版社1983年版，第99页。

"羲"下段注曰："谓气之吹嘘也。"《广雅·释诂三》："羲，施也。"

羲除有施与吹气之义外，还是某些古人名之略称。(1) 传说中古帝王伏羲的省称。(2) 传说尧时掌天文的官吏羲氏、羲仲、羲叔的省称。(3) 传说中的太阳神羲和的省称，常用以指代太阳。

羲，义声。《说文》中没有说明义之声读。义，《广韵》宜寄切，《集韵》鱼羁切。均读疑母，牙音。古音喉牙不分。牙音亦含喉音，笔者依义字从羊从我看出，义可读牙音我，也可读喉音羊，其同源词牙音为 rŋam (rŋams)，疑母。喉音为 gjaŋ，喻母。据此，笔者找出羲之同源词为：sŋags 牙音，疑母。gjaŋ 喉音，喻母。

sŋags 咒语，真言。sŋags rgjag pa 诵咒吹气。sŋags ḥdebs 诵咒而吹气。sŋags btab pa 诵咒而吹气。sŋags pa 咒师，持咒者。以念诵咒语为人禳灾祈福的宗教职业者。

sŋags pa 咒师有许多异名。从藏文异名中可以看出 sŋags（羲）可指天王、帝释，也指太阳、征服者及具威德、力量、才能、权威者。正与羲之义相合。

gjaŋ 有福禄、福气、财运、吉祥如意、绵羊、快乐、美好等意。作为 sŋags 的喉音 gjaŋ 还有祈福之义。如 gjaŋ dar 祈福哈达。下面再说说伏羲之伏、羲和之和。

（六）伏

《说文》："伏，司也。从人犬。犬司人也。"《广韵》房六切，奉母。

司，主要有掌管、主持、窥察、监视等义。藏语中的同源词应为 spjan pa。spjan pa 管家，司库，管理员；探子，放哨者；监视者，观察者。spjan pa 之义与"伏，司也"相合。伏读奉母，古音并母。pja 之古音应为 pa，帮母。帮并旁纽。这就是说，伏与 spjan 古音为旁纽双声。

（七）和

《说文》："和，相应也。从口禾声。"《广韵》胡卧切，匣母。藏

语中的同源词为 ɦgrig（ɦgab）。

ɦgrig pa 合适，吻合，调和，合理。ɦgrig po 适当，符合，适宜，融洽。ɦgab pa 适宜，妥当，合理。与 ɦgrig 同义。可见，汉语中之和为匣母喉音，其牙音同源词为 ɦgrig。ɦgab 与 ɦgrig 同义。gra 之古音应为 ga。

羲氏掌天官，和氏掌地官。天地相应。

《书·尧典》："乃命羲和，钦若昊天，历象日月周辰，敬授人时。"

（八）羌者，ɦtɕhiŋ 也

《说文》："羌，西戎牧羊人也。从人，从羊，羊亦声。"

羌，牧羊人。《说文》羊亦声，喻母。《广韵》去羊切，溪母。

羌读羊声是以羊表牧羊人。如 gjag（牛）pa 牧牛人。去掉词尾 pa，就是牛（gjag）。同样，造单音节表牧羊人之字，只能是羊亦声。卜辞中早期羌字与羊字无别，还有些羌字象人饰羊首之形，与美字相同。美亦羊声，所以，象人饰羊首之形者也是羌字，读羊声。羊（gjaŋ），不只是动物羊之称，还有吉祥、美好、幸福等义。从羊之字如义、美、善等喉音均为羊（gjaŋ）声。故前人有义、美、善同意之说。

后期为了区别羊与羌，将羊牵之以索，会牧羊之意。笔者家乡称牧羊人为"挡羊娃"。挡是控制之意，挡羊也是牧羊，牵之以索也是控制羊、牧羊之意。当然，还有不牵之以索而受精神束缚之羊，也示羌（牧羊）之意。这就是羌读去羊切之由来。"羌"读去羊切之本义应是系、拴。在藏语中有意思近同之二词，音近义同，故笔者都列举于此。

ɦtɕhiŋ ba，btɕiŋs ba，btɕiŋ ba，tɕhiŋs 束缚，捆住，拴系，缠绕；箍、带、绳等能缚之物。

tɕhiŋs 系缚，包裹；契约，合同。tɕhiŋs 总结，扼要，系带（如颈带、腰带）。

btɕiŋ ɦtɕhiŋ 与姜、羌音近。笔者认为与甲骨文造字之意相合。但

bteiŋ ɦtɕhiŋ 为精清母，齿音。与《广韵》姜，居良切，见母；羌，去羊切，溪母之牙音不同。因齿音精清母与牙音见溪母音近，常见相混之例，故笔者以 bteiŋ ɦtɕhiŋ 释姜、羌。

ɦkhjig pa，bkjigs pa，bkjig ba，khjigs，ɦtɕhiŋ ba 绑缚，捆绑，系絷。

bkjig（姜）见母，ɦkhjig（羌）溪母，牙音。

《广雅·释言》："羌，卿也。"其同源词应为 khjed khjod 您（敬）。

《广雅·释诂四》："羌，强也。"其同源词应为 gjoŋ bo 坚硬，生硬，顽强，坚固、牢固。gjoŋ po 顶强，如干枯强硬，如人顽固。

羌，还可作连词。如 kjaŋ 虽然，而且。tɕiŋ 而。

其实，羌、戎是牧、农之称。羌指牧业，从事牧业之人称羌人，牧区称羌地。戎（roŋ）指农业、农人（roŋ ba pa）、农业区。故《说文》："羌，西戎牧羊人也。""羌与戎一也。"羌作为族称那是以后的事了。

如果笔者的研究能为圆中华复兴之梦增加点滴正能量，首先要感谢伟大的华夏先祖创造了灿烂的文化，并以文字及语言的形式记载流传至今，给后人提供了如此丰富的研究素材。其次要感谢历代小学研究者，先贤们研究积累了大量优秀成果，感谢文实先生启蒙导航。这是五千年的缘分，能否圆好前人之梦，还需大家的支持和努力，望大家斧正拙文中谬误不实之处，就是对笔者研究的最好支持。

本文用逆向追溯的方法，列举大量的例词来论证汉藏语同源词的分流过程及其规律，从中求得"八""弟""卜""外""粉"等汉字的形声义的语源解说，同时又探索汉藏语中喉牙二音的古今不同音变，寻找汉藏同源词，这对于我们进行汉藏语言的比较研究及探索汉民族与藏民族的文化历史渊源关系，有着重要的意义。——贾晞儒

《说文同文》辨正

冯宽平[*]

【摘 要】 黄侃《说文同文》所收"同文"2000余条,涉及古文、籀文、古今、或体、俗体等字形学术问题和音同义近、音义全同、同源、通假等字义学术问题,情况复杂,需要研究的问题很多。本文从字音、意义和构形三个方面入手,对异形同字现象进行辨正,这将会对辨析汉字形体构造和掌握汉字用字规律有一定的促进作用。

【关键词】 说文;异形同字;辨证

《说文解字》在解释"祊"字结构时认为,"祊"或从"方",《段注》云:"彭声方声同部。古音在十部。"在注释"祀"字结构时云:"《周礼·大宗伯》《小祝》注皆云故书'祀'作'禩'。按'禩'字见于故书,是古文也。篆隶有'祀'无'禩'……至许乃定为一字,至魏时乃入《三体石经》,古文巳声异声同在一部,故异形而同字也。"

段玉裁所谓异形同字,我们认为有部分即黄侃先生的《说文同文》里的"同文"。黄焯对"同文"的解释是:"《说文》搜集自有文字来至汉世正字,惟其中同字极多。先叔父季刚先生尝就其音义之相同或相通者,类聚而比次之注云:'某同某某,或云某与某同。'盖据

---

[*] 作者单位:青海民族大学。

章君《文始》所列，并自下己意其于文字滋生演变之迹，具为彰显。今特录出以饷世之治《说文》者。若更取《字林》所多之字与《说文》对勘，则知其多出之字大半赘肬。至《集韵》字数达五万余，则孳乳少而变易益多矣。"显然黄焯所释"同文"是指《说文》小篆与重文字体在结构方面的不同。但我们认为从《说文同文》所列2700余条中，既有音义相同或相通者，亦有意义相近的形符互为通用者，还有《说文》或体、重文、区别字等，本文不完全按照《说文同文》里所列"同文"字，重点辨正同源、形符声符互用和或体等几个问题。

一　同源关系

如何确定《说文》里某字与某字是同源关系，有两个条件是缺一不可的。一是语音、字义相同或相近，二是根据古训。

天同囟、颠、顶、题，《说文》："颠也。至高无上。从一大。"囟，《说文》："头会脑盖也。象形。膟，或从肉宰。𣎆，古文囟字。"颠，《说文》："顶也。从页真声。"顶，《说文》："颠也。从页丁声。𩒹或从𩠐，作顀，籀文从鼎。"题，《说文》："𩕄也。从页是声。"

此五字声义或相同或相近。天，透母真部。颠，端母真部。顶，端母耕部。题，定母支部。囟，心母真部，《广韵·震韵》作"顖"，从页思声。《说文》或体作"膟"，从月宰声。《广韵·至韵》息利切（si），脑盖。天、颠、顶、题其声母都是舌头音，韵部耕真主元音相同，韵尾相近。"题"与"囟"支、真旁对转。《说文》里"心"母字与"舌头音"相谐的字有瘍、襖等七字。"䢅"，耕也，从晨囟声。何九盈先生《商代复辅音声母》一文将"s 跟舌尖音的结合"有构拟为"sn"之证，并举而（如之）、须（相俞）等例。《段注》："是以而之训曰须也，象形。""而"在卜辞中确是"须"的初文。天、囟、颠、顶、题等字皆与人的头部或与头相连的部分有关。《广雅·释亲》："题，𩕄也。"天，高田忠周曰："𠘧即古文颠字，大即人也，大上注

人如其文　贵在其实
李文实先生诞辰 100 周年纪念暨西北文史专题研究

一笔以指颠顶所在。"陈柱曰:"天为人顶,故甲骨文之夨,金文之 夨 皆象人形。曰与●皆象人首。"颠,实即有首字义。首,审母,古读曰透;天,透母。古人多以天为首,甲骨卜辞的"大乙",《史记·殷本纪》作"天乙"。丕同嚭,《说文》:"丕,大也。从一不声。"《说文》:"嚭,大也。从喜否声。《春秋传》:吴有太宰嚭。"丕、嚭同是滂母之部字。"丕"从不声,古读〔piwə〕,中古时为开口三等平声字,又合口三等入声字。"嚭"从"否"声,古读〔piwə〕,中古为开口三等字。《段注》:"按训大则当从丕。"《集韵·旨韵》"嚭"或从"丕"。从"不"得声的"丕、否"等字往往可通用。如不与丕,《尚书·康诰》:"丕蔽要囚。"《初学记·政理部》引丕作不。不与否,《易·否·上九》:"先否后喜。"汉帛书本"否"作"不"。柸与桮,《山海经·海内北经》:"蛇巫之人有人操柸而东向立。"郭璞注:"柸或作桮,字同。"否与嚭,《文选·广绝交论》:"伍员濯溉于宰嚭。"李善注:"《吴越春秋》曰:'帛否。'《史记》曰:'伯嚭。'《左氏传》曰:'使太宰嚭。'然本或作伯喜,或作帛否,或作太宰嚭,字虽不同,其一人也。"

芃同葆、菶。《说文》:"芃,草盛貌。从草凡声。《诗》曰:芃芃黍苗。"《说文》:"葆,草盛貌。从艸保声。"《说文》:"菶,艸盛。"芃、葆、菶三字者义皆为草盛。芃,作草盛义,在《诗经》共四见。《诗·鄘风·载驰》:"我行其野,芃芃其麦。"高亨注:"芃芃,草木茂盛貌。"《诗·曹风·下泉》:"芃芃黍苗,阴雨膏膏。"高亨注:"芃芃,茂盛貌。"《说文·艸部》萋、菶、蕤、芃、茂、薱、蓁、苍、萃、蒜、葆、萍等 12 字并为艸盛。唯"葆"有时假借为"苞",同是帮母幽部字,义为草木茂盛。《尔雅·释诂》:"苞,丰也。"徐朝华注:"苞,草丛生,草木茂盛。"菶,从奉得声,菶音帮母;芃上古并母;葆上古帮母。菶,上古东部字;芃,上古侵部字;葆,上古幽部字。三字声母皆重唇全清、全浊摩擦破裂音,韵部旁对转。

袭同侵。《说文》:"袭,左衽袍。从衣龖省声。襲,籀文袭不省。"《说文》:"侵,渐进也。从人又持帚。若埽之进;又,手也。"

夏渌说:"㇇,甲骨文从夏持戈藏于身后,表示突然袭击,结合卜辞文例,知道它是袭的初文。文例有:'丙子卜古贞:呼袭邛?'贞:勿呼袭邛方?'(存1.570)'甲午卜互贞:供马呼袭……'(佚387)'供人呼袭邛?'(掇2.117)'呼袭蛮?'(前6.18.6)。"

甲骨文文辞"袭"的本义就是突然袭击,指乘人不备而进攻、偷袭。侵,本义为逐渐进入,逐渐扩张。扩张领土必定要侵犯别国领土资源,所以"侵"引申为侵犯。袭、侵同源是因为二字声母一个是邪母,一个是清母,准双声关系,韵部袭在缉部,侵在侵部,阳入对转,读音相近,意义亦相同。

次同盗。《说文》:"次,慕欲口液也。从欠从水。㳄,次或从侃。"《说文》:"盗,私利物也。从次,次欲皿者。"

许慎将"次"的结构释为会意,而又引或体"或从侃",实为"侃"声。次,《说文》叙连切;侃,《说文》空旱切。邪母字若是细音今有一部分字读[ɕ]声母。溪母字在洪音前仍读[kʻ]声母。这也是在今读中确实存在舌面音与舌根音同字异读的现象。盗,许慎训为从次,而亦实为次声。次,邪母元部字,盗,定母宵部字。这里存在齿头音与舌头音的关系问题。《说文》斜,杼也。从斗余声。读若荼。再从同字异读的读音看,《广韵》畇,详遵切,徒年切;褶,似入切,徒协切。古邪母字有部分是从心母分化而来,邪母又与定母关系密切,所以次和盗在语音方面应是复辅音 sd。词义方面,徐灏《说文解字注笺》云:"许云次欲皿者,说从次之意。垂次其皿,欲私其物也。此取其意,则可《韵会》直云:欲皿为盗,则字不从欲也。"甲骨文"次"像人口液外溢之形。盗,甲骨文从舟(实为舟声),指河水泛滥。口溢外流与河水泛滥有相似点,故"次""盗"同源。

漂同浮。《说文》:"漂,浮也。从水票声。"《说文》:"浮,氾也。从水孚声。"

浮,《张子正蒙》:"子而浮化之。"王夫之注:"子,禽鸟卵也;

孚，菢也。"《段注》："凡伏卵曰抱。"其实孚、伏、抱一声之转。"漂"与"浮"可互训，《广雅·释言》："浮，漂也，浮游也。"朱骏声《说文通训定声》："孚字亦作菢。"重唇与轻唇在宋代前基本不分这是事实。漂，上古拟音为［pʼiau］，滂母宵部；浮，上古拟音为［biəu］，并母幽部。声母准双声，韵部旁转。"漂"与"浮"词义皆有在上之意，《礼记·坊记》："故君子与其使食浮于人也，宁使人浮于食。"郑玄注："在上曰浮。"《诗·小雅·角弓》："雨雪浮浮，见晛曰流。"《毛传》："犹瀌瀌也。"高亨《诗经今注》："瀌瀌，犹飘飘。"麃与票同声。

诬同骂。《说文》："诬，加也。从言巫声。"《说文》："骂，詈也。从网马声。"骂，本作"罵"，今作"骂"。《说文系传》："谓以恶言加网之言也……以无为有也。"詈，即用恶言侮辱别人。加，即虚加不实，毁誉不据实际。诬，从上古至中古及现代的语音变化为［miwà］→［miu］→［u］；骂，从上古至中古及现代的语音变化［meà］→［mā］→［mā］。"诬"上古合口三等字，"骂"上古开口二等字，上古时二字同属于明母鱼部。故"诬"与"骂"为同源关系。

贪同婪。《说文》："贪，欲物也。从贝今声。"《说文》："婪，贪也。从女林声。杜林说：卜者党相诈验为婪。读若潭。"二字皆有贪爱财物、贪食物之义。"卜者党相诈验为婪"，即占卜的人用骗人的征兆使人知晓，叫婪。"读若潭"，是因为贪、婪、潭的声母是复辅音与准双声之故，上古的拟音分别为［tʼəm］［ləm］［dəm］，古音同属于侵部。唐作藩先生说："语言里的同源字或同族词是客观存在的，因为这是语言词汇发展的结果，是词汇系统性的表现。因此，通过研究丰富的历史文献所反映的古汉语材料和古代字书、雅书的释义，可以考察出汉语里的一大批同源字（词）。"从谐声字看，豊声的字有读體的。

豕同豨。《说文》："豕，彘也。竭其尾，故谓之豕。象毛足而后有尾。读与豨同。按：今世字误以豕为彘，以彘为豕，何以明之？为啄琢从豕，蠡从彘，皆取其声，以是明之……豕，古文。"《说文》：

"豨，豕走豨豨。从豕希声。古有封豨修蛇之害。"

竭，有举义。豕惊慌发怒时将尾巴竖起。"按语"后的文字徐铉等曰："或后人所加。""豕"字的异体有六种写法：屌、布、彨、豺、冘、豸。至于豕的古文与异体布篆文 豕 形体接近，盖布是布的讹变。豨字的异体有二：狶、䝜豨。"豕"读与"豨"同的理由，一是豕、豬、豨异名同物。《方言》："豬，北燕朝鲜之间谓之豭，关东西或谓之彘，或谓之豕。南楚谓之豨。"二是《集韵·纸韵》狶，赏是切。《墨子·耕柱》："言则称于汤文，行则譬于狗豨。"豨，即大猪。豨为豕的转注字，《易·睽·上九》："睽孤，见豕负涂，载鬼一车。"汉帛书本豕作豨。豕，古音审母；豨，古音晓母；同为清音声母，二字为同源关系。

昆同掍。昆、掍《说文》共训"同也"，但字形结构不同。掍，从手昆声。昆，从日从比。掍，《说文》古本切，切下字"本"是唇音帮母混韵合口一等字，原有 u 介音，今读音将 u 排斥掉，拼读时 u 还原，读 [ckun]。《广韵·混韵》胡本切，又读 [Xun°]，是因为切上字"胡"是全浊匣母字，所以读去声。昆，《说文》古浑切，[Xun°]。上古掍是匣母文部字，昆为见母文部字。一个是喉音，一个是牙音，喉牙音从谐声角度看关系密切。如：后，匣母。从后得声的垢、诟、茩等字都是见母字。《汉书·扬雄传上》："群娭胥其中，噍噍昆鸣。"王先谦引师古曰："昆，同也。"《方言》："掍、綷，同也……宋卫之间曰綷，或曰掍。"

荼同茶。《说文》："荼，苦荼也。从艸余声。"茶，《说文》无此字。《尔雅·释草》："荼，苦菜。"《尔雅·释木》："槚，苦荼。"茶和古茶字原本一字，约唐代以后将"荼"减一笔为"茶"。"荼"的上古读音为 [da]，定母鱼部开口一等字，到了中古音变为 [du]，定母模韵合口一等字。茶，上古读音为 [da]，定母鱼部开口二等字，到了中古音变为 [da]，澄母麻韵开口二等字，中古澄母是从上古定母分化出来的，故二字实属同字。

土同社。《说文》："土，地之吐生物者也。二象地之下地之中物出形也。"《说文》:"社,地主也。从示土。《春秋传》曰:'共工之子句龙为社神。'《周礼》二十五家为社,各树其土,所宜之木。祛,古文社。"土,甲骨文作 ⌂、⌂,是独体象形字,像土块,左右点像土地上吹拂的浮尘。在人们的意识中土能生长万物,具有神奇而不可思议的力量,故崇拜土地就成为一种"职责"。社的结构应是形声字,从示土声,本义土地神主,土、社本一字,《公羊传·僖公三十一年》:"天子祭天,诸侯祭土。"何休注:"土谓社也。"大约到金文另加形符和木作祛,所以《说文》古文亦作从示从木土声,表示社必树木之意。从语音上讲,土,上古透母鱼部字;社,上古禅母鱼部字,上古舌头音端组与舌上音章组关系密切。

二 意义相近的形符互用

《说文》一书,"分别部居,不相杂厕",但有的形符可以互用,有的是同源关系、通假关系。

廌同豸、牛。《说文》:"廌,解兽也。似山牛,一角。古者决讼,令触不直。象形,从豸省。"《说文》:"豸,兽长脊,行豸豸然,欲有所司杀形。"《说文》:"牛,大牲也……象角头三封尾之形。"廌,甲骨文或作 ⌂、⌂、⌂,头部有弯曲二角之牛形,像以绳套牛或廌之形。廌古有四种异体写法:廌、犕、廫、廲。《说文》"从豸省"可能后人缀之。廌与豸古多通用,如《佩觿集》:"虫豸之豸为獬廌。"廌的最初篆写为 ⌂,前似羊,后似牛。故《说文》"似山牛",即野牛。

纋同缓。《说文》:"纋,韏也。从素爰声。缓,纋或省。"《集韵·缓韵》:"纋、缓户管切,舒也。或从素。"纋与缓,一个从素,一个从糸。素是白色而未加工的丝织品,由糸、𠂇组合而成,其取义于光润下垂之意。糸,是丝束或细丝。二字实即一字,缓是纋的古文。《段注》云:"素当作索,索见宋部,绳索也。从素之字,古亦从糸。古縴字或作䋤,或作縡。"

疋同足。《说文》:"疋,足也。上象腓肠,下从止。《弟子职》:'问疋何止?'古文以为《诗·大雅》字。亦以为足字,或曰胥字。一曰:疋,记也。"《说文》:"足,人之足也。在下,从止口。""或曰胥字",是胥从疋得声,从疋得声的还有疏、楚等字。《诗·大雅·緜》:"予曰有疏附,予曰有先后。"高亨《诗经今注》疏,读为胥,辅也。疋与足一字异体的如楚,有 ![]、![] 等形体,甲骨文、金文从足,今作林下有疋。古文足、疋同字。疋作"记",同"疏"是古今字的关系。

雅同鸦。《说文》:"雅,楚乌也。一名鸒,一名卑居。秦谓之雅。从隹牙声。"《小尔雅·广鸟第九》:"纯黑而反哺者谓之乌,小而腹下白、(不)反哺者谓之雅乌……雅乌,鸒也。"《说文》"一名鸒",可能是传抄之误。鸒,胡角切(xué),山鹊……形体似雀,羽有文彩。从形体讲"鸒"或从隹,作"鸖"。鸒,应作"鷽",羊茹切(yù),又名"鹎鶋",或作"卑居"。《诗·小雅·小弁》:"弁彼鸒斯,归飞提提。"高亨注:"鸒,鸟名,鸦类,比鸦小而腹下白。"雅,《说文》正篆从隹,臣铉等曰:"今俗别作鸦。"可见从隹(鸟之短尾总名)与从鸟(长尾禽总名)析言有别,浑言为一。雅、鸦同文。

鞞同韗。《说文》:"鞞,攻皮治鼓工也。从革军声。读若运。鞞,或从韦。"一字从两个形符,《广韵·麦韵》:"革,改也。兵革也。"《广韵·微韵》:"韦,柔皮也。"革是去了毛的经过加工兽皮;韦是熟皮,去毛后加工鞣制的兽皮。在汉字形体结构里从韦的字可以从革,如靴,可作鞾;鞘,可作韒等。鞁,小儿履也,或作韍。

肇同肈。《说文》:"肈,击也。从攴肇省声。"《说文》:"肇,上讳。"此二字别体同字,还有几个异体写法:肁、敟、肇。从戈与从攴、从攵都与击打动作有关。同理,《说文》:"启,教也。从攴启声。《论语》曰:不愤不启。"启,在《魏孝文帝吊比干文》作"啟"。高田忠周曰:"唯古戈攴通用,故肇肈混用,其实肈即肇奥文,而肇为庸正文。"

三 或体同文

《说文》重文（包括古文、籀文、或体）1100 多条，或体 420 多条，它们是《说文》正篆的变易字体。这些变易字体实质就是或体同文。从大类分有两种。

（一）改变声符

鹇同䳕。《说文》：" 鹇，鹇胡污泽也。从鸟夷声。鹇或从弟。" 鹇胡，即鹈鹕鸟。《诗·曹风·候人》：" 维鹈在梁，不濡其翼。" 高亨注：" 鹈，水鸟，羽多白色，嘴长尺余，下颌联有皮囊，食鱼。" 鹈是 " 鹇 " 的或体，二字只是改变了声符，夷的上古读音是 [jiei]，中古为 [ji]，近古 [i]，现代为 [yi]；弟的上古读音是 [diei]，中古为 [diei]，近古 [ti]，现代为 [di]。夷，喻母脂部；弟，定母脂部，声母相近，韵部相同。

雩同䨣。《说文》：" 雩，夏祭乐于赤帝以祈甘雨也。从雨于声。䨣或从羽。雩，羽舞也。"" 雩 " 包括改换声符的 " 䨣 " 都是双声符的字，一个是雨字增 " 于 " 声，一个是羽字增 " 于 " 声。雩，匣母鱼部；䨣，匣母鱼部。中古时皆在虞韵，羽俱切。雩字在甲骨文或从雨从舞，作 𩁹，古代祭雨方式多种多样，包括求雨和止雨，还包括向上帝、先神祈雨等，舞是常用最多的雨祭方式，故甲骨文或从雨从舞，是会合乐舞降神祈雨之意。或体从 " 羽 "，祈雨时拿着羽毛跳舞或大呼祈雨。《说文》：" 于，於也。象气之舒。亏，从丂从一。一者，其气平之也。"" 象气之舒 " 与口有关，" 于 " 的两横画是一个不可分之构件，象上下嘴唇张开，一竖画表示气从两唇呼出，是个独体象事字。从 " 于 " 得声的字有一部分有张开、大之意。如吁，《说文》出现在 " 口 "" 于 " 两部，" 惊也 "" 惊语也 "。" 于 " 是 " 吁 " 的初文，《诗·周南·麟之趾》：" 振振公子，于嗟麟兮。" 高亨注：" 于，借为吁。吁嗟，表示悲伤的感叹词。" 盱，《说文》：" 张目也。从目于声。" 芋，《说文》：" 大叶实根骇人。故谓之芋也。从艸亏声。" 訏，《广韵·虞韵》:"大也。"《说文》:"一曰訏谟,齐楚谓信曰訏。"夸,《说文》:"奢也。从大于声。"忓,《说文》:"忧也。从心于声。读若吁。"

骇同駴。《说文》:"骇,惊也。从马亥声。侯楷切。"《说文》未录"駴"是骇的或体。二字声符一个从"亥"声,一个从"戒"声。亥,《说文》胡改切;戒,《说文》居拜切(jiè)。亥,上古匣母之部;戒,上古见母之部。戒的读音变化 [kiək]→[kæk]→[kiɑi]→[tɕiɛ],现代读 [tɕ] [tɕ'] [ɕ] 声母的有一部分字来源于中古的 [k] [k'] [X]。如介,古拜切;怯,去劫切;歇,许竭切等。

唐同啺。《说文》:"唐,大言也。从口庚声。啺,古文唐从口易。"大言,即大话。唐、啺皆从口,只是更换声符。一从庚声,一从易声。庚与易的读音问题现在是不同,庚,《广韵·庚韵》古行切,读 [kaŋ]。上古见母阳部字;易,上古喻母阳部字。从庚声与易声的一部分字有大、继续义。《说文》:"庚,位西方,象秋时万物庚庚有实也。庚承己,象人脐。"许慎说解盖汉代的社会思想,按甲骨文、金文形体,是有耳可摇之乐器,能发出较大声响。塘,《说文·新附》:"隄也。"即大堤。康,《尔雅·释宫》:"五达谓之康,六达谓之庄。"即广大。还有一个从庚声的赓,《说文》正篆作"续",古文"续"从庚贝,即赓,古行切,连也。"庚贝者,贝更迭相联属也。"即连续、继续。昜,《说文》:"开也。从日一,勿。一曰飞扬;一曰长也;一曰强者众貌。"笔者原来论证过从"昜"得声的字族有二义:日照光芒、飞升上扬。现在证明从"昜"声字还有强大等义。霷,有明亮、强大义。扬,有振奋、张大之义。上古"唐""啺"声母相近,韵部相同,词的个别义项也相同。

魴同鰟。《说文》:"魴,赤尾鱼。从鱼方声。鰟,魴或从旁。"方与旁古音声母相近,韵部相同,意义有时也相同。《诗·秦风·蒹葭》:"所谓伊人,在水一方。"高亨注:"一方,一边。"一边,即一旁。从方声的少数字有滂溥、广大、并之意。如芳,有的方言读 [p'aŋ]。芳香,青海方言词里的喷喷香(胡都香),有滂溥、广大之意。纺,将多根线并在一起。瓬,《说文》:"周家搏埴之工也。"古代拍打黏土的匠工，有并意。旁，也有溥义，溥即大。

(二) 改换形符

黏同粘。《说文》："黏，黏也。从黍古声。粘，黏或从米。"黍，未成米的叫黍子，成米的带黏性的可造酒。米，谷类去掉壳的粮食。都是食物、禾稼。其形符是同类。所以黏、粘或体同文。

堍同陒。《说文》："毁垣也。从土危声。《诗》曰：'乘彼堍垣。'陒，堍或从自。"堍本从土，或体从自，《说文》："自，大陆山无石者，象形。"即土山。土山与土意义相同。

吟同訡、䪩。《说文》："吟，呻也。从口今声。䪩，吟或从音，訡，或从言。"口、言、音都与说话、声音有关，而且音是由言孳乳出来的，言是由口孳乳出来的，从口、从言、从音的字往往互通。例如：啖可写作谈，護可写作譨等。

壻同婿。《说文》："壻，夫也。从士胥声……士者，夫也……婿，壻或从女。"《段注》："以女配有才智者。"最初"壻"从士，指能做事情或做事完美的人，后来从女并确定为规范字，现今用或体。

豻同犴。《说文》："豻，胡地野狗。从豸干声。犴，豻或从犬。"豻，有两种或体写法：犴、𤝞。《集韵·寒韵》："豻、犴，胡地野犬。"从豸与从犬大类讲，都是兽类。

参考文献：

[1] (汉) 许慎：《说文解字》，中华书局 1963 年版。
[2] (清) 段玉裁：《说文解字注》，上海古籍出版社 1981 年版。
[3] 王力：《汉语史稿》，中华书局 2007 年版。
[4] 唐作藩：《汉语史学习与研究》，商务印书馆 2001 年版。
[5] 李添富：《新校宋本广韵》，洪叶文化实业有限公司 2004 年版。
[6] 向熹：《简明汉语史》，商务印书馆 2013 年版。

在古汉语里，异形同字的现象常有出现，对于我们后学来说，不易辨析，容易造成语义理解上的困难。所以，研究古汉语中的异形同字现象，是历代学者们所关注的。本文分别从"同源关系""意义相近的形符互用""或体同文"三个不同的层次和方向，就字音、意义、字的构型等三者的辨证关系，比较翔实地分析了异形同字的现象和规律。梳理精细，方法得当，论说确切，对于我们学习和掌握汉字的结构规律和用字规律会有一定的裨益。——贾晞儒

撒拉族社会组织"工"的语言学阐释①

马 伟*

"工"是撒拉族地区特有的社会组织,自清雍正以来在撒拉族历史上发挥着非常重要的作用。对于"工"的来源与解释,目前还没有统一的看法。本文根据民族学、历史学材料,运用语言学的研究方法,对撒拉族的"工"这一社会组织名称的来源进行了新的阐释。

一 撒拉族社会组织"工"

在清代,循化撒拉族地区曾有十二工,当时人们习惯上把县城以西的街子、查加、草滩坝、苏只、别列、查汗都斯地区称为"上六工",县城以东的清水、大寺古、孟达、张尕、夕厂、崖曼地区称为"下六工"。乾隆四十六年(1781),撒拉族举行了著名的苏四十三反清起义。起义失败后,清朝政府进行了残酷的镇压,撒拉族人口锐减,于是把十二工缩编成八工。上六工的别列工并入苏只工,草滩坝工并入街子工。下六工的崖曼工并入张尕工,大寺古工并入清水工。从此改称撒拉八工。后来随着人口的增长,撒拉族从街子一带迁到黄河以北的化隆甘都等地,这样在化隆地区也形成了五个工,即甘都工、

---

① 本文为国家社科基金一般项目"族群互动与语言接触——撒拉语的人类学研究"(12BYY037)与阿不都热西提·亚库甫教授主持的国家社科基金重大项目"中国突厥语族诸语言词源研究"(11&ZD130)的阶段性成果之一。

* 青海民族大学教授,博士,主要从事语言学与民族学研究。

卡日岗工、上水地工、黑城子工和十五会工,这样就有了"撒拉八工外五工"的说法。撒拉八工是撒拉族的核心,而外五工人实际并非都为撒拉族,无论从历史记载看,还是从现在的民族分布来看,该地区相当一部分人为回族和藏族,那为什么把这些地方都称为撒拉外五工呢?有学者曾精辟地指出这个名称的来源,其既不依宗教范畴,也不依民族界限,而是撒拉族兴起后其统治影响势力的外延。乾隆年间苏四十三起义虽被镇压,但此事震动了清廷和西北,撒拉族也随之名声大振。后来同治、光绪年间的西北回民起义中,青海地区的首领为化隆昂思多(属撒拉外五工之一的黑城子工)撒拉人马文义(又称马尕三),而撒拉八工应之,风动河湟,直至光绪二十一年(1895)后才归平定,当地人不只在当时称此为"撒拉反了",就是在20世纪初期还有如此说法。民国时期马麒的宁海军,原均为河州回民,到马步芳时期,便以化隆、循化的撒拉为骨干,而尤倚重外五工撒拉。外五工回民等被称为撒拉,实际上是八工撒拉兴起后其声势的外延。①

"工"是由数个村庄组成的一种社会组织,它是撒拉族社会发展的产物。各工逐渐从街子地区脱离后,二者之间在世俗行政事务上不再是隶属与被隶属的关系,但街子由于是撒拉族的发祥地,在撒拉族心目中具有重要的地位,因此在重大事情面前,街子工最具号召力。撒拉族发动的多次反清起义中,其他各工对街子工"惟马首是瞻"。撒拉族花儿中唱道:"撒拉八工的外五工,街子工有头人哩。"这儿的"撒拉八工的外五工"不是指"外五工"属于"撒拉八工",而是指"撒拉八工和外五工"。"的"在这里不是现代汉语中的结构助词,而是连词,意为"和"。

撒拉族各工都有领导者,俗称"头人",负责本工的内外重大事务,如光绪十二年(1886)水案发生后,在官府会同撒拉八工头人所立的"水利章程碑"中署名的各工头人有17人:

---

① 李文实:《撒拉八工外五工》,《中国撒拉族》1994年第1期。

崖曼工头人　韩五十七　马七十五
街子工头人　韩努力　马来迟
清水工头人　韩老大　韩户长
苏只工头人　韩阿力　韩主麻
张哈工头人　韩且令　马老三
查汉大寺工头人　马六十五　何三三
孟达工头人　马寒木则　马阿自保
查家工头人　韩木洒　韩乙麻木　韩木素①

"工"的产生可上溯至雍正八年（1730）。乾隆《循化志》卷四说："雍正以前，并无工名，故雍正七年册，但称草滩坝庄十一庄。""据韩光祖云，雍正八年征桌子山，调兵三千协剿，始分十二工名目。其取名不知何义？"这说明雍正八年即1730年才有十二工的名称，以前都以"庄"来称呼撒拉族地区的村庄。

二 关于"工"的研究

关于"工"的名称来源，已有多种解释，兹罗列分析如下。

据成书于清代的《循化志》讲，"（工）其名不知何，岂立功而仍讹为工耶"，意撒拉族立了军功，之后把"功"讹传成"工"。《循化志》是最早记录"工"的书面文献，也最早对"工"的名称来源进行了解释。但这种解释仅仅是一种猜测。说"工"来自于"功"从语音上来说有可能，但用"功"来称呼撒拉族的村落既缺乏意义上的逻辑基础，也缺乏事实依据。

Woodville Rockhill 曾于1891—1892年间在蒙古和藏族地区进行考察时，也对撒拉族地区进行了短时间的访问。他在发表的日记中记载道：The word kun②in pa kun is, so they said, the Chinese "sun",

---

① 芈一之、朱刚：《循化光绪十二年水案的重要史证》，《青海民族学院学报》1982年第2期。

② kun 即"工"——引者注。

"a village"①，即正如当时的撒拉族所说"工"就是"村"。他指出"工"就是一个行政区，其来源值得研究。②但他并没有最终就"工"和"村"之间的语音联系给予进一步的解释。著名突厥语学家捷尼舍夫曾在1957年于循化地区进行深入的田野调查，之后发表了一系列关于撒拉语方面的论著，可谓成就辉煌。在他的博士论文《撒拉语的结构》绪论中，对"工"的解释基本沿用了"工＝村"的观点。③日本学者片冈一忠也持同样的观点。④非常可惜的是，他们都没有从语言学角度对此问题进行科学的阐释。周振鹤提出"工者，族也"⑤的观点。按照这种观点，"十二工"就是"十二族"，"八工"就是"八族"。虽然从语义而言，这种解释有一定的可能性，但无法解释"工"的语音来源。从语音而言，"工"和"族"之间根本没什么联系。周氏也仅仅提出自己的观点，没有进一步的解释与说明。

顾颉刚推测撒拉族的"工"可能是"沟"的转音。他指出"工"（kung）和"沟"（keu）为东候对转，并说番地中以沟作地名的很多，如卓尼有车八沟、喇利沟等。而且，就其含义来说，"工"大约与现在的"区"相等。⑥很显然，"工"和"沟"在语义上并不相同，而且，从语音角度而言，"工"源自"沟"也缺乏学理依据。

李文实认为撒拉族的"工"系藏语音译。他认为，撒拉族生活之地本为番（藏）地，名从主人，"工"当系藏语的音译。藏语中沿河较高之处为"工"（gong），如青海贵德的阿什贡、化隆的唐思岗等藏语地名。其中岗、贡、工均一音之转。⑦从语义而言，撒拉族的"工"

---

① 转引自［日］片冈一忠《试探清代的撒拉族——兼谈撒拉族的"工"》，秦永章、李丽译，《青海民族研究》1991年第4期。
② 参见妥超群《美国藏学家柔克义对青海土族、撒拉族的民族学考察及文献译注》，《中国撒拉族》2011年第2期。
③ 参见［俄］捷尼舍夫《撒拉语的结构》，白萍译，民族出版社2014年版。
④ 参见［日］片冈一忠《试探清代的撒拉族——兼谈撒拉族的"工"》，秦永章、李丽译，《青海民族研究》1991年第4期。
⑤ 周振鹤：《青海》，台湾商务印书馆1971年版，第116页。
⑥ 参见顾颉刚《撒拉回》，《西北通讯》第一卷第10期。
⑦ 参见李文实《撒拉八工外五工》，《中国撒拉族》1994年第1期。

有可能来自于藏语岗、贡、工，而且其语音形式也基本相同，但撒拉族外五工之一"卡日岗工"的名称，则否定了李文实先生关于撒拉语的"工"来自藏语岗、贡、工的说法。"卡日岗工"中来自藏语的"岗"与来自撒拉语的"工"并存，这说明二者并不是一回事。其实，后来李文实自己也改变了"工"来自藏语的观点（见下文）。

韩中义将"工"与哈萨克语的 qonus 联系起来。他提出，哈萨克族把夏牧场扎帐房之住所称之为 qonus，意为"住地"，而 qon 意为动词"住"。他推测在早期撒拉语使用过 qon 一词，指帐房的居住地。撒拉族先民由中亚东迁中国后，随着由游牧生活向农业生活的转变，qon 的意义发生了变化，由"帐房的居住地"意义转变为"自己的居住地"，其语音变化过程为：qon→qong→gong，由此产生了"工"。① 实际上，现代撒拉语中存在与哈萨克语相似的动词 qon－（现在大多有 qom－的变化形式），② 其意义为"飞落、居住"，但这个词的名词形式只有 qonax（客人），qon 本身并不表示事物名称。更主要的是，撒拉语 qon－中的 q[q] 为小舌音，如前面所说，这个音与"工"（gang）的 g[k] 是两个不同的音，根据语言的历时研究，撒拉语中没有 q[q] 演变为 g[k] 的现象。因此，说"工"来自于 qon 缺乏语言学方面的依据。

有观点认为，"工"来自于撒拉语，意为城镇，是"干"（kand）的转音。在中亚一带以干为名者甚多，如塔什干、撒马尔干等。③ 这种分析具有一定的道理，撒拉族历史学家芈一之也持这一观点。他认为："依名从主人的原则，撒拉语地名用撒拉语解释，且工乃干之转

---

① 参见韩中义《撒拉族社会组织"工"之初探》，《西北民族研究》1993 年第 1 期。
② 本文撒拉语采用突厥学国际音标拼写，其中 b、d、g、j 为不送气清音，p、t、k、č 为送气清音。q 绝大部分情况下为不送气清音，个别情况下为送气清音，但二者没有音位对立关系。撒拉语例子均来自笔者近年来在撒拉族地区的田野调查。笔者母语为撒拉语。
③ 参见青海民族学院民族研究所编印《撒拉族史料辑录》（油印本），1981 年，第 33 页；郝苏民：《甘青特有民族文化形态研究》，民族出版社 1999 年版，第 106 页；撒拉族简史编写组：《撒拉族简史》（修订本），民族出版社 2008 年版，第 28 页。

音，既符合语言学规律，也符合民族地名演变规律。"① kand 确实是个古老的撒拉语词汇，早在 11 世纪的《突厥语大词典》中就有这一词条。该书记载，kɛnd 为"城市、城镇"之意，如 ordu kɛnd 意为"国王居住的城市"。该书还进一步说，kɛnd 在乌古斯人及与他们相邻的人的语言中，是"乡村"的意思，而绝大多数突厥人的语言里则指"城市"。如称费尔干纳城为 öz kɛnd，意思是"我们自己的城市"，semiz kɛnd 也是个大城市，波斯人称它为 semer kɛnd。② 这里的 semiz kɛnd 或 semer kɛnd 实际上就是撒马尔罕。因此，说撒拉族的"工"来自早期的突厥语 kɛnd（在乌古斯人的语言中其意义为"乡村"，撒拉族源自乌古斯部③），似乎已成定论。但从词源的角度讲，kɛnd 来自波斯语，意为"村"或"城市"，④ 因为在古代突厥碑铭语言中，我们见不到 kɛnd 一词，其表示"城市"意义的词为 balïq。⑤ 撒拉语中至今还有 semerqandi（撒马尔罕）一词，其中－qandi 实际上就是 kɛnd。撒拉族的"工"不太可能来自－qandi，因为，－qandi 中的 q 在撒拉语实际发音为小舌音［q］，而"工"在撒拉语中的发音为 gang［kaŋ］，其中 g［k］为舌根音。如前所述，［q］和［k］是两个不同的音，根据语言事实，我们也没发现古代突厥语中的小舌音在撒拉语中演变为舌根音的例子。另外，在撒拉语中表示"村"意义的词有专门的 agïl。该词在撒拉语中的使用频率很高，而且该词在古代突厥碑铭语言中就早已存在（当时意为"畜圈"）。但在目前的撒拉语中除了 semerqandi（撒马尔罕）一词外，我们根本看不到表示"村"或"城市"意义的 kɛnd 的使用现象。可见 kɛnd 的构词能力很弱，这表明它

---

① 芈一之：《撒拉族史》，四川民族出版社 2004 年版，第 57 页。
② 参见麻赫默德·喀什噶里《突厥语大词典》（第一卷），校仲彝等译，民族出版社 2002 年版，第 362—364 页。
③ 参见马伟《撒鲁尔王朝与撒拉族》，《青海民族研究》2008 年第 1 期。
④ F. Steingass, *A Comprehensive Persian-English Dictionary, Including the Arabic Words and Phrases to Be Met with in Persian Literature*, London: Routledge & K. Paul, 1892, p.1053.
⑤ 参见耿世民《古代突厥文碑铭研究》，中央民族大学出版社 2005 年版，第 133 页。

很可能是个借词。考虑到波斯语的 kend("村"或"城市"),我们断定撒拉语的 kend 就是个借词。因此,虽然从语义方面而言,撒拉族的"工"有可能来自 kend,而且二者在语音方面也较接近,但正如前面所述,从严格的语言学角度而言,这种可能性是不存在的。对此问题我们在后文中还将继续讨论。

由撒拉族学者参与撰写的、广泛反映社会各界意见的《撒拉族简史》提出:"所谓'工',是相当于乡一级的行政区划单位,下属若干自然村。"[①] 这种解释准确反映了"工"的社会功能,但回避了对其来源的说明。

三 对"工"的词源阐释

关于"工"的来源,除以上观点外,还有一种认为是来自"水利工程"的"工"。任美锷指出:"循化乡间有八工六沟的名目,撒拉居八工,藏民居六沟。工字意谓水利工程,沟字则代表荒野的山沟。"[②] 罗郁记载:"撒拉族人一天天地增多,辛勤艰苦地向外拓殖,多以务农为业,最能讲求水利,引山泉以灌田,故有'撒拉十三工,一工一道渠'之说,所谓'工'者,就是一村镇,其命名的原因,或即与水利有关。"[③] 李文实先生在后来出版的《西陲古地与羌藏文化》一书中修正了他以前关于"工"来自于藏语"岗、贡、工"的看法,认为撒拉族的"工"来自移民屯垦的垦区名称"工"。[④] 但其中原因,以上几位学者并未给予任何说明。芈一之先生提及龚景瀚的《循化志》中也记载有此观点,[⑤] 他认为以"水利工程"之"工"去解释撒拉语之"工",望文生义,为不正确做法。[⑥]

---

① 撒拉族简史编写组:《撒拉族简史》,青海人民出版社 1982 年版,第 18 页。
② 任美锷:《循化的撒拉回回》,《地理教育》1936 年第 5 期。
③ 罗郁:《穿行在河湟之间》,《旅行杂志》1949 年第 12 期。
④ 参见李文实《西陲古地与羌藏文化》,青海人民出版社 2001 年版,第 1 页。
⑤ 笔者翻阅该书,未见有相关记载。
⑥ 参见芈一之《撒拉族史》,四川民族出版社 2004 年版,第 56 页。

我们认为，撒拉族"撒拉八工外五工"之"工"确实与开垦土地、兴修水利相关。促使我们得出这一结论最主要的原因如下。

元辅音和谐是突厥语音位组合方面的一个很重要的特点，是音节层面上的一种语法化了的顺同化现象。它决定着不同元音音位类别和辅音音位变体之间的选择。这种现象一直被称为元音和谐，这是因为对于辅音而言，它只是在次音位层面上起作用；而对于元音而言，它在音位层面上起作用。① 耿世民教授把这种元辅音和谐现象称之为"辅音和谐"②。他说，古代突厥语的辅音和谐只限于一部分辅音，如 g、k 只出现在前元音的词中，而 q、ġ[ʁ] 只出现在后元音的词中。现代撒拉语保留了许多古突厥语词语，而且同样遵循着元辅音和谐规律。在目前的撒拉语中，有一部分词严格遵循着元辅音和谐律，但还有一部分词却并不遵守这一语音规律。从数量上看，遵循和谐律的词远多于不遵循的。我们如果对不遵循元辅音和谐律的词做一详细的分析，就会发现，从来源上看这些词基本上都是来自汉语或藏语的借词。如，来自汉语的词有：gaga（哥哥）、gang（间）、kan（件）、kon（宽）、kodan（搅团）等；来自藏语的词有：gaġ（音律）、gača（话）、gar（寺庙）、garla—（分开）、kačïx（缺口）、kačü（口水）、kix（借口）、kašo（豁嘴）、katüx（绳子）、baka（小组）等。笔者在所能考察的所有撒拉语固有词中还未发现不遵守元辅音和谐律的例子。可见，撒拉语中凡是来自古突厥语的固有词都遵守元辅音和谐律，但来自汉藏语的一些借词却破坏了这一语音和谐现象。因此，我们假设：在撒拉语中，当一个词不遵守元辅音和谐律的时候，我们基本上可以断定这个词属于借词。这种元辅音和谐现象的破坏，是撒拉族先民来到青藏高原后撒拉语与汉、藏语发生接触以后才开始产生的。③

---

① Marcel Erdal，*A Grammar of Old Turkic*，Leijen·Boston：Brill，2004，pp. 86—87.
② 耿世民：《古代突厥文碑铭研究》，中央民族大学出版社 2005 年版，第 69 页。
③ 参见马伟《撒拉语元辅音和谐的破坏与保持》，张公瑾、丁石庆主编《浑沌学与语言文化研究新起点》，中央民族大学出版社 2013 年版，第 141—148 页。

"撒拉八工外五工"中的"工",在撒拉语中其实际读音为 gang。这个音节中辅音 g 和后元音 a 相拼。根据以上元辅音和谐规律,可以判定这个词不是撒拉语的固有词,它可能来自其他语言。考虑到撒拉族长期以来和汉、藏语的接触现象,我们认为它可能来自汉语或藏语。关于来自藏语的可能性,我们在前文已经排除。因此,这个词来自汉语的可能性很大。一个重要的语言事实是,"工"(撒拉语发音为 gang)在使用时,即使是在说撒拉语的过程中,这个词总是只和汉语词同时出现,如 tienša bagang(天下八工)、shang si gang(上四工)、xa si gang(下四工),我们还看不到"工"(gang)和撒拉语词语搭配使用的现象。至此,我们可以判定"工"是来自汉语的借词。

那么,撒拉族作为社会组织的"工"是否与开垦土地或兴修水利相关呢?我们的答案是肯定的。近年来,笔者在新疆对撒拉族语言与文化进行田野调研时偶然发现新疆有许多地名都有"工"或"宫"字。新疆地名中的"工"或"宫"是否与撒拉族的"工"有关呢?这引起了笔者极大的兴趣。当笔者查阅新疆有关清代屯垦历史及地名材料时,这种怀疑完全得到了证实。

乾隆、嘉庆时期,清政府统一新疆后,为了巩固边疆,在新疆地区实施了大规模的屯田移民实边政策。嘉庆末年,在哈喇沙尔,"屯田三处。头工在城东北六十里,屯兵七十一名,种地一千四百二十亩,由西北引开都河灌溉。二工在城东七十里,屯兵一百零一名,种地二千二十亩,由正西引开都河灌溉。三工乌沙克塔尔,在城正东二百二十里,屯兵一百三十名,种地二千六百亩,由东北察罕通格山沟内,引雪水灌溉","屯,亦称工,是兵农合一的组织,是绿营兵丁屯田生产的基层组织单位","现在的乌鲁木齐和昌吉的头工、二工、三工、四工、下四工、五工、六工、二六工……都还保留着清代屯田的屯名"。①

---

① 赵予征:《丝绸之路屯垦研究》,新疆人民出版社 1996 年版,第 231、293 页。

研究地名的学者也指出，在新疆有许多以"工"字命名的地名，如头工、二工、三工、四工、东五工、西五工等。这些地名都是因屯田而保留的。为了保证农田的引水灌溉，需要开挖河渠。河渠是分段开挖的，这些被划分的地段叫作工区，依次称头工、二工等。据不完全统计，新疆有"工"字地名约 80 个。① 除了新疆，在目前的甘肃河西走廊也有一些以"工"字命名的地名。

撒拉族地区的"工"也是清代雍正八年（1730）才出现的。② 如果我们考察一下当时的社会背景，就会发现"工"为何在雍正八年出现的原因。为了加强对撒拉族居住地区的直接统治，雍正八年六月，清政府改变通过撒拉族土司对撒拉族实行的间接统治方式，开始在撒拉族地方设营驻兵，并开始修建城池。雍正皇帝"亲赐佳名"，将这一城池命名为"循化"，意为"遵循王化"。同时，修建了循化所辖的起台和保安二堡，和循化县城互为犄角之势。这样中央王朝的军政统治得到了巩固，社会治安得到了加强，撒拉族社会从此正式进入了中央政权直接统治之下。循化营设立后，清王朝在此驻兵 800 人，军马有 265 匹，需每年供支粮料 6089 石。③ 于是，当时的撒拉族土司造具文册，向官府呈报各村田地数目，以此作为纳粮依据。虽然并无史料记载有兵丁直接开垦土地，来解决兵粮严重不足的问题，但对循化地区已有的田地是按清朝屯田惯例划分工区的。因此，根据田地数目，清政府将撒拉族地区分为 12 工（其中包括一个由藏族人构成的夕昌工），生活在这些地区的百姓以此为标准缴纳赋税。可见，撒拉族地区的"工"也完全来自种粮地段"工区"，简称为"工"。从词源来说，这完全是个汉语借词。这也解释了为什么它的撒拉语发音 gang 不符合撒拉语元辅音和谐规律。

---

① 参见牛汝辰《新疆地名概说》，中央民族大学出版社 1994 年版，第 96 页。
② 参见（清）龚景瀚《循化志》卷四，青海人民出版社 1981 年版，第 156 页。
③ 同上书，第 106 页。

四 结论

撒拉族先民于元代从中亚迁徙至今天的青海循化地区。在元明时期，撒拉族的首领被中央王朝封为"世袭达鲁花赤""世袭百户"和"副千户"等。这一时期，中央王朝对撒拉族及其周边民族是通过本民族的首领来统治的。① 虽然从地理和军事意义而言，撒拉族生活的循化地区已属内地，但从行政和法律的角度而言，中央王朝此时并未能直接统治这些地区。从这个角度而言，这些"番区"仍属"边疆"。② 清雍正时期，中央王朝开始加强对这些地区的有效统治。撒拉族社会组织"工"（撒拉语音为 gang）就是这一历史背景的产物，其来源完全是汉语词"工"，原意为"工区"，后发展为相当于乡一级的行政区划。长期以来，学术界未能对撒拉族社会组织"工"进行正确解读。正确分析"工"的词源，无论是对了解撒拉族社会文化，还是理解清王朝如何具体将"边疆"地区真正纳入其直接而有效的统治范围当中，都具有重要意义。

"工"在甲骨文里是在"⊥"之上加一个"口"，或者在"丅"之下加一个"口"。《说文》："工，巧饰也，象人有规矩也。"应该说，它是来源于汉语，与撒拉族的社会组织"工"的语义也是一致的。本文作者正是根据这一点，从分析撒拉族语言的语音和谐规律出发，认为"工"在撒拉族语里读"gang"。按照汉语语音的划分来看，[a] 属于开口呼，而汉语的 [u] 则属于合口呼。[u] 既可作韵头，也可作韵腹，在此是作韵腹来用的。作者认为"工"字"来自汉语的可能性很大"，是有道理的。

---

① 关于撒拉族历史和文化的研究参见马成俊、马伟《百年撒拉族研究文集》（青海人民出版社 2004 年版），以及马成俊、马伟《民族小岛——新世纪撒拉族研究（2001—2009）》（民族出版社 2010 年版）。

② 参见马海云《番回还是回番？汉回还是回民？——18 世纪甘肃的撒拉尔族群界定与清朝行政变革》，李丽琴、马成俊译，《青海民族研究》2009 年第 2 期。

古汉语读"工"为［kuŋ］，后来，声母［k］有了分化，在介音［rj］前演变为［dʐ-］，并入禅母，在其他情况下则变为擦音［ɣ-］，并入匣母；在汉语里开口呼的［a］为前低元音，合口呼的［u］为后高元音，其前的辅音都没有变读为［ɣ］，也没有变读为［x］或［h］，前者是见系开二，后者是见系合一。今天，撒拉族群众也把"工"读作［kuŋ］，可能是受汉语和藏语的影响，才使"工"字基本保住了原来的读音；就其本义来看，也与汉语"工"字的本义相一致。——贾晞儒

土族汉语普通话声调偏误问题探略

贺 虎[*]

【摘 要】本文通过分析计算机语音实验得出了土族汉语普通话四声的语图模式及声学数据,在此基础上,总结出土族汉语普通话声调方面的偏误问题。

【关键词】土族;普通话;声调;问题

以往我们对土族汉语普通话声调的感觉多为"听感"上的"经验",难以摆脱一般感性的粗浅认识。为了较为细致和准确地了解、把握土族汉语普通话声调问题,我们借助计算机语音分析软件,采取语音分析的研究方法,首先得到有关语图模式和声学数据,并且与普通话标准参考样本进行对比,然后再进一步分析有关材料,总结出土族汉语普通话声调上的偏误。

我们采用的软件是南开大学计算机学院朱思俞教授和南开大学汉语言文化学院石锋教授共同开发的"桌上语音工作室"(Mini Speech Lab V2)。声学语音分析材料采用青海师范大学人文学院张成材先生编制的《现代汉语声调调查表》,从中选取四组16个音节,由4名土族大学生和1名土族教师分别进行朗读,其音频文件便是本次语音分析的样本。同时还录取了一份标准参考样本,与5份样本进行对比,

---

[*] 作者单位:青海民族大学。

便于发现问题。

在此需要说明的是，为了行文简洁，我们只将软件系统处理过的 5 个样本中最为典型的"样本 1"与标准参考样本拿来进行对比分析，并将分析过程的部分截图插入文章，以便更加清晰准确地说明问题，进行分析总结。

全部样本的分析数据见本文后附表。

一　操作处理过程

（一）样本 1 和标准参考样本基频曲线图对比

开启软件，打开待分析的语音文件，即可看到如图 1 所示界面。在此，我们用第二组的"方房仿放"4 个音节作为语音分析过程的例子。

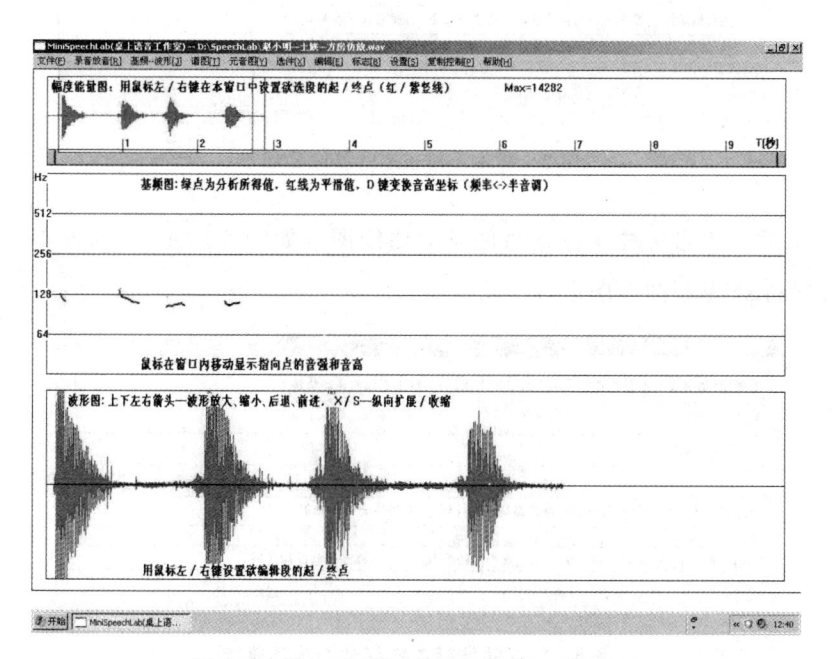

图 1　语音分析软件主界面（基频—波形图）

在研究声调规律时，往往要进行基频方面的统计（即声调统计）。调入音频文件后，分析软件自动采取快速基频提取法对其进行基频提取。界面中间部分便是基频曲线,它显现在中间的窗口,绿点(参考软件实际界面)为计算值,红线(参考软件实际界面)为平滑后的值。

快速基频提取法有时会产生误差,导致基频曲线有误,此时就需要修正。用频域法得出的基频分布图是比较可靠的,因此在这里我们便按频域法修改基频曲线。选择执行后,自动画出相应的分布图,同时将快速基频提取法的结果用蓝线画出。两者对照,即可按照频域法分布图进行比较可靠的基频修改。

修改完成,就会出现如图2所示窗口。

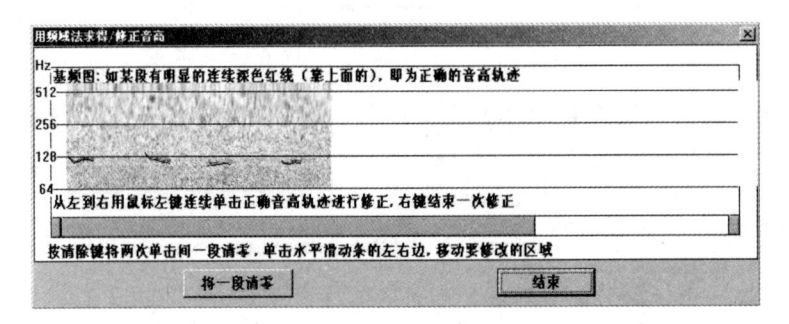

图2 样本1修改后的基频曲线

将标准参考样本修改后的基频曲线图(如图3所示),与样本1修改后的基频曲线图进行比较。

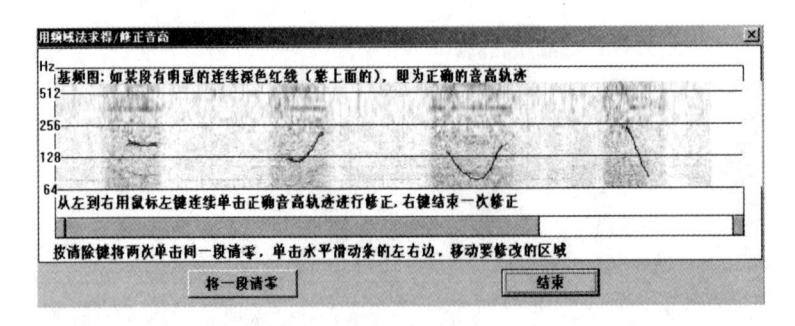

图3 标准参考样本修改后的基频曲线

经过比较,可以清楚地看到两者的区别。前者(参见图2)四个声调的音高频率居于128Hz上下,显得平直而无多少变化,符合我们在此之前基于听感上的判断,四种声调几乎全为平直调;而后者(参见图3)则变化有序,音高在 64Hz~256Hz,具有普通话四声的特点。

(二)样本1和标准参考样本宽带语谱图的对比分析

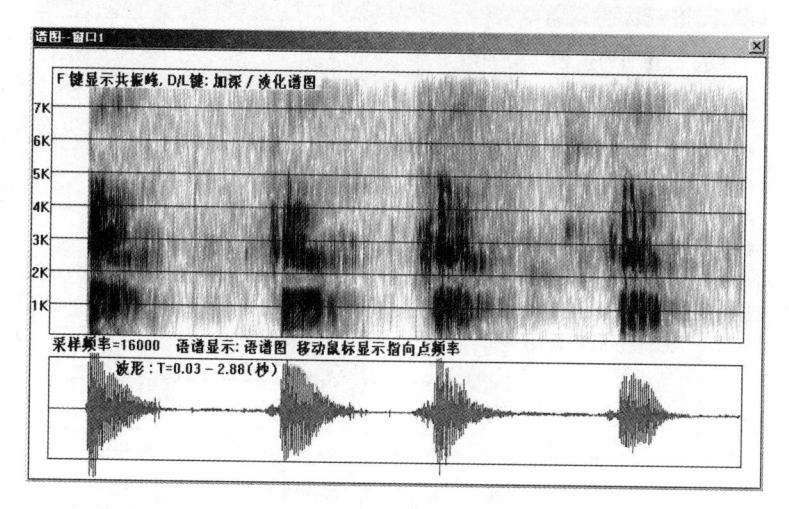

图 4　样本 1 的宽带语谱

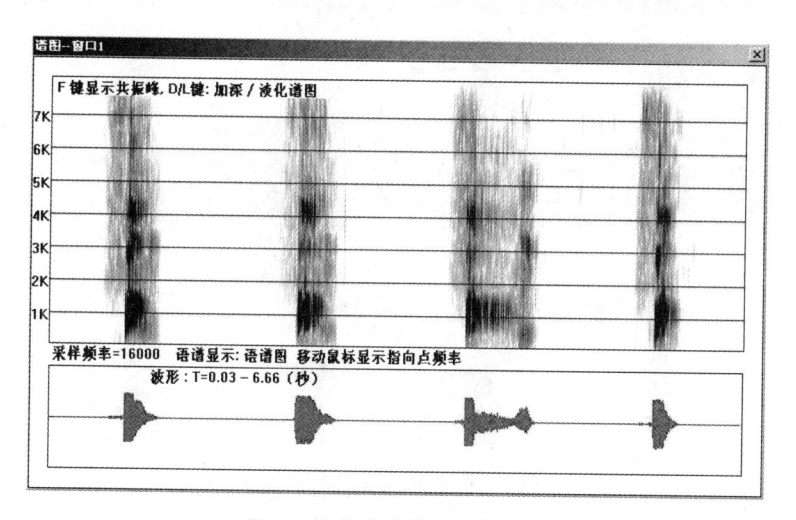

图 5　标准参考样本宽带语谱

宽带语谱其滤波器的频率约为 300Hz,是高频语谱图。因为时间维的分辨率高,可以看到语音的各个共振峰,所以便于观察元音等的音质。由于该图语音帧的长度较短,谱图沿时间轴方向起伏较大,我们主要据此判断共振峰的走向。

（三）样本1和标准参考样本窄带语谱图的对比分析

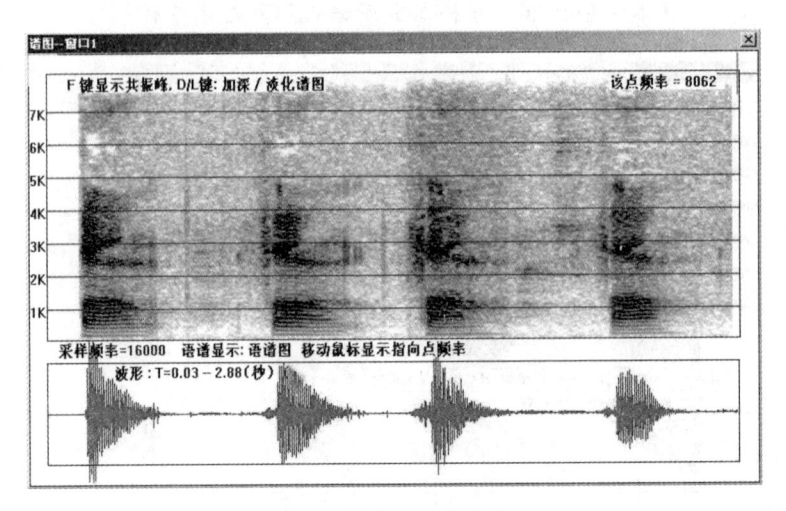

图6 样本1窄带语谱

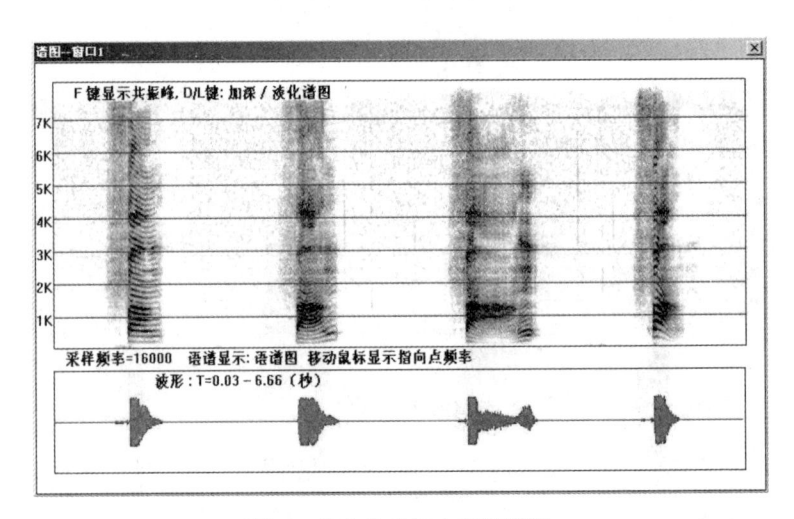

图7 标准参考样本窄带语谱

窄带语谱图其滤波器的频率约为45Hz，是低频语谱图。因为频率维分辨率高，可以看到一条条的语音谐波，所以可以观察到声调的音高变化。从图中可以看出基频及各次倍频的曲线，由于受语谱强度调制，所以在共振峰区域较深。

为了更能说明问题，我们又进行了根据窄带语谱修改后的基频曲线的对比。对比语谱图如图8、图9所示。

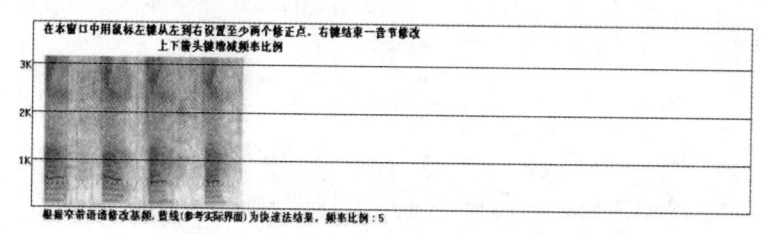

图8　样本1的根据窄带语谱修改后的基频

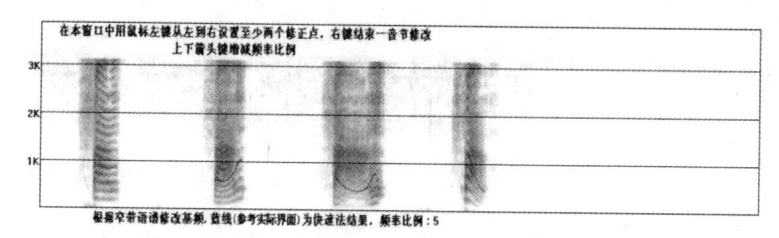

图9　标准参考样本的根据窄带语谱修改后的基频

经过根据窄带语谱进行的基频修改后，语音软件自动给出了分析结果。将图8与图9比较，可以很明显地看出样本1和标准参考样本的基频不同之处。

（四）样本1和标准参考样本倒谱图的对比分析

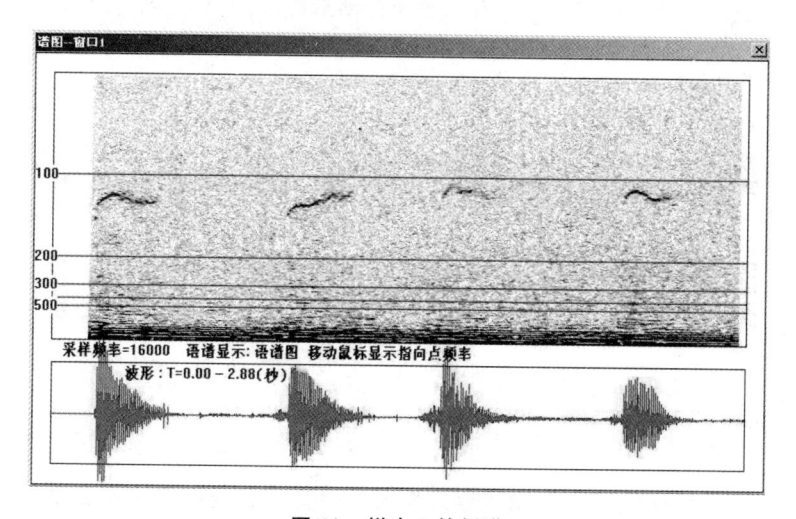

图10　样本1的倒谱

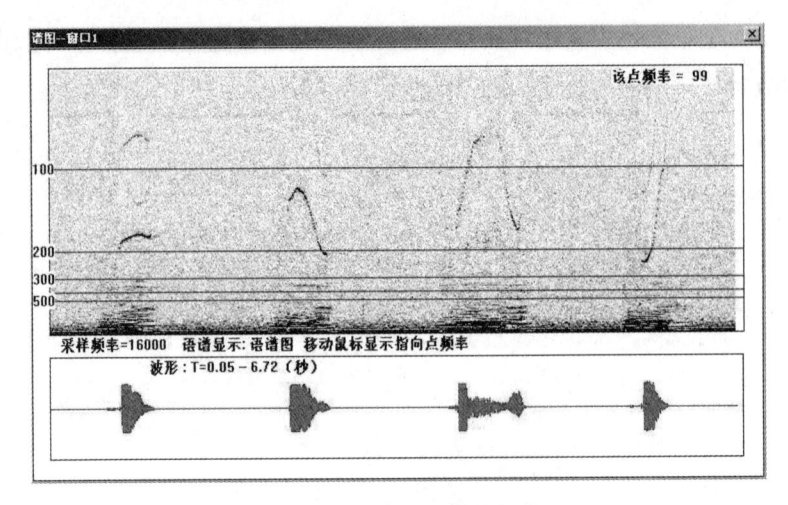

图 11　标准参考样本的倒谱

倒谱的分析图形，能够进一步印证修改后的窄带语谱图的分析结果。

（五）分析音长

在音长分析工作窗口里，可以完成各段音节音长的统计。软件提供了简便的操作方法，能够很快地获取音长。只要将鼠标指针放到想要统计的音节波形图的开头，点击左键，将鼠标指针放到想要统计的音节波形图结尾，点击右键，窗口右下角便自动给出该段语音的长度值。

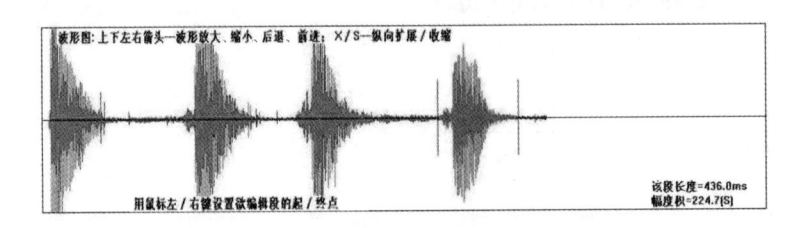

图 12　音长分析

（六）分析音高和音强

在主界面，即中间的音频—波形窗口里，将鼠标指针移动到待分析音节的任何位置，都能很容易地获取该音节此处的音高和音强。

二　土族汉普通话声调偏误分析

经过一系列操作和分析，我们得出了如下总结报告。首先列出样本1和标准参考样本声调综合分析表（见表1）以方便我们比较、分析和统计。

表1　样本1和标准参考样本声调综合分析

对比项 选用音节	音　强（db）				音　高（Hz）				音　长（ms）	
	音节始		音节末		音节始		音节末		样本1	参考样本
	样本1	参考样本	样本1	参考样本	样本1	参考样本	样本1	参考样本		
八	72.8	76.6	69.2	68.6	118	140	113	140	416	536
拔	69.1	41.4	66.0	77.7	118	120	115	112	424	528
把	61.6	42.2	51.2	52.7	90	138	95	154	488	720
霸	51.3	59.6	67.2	52.5	135	197	113	92	384	432
方	52.8	54.7	69.7	57.8	131	169	117	167	392	350
房	50.4	49.9	53.1	61.3	141	122	111	209	460	410
仿	54.6	57.0	51.7	70.8	104	142	108	151	460	690
放	61.6	83.7	52.0	80.8	116	231	115	197	436	310
妈	60.0	56.7	55.5	69.2	115	149	133	150	512	568
麻	54.7	75.7	47.3	76.0	93	128	119	162	376	448
马	68.1	66.0	51.3	77.6	108	118	111	173	568	744
骂	57.7	82.8	55.2	73.4	104	190	119	127	504	448
汤	61.4	69.9	51.5	55.9	136	160	115	145	504	584
糖	64.2	71.8	49.2	49.9	118	113	115	184	456	576
淌	59.2	40.0	49.8	74.2	118	115	114	138	528	784
烫	60.6	79.7	49.7	68.6	112	196	118	112	464	369

其次，通过对表中（方、房、仿、放）数据的比较分析，我们得到了样本1语音材料的声调问题。

（1）阴平调（例字：方）。调型平直。平均音强61.25db，较参考样本音强多5db；音高处在131Hz～117Hz，有下降，初始音高较参考样本音高少38Hz，末尾音高较参考样本音高少50Hz；音长392ms，较参考样本音长多42ms。

通过参数对比，发现样本1阴平调的音高相对降低，同时未能基本持平，有下降趋势。

（2）阳平调（例字：房）。调型下降。平均音强51.75db，较参考样本音强少3.85db，差距不明显；音高处于141Hz～111Hz，呈不升反降状态，初始音高较参考样本音高多19Hz，末尾音高较参考样本音高多98Hz，差距大；音长460ms，较参考样本音长多50ms。

通过参数对比，发现样本1阳平调问题明显，调型呈相反方向，不升反降。印证了我们先前的感觉：土族汉语普通话的阳平调往往升不上去，反而常有下降。

（3）上声调（例字：仿）。调型平直，略有上升。平均音强53.15db，较参考样本音强少10.75db；音高处于104Hz～108Hz，初始音高较参考样本音高少38Hz，末尾音高较参考样本音高少43Hz；音长460ms，较参考样本音长少230ms，因无曲折造成。

通过参数对比，发现样本1上声调的主要问题是，除了音高较低之外，调型并未出现曲折（先降后升），因此音长大大缩短。印证了我们以前的调查结论：土族汉语普通话的上声调往往缺少曲折，基本呈现平直状态。

（4）去声调（例字：放）。调型平直。平均音强56.8db，较参考样本音强少25.45db；音高处在116Hz～115Hz，显然无下降；初始音高较参考样本音高少115Hz，末尾音高较参考样本音高少82Hz；音长436ms，较参考样本音长多126ms。

通过参数对比，发现样本 1 去声调的主要问题是，基本无音高差；调型平直，并未出现下降状态。印证了我们以前调查的结论：土族汉语普通话的去声调普遍不能下降，呈现出的是一种低平调型。

附表 1　音高（Hz）对照总表

对照音节		对照方	参考者	样本1	样本2	样本3	样本4	样本5
第一组（八拔把霸）	阴	始	140	118	131	146	131	249
		末	140	113	123	142	140	250
	阳	始	120	118	130	109	130	204
		末	112	115	132	115	111	222
	上	始	138	90	138	107	135	181
		中	107	—	—	106	94	157
		末	154	95	138	120	105	234
	去	始	197	135	111	140	167	258
		末	92	113	122	117	131	165
第二组（方房仿放）	阴	始	169	131	143	154	154	262
		末	167	117	145	156	148	271
	阳	始	122	141	128	107	165	186
		末	209	111	135	125	141	254
	上	始	142	104	159	229	96	161
		中	112	—	140	227	—	133
		末	151	108	140	256	101	248
	去	始	231	116	0	149	171	314
		末	197	115	0	115	80	164

续　表

对照音节 \ 对照方			参考者	样本1	样本2	样本3	样本4	样本5
第三组（妈麻马骂）	阴	始	149	115	114	133	120	250
		末	150	133	136	143	137	245
	阳	始	128	93	120	107	112	103
		末	162	119	120	110	109	239
	上	始	118	108	112	111	114	217
		中	104	99	—	98	—	154
		末	173	111	122	114	93	228
	去	始	190	104	107	155	147	270
		末	127	119	117	107	87	128
第四组（汤糖淌烫）	阴	始	160	136	135	169	146	257
		末	145	115	129	157	149	258
	阳	始	113	118	113	127	104	125
		末	184	115	136	123	111	251
	上	始	115	118	111	115	112	214
		中	104	—	109	111	—	140
		末	138	114	138	131	90	243
	去	始	196	112	143	187	105	302
		末	112	118	116	125	98	212

附表 2 音强（db）对照总表

对照音节			参考者	样本1	样本2	样本3	样本4	样本5
第一组（八拔把霸）	阴	始	76.6	72.8	41.0	69.1	37.5	82.6
		末	68.6	69.2	59.4	51.4	62.2	69.4
	阳	始	41.4	69.1	66.3	65.1	39.5	83.0
		末	77.7	66.0	57.8	50.9	60.3	76.6
	上	始	42.2	61.6	43.6	54.2	35.2	53.3
		中	62.5	—	—	53.6	73.6	78.4
		末	52.7	51.2	57.9	50.8	59.0	73.7
	去	始	59.6	51.3	68.2	62.9	67.7	84.3
		末	52.5	67.2	60.0	56.8	74.7	78.7
第二组（方房仿放）	阴	始	54.7	52.8	47.5	46.8	67.6	55.7
		末	57.8	69.7	53.5	44.1	62.2	58.5
	阳	始	49.9	50.4	47.9	54.0	44.3	79.7
		末	61.3	53.1	57.6	45.3	60.8	60.9
	上	始	57.0	54.6	40.5	50.5	61.4	80.9
		中	68.0	—	74.2	48.1	—	76.4
		末	70.8	51.7	58.3	42.8	59.2	62.3
	去	始	83.7	61.6	0	44.8	50.7	60.9
		末	80.8	52.0	0	46.1	59.2	66.2

续　表

对照音节 \ 对照方			参考者	样本1	样本2	样本3	样本4	样本5
第三组（妈麻马骂）	阴	始	56.7	60.0	57.3	34.0	42.2	82.7
		末	69.2	55.2	49.9	39.5	59.4	63.6
	阳	始	75.7	54.7	55.9	47.4	66.9	66.2
		末	76.0	47.3	47.5	39.0	61.6	63.3
	上	始	66.0	68.1	59.4	46.0	63.5	43.5
		中	77.6	64.3	—	51.4	—	81.8
		末	59.6	51.3	54.1	38.9	66.8	73.2
	去	始	82.8	57.7	61.5	45.8	64.3	65.6
		末	73.4	55.2	53.6	41.8	64.1	55.2
第四组（汤糖淌烫）	阴	始	69.9	61.4	61.6	42.7	55.1	66.2
		末	55.9	51.5	54.8	36.3	61.6	58.6
	阳	始	71.8	64.2	64.5	42.2	63.0	67.6
		末	49.9	49.2	53.7	38.7	56.9	63.5
	上	始	40.0	59.2	53.7	57.1	60.3	65.4
		中	59.2	—	63.8	51.0	62.8	79.5
		末	74.2	49.8	50.6	35.6	58.7	54.9
	去	始	79.7	60.6	63.6	50.3	60.7	68.9
		末	68.6	49.7	52.3	40.7	59.7	76.2

附表3　音长（ms）对照总表

对照音节 \ 对照方		参考者	样本1	样本2	样本3	样本4	样本5
第一组（八拔把霸）	阴	536	416	412	255	368	376
	阳	528	424	404	360	380	388
	上	720	488	428	370	416	528
	去	432	384	380	280	344	296
第二组（方房仿放）	阴	350	392	376	304	400	524
	阳	410	460	412	312	396	420
	上	690	460	404	416	428	604
	去	310	436	0	392	416	280
第三组（妈麻马骂）	阴	568	512	500	344	400	440
	阳	448	376	500	408	428	432
	上	744	568	504	464	460	508
	去	448	504	468	384	392	312
第四组（汤糖淌烫）	阴	584	504	568	340	428	468
	阳	576	456	504	364	436	512
	上	784	528	544	484	476	534
	去	360	464	384	292	416	324

附表 4 调查合作人基本情况表

序 号	姓 名	性别	籍 贯	单 位 及 职 业
样本 1	赵小明	男	青海民和官亭	青海民族大学工商管理学院 2009 级旅游班　学生
样本 2	汪得进	男	青海民和官亭	青海民族大学工商管理学院 2009 级工商管理班　学生
样本 3	安海峰	男	青海民和中川	青海民族大学工商管理学院 2009 级工商管理班　学生
样本 4	白雷强	男	青海民和中川	青海民族大学政治学院 2008 级思想政治教育班　学生
样本 5	祁录金	女	青海民和中川	青海省民和县中川乡中心学校　教师
参考样本	贺　虎	男	陕西西安未央	青海民族大学文学与新闻传播学院　教师

　　本文是作者对于土族学习汉语普通话容易发生声调偏误现象，进行计算机语音实验测试的科学总结。作者在调查过程中所使用的方法得当、科学，资料翔实，其结论具有一定的实践意义和指导作用，为教师对土族学生进行汉语普通话教学提供了科学的方法和依据，也有利于土族群众运用科学方法学习汉语普通话。——贾晞儒

"瓜州"与"瓜子"考

廖 贞[*]

【摘 要】《左传》中的古"瓜州"为今之敦煌,而"瓜子"一词又与"瓜州"有关,这些说法流传甚广,多为史家采信。本文梳理了该说之缘起,证明古"瓜州"与敦煌无关,更与"瓜子"无涉,均为附会之结果,并探讨了"瓜州"与"瓜子"得名之新线索,以期厘清二者的关系,寻求历史的真相。

【关键词】瓜州;敦煌;瓜戎;瓜子

"瓜州"作为地名,可追溯到春秋时期,很早便与敦煌有关,史载建制名称有:北魏孝昌二年(526)敦煌郡更名为瓜州,隋开皇二年(582)废郡,继北魏之后又改敦煌郡为瓜州。后至唐武德五年(622),分敦煌郡为二州,于敦煌郡西部置西沙州(贞观七年又改名沙州),领敦煌、寿昌二县;于敦煌郡东部置瓜州,领晋昌、常乐二县。从此,"瓜州"一名仅指晋敦煌郡的东半部地区。

今瓜州县,为清代以来的安西县,位于河西走廊西端,甘肃省西北部酒泉地区,西接敦煌,2006年8月,经国务院批准更名,其境域相当于唐之瓜州及其所辖晋昌、常乐二县地。

"瓜子"作为西北、四川等地的方俗词,意为"傻子""傻瓜",一种

---

[*] 作者单位:青海民族大学。

主要观点认为该词与"瓜州"有关。看到李文实先生论及"瓜州"和"瓜子",认为皆为羌语之说,大受启发,想试着探讨"瓜州"地名变迁及"瓜子"得名之由始,以发一家之言,或有不智之论,仅作引玉之用,敬请方家指教。

一 "瓜州"考

"瓜州",最早的史籍记载见于《左传》,也就是说,至少春秋时期,即有这一名称。其一,《左传·襄公十四年》(前559):"(范宣子)将执戎子驹支。范宣子亲数诸朝,曰:'来,姜戎氏!昔秦人迫逐乃祖吾离于瓜州,乃祖吾离被苫盖、蒙荆棘以来归我先君。'"其二,《左传·昭公九年》(前533):"允姓之奸,居于瓜州。"

究竟何处是《左传》记载的古"瓜州",可惜的是同时期史籍再无指向,直到东汉初年,经学家杜林始言古"瓜州"即汉代的敦煌。《汉书·地理志》"敦煌郡敦煌县"条班固原注云:"杜林以为古瓜州,地生美瓜。"显然,班固也并不知瓜州在何地,所以只用不确定的语气转述了杜林的说法,而先秦古籍及西汉著作中向无瓜州产"美瓜"的记载。况且,经学者考证今敦煌瓜是西汉末期才由哈密等地传入的,"元帝建昭三年(公元前36年),西域都护甘延寿和副校尉陈汤发西域各国兵远征康居,击杀了挟持西域并与归汉的呼韩邪单于为敌的郅支单于,匈奴势力在西域消失,汉与西域的通道大为安全了","西域道畅通以后,天山南北地区第一次与内地联为一体……西域的葡萄、石榴、苜蓿、胡豆、胡麻、胡瓜、胡蒜、胡桃等植物,陆续向东土移植……"文中所说的"胡瓜"即哈密甜瓜,敦煌人称之为"穹窿"。宋代成书的《太平广记》第276卷载:"汉明帝阴贵人,梦食瓜,甚美。时敦煌献异瓜,名'穹窿'……"哈密维吾尔人直到现在仍把哈密瓜叫"库洪",显然"穹窿"是"库洪"的转音。

按此推断,哈密瓜西汉末年传入近邻敦煌,由于气候、土壤条件相似,便在敦煌落户生根,甚至被培植成当地的名优产品,这完全符合情理。但是，这个发展必有一个过程，起码在东汉初年敦煌瓜还不是人尽皆知，否则就不会有《太平广记》中"献异瓜"的记载。

东汉初年的经学家杜林第一个说古瓜州即敦煌，也是事出有因。杜林父杜鄴曾任凉州刺史，杜林最初在王莽新朝做过郡吏，新朝灭亡后便客居河西避乱，可以说他对河西及敦煌的情况是相当熟悉的，自然知道当地敦煌瓜的美名，而且很有可能当时敦煌因"地生美瓜"在当地民间也被称为"瓜州"，遂有了杜林"古瓜州即敦煌"之说。但其时，敦煌瓜的美名还远未名满天下，因此，班固只能狐疑地引为一家之言。所以，杜林之说在东汉一代并没有产生多大影响。

直至西晋以来，杜林"敦煌即古瓜州"之说才开始传扬。最早应和杜林之说的是西晋著名经学家、镇南大将军杜预，他为《左传·襄公十四年》范宣子所言"瓜州"作注说："瓜州，地在今敦煌。"又在《左传·昭公九年》为"允姓之奸，居于瓜州"作注，再言："瓜州，今敦煌。"此后，东晋郭璞、北魏郦道元、南朝梁刘昭等相继呼应，这些人物名高言重，著作流传甚广，信者泱泱，影响极大，其说遂倡。但追本溯源，都是杜林"以为"敦煌为古瓜州而已。至北魏孝昌二年（526）改敦煌郡为瓜州，应是讹传成真，以为定论之举。

由此可知"古瓜州即敦煌"说，谬误由来之始末。

那么《左传》所说的古"瓜州"，究竟在何处？影响较大的是古史学家顾颉刚先生著文《瓜州》，考定瓜州在关中、秦岭一带，此外还有"河华"说，指古瓜州在华山以北，古"龙门西河"两岸，还有松潘说等，这些结论大致根据古典文献记载得来，寻找《左传》提及的姜戎、允姓之戎的活动线索来推断古瓜州之所在。在春秋之前，由于众多戎族活动在秦、晋之间，分支众多，迁徙无定，历史上对各族称呼多来自音译，极不统一，很难确定他们的清晰活动轨迹甚至是族属。如允姓之戎，唐虞之前称荤鬻，商朝时称鬼方，周朝时称猃狁、獯鬻，《左传》又称其陆浑之戎、阴戎等。因此，想通过这条线索来确定瓜州所在，极其困难，也是造成莫衷一是的主要原因。瓜州之地既难以确定，瓜州之得名由来就更无从说起。

值得我们注意的另一条有价值的线索是来自西周青铜器上的铭文，著录于《殷周金文集成》的《询簋》(8·4321)和《师酉簋》(8·4288)。

> 王若曰："询，丕显文武受命，则乃祖奠周邦。今余命汝啻官司邑人，先虎臣，后庸：西门夷、秦夷、京夷、□夷。师令侧新，□华夷，畀狐夷……"（《询簋》）

> 王呼史册命师酉："司乃祖啻官邑人、虎臣、西门夷、泉夷、秦夷、京夷、畀瓜夷……"（《师酉簋》）

从《询簋》铭文可知因询的祖先辅佐文王、武王有功，询被任命担任管理邑人、虎臣和诸夷的官职。经学者考证，这应在周恭王时期。《师酉簋》中的师酉是询的孙子，后接替祖职。在两篇铭文里出现了"畀狐夷"和"畀瓜夷"的称呼，毫无疑问，应是同一夷族名称的异写。《说文解字》："狐，妖兽也……从犬瓜声。"古人的形声字多从其声，"瓜"和"狐"在上古韵同属"鱼"部，声同属见母，即为谐声。书写重声轻形，在古文字材料中常见，战国时期的《令狐君嗣子壶》（《殷周金文集成》15·9719）令狐写作"令瓜"即为明证。"畀瓜夷"是西羌的一支，应无异议，"畀瓜"极可能是其自称，来自古羌语，这一点，李文实先生的看法很有见地。华夏族出于文化优越感之原因，贬写其为同音的"畀狐"，后称"狐夷""瓜夷"，皆顺理成章，但是造成了文献记载的混乱。

在西周时期，夷、狄、戎、蛮是华夏族对还未华化民族之称呼，并没有后世所谓那么严格的地域区分。在这两篇铭文中，同时并列的称呼还有"秦夷"，就是当时还未被分封的秦族人，后因养马有功被周封为附庸。《史记·秦本纪》有载："有非子居犬丘，好马及畜，善养息之。犬丘人言之周孝王，孝王召使主马于汧渭之间，马大蕃息……于是孝王曰：'昔伯翳为舜主畜，畜多息，故有土，赐姓嬴。今其后世亦为朕息马，朕其分土为附庸。'邑之秦，使复续嬴氏祀，号曰秦嬴。"

秦人未分封前，和狐夷及其他夷族一样，受命于周王室，只是秦不断崛起，终统六合，史载甚详，而狐夷则与无数的小邦族不断被融合，消失于历史的长河中。

秦夷可以被称为"秦戎"，（《殷周金文集成》1·037《救秦戎钟》），自然狐夷也可被称为"狐戎"或"瓜戎"了，瓜戎所居之地，是否就是《左传》中的"瓜州"，一个名从主人/音义合一的地名呢？古时所谓"州"，有大小之别，大可说天下"九州"，小可指聚族而居之地，如《周礼·地官·大司徒》"五党为州"，《玉篇》"州，居也"。

通过铭文我们不但知道了瓜夷很有可能就是瓜戎，还可以推知西周时期秦人和瓜戎相距不应太远，否则怎会由一人统领管理？但是到春秋初期，瓜戎似乎又向东进至河华地区，《左传·庄公二十八年》："（晋献公）娶二女于戎，大戎狐姬生重耳，小戎子生夷吾。"夷吾即小戎狐氏，其居地在今山西西南部。"大戎狐"，即《史记晋世家》所载公子重耳奔归的舅家翟族，"翟以重耳故，击晋于啮桑"。啮桑，《左传·僖公八年》作"采桑"，杜预注："平阳北屈县西南有采桑津。"在今山西吉县西南，为黄河古渡口，又《左传·僖公二十四年》载："（重耳）从狄君以田渭滨。"是大戎狐氏居于河渭之间，与小戎隔河相望。春秋初晋于河东置"令狐"城，顾名思义，即号令诸狐之城。这些证明华山以北西河两岸，春秋初有大小狐氏的活动。

结合顾颉刚先生的考证，是否可以推测瓜戎在西周时期主要居于秦人附近，只是众多戎族的一支，籍籍无名，有可能所谓"瓜州"只是一个临时性的地名，指瓜戎所居之地，就位于关中地区。随着秦的强大崛起，瓜戎不断受到排挤，使之离开原住地瓜州向东迁徙，直至晋国南部，也就是河华地区。等到瓜戎被迫东迁，这一地名自然消失。因此《左传·襄公十四年》范宣子所说完全符合历史，并且也能解释瓜州为何在史书无载。如果瓜州位于河华地区，那么这一时期，狐氏一族已渐强大，否则晋王室不可能与之联姻，也不可能成为阻止秦国东进的大患。狐氏与秦、晋多次发生摩擦交锋，史书记载详细，而不言及瓜州，无法解释。

二 "瓜子"考

"瓜子"一词,是陕、甘、青西北地区及四川等地常用的方俗词,意为"傻瓜"或"傻子"。该词语缘何而来?最通行的说法也来自顾颉刚先生的《瓜州》一文:"一九四八年,予在皋兰,九月五日游于西北师范学院,与其教授林冠一同志谈。师范学院由陕西城固迁来,冠一居城固久,为言洋县之北,秦岭之中,有民一族,号曰'瓜子'。其人甚诚愨,山居艰于自给,多出外卖其身,作耕种、推磨诸事,极苦不辞。每有劳役,虽胼胝困顿,而劳作终不辍。以其愨也,人谬谧之曰'傻瓜',而'瓜子'之族号反隐。其人之所以'傻'者,大汉族主义压迫之下结果也。予闻之,跃而起曰:'得之矣,是盖"瓜州之戎"之裔也。'……是其族当春秋已有居于此者,倘以受秦人之迫逐……戎人东向而迁。其蔽于深山而倖逃铁蹄者,是为今之瓜子。"

果真如顾先生从民俗材料考察所言,"瓜子"与"瓜州之戎"有关吗?

"瓜子"一词,查阅《辞源》(1915)、《辞海》(1937)、《中文大辞典》(中国台湾地区)和《汉语大辞典》等权威辞书,或误收为"爪子",但基本解释为:"甘州人称不慧之子""不慧之子""旧时对不慧之子的戏称"。"瓜"写作"爪",是古文字通行的写法,辞书写作"爪子",实为引述讹误,考释不当所致。如北京故宫博物院藏王仁昫《刊谬补缺切韵》,"瓜"字写作"爪",而且凡从"瓜"之偏旁也写作"爪",无一例外(写本影印件均见周祖谟先生编《唐五代韵书集存》上册)。宋代所刻书,如蜀刻本《太平御览》,"瓜"字及从"瓜"之偏旁也作"爪"(见中华书局缩印1935年商务印书馆影印宋本《太平御览》)。如此写刻"瓜"字,直至清代仍颇常见。如康熙朝编刻的辞书《佩文韵府》,"瓜"及作偏旁之"瓜"字都作"爪"。

辞书所引证该词最早的历史文献来自于唐代郑荣的《开天传信记》。今查《四库全书·小说家类三》收有此书,相关是记贺知章

"瓜下为子"事,全文:"贺知章秘书监有高名,告老归吴中,上嘉重之,每别优异焉。知章将行,涕泣辞。上曰:'何所欲?'知章曰:'臣有男,未有定名,幸陛下赐之,归为乡里荣。'上曰:'为道之要莫若信。孚者,信也,履信思乎顺,卿子必信顺之人也,宜名之曰孚。'知章再拜而受命。知章久而谓人曰:'上何谑我耶?吴人孚乃瓜下为子,岂非呼我儿为瓜子耶?'"《太平广记》卷二百五十五《嘲诮三》也记贺知章此事,下注"出《开天传信记》",所引郑氏书"上"作"明皇",即唐玄宗。

《旧唐书》卷一百九十《贺知章传》说:"知章性放旷,善谈笑,晚年尤加纵诞,无复规检,自号'四明狂客'。"《新唐书》卷一百九十六《隐逸·贺知章传》也说:"知章晚年尤诞放,遨嬉里巷。"贺知章旷达不羁,善于说笑话,他留下的这个笑话是古人常用的拆字游戏,根据是"孚"字乃"爪"下"子",因为当时"爪"字写法与"瓜"并无区别,"爪子"也是"瓜子",而"瓜子"即为傻子、傻瓜。贺知章非常巧妙地把"孚"字拆解成当时的俗语作为笑柄,所以这个笑话就被专记开元天宝遗事的《开天传信记》所记录。

辞书对"瓜子"一词的引证还有元代和清代文献,1941年商务印书馆排印的《孤本元明杂剧》收无名氏的《村乐堂》有言:"兀那瓜子也,你不要言语,我与你这支金钗。"同篇还有"瓜驴瓜弟子孩儿瓜畜生""瓜贼瓜马"之语,按剧中词义"瓜"均作"傻、呆、笨"之意。清代黎愧曾《仁恕堂笔记》载:"甘州人谓不慧之子曰瓜子。"黎士宏,字愧曾,福建长汀县人,顺治时曾任甘州(今甘肃张掖)同知。黎氏所记,应为耳闻目见,"瓜子"一词乃当地方言常语。

这些书证其实提供了一个非常重要的信息,就是"瓜子"一词至少在唐代便已使用,范围包括"吴地",今浙江一带,而直至清代才有西北甘州言"瓜子"的确切记载。今天,中国绝大多数地方称傻子为"傻瓜",是一个同义复合词,也能证明"瓜"这个词,同"傻"一样,流传范围广,受众度高。如果像顾颉刚先生所说,"瓜子"来源于瓜戎,只有极少数存在过瓜戎后裔的西北地区了解这个词的意义,该词断不能通行于全中国,进入共同语。尤其是形容词,越生僻、越具有地方特色的,越难以被外地人接受,这是其一。其二,《开天传信记》中贺知章事还有一个线索,贺知章在当时的京都长安(今西安)为官,辞官回家时请唐玄宗给儿子赐名,等到了老家吴地,听吴地人呼傻子为"瓜子",才联想到"孚"字,方悟,遂有这个笑话。如果"瓜子"一词本就西北甘州等地所起,怎会长安人不知,反而"吴人语"呢?这是无法解释的。

瓜戎,春秋时期还活跃于秦、晋之间,但是很快就被各族融合,消失在历史之中,至于秦汉,再无记载。这个族群的名字都已然消失殆尽,难觅踪影,如果唯相关之词"瓜子"流传下来,违背常理,况且这个族群远没到影响中国历史格局和文化的地步。退一步说,就算新中国成立前有个族群在秦岭深处,号曰"瓜子",也不可能是瓜戎之后裔,民族史上还从未见哪个族群隐居一处绵延两千多年。"瓜子族"称号,必是先有其词,后称其族。

现在,西北地区说"瓜子",恰符合语言发展规律。西北地处偏远,交通不便,语言发展便相对缓慢,往往与中原等主流地区脱节,口语中容易保留一些古词语,"瓜子"显然是"傻瓜"的前身,而非与瓜戎有什么关系。从元代无名氏的《村乐堂》书证看,元明时期,"瓜"还在西北之外地区通行,而至于黎愧曾《仁恕堂笔记》,清代其他地方已不言"瓜子",唯西北地区保留,所以他记"甘州人谓不慧之子曰瓜子"。这是有力证据。

综上,"瓜子"来源于"瓜戎"之说,史书无凭,断难成立。

"瓜"为"傻、呆"之意究竟来源于何处,现在没有确切材料证明。从《说文解字》及汉代经学家的注解看,"瓜"还无此意。笔者根据词义发展规律妄加推测,这个词义可能起自魏晋口语,是一个比喻义。古人夸人聪慧常说心有百窍、空灵,而说人笨是"一窍不通",瓜是实心的,大多数的形态滚圆沉实,与"轻巧、机灵"意蕴相反,可能被借喻为"实在、不知变通、死心眼"之意,民间至今形容人蠢笨还说"冬瓜头""南瓜头"之类,人没经验是"生瓜蛋子"。顾先生在《瓜州》一文中说瓜子族"其人甚诚愨……以其愨也,人谬谥之曰'傻瓜'……"认为"瓜"是族称,把这个词当作一个偏正词组,值得商榷。"瓜"应是"老实、不灵活"之义,至于后来的"傻、笨、愚蠢"等义,均来自于"老实"。

以上所论或有穿凿附会,不敢以为定说,姑此以待方家斧正。

关于瓜州与瓜子的故事传说由来久远,历史上的"张骞尝美瓜"之类的故事和传说流传甚广,说明了"美瓜"产于斯则是历史的事实。但是,是否与这个地理名称有关系则众说纷纭,莫衷一是。该文作者根据自己对于有关史料的考察,探赜索隐,得出了因传说此地产蜜瓜而得名"瓜州"的说法牵强附会、不可以信的结论。论述的资料翔实,理据充分,有自己的见解,是一篇语言学与历史学相结合的研究成果,在客观上,可以起到开拓学术视野,扩展语言学研究领域的积极作用。——贾晞儒

吴屯土族亲属称谓研究

万德卓玛[*]

【摘　要】本文通过摩尔根对亲属称谓的研究理论,以及笔者在青海省同仁县吴屯土族地区的田野调查资料,从语言人类学的角度对吴屯土族的亲属称谓做了简要分析,着重探讨了吴屯话当中的各种亲属称谓词的来源及其称谓特点,希望对了解吴屯土族历史文化等具有一定的帮助。

【关键词】吴屯;土族;亲属称谓

亲属制度是反映人们的亲属关系以及代表这些亲属关系的称谓的一种社会规范。亲属制度又称亲族制、称谓制、亲属称谓制等。本文除了在引用其他作者的原文时使用各位作者原来的术语外,一概使用"亲属称谓"一词。对亲属称谓这一领域的研究是由美国人类学家摩尔根开创的。他把亲属称谓分为两个类别:类分式和说明式,并且"把这个二分式的亲属分类方法应用到整个亲属称谓系统上,使他的这个分类与其进化论理论框架保持一致。从而指出原始社会的亲属称谓系统是类分式的,文明社会的亲属称谓系统是说明式的"。针对摩尔根这种过于简单化的二分法,后来的一些学者提出了很多不同的观点和方法。本文主要是从语言人类学的角度分析青海省同仁县吴屯土族的亲属称谓,并探讨所反映的亲属关系及社会观念。

---

[*] 作者系青海民族大学民族学与社会学学院2013级研究生。

同仁土族地区，故称"五屯"。通常人所说的"五屯"，并非一个村庄，而是同仁县隆务镇以北呈带状分布的5个自然村落，包括吴屯、年都呼、郭玛日、尕撒日、保安下庄。五屯人所说的语言被称为五屯话，有人说它像汉语，有人说它像土族语，有人说它像藏语，也有人说它是以上几种语言的混合语等。五屯话没有书面文字，因此没有本民族文献材料供我们了解他们的历史文化发展。前人对五屯土族的研究主要集中在他们的历史、文化及语言的平面描写及使用情况等方面。五屯土族信仰藏传佛教，在主观认同上，五屯人认为自己是藏族。而在此笔者要谈的正是"五屯"之一吴屯土族的亲属称谓制度。吴屯和其他4个村的语言也不同，吴屯话是汉藏语的混合，而其他4个屯的语言则跟青海省海东市民和县和互助县等地的土族所说的语言较为相似。

一 吴屯土族的亲属称谓词分析

（一）祖父母辈及以上称谓词

在吴屯话当中表示祖父母辈的称谓词主要有两个，男性用 didiɛ，女性用 niniɛ。这两个词前加不同的定语，则可生成许多不同的称谓。

didiɛ 一词既可以指爷爷，也可以指外祖父（母之父）。对伯祖父（父之父之兄）和外伯祖父（母之父之兄）、姨爷爷（父之母之姐之夫、母之母之姐之夫）称为 ta didiɛ，对叔祖父（父之父之弟）和外叔祖父（母之父之弟）、姨爷爷（父之母之妹之夫、母之母之妹之夫）称 ka didiɛ。其中 ta didiɛ 中的 ta 应该是跟汉字"大"有关，而 ka didiɛ 中的 ka 应该为"尕"。在青海汉语方言里"尕"为"小"的意思。用"尕"和"大"表示伯祖父与叔祖父之间的不同。

姑爷爷（父之父之姐妹之夫、母之父之姐妹之夫）则称 abi didiɛ。对舅爷爷（父之母之兄弟、母之母之兄弟）为 atɕhiu didiɛ，在吴屯话中 atɕhiu didiɛ 也指外祖父（母之父）。abi didiɛ 中的 abi 是藏语词，abi 的藏语含义是"爷爷、叔叔、哥哥"。atɕhiu didiɛ 中的 atɕhiu 是汉语词，直接来自于汉语的"舅舅"一词。

ȵiȵiɛ 既可以指奶奶，也可以指外祖母（母之母）。对伯祖母（父之父之兄之妻）和外伯祖母（母之父之兄之妻）、姨奶奶（父之母之姐、母之母之姐）称为 da ȵiȵiɛ，对叔祖母（父之父之弟之妻）和外叔祖母（母之父之弟之妻）、姨奶奶（父之母之妹、母之母之妹）称 ka ȵiȵiɛ。姑奶奶（父之父之姐妹、母之父之姐妹）则称 ago ȵiȵiɛ。对舅奶奶（父之母之兄弟之妻、母之母之兄弟之妻）称为 tɕiŋtsi ȵiȵiɛ，在吴屯话中，tɕiŋtsi ȵiȵiɛ 也可指外祖母（母之母）。ago ȵiȵiɛ 中的 ago 是汉语词，来自于汉语的"姑"一词。tɕiŋtsi ȵiȵiɛ 中的 tɕiŋtsi 是汉语词，是汉语当中的"妗子"，在汉语北方方言中意为"舅母"。

didiɛ 和 ȵiȵiɛ 也可以用来称呼年龄相当于祖父母辈、没有亲属关系的其他男性和女性老人，也可以在其名字后加 didiɛ 或 ȵiȵiɛ 来称呼。如 tʂaɕi didiɛ（扎西爷爷）、ʂøma ȵiȵiɛ（卓玛奶奶）。didiɛ 这一词跟汉语当中的"爹爹"在语音上很相近，ȵiȵiɛ 跟"娘娘"一词接近，在一些汉语北方方言中用"爹爹"表示"爷爷"，而用"娘娘"表示"奶奶"。进而，可判定这两词也应该来自汉语。

（二）父母辈称谓词

对于父母的称谓，在吴屯话当中，父亲为 aba，母亲为 ana，"父母"的统称为 phama，此词源于藏语。对父母亲的兄弟姐妹都有不同的称呼：

父方	母方
父之兄 taba	母之兄 atɕhiu
父之弟 kaba	母之弟 atɕhiu
父之兄弟之妻 tana	母之兄弟之妻 tɕiŋtsi
父之姐 ago	母之姐 tana
父之妹 ago	母之妹 kana
父之姐妹之夫 abi	母之姐妹之夫 taba/kaba

其中 atɕhiu 和 tɕiŋtsi 也可指"岳父"和"岳母",这和安多藏语并无二致,称岳父为舅舅,这是不是表明以前在这地方有过舅表婚或姑表婚？在这一类称谓中 aba 应属于藏语词,ana 为土族语。

父之兄弟及姐妹的配偶的称呼,都以"尕""大"后加相同的称谓词而形成,taba 和 kana 都是汉语词。而舅之妻称为 tɕiŋtsi,这与汉语北方方言的"妗子"相关联。用 awo 和 ayi 来表示叔叔和阿姨,是指没有亲属关系的中年男女,这两个来自于藏语和汉语,awo 在藏语中表示"叔叔、哥哥",ayi 是汉语词,意为阿姨。藏语当中也有 ayi 这词,但意思是"奶奶或老婆、女人",没有"阿姨"之意,可见该词并不是来自于藏语的。在此,笔者发现了一个有趣的问题:aba（爸爸）、ana（妈妈）、abi（姑父）、ago（姑姑）、awo（叔叔）、ayi（阿姨）等这些词中男性都是用藏语词来表示,而表示女性的都是汉语和土族语词。

写到这儿,笔者以为在吴屯地区长期以来流传的一个传说非常值得我们注意:从前,在吐蕃王朝时期,吐蕃赞普赤松德赞派兵驻守唐蕃边境,驻守的士兵慢慢留在当地,与当地汉族联姻,长期定居于此。他们生活的地方逐步形成了村庄。在长期和汉族等其他族群交往过程中,他们的母语渐渐吸收了许多其他语言的成分。为了维持生计,这里的人们学会了从西藏传过来的唐卡艺术,村里男性到四面八方绘制唐卡,老人和妻儿留在家里,孩子长期跟母亲在一起,因而他们的语言当中既有藏语成分,又有汉语成分,他们说的语言既像汉语又像藏语。

也许正是这种特殊的历史和社会生活背景下,才使得吴屯土族的父母辈称谓中夹有藏语、土族语和汉语成分。

（三）平辈称谓词

吴屯话平辈亲属称谓则是分类式的,不分直系和旁系。在自己的兄弟姐妹及父母的兄弟姐妹之子女中,比自己年长的男性称为 aga 或 gaga,女性为 atsɛ。比自己年幼的男性称为 thiɕiaŋ,女性为 mitɕi。

兄之妻为 asø，而弟之妻直接呼名即可。在这些称谓词当中 aga 或 gaga 与汉语中的"哥"有关，藏语中也称兄为 agə，"姐姐"在吴屯话中为 atɕɛ，与汉语的"姐姐"有关联。关于这一类的称谓词，吴屯土族语和汉语西北方言及其他西北少数民族语言有许多共同的特点。

无论是"丈夫"或"女婿"，在吴屯话当中都称为 ŋisi，称妻子为 nirən，与汉语中的"女人"有关。有时也称女人为 ayi，这是藏语词，这跟在前文谈及父母辈称谓时提到的 ayi 不同，后者来自汉语，意为"阿姨"。称姐夫为 aga，是"哥哥"之意。在吴屯话当中表示"哥哥"的称谓词有两个，为 aga 和 gaga，但表示"姐夫"时只能用 aga，此中原因值得进一步分析。

(四) 晚辈称谓词

在吴屯话当中，孩子为 ɣŋen，应该是汉语中"儿女"的讹音，表示儿子的称谓词为 awu 或 wa。awu 来自藏语，意为"哥哥"或"叔叔"。wa 应该来自汉语当中的"娃"。表示女儿的词为 agu，应是与汉语当中的"姑娘"有关。表示儿媳的词为 ɕiutɕi，应该是汉语当中的"媳妇"。外甥、外甥女、侄子、侄女都统称为 tʂhu，该词来自藏语。对头胎生的孩子叫 thiuɕiutɕi，来自汉语。

表示孙子、重孙、玄孙时都用 suntɕi 来表示，这个是汉语借词。

二 吴屯土族亲属称谓的特点

通过描述吴屯土族的亲属称谓，我们发现其称谓系统有以下特点。

（1）有些父方亲属和母方亲属的称谓相同。在吴屯土族的亲属称谓当中没有专门的堂表姑表之称，aga 或 gaga 可通指亲哥哥及堂哥、表哥等，ago 既可以指亲姑母，也可以指表姑母。

（2）亲属称谓的划分主要以年龄为主。吴屯土族的亲属称谓不以辈分为标注,而以年龄为主,若甲是乙的舅舅,但甲年龄比乙小,也要称乙为哥哥或姐姐。

(3)祖父母辈及父母辈的亲属称谓大多是说明式的,平辈与晚辈之间的亲属称谓则是类分式的。祖父母及父母辈每个人大都有明确的称谓,对各种亲属关系的区分很细致,与当地藏族相比,具有很明显的特点,藏族是类分式的。虽然祖父母及父母辈两类亲属的称谓大多有说明式的特点,但对伯祖母(父之父之兄之妻)和外伯祖母(母之父之兄之妻)、姨奶奶(父之母之姐、母之母之姐)的称谓则只用taninie一词。

平辈与晚辈的相互之间的亲属称谓是类分式的,最简单、最原始、使用称呼最少,这与当地藏族的称谓基本一致。

三 结语

从国家体制下的正式身份而言,吴屯人是土族,但在实际生活中,他们主观上却认同藏族身份。从吴屯土族的亲属称谓来看,这些称谓词中有许多汉语和藏语词汇,还有一些土族语词汇。其中,汉语称谓词数量最多,其次是藏语称谓词,然后才是土族语称谓词。吴屯人的亲属称谓词汉语词汇数量最多,但他们并不认同汉族。他们被识别为"土族",但在亲属称谓词汇中却只有少量的土族语词。藏语称谓词虽然不是最多的,但他们却认同藏族身份。亲属称谓词是一种语言中最基本的词汇部分,也是最能体现该族群历史文化的语言形式。但通过对吴屯亲属称谓词的分析,我们发现亲属称谓词所体现的文化信息与目前他们被"识别"或自己主观认同的身份之间存在较大的差距。是什么原因导致了这种现象?我们还没有找到令人满意的答案。也许要回答这个问题,可能还要在更大范围内、更深层次上进行进一步的研究。

(本文从选题、拟定提纲到撰写文章都得到了导师马伟教授的悉心指导,在此深表谢意!)

参考文献：

［1］林耀华主编：《民族学通论》，中央民族大学出版社 1997 年版。
［2］何俊芳：《语言人类学教程》，中央民族大学出版社 2005 年版。
［3］叶蜚声、徐通锵：《语言学纲要》，北京大学出版社 2010 年版。
［4］马伟：《撒拉语亲属称谓词源研究》（待发表），2013 年。

  "五屯话"的研究始于二十世纪五六十年代的民族语言学界，之后，引起了国内外语言学家的重视，特别是近几年来，许多国内外语言学家、社会学家纷至沓来，调查研究"五屯话"，而且调查研究的范围愈来愈广泛。但对于亲属称谓词的研究还是很不够的。本文作者根据自己的调查，对于其亲属称谓词的来源、称谓特点进行了较为具体的分析，认为民族身份与亲属称谓词的来源存在龃龉，其原因仍不明确，应该做进一步的研究。这是正确的。——贾晞儒

文化变迁与撒拉语的变化

赵 琳[*]

【摘　要】我国历史上存在多种民族语言，迄今为止，民族语言与文化已经发生了很大的变化。撒拉族在与毗邻族群相接触的过程当中，不仅语言发生了结构性的变化，撒拉族聚居区也出现了文化变迁的现象。本文根据笔者于 2013 年至 2014 年多次在循化撒拉族自治县的田野调查资料，试图从语言人类学的视角出发，探讨语言和民族的关系，以撒拉语为例分析文化变迁与语言之间的关系，提出民族语言保护的意义。

【关键词】撒拉族；文化变迁；语言变化

语言是人类最重要的交际工具，在人口流动、族群接触的过程当中，不同的语言、文化也在发生接触。词语之间的相互借用、语音的演变、语法结构的变化，都是语言接触带来的结果。除了语言规则性的变化之外，文化的差异性接触也导致了文化的变迁，文化变迁与语言变化也由于其保护的紧迫性越来越多地受到关注。

---

[*] 作者系青海民族大学民族学与社会学学院 2013 级研究生。

一 语言和民族的关系

语言和民族有着不可分割的关系，民族语言在某种程度上反映着民族的思维，语言的发展演变也总是滞后于各族群相互接触带来的历史变化，正如新词的产生滞后于新事物的出现。每一种民族语言，都在一定程度上反映该民族的人们对客观事物认识的水平，凝聚了人们经过长期实践所积累的知识。①

斯大林指出了"共同语言"在民族定义中的重要地位；摩尔根也提到了语言在部落形成过程中的重要作用；普通语言学的开创者之一洪堡特也从发生学的角度提到了语言、精神和民族之间的重要关系，他说："语言仿佛是民族精神的外在表现；民族的语言即民族的精神，民族的精神即民族的语言，二者的同一程度超过了人们的任何想象。"②

语言包括语音、词汇、语法三部分，语言的演变体现在这三方面。通过对语音、词汇、语法演变的考察，我们可以从中发现民族历史的遗留，判别特定地区在历史上的生活方式、经济方式及民族来源、民族接触等情况。在以汉族为主体的我国多元文化一体格局背景之下，少数民族在与经济、文化、人口数量处于优势地位的汉族群体接触过程中，大量地吸收了汉语词汇，不同语言之间的语音、语法也相互影响，少数民族语言的功能也发生了变化。撒拉族作为元代从中亚撒马尔罕一带迁至今天青海循化县的一个族群，一经进入循化地带，便与居住在这里的藏、回、蒙古、汉等族有着密切的接触，撒拉族的原有文化不断发生着变化，撒拉语也在这种多元文化的环境中发生了结构性的变化。

---

① 参见戴庆厦《语言和民族》，中央民族大学出版社1994年版，第6页。
② [德]威廉·冯·洪堡特：《论人类语言结构的差异及其对人类精神发展的影响》，姚小平译，商务印书馆2010年版，第52页。

二 民族接触与文化变迁

任何一个民族都不是孤立存在的,为了自身的发展需要,或多或少都会和其他民族发生接触。经济往来、文化接触、征服战争、移民杂居、民族政策等都是制约和影响民族接触的重要因素。

民族接触必然带来文化间的相互影响,并进而导致文化变迁。文化变迁就是既有的社会秩序,即其社会的、精神的及物质的文明从一种类型转化成为另外一种类型的过程(马林诺夫斯基)。撒拉族是我国无文字的少数民族,其民族文化场域交织了与现代文化的冲突和融合,目前正发生着急剧的变化。

人是文化的载体,是文化传播的主要媒介。目前,大量外来人口在涌入循化县城,带来不同的地方性知识,丰富循化县多元文化的同时,给撒拉族传统文化带来了一定的影响和冲击。加之现代化的媒体传播方式,循化县撒拉族收听的大多是汉语类节目及广播,会受到现代化观念的冲击。随着劳务输出到东部大城市发展拉面经济的撒拉人,也面临着包括生活方式、社会交往、心态观念等方面的变化。对他们来说,撒拉语的使用范围相对减小,东部城市的伊斯兰文化气息也不如家乡浓厚,他们不仅面对着生活方式的转型,还要适应文化习俗的变化。

访谈一:撒拉族外出打工人口多,由于开饭馆而和外地人接触,多说汉语,撒拉语说得少。开饭馆很辛苦,基本上没什么休息时间,因此很难抽出时间做每天的礼拜。(撒拉族妇女 A,服务人员)

笔者在循化撒拉族自治县进行访谈的过程中,遇到了一位在江西读大学的撒拉族学生 M,由于常年在外读书,他说着流利的普通话。

访谈二:学校除了我之外只有一个撒拉族,回族学生也特别少。我们撒拉族饮食必须是清真的,但是学校没有清真食堂,吃饭很不方便。而我也只有在和另一个撒拉族老乡聊天的时候才会偶尔使用撒拉语。

从他的表述中,我们可以联想到在外地生活的撒拉族在饮食上遇到的问题,缺少清真饭馆无疑增加了这一群体的饮食困难。在这种与传统社会生活空间发生断裂的环境中,如何保持这些少数民族的文化传统值得人们深思。而在缺少传统社会生活的环境中,其母语生活必然也会发生巨大的变化。这种变化不仅体现在语言的本体结构方面,更主要的是发生在语言的社会功能方面。

撒拉语是我国北方少数民族语言之一,属于阿尔泰语系突厥语族西匈语支乌古斯语族。由于撒拉族迁来时人口较少,为了更好地生存、适应新的生活方式,出现了和其他民族通婚的情况。此外,生活在循化撒拉族自治县的撒拉族与藏、汉、回等民族共处,撒拉族生存的时空结构发生了变化,撒拉语的结构某种程度上也发生了变化,普遍存在的双语现象使撒拉语的功能在一定程度上弱化,这也是我国少数民族语言使用现状的普遍特征。

新时期市场化体制下正在发生的全方位的民族接触无疑又加速了撒拉语在结构和功能方面的变化。

三 接触导致的撒拉语结构性的变化

(一) 词汇

词汇是一种语言里所有的词和固定短语的总和,也是语言演变中最先受影响的部分。语言接触最重要的结果之一是词语的借用,如汉语中的"立地成佛""借花献佛"借自藏语,表示学科分类的"物理""化学""生物"等词借自日语。撒拉语词汇中也有很多借词。

撒拉族由于和藏族、汉族长期接触,撒拉语中存在藏语和汉语借词,藏语借词如 laŋsa(大背斗)、paloŋ(大石)、fo(酸奶)、dʒamba

（颏）等，汉语借词有 dienjin（电影）、bozi（包子）、ʃyeʃo（学校）、dʒomun（教门）等。① 撒拉族社会组织中有"工"这一概念，而现在撒拉语中有诸如 dʒuʃi（主席）、ʃudʒi（书记）、ʂəndʐoŋ（省长）、ʃendʐoŋ（县长）、ʂedʐoŋ（社长）等表示行政身份的汉语借词，从中我们可以看到撒拉族传统社会组织在某种程度上受到了汉族社会的影响。

（二）结构规则的借用

我国少数民族语言不仅向汉语借用了大量的词语，而且有的还吸收了汉语的一些结构要素和结构规则。② 撒拉语语音结构的演变，大多发生在借词上，撒拉语本无舌面后音，在对诸如 tʂəŋli（成立）、ʂitoŋ（食堂）等汉语词汇的借用过程中，没有改变汉语的辅音音位以适应撒拉语的音位特征，而是直接借用。

撒拉语语法结构中宾语倒装，是 SOV（主宾谓）的结构，受汉语 SVO（主谓宾）语法的影响，一些常用表达语句融合了汉语要素。例如，"我是撒拉族"，用撒拉语表达是"men Salar der"，撒拉语中 men 是"我"的意思，der 表示谓语动词"是"，撒拉语这一语句便是典型的 SOV 结构。而近年来出现的"men 是 Salar der"的表达，语法结构发生了混合，该句中 der 在演变过程中可能消失。③

（三）语言功能的变化

双语是同时使用两种或者两种以上语言的现象，双语现象是多族群共居的特点之一，它包括单语、语言兼用及语言的转用三个阶段。我国大部分少数民族在使用民族语言的同时兼用汉语。由于双语现象的普遍存在，撒拉语除了结构性的变化之外，撒拉语的使用场合相对减少，其功能（描述功能、表达功能及呼吁功能）也在逐渐弱化。

---

① 参见林莲云《撒拉语简志》，民族出版社 1985 年版。
② 参见何俊芳《语言人类学教程》，中央民族大学出版社 2005 年版。
③ 部分内容根据 2014 年笔者和撒拉族学者马伟教授的访谈内容而写。

由于撒拉语没有与之对应的民族文字，有关民间文学、民间故事、民间歌曲等创作大都用汉字记录，日常的公文也是以汉字形式呈现，间接导致了受众以汉语的语法结构去理解相关内容，撒拉语的描述与表达功能受到了影响。随着现代化进程的深入，学校教育的开展，在学生和青年人当中，汉语的使用频率更大，撒拉语的使用场合、使用频率相对减少，撒拉语的呼吁功能可能会受到影响。

访谈三：我从小就会说撒拉语，一年级的时候开始学习汉语，学校里汉族老师多，提倡说普通话。只有课间的时候我才会和撒拉族同学说撒拉语。我们没有用撒拉语播报的电视或者广播，所以只能看汉语类节目。（撒拉族女初中生 H）

四 撒拉语保护的理论与现实意义

撒拉族在与其他民族接触的过程中，其传统文化和其他民族文化一样，都受到现代化的冲击。文化的变迁自然导致撒拉族语言也发生很大变化。在撒拉族地区，目前一方面是撒拉族民众对汉语的需求日益增强，另一方面却是母语文化的不断丢失。[1] 因此，从文化保护的角度而言，对撒拉族语言进行及时的保护意义重大。

（1）语言属于口头和非物质文化遗产，应注重对口头文化及语言文化民俗的保护。

语言的丰富性是文化多样性的表现，以语言为载体的民间创作具有多方面的价值和功能，是文化遗产和现代文化的重要组成部分。民族语言是一个民族区别于另一个民族的重要标志，对于没有文字的口头文化和口头文学，应以人类学的眼光和语言学的价值观去保护它们。[2] 撒拉语没有与之对应的民族文字，对撒拉族民间文学、民间歌

---

[1] 参见马伟《撒拉语的濒危状况及原因分析》，《青海民族研究》2009 年第 1 期。
[2] 参见向云驹《人类口头和非物质遗产》，宁夏人民教育出版社 2004 年版。

曲、民间故事的传承大多是以口头方式流传的，撒拉语的功能弱化会影响到口头文学的传播。口头文学等非物质文化遗产凝结了撒拉族独有的民族智慧和魅力，因此，应对撒拉族的民俗文化进行系统整理，完善对撒拉族民间创作的保护。只有激发撒拉语的文化创造力，才能更好地使民族文化保持活力。

（2）面对文化变迁，要充分发挥文化自觉的作用，保护民族语言和文化的传承。

对于现代化背景下的文化变迁，不少学者都提出了许多观点。萨林斯提到的本土人的觉醒，在中国的语境中，便是以费孝通教授晚年所提出的"文化自觉"这样的主题得到了重新表述。[①] 文化自觉是要对本族群的文化有充分的认识，对文化持有自我觉醒、自我反思的态度。只有在传承的基础上做好创新，才能给予文化发展源源不断的动力。爪哇岛在面对印度文化、梵语的冲击时，努力使印度文化适应自己的形式，使梵语适应爪哇语的发展，在保护民族语言的同时充分发挥了"文化自觉"。在和藏、回、汉等族密切接触，撒拉族语言文化发生急剧变化的今天，也应唤起撒拉族群体的语言保护意识。在传承基础上创新，充分发挥撒拉族的文化自觉作用，使撒拉族的传统文化得以保持和延续。

（3）新丝绸之路经济带的构建为撒拉族的发展提供了良好契机。

丝绸之路不仅是经济贸易的重要枢纽，同时也承担着文化传播的重任。它自古就是多族群接触、多元文化碰撞的重要地带。由于撒拉族先民从中亚地区迁入青藏高原，撒拉族和中亚一些民族如土库曼族在语言、习俗、宗教等方面有许多相似之处，撒拉族在土库曼斯坦具有很高的认同感，被土库曼人称为"中国的撒拉尔土库曼人"。因此，在目前国家大力加强丝绸之路经济带建设的历史时期，撒拉族在沟通中国和土库曼斯坦之间具有得天独厚的优势，能更好地发挥为两国之间牵线搭桥的作用。在这一历史背景下，撒拉族的语言和文化也将出

---

① 参见赵旭东《文化的表达》，中国人民大学出版社2009年版，第58页。

现新的发展机遇,是否能避免撒拉语功能的弱化以及传统文化传承的断裂,是否能搭上这历史的"便车",重振母语文化,关键还要看母语使用者的态度以及国家等各方面的综合保护措施。

  语言是文化的表现形式,文化是语言的管轨。文化的变迁必然影响其语言的变化。本文作者基于这个认识,对于撒拉语及其文化的关系进行了田野调查,从语言人类学的角度,具体分析了撒拉语的变化与其文化变迁的互动关系,提出要保护民族文化遗产、发展民族文化,首先要保护民族语言的观点,是完全正确的。——贾晞儒

从"土豪"古今对比看族群心理变化

王 雪[*]

【摘　要】 语言是一个民族文化的主要载体，也是一个民族群体的心理折射。本文借由现今风靡网络的"土豪"一词，运用语言学的知识对其进行词源追溯，及不同历史时期的用法变化分析，来探究语言究竟是怎样体现特定族群的思维与心理变化的。

【关键词】 土豪；古今对比；族群心理变化

语言是展现一个民族文化的主要载体，这已是不言而喻的事实。但同时，语言亦是一个民族的心理折射，人们在使用某一词汇时，实际蕴含了无数的"心意"在其中。从人类发展史的角度来看，历史常常以出其不意的相似性来混淆我们的视听。语言便是其发挥此作用的一个重要工具，语言中的词汇常常旧词添新意，出现在我们的生活中，让我们无法辨清"真相"。笔者试图通过探究时下重新被人们广泛提及的"土豪"一词的用法变化，探索人们细微的心理变化，求证语言具体是怎样体现人们的思维与心理，同时又怎样反过来影响人们的思维与心理，使其发生变化的。

---

[*] 作者系青海民族大学民族学与社会学学院2013级研究生。

一 "土豪"的由来

为了更好地理解"土豪"一词,首先对组成该词的两个字进行单独的分析。《辞海》中记载:"土",有土地、国土之意。在中国古代小农经济占主导生产方式的社会,拥有土地就代表拥有财富,拥有了生存的基础。历史学家李剑农在《先秦两汉经济史稿》中写道:"一切士农工商的活动,最后以取得大量土地而成富为目的。"而"豪"在《辞海》中释义为"豪猪身上的刺"。《山海经·西山经》:"竹山有兽焉,其状如豚而白毛,大如笄而端,名曰'豪彘'。"明人李时珍的《本草纲目》中记载:"豪猪处处深山有之,多者成群害稼。"随后,因豪猪刺长而刚,因而"豪"字渐渐有了引申义。《辞海》中记载:"豪猪刺长而刚,旧以喻有才德、威望或有权势的人。"

"土豪"首次成词出现是在宋朝文献中,此时的土豪是指乡里有钱有势有名望的个人或家族。对文献中的"土豪"进行分类总结,可见其用法上的细微变化。

名词,在句中作宾语,就词的感情色彩来说偏褒义。《宋书·殷琰传》:"叔宝者,杜坦之子,既土豪乡望,内外诸军事并专之。"

名词,在句中作主语,词性偏褒义:宋朝时著名词人欧阳修对"何谓土豪"做了专门的解释:"所谓土豪者,乃其材勇独出一方,威名既著,敌所畏服,又能谙敌情伪,凡与战守,不至乘谋。"宋朝时文天祥《己未上皇帝书》:"至如诸州之义甲,各有土豪;诸峒之壮丁,各有隅长,彼其人望,为一州之长雄。"清人顾炎武《田功论》:"募土豪之忠义者,官为给助,随便开垦。"

形容词,在句中作定语成分。《宋史·吴柔胜传》:"收土豪孟宗政、扈再兴隶帐下,后总政、再兴皆为名将。"

究其原因,笔者考虑,可能是随着土豪的数量增加,加之在地方上的影响力不断提升,"土豪"渐渐演变成为政府所用或保护地方的武装力量。宋徽宗至高宗朝,国家乱事纷繁,为镇压地方叛乱及抵御金人的入侵，朝廷开始吸收土豪、弓手等地方武装力量。

当统治者稳定了政权后，又看不得乡里或地方上的有钱有势的"土豪"过繁，以威胁其统治，于是统治者又开始对其采取打击压制的措施。这时的"土豪"俨然成为豪强、豪绅，甚或为恶多端的地主的代名词。《宋会要辑稿》中记载："（乾道）八年（1172）二月二十九日，浙东提点刑狱公事程大昌言：'窃见豪民，私置牢狱，前后诏旨禁辑，非不严备。'"明朝建国之初，明成祖朱元璋就对地方上的"土豪"富户们严厉打击，当时著名的首富沈万三就是其重点打击对象。历史学家黄仁宇评价说："明朝刚建国，朱元璋即连兴大狱，打击官僚、缙绅、地方等高级人士，从朝廷内的高级官员直到民间的殷实富户，株连极广。"

"土豪"一词为中国人民所熟知并开始传用是在第二次革命战争时期党在革命根据地进行的土地改革运动期间。1927年9月，毛泽东在文家市演讲时说："部队的吃饭穿衣都成问题，群众生活也很艰难，相反的是土豪吃不完用不完，我们可以去打土豪。"文家市的土改口号就定为"打土豪、分田地"。毛泽东在《怎样分析农村阶级》一文中也有表述："军阀、官僚、土豪、劣绅是地主阶级的政治代表，是地主中的特别凶恶者。"

"土豪"一词随着革命口号传遍全国。成为人人厌恶，人人喊打的代名词。其词义也由原来的"乡绅富庶"转而成为作恶多端的"地主"阶级而为人们深记心中。土地革命结束之后，随着中华人民共和国的建立，及全国进入大解放时期，"土豪"作为一个阶级的代名词渐渐在历史的舞台上销声匿迹了。

根据中国社会科学院语言研究所词典编辑室编撰的2005年第五版《现代汉语词典》中的解释，土豪：旧时农村中有钱有势的地主或恶霸。词义本身已包含贬义。"土豪"一词较为原始的意义已经不复存在，被人们熟知的就是现在这个贬义的解释了。

由此可见，"土豪"一词在被我们熟知之前，其词义用法就已经有了较大的变化。首先从含义上来说，由最初的指称"乡中有钱有势的大户人家"引申成"恶霸、地主"。其次就本词的感情色彩而言，也由最初的褒义演变成贬义。清人郝懿行《晋宋书故·土豪》："然则古之土豪，乡贵之隆号；今之土豪，里庶之丑称。"再次，其用法开始较为丰富，在句中可作主语、宾语、定语等，转变成后来的革命用语时，用法较为单一，多作主语、宾语。最后，其所使用的语义场还仅局限于有学识、有地位的知识分子或官场中，在民间，百姓并不经常使用，成为人人呼喊的革命口号之后，"土豪"也经历了一个由"书面"走向民间的过程。

二 复兴的"土豪"

"土豪"一词再次受到关注，与网络有着密不可分的关系。"土豪"一词先是被网友们引入虚拟世界，指代在网络游戏中舍得花钱的玩家。然后网友调侃，在网络上发布了一个小段子，使得"土豪，我们做朋友吧"这句话进入人们的视野。

> 青年问禅师："大师，我现在很富有，但是我却一点也不快乐，您能指点我该怎么做吗？"禅师问道："何谓富有？"青年答道："银行卡里有八位数，五道口有三套房，不算富有吗？"禅师没说话，只伸出了一只手，青年大悟："禅师是让我懂得感恩与回报？""不，土豪，我们可以做朋友吗？"

紧接着 2013 年 9 月 9 日，微博上发起了"与土豪做朋友"及"为土豪写诗"的活动，更是促使"土豪"一词传遍了大街小巷。而后"土豪"一词由网络进入生活，用来讽刺那些有钱、喜欢炫耀的人，尤其是通过装穷来炫耀自己的有钱人；也用来指称消费无节制、无计划的暴发户。"土豪"一词受到关注的程度远不止于此。据新华社报道，牛津大学出版社双语词典项目经理朱莉·克里曼在接受采访时表示："如果'Tuhao'这个词语的影响力持续的话，会考虑在2014年的更新中把它加入牛津词典里。"

由此可见，"土豪"在词义上已经与"地主、恶霸"的角色相去甚远，就感情色彩上来说，属于贬义褒用，不再指代其"为恶多端"，更多的是说明其"无脑消费"。它在句中所作的成分变得更加丰富：

作主语：土豪来了。
作谓语：我们也"土豪"一下。
作宾语：打土豪，分田地。
作定语：土豪的世界，我们不懂。
作独立语：土豪，我们做朋友吧。

就其所使用的语义场来说：旧时被广泛使用的"土豪"一词多用在官场、知识精英和后来的革命阶层中，而现在的"土豪"一词则更多被年轻人所使用，且多用在网络中，或人们的日常生活中。其使用的范围更加"民间化"。

三 对"土豪"引发的族群心理变化的思考

"土豪"一词在词义、感情色彩、用法等方面之所以发生变化，其原因关键在于人们对"土豪"一词态度的转变，而态度恰恰是人们心理变化的直观表现和反映。"土豪"一词由原来的政府极力笼络的武装力量转而成为一类人人喊打的"地主、豪强"，再到现今人人想结识的"有钱人"的代表。发生如此翻天覆地变化的原因，笔者认为应从以下几个方面来考虑。

（1）统治者的政策导向作用及对现代社会机制的思考。"土豪"首次成词出现是指乡里有钱有势的名门望族。因其拥有丰富的资源，而且在地方上有着相当的影响力，所以后来渐渐演变成为政府所用或保护地方的武装力量。当政权稳定后，又因为统治者看不得乡里或地方上的有钱有势的"土豪"过繁，以威胁到其正统统治，于是统治者又开始对其打击压制。明朝建国之初，当时著名的首富沈万三就是明成祖朱元璋的重点打击对象。直到土地革命战争时期，"土豪"更是成为作恶多端的"地主"阶层而为人们深记心中。

以小农经济为主体的古代社会，以及社会转型的革命时期，维持社会稳定的基础主要是靠人们彼此"心理认同"，即涂尔干所说的"集体情感"，这也是在古代社会统一的"仇富"心态形成的根基。但是到了21世纪，原来的"机械团结"社会模式变为"有机团结"，维持社会稳定团结的基础也发生了变化，"集体情感"不再是社会整合的重要因子，因而民众的态度也由原来的统一"仇富"变得更加多元，有的成为一种调侃、自嘲，有的表现为包容、接纳，有的则是无奈、容忍，有的变为一种羡慕、忌妒。

（2）人们对财富的态度的转变与思考。一种由"仇富"到"积极向财富靠拢"的矛盾的心理变化反映的是人们对于财富的矛盾心态。这也是我们需要反思机制的原因。经济的迅速发展带来了社会阶层明显化，物质财富的需求引发了"价值观"迷失，加上国人的语文素质下降，使得土豪迅速上位，成为一面折射民众心理的哈哈镜。人们对现代社会的"财富"有了新的认知，它已经不再是小农经济社会的满足温饱即可的"基本生存需要"，而已经成为越来越多人追求的生活目标，它在现今人们心目中的价值已经远远超过"财富"本身，过分地追求"奢华"的物质享受，追求一种财大气粗的外显气质。由词义折射出的人们对财富态度和观念的转变，究竟是人们变得更加理性了，还是人们对现实妥协了？

（3）经济发展与文化心理脱节的思考。现代中国社会经济发展突飞猛进而文化发展滞缓，我们的文化已经跟不上物质发展的节奏，只追求经济的发展而忽略人文关怀，这种落差势必造成人们以追求物质来满足精神需求的情况。如此落差，也会产生诸多社会矛盾。这也是影响人们心态发生变化的原因之一。

就语言学的视角来看，人们无法创造出新的词汇来表述这种情感变化和心理诉求，因而引用历史上存在的词汇来表达，这是否能够成为我们语言创新能力"减弱"的一个危险信号？

（4）网络等新媒体影响力，对人们资讯筛选能力的思考。"土豪"

通过网络再次进入我们的视野,冲击着我们的思维与传统认知,它反映的是民众的一种心理诉求,是"草根民众"对自身委屈无法表达的"自嘲化"。反映如此变化的词不止一个,诸如"囧""无节操""无底线"等一类词都多少具有这方面的含义。人们尤其是使用网络的"新群体"对"土豪"一词及其所表达的意义产生了这样一种"心理认同",使得这一词汇在网络群体间迅速传播开来,然后又像涟漪一样漫延到我们生活的其他群体中。网络对文化的传播由此可见一斑。然而,"土豪"一词在如此短的时间之内能够得到这般"青睐",是否也该反思作为接受新资讯、新媒体的"新新人类"的我们对新资讯的筛选过滤能力怎样?我们是否有自信在充斥各种信息的现代社会,不被"信息"主宰或沦为诸多信息的"传感器""复制品"?

四 小结

通过对"土豪"一词的溯源和对不同时期使用情况的分析,笔者对"土豪"一词有了新的感悟和认知,也由该词想到诸多关于我们生活的不少问题。"土豪"一词由一个"禅学故事"为端,其再次流行是否依然反映出宗教思想在人们的心目中是根深蒂固的存在?以这样一个调侃的故事来看,是否"物质"真的已经战胜了"精神"?这些问题,笔者才疏学浅还无法回答,如有可能,希望可以继续研究。

参考文献:

[1] 关山远:《土豪的前世今生》,《中国青年》2013年第22期。

[2] 于宗冰、孙海平:《2013年网络新词"土豪"新探》,《黑龙江生态工程职业学院学报》2014年第1期。

[3] 李慧:《土豪复苏》,《学语文》2014年第1期。

[4] 杨津涛:《昨天打土豪 今天和土豪做朋友》,《国家人文历史》2014年第2期。

[5] 周雪君:《网络流行语"土豪"探析》,《文学教育》2014年第3期。

[6] 《"土豪"的两个电视角色》,《视听界》2014年第1期。

[7] 周军：《湖南报纸与"土豪劣绅"的报道》，《韶关学院学报》2017年第7期。

[8] 侯俊生：《西方社会学理论教程》，南开大学出版社2006年版。

  这是一篇社会语言学研究文章。作者从"土豪"一词的古今文化内涵的变化，分析当代族群心理变化。语言的词，特别是汉语词，可以分为两类：一类是文化词，一类是普通词。"土豪"作为复合词使用，早在宋代就出现了，具有特定的文化意义，但那时主要是当作贬义词来用的，偶尔也当作中性词用，指称统管一方的首领。而现在不但在网络世界里，而且在现实社会语言生活中贬义褒用极为普遍，具有了截然不同的词彩，折射出社会心理的变化。就此作者从多个层次和角度进行了较为深入的分析，提出了自己的观点和思考，是值得重视和研究的。——贾晞儒

附录　李文实先生年谱

柏春梅

一　人生历程

李文实（1915—2004），名得贤，字文实，以字行，青海省化隆县甘都镇人。

文实先生属兔，生于1915年农历正月十二日，按公历纪年当为1915年2月25日，为唐沙陀李晋王之后，祖上自明由西宁迁至今化隆县甘都镇。少时便聪慧好学，曾受教于家乡化隆甘都的私塾和同仁小学，从小就打下了良好的国学基础。

李文实先生虽出身边鄙之地，但天资优越，学习又十分刻苦，因此1935年前后，既先生20岁左右，获得了保送出省求学的机会，保送至南京蒙藏学校读高中。当时，由青海省社会团体、教育行政部门保送到外地求学的学生，至1949年前夕人数不过300多人。这些人中，能在特定专业领域有较高造诣者为数不少，而能得到名师垂青、扶助者，仅为文实先生等一二人。

顾颉刚先生是中国历史学家、民俗学家，中研院院士。古史辨派代表人物，也是中国历史地理学和民俗学的开创者之一。李文实先生投师门下，并最终成为其优秀的学术传承人之一。

顾颉刚先生与文实先生的师生交谊深厚，并对李文实先生一生的学术研究产生了重大影响,他们的交往大致可分为三个时期。

(一) 1937 年至 1940 年为二人相识阶段

1937 年 2 月,22 岁的李文实先生与顾颉刚先生最初相识是在南京蒙藏学校。

1937 年 2 月 1 日,顾颉刚先生受邀出席蒙藏学校开学典礼,做讲演并参观。他为学校中生气勃勃的风貌而感动:"这许多不同种族的人民,在从前是漠不相关的,而今日竟能在'团结为一个国族'的目标之下一齐努力迈进,这真是一个大觉悟,前途有无尽的希望。"顾颉刚先生见到该校学生李文实先生,得知其来自青海,"热情给予鼓励",并嘱其"搜集有关民俗资料,和徐芳与方纪生联系"。那时顾颉刚先生主持风谣学会,在南京《中央日报》发刊《民风周刊》,由徐、方二人编辑,顾颉刚先生特向李先生邀稿,"嘱彼为民俗学会搜集西北之资料",征集青海民俗资料。

自 1937 年相识以来,顾颉刚先生对这个来自民族边疆地区的青年才俊十分关注,曾向其他弟子谈及勤奋好学的文实先生,史念海先生曾回忆说:"在未识文实先生之时,已数闻颉刚先生道及。颉刚先生门下学侣辈出,颉刚先生独称道文实先生,已知其不凡。"

1937 年 7 月,文实先生毕业后回西宁从教。

李文实进入西宁蒙藏师范附小和回民中学担任教师。文实先生曾供职的"回中",实为马氏军阀控制的回教教育促进会附属中学,始建于 1933 年 2 月,初建时只有初中一、二年级两个班。1936 年设立高中,更名为"青海省回教教育促进会立高级中学",使该校发展成为完全中学。1942 年,时任国民中央政府国防部参谋总长的白崇禧到青海视察,认为校名冗长,简称"回中"显得门槛过于狭隘,与学校招收各族学生的实际情况不符,马步芳接受白崇禧建议,在僚属中征求拟名,最后采用时任国民党青海省党部书记长薛文波的建议,将"回中"改名为"昆仑中学"。

顾颉刚先生曾在其 1938 年 8 月 20 日的日记中说:"青海全省教

育经费,每年原定十八万,打双七折,仅八万八千二百元,独回教中学经费每年九万,闻有增至卅万之可能,觉得太不平均了。"可见,马步芳对昆仑中学扶持有加,且不惜牺牲全省教育的均衡发展来大力扩张这所中学。他还授意其子马继援成立"昆中校友会",以笼络人才、扩充统治实力。"昆中"校友会设立"子香"奖学金委员会,负责保送师生赴外省深造,由校友会聚拢而成的"昆中系"也成为马步芳家族统治势力的人才基础。文实先生籍贯青海,又曾在西宁、南京及成都求学,是当时青海省为数不多的青年才俊,其在成都求学的经费可能是由"昆中"校友会资助的,故而"不能与马家无关系",文实先生向来重视学问,虽与马步芳之子马继援交好,但他无意在仕途上发展,故"马步芳令其任教育厅长而不为",也自当无助虐于马氏军阀。然而,1951年的镇反运动,实为巩固政权之"大计",文实先生既然与反动军阀势力有些瓜葛,自然就成为政权更迭兴衰的牺牲品。

同年,管理中英庚款董事会聘顾颉刚先生为理事,组团考察西北教育。

1937年10月顾颉刚先生去西宁考察教育情况,24日抵达西宁,与当地教育界人士会面,并考察教育设施。出席省教育厅召开的欢迎会,参观各校,到回教中学演讲,与李文实先生重逢。李先生回忆说:他们三人在演讲中"阐述青海在中国历史上的战略地位和抗战中的重要性,是青海建省后第一次接待专家学者的讲学,为青年学生们开阔了眼界"。

同年10月30日,李文实先生也向顾颉刚先生介绍了西北政学界情况。

1938年8月17至27日,顾颉刚先生再次来到西宁,与王文俊等诸先生商议创办湟川中学之事,顾老等人冲破地方军阀势力设置的种种障碍,成功创办了当地颇为著名的湟川中学。期间,又与文实先生会面两次。

又见到李先生。顾颉刚先生写联赠予他:"万山不隔中秋月,百年复见黄河清。"这副被李先生珍藏的对联,可惜在"文革"中与顾颉刚先生写赠予他的立轴横幅等都被付之一炬了。顾颉刚通过此次历时一年的考察,目击当地汉、蒙古、回、藏各族冲突的情形,方才认识到边疆问题不单是外国侵略的问题,而且也是国内各民族间矛盾的问题。此后他撰写《中华民族是一个》等文章,希望各族人民团结起来,共同抵御外侮。

(二) 1940 年至 1951 年,顾李二人交往密切,师生情谊浓厚

1940 年,顾颉刚先生正任齐鲁大学国学研究所主任,主持该校国学研究所工作。同年青海省保送一批师生到四川、云南报考大学和边疆学校,李文实先生亦到成都准备投考齐鲁大学。6 月 1 日他们到成都的齐鲁大学参观时,顾颉刚先生听说有一批青海学生来,便与齐大教授张伯怀一起迎接(张先生还担任成都中华基督教会边疆服务部主任,在茂县、西昌等地办有医院、学校,每逢暑假即在成都召集齐鲁、华西、金陵等大学学生组织旅行团前去服务),招待大家。顾颉刚先生在当年 6 月 1 日日记中写道:"到研究所待青海学生,与伯怀谈。青海学生四十余人至,开一简单之欢迎会,到校中饭堂吃饭……今晚同席:姚启明、王少夫夫妇、李得贤(文实)、鲁宗宝、韩华、刘志纯等四十余人(以上客),张伯怀、予(以上主)……送之至万里桥而别。"李文实先生回忆说,顾颉刚先生与张先生在欢迎会上"发表热情洋溢的讲话,勉励大家努力学业,建设边疆"。

自此,二人联系日趋紧密,顾颉刚先生日记中屡次载有文实先生拜访顾老、一同用餐、顾老至文实先生公寓、二人通信等事。

1941 年,李文实先生 26 岁,考入成都齐鲁大学历史社会学系。

至 1945 年,文实先生正式受业于当代著名史学大师顾颉刚先生。顾颉刚先生任教于成都齐鲁大学期间,培养了数名史学俊秀,其中,最为出色且与顾老关系甚为密切者,唯文实先生。

李文实先生在齐鲁大学学习时,成绩是最优秀的,一些学科达到 97 分、95 分。李文实先生不仅学习优秀,顾颉刚先生所授"中国地

理沿革史"课，李先生的成绩是 95 分，在班上名列第一，而且他与顾颉刚先生在学术上多有交流，相知甚深。其为人、学业深得顾颉刚先生称赞。顾颉刚先生与他最有名的几位弟子之间，或因性格不合，或因学术理念不同，或受政治运动牵累，"始于爱而终于离"者有之，曾对恩师给予"无情之打击"者有之，因学术观点分歧及脾性不合与顾老精神距离、心理距离"极远"者有之，因合作不畅而被顾老抱怨者亦有之。与此相较，顾老与文实先生之间的师生交谊显得平实而真挚，期间虽有近 30 年的分隔，恢复联系后，二人间毫无生分之感，彼此亦无苛责与抱怨，二人情感皆发自内心，有的尽是老师对学生不幸命运的叹惜、学生对恩师的一贯敬仰。

鉴于边疆问题日亟，1941 年顾颉刚先生和一批史地、考古、人类、民族、宗教、社会、语言专家在成都组织中国边疆学会，欲调查边疆实际情况，共筹适宜的对策。顾颉刚先生发起组织中国边境协会，认为当时可用边疆人才 41 人，包括王树明、费孝通、韩儒林、李文实等。如此 41 人中多是国内外重要学术人物。

在顾颉刚先生 1940 年 12 月 31 日日记里，拟有一份"边疆工作可用人才"名单，其中之一便是李文实先生，与白寿彝、张维华、李安宅等后来驰名学界的大家并列。

1941 年 3 月 1 日，边疆学会召开成立大会，当时成都的各方面专家学者都出席了这次会议，公推顾颉刚先生为理事长。李文实先生与其他几位青海学生也由顾颉刚先生特约赴会，在会上文实先生认识了韩儒林、冯汉骥等先生。后来黄文弼先生来成都，顾颉刚先生也将这位西北考古专家介绍给李文实先生认识。

当时顾颉刚先生在齐大国学研究所创办《责善半月刊》，引导学生治学之术。此时李文实先生师从顾颉刚先生从事西北古史地研究，后对青海、甘肃乃至西北历史、文化、地理、民族、风俗的考察和研究做出了开创性的贡献。

1942 年，中央组织部部长朱家骅邀顾颉刚先生主持边疆语文编译委员会工作，请了许多蒙古、藏、阿拉伯等语言文字专家，翻译《三民主义》《论语》《孟子》等书，希望边疆各族了解中国文化及其前进的道路。李文实先生对蒙古语、藏语十分娴熟，顾颉刚先生也请他暑期去该会工作。

1942年3月，国民政府中央组织部成立边疆语文编译委员会，顾颉刚先生代理副主任委员，文实先生成为该会职员。

自《古史辨》第一册出版以来，顾颉刚先生得到的不仅仅是赞扬，也有误解、攻击、嘲讽乃至谩骂。1944年7月30日，文实先生致信顾老述及自己对《禅让传说起于墨家考》等名作的喜爱，李文实先生服膺顾颉刚先生对古史古籍的考辨，文实先生在该信中说："先生研究古史，怀疑古籍，考订旧籍，独开风气，有造于民国以来史学者不可谓不大……就生所知者言，先生考据之作……均体大思精，卓绝千古，而生尤私爱《禅让传说起于墨家考》及《墨子姓氏辨》二文，以为巨眼烛照，为古史揭此迷蒙，唐虞禅让之为假托，自有此说方为定论。"这封长信处处展现着学生对恩师的崇拜、维护之情，也透露了文实先生归宗于古史辨派的学术旨趣。文实先生还在信末提醒顾颉刚先生"发蒙振聩之功未竟"，"系统整理之事未竟"，"倡说宣扬之事未竟"，"至祈先生稍拒社会应酬，俾得专力完成此盛业，不胜切盼"。

顾颉刚先生认可此言，1944年8月5日回信给文实先生，述及自己忙于应酬的不得已与种种苦衷，"十年来人事纷纭，不但无暇作文，亦复无暇读书"，"此不可不改弦易辙者"，并对学生的"了解之同情"表达谢意，称"兄知我，幸他日助我成之"。文实先生述及齐鲁大学一些学者对古史辨派的态度时，不免引起顾颉刚先生思考，他认为一个学派得到社会公认需要时日，并自信古史辨派最终能"立于不败之境"。顾老曾在这封信后附记："一种学说之传播与公认，其事甚迟，决不若武力之说定即定，自身既信其立于不败之境，则显晦待时可已。"

1944年11月中旬至年底，顾颉刚先生在齐鲁大学讲授"中国地理沿革史"和"春秋史"，"学生有李文实、方诗铭等"。1945年5月

31日顾先生在日记中记录了齐鲁大学学生成绩，其中，"中国地理沿革史"一课共9人，"李得贤九十五分"，为最高。顾老还在1946年年底日记中记有"整理古文籍""整理史书""创作史书"的学人名单，文实先生列入"创作史书"类，与童书业先生等人并列。同年，《中国边疆》杂志有关"西北史地"文章由文实先生集稿。

1945至1951年左右，文实先生主要从事明清史研究。

顾颉刚先生在1945年6月22日日记中录有"看李得贤《义和团》稿"，1946年9月11日日记中记有"读李得贤《清代传记文选》"，1951年1月20日记"看文实新著《石达开伪诗考》"。可见，文实先生曾有明清史方面的论著，其中，《清代传记文选》可能是为写清末人物左宝贵传记而作的资料汇编。可惜的是，这些佳作已散佚。

1945年年底，文实先生正式参加工作。

抗战胜利，李文实先生亦大学毕业。当时顾颉刚先生任北碚修志委员会主任，邀李文实先生去修志馆任职。1945年12月至1956年5月先后担任北碚修志馆编辑，当时在该馆工作的还有史念海先生，史先生说："在未识文实先生之时，已数闻颉刚先生道及。颉刚先生门下学侣辈出，颉刚先生独多称道文实先生，已知其不凡。"相识后，"获聆其娓娓言辞，仿佛泉涌，而又头头是道，不禁为之心折"。二人自此结为好友。

1946年2月，顾颉刚先生离川。同年10月30日，文实先生至上海，写信给在苏州老家的顾老，"不日来苏转徐"，并于11月1日至苏州。

1946年9月至1947年8月，顾颉刚先生又邀文实先生赴江苏徐州任省立徐州女子师范学校教导主任兼代校长，当时顾颉刚先生的夫人任该校校长，因养育子女家累甚重，特望李先生助其一臂之力，于是文实先生欣然就职于徐州并与顾颉刚先生保持紧密联系。顾颉刚先生1946年10月30日日记中言："得李得贤书，知已到沪，不日来苏转徐，静秋（顾先生夫人）闻之喜，李先生在任教之余并兼任南京《西北通讯》杂志社社长兼主编。甚望因彼之来，使静秋得轻其责任也。"

1947年寒假期间文实先生到苏州，请顾颉刚先生寻出抗战中有关边疆民族的论述，交《西北通讯》发表：当年该刊第一至第四期陆续刊出了《中华民族是一个》《我为什么要写"中华民族是一个"》《中国边疆问题及其对策》等。顾先生对文实极其信任，《中国边疆问题及其对策》是顾颉刚先生在重庆中央大学、中央组织部及边疆学校等处的几次讲演底稿，由文实先生予以整理，直接刊发于《西北通讯》1947年第三、第四期。文实先生附注说明："正月间我去苏州，顾先生将他以前在中央大学、中央组织部及边疆学校等处所演讲的几篇底稿交给我看，因为其内容大体上都有相通之处，所以我便遵先生嘱，将它合并起来，整理成这一篇长文，分期在本刊发表，以飨本刊读者及留心边疆问题人士，惟因顾先生事情太忙，又不常在一个地方，所以这篇文章，整理成后没有请他审阅过。如有错误或不当处，仍应由得贤负责任。四月二十日夜得贤谨识。"

顾先生太忙而未请其审阅，固是一个原因，但如果没有顾先生对文实先生的充分信任，文实恐亦未敢遽然直接发表。

1947年8月至1949年9月，李文实先生任兰州大学出版部主任，历史系讲师、副教授、代系主任。1947年、1948年李文实先生代理兰州大学历史系主任，对兰大历史系发展做出了重要贡献。兰大历史系正式成立是在1946年，第一任系主任是顾颉刚先生。

兰州大学是抗战胜利后教育部决定在原甘肃学院基础上扩建的国立大学，由辛树帜先生任校长。辛先生原任西北农学院院长，他热心教育，气魄宏大，从南方各地聘请了许多专家，组建了文理、法商、兽医学院及医学院。他请顾颉刚先生任教授兼历史系主任，而顾颉刚先生因苏州、上海两地工作甚忙，一时无法前去，便请念海先生代理主任，又请李文实先生去历史系任教。1947年10月，文实先生辞去徐州之职，赴兰州大学工作，任兰州大学历史系讲师。

1948年6月17日，顾颉刚先生抵兰州，任兰州大学历史系教授兼系主任，协助辛先生处理校务，并开"上古史研究"课，讲授古籍源流及古史中主要问题十余端。能从繁忙的社会活动中脱身，专注于自己的学术工作，顾先生于9月17日日记中言：自己感到"自九一八以来，十七年中，无如今日之心胸开朗者"。师生二人共事于兰州大学。顾颉刚先生想通过此次讲课把自己30年之研究组成一个系统，将学生的听课笔记交李文实先生整理，待自己改定后便可编为《古史钥》一书付印。但由于时局动荡，年底顾颉刚先生不得已匆匆返沪，授课计划中断，《古史钥》一书竟无法去完成。现在《顾颉刚全集·古史论文集》卷七《上古史研究》，便是顾颉刚先生在兰大所讲，其中第一篇"序论"，即出自李文实先生的记录稿。顾颉刚先生在兰州大学历史系讲授"中国古代史"课程时，文实先生聆听了该课，所记《中国古代史研究序论》后由王煦华先生整理，发表于《文史》杂志2000年第四辑上。

1948年7月，当地人士成立中国边疆学会甘肃分会，推顾颉刚先生为中国边疆学会甘肃分会理事长。该会在兰州《和平日报》发刊《西北边疆》周刊，由谷苞、李文实等编辑。

也是在7月，文实先生之子出生，顾老为其取名曰"维皋"。在兰大期间，顾颉刚先生住处与李先生家相邻，他的生活全由李家照料，可以说是无微不至，顾颉刚先生在家信中多次谈到李先生的关照，说"他为人太好，肯帮人家"。

1948年12月7日，顾颉刚先生回沪，文实先生任兰州大学历史系副教授兼代系主任。

1950年至1951年，文实先生任顾颉刚先生学术助手。

1950年2月，文实先生住在西宁，"思东行"。1950年5月8日，文实先生来到上海，顾颉刚先生时任上海诚明文学院中文系主任，在顾先生安排下，1950年5月，任上海诚明文学院中文系教授。期间，文实先生曾两次赴香港。

1950年，顾颉刚先生在上海撰写《昆仑传说与羌戎文化》，历时半年成12万言。此文研究我国古代西北历史，探索当地许多原始族群如何演进，文化如何融合，以求弥补史籍中的空白。他邀请李文实

人如其文　贵在其实
李文实先生诞辰 100 周年纪念暨西北文史专题研究

先生自西宁来沪相助，二人合作研究的时间虽不长，但收获十分可观。顾颉刚先生在此文"引言"中写道："尤其高兴的，李得贤君来到上海，帮助我搜集和整理材料，他是青海化隆人，记得那边的历史、地理、语言和风俗特别多，给我以不少的启发，使我不致冥行迷路。"顾颉刚先生所受的"启发"在日记中也有记载，顾先生 1950 年 5 月 23 日日记写道："到海光，将文实所补大小金川节写入《羌戎》文，又添千字。"多年后李先生给顾潮写信谈到此事："当时即住在武康路您们家中。那时刚师写《昆仑传说与羌戎文化》一书将完稿，我曾参与讨论，刚师很高兴，即采纳我一些意见，并嘱我代为搜集一些有关资料，因而我每天去合众图书馆去查抄。那时起潜先生任馆长，给我很大方便，我得以查看了好多书，并抄集了有关河源问题的资料，从而对古史上羌戎地理和文化，有了些粗浅认识，刚师鼓励我对此问题加以专门研究。"可见，顾先生不仅仅视文实师为学生和助手，亦是十分重要的同道和学友。

1951 年，全国掀起镇压反革命运动，因文实先生与马步芳之子马继援私交甚密，此时生怕受到牵连。顾颉刚 1951 年 1 月 1 日日记载："文实言，青海来人谈，凡前曾任公职者悉遭逮捕。兰州又枪决人甚多。两年中宽严顿异。"在令人惶恐不安的政治形势下，文实先生避居于苏州顾颉刚先生旧宅，闭门读书，企望躲过劫难。潜心学问的文实先生还尽力搜购图书，顾颉刚先生日记中记载："文实为在苏州买段氏《说文》一部，《音学五书》一部，木刻本，二万九千元。苏州的旧书太便宜了。"在顾颉刚先生的关照下，文实先生曾在苏州有过一段短暂的纯学术生活。然而，大祸依然不期而至。顾颉刚先生 5 月 1 日日记记载："往访文实，门房竟一口咬定不住此，遂未得晤，连方君也未见，可见其避人之甚。"连顾先生都不得晤见，可见李文实先生此时处境之艰难与内心之忧惧。此后，5 月 26 日、5 月 27 日两天，李文实先生还连续到顾先生处，6 月 21 日、6 月 28 日和 7 月 5 日，顾先生也先后给李文实写信，但除了 7 月 5 日 "得文实信，似杨质夫君已不在人世，此真西北人才一大损失也"，至今李文实先生与顾先生通信内容是什么都不得而知。到了 7 月 10 日，顾先生便看到了这样的不愿看到的情况："今日一归家，则吴大姐即摇手，不令入室，询之则李文实于六日上午赴观前时为公安局捕去，且派有警士二人在家监视李太太及崔冷秋也。予本欲不进，而出门时警士适当门，恐不进反为所疑，故即进与之谈。谓政府注意文实已年余，今证据确实，故捕之也。文实籍青海，不能与马家无关系，然齐大毕业后马步芳令其任教厅长而不为，宁为徐女师及兰大教员，其无心仕宦可见。去年渠到沪后，曾两次到港，注意之端或即在此。今年渠到苏，极欲闭门读书，而政府竟不许之，未免可惜。予苏沪两宅均有被捕之人，自分必为人所注意矣！"在当时的政治环境下，对文实先生的不幸遭遇，顾先生的确毫无所措，但他依然认定文实先生是一个立志向学之士，无限惜怜。1951 年 7 月 6 日，文实先生在苏州被捕，此时李文实先生在上海诚明文学院任教授。

文实先生被捕是因为：当时国民党第 82 军 190 师少将师长马振武驻守在海晏县，李文实先生与马振武、马绍武、骑五军军长马呈祥及 82 军军长马继援是好朋友。新中国成立前夕，李文实先生审时度势，亲自前往海晏县说服马振武投诚，马氏听从文实先生的建议，文实先生帮助马氏撰写起义通电，于 1949 年 9 月 8 日起义投诚，促成了 190 师的起义。马振武与马呈祥关系密切，曾担任骑五军暂编 1 师师长。马氏起义后，王震将军让马振武到新疆说服骑五军军长马呈祥起义，在马呈祥左右为难、难下决心之际，马振武的出现为新疆的和平解放发挥了重要作用。但是，天有不测风云，这些事情在 1951 年 7 月却成了"反革命罪"，马振武被判处死刑，缓期两年执行，结果在狱中病故。

而李文实先生也因为 1950 年时去了趟香港之事遭公安局秘密拘留。顾颉刚先生 1951 年 4 月 24 日日记亦载："文实去年曾送某太太至港，今闻送某太太至沪之人已被捕，故彼情绪甚不安，又离家度流浪生涯矣。生于此世，真成侧足而立，奈何！"这时李文实先生 36 岁，正当做学问之盛年，却因为这样的原因，不得不废弃研究。当时顾颉刚先生去苏州得知此事，在日记里写道："文实籍青海，不能与马家无关系，然齐大毕业后马步芳令其任教厅长而不为，宁为徐女师及兰大教员，其无心仕宦可见。……今年渠到苏，极欲闭门读书，而政府竟不许之，未免可惜。"从此以后，文实先生开始了长达近30多年的冤狱生活。

李文实先生因为受到马振武案件株连，于1955年被西宁市人民法院以"反革命罪"判处无期徒刑。文实先生被判无期徒刑后，起初被关押在上海，后由西北军政委员会押解至兰州。以"反革命罪"判处无期徒刑。自此后，师生二人天各一方，再也无缘见面。二人因此断绝联系长达28年。

因系秘密逮捕，文实先生家人直到1956年才得知其下落，彼时文实先生在西宁新生印刷厂劳改。

1969年，中苏关系恶化，为所谓"战备"计，设在西宁的劳改单位大多下放至基层，文实先生因此被发往青海香日德农场服刑。香日德农场原名为青海省都兰监狱，1957年"大鸣大放"期间，该地因吹嘘小麦亩产万斤而闻名全国。实际上，该监狱地处柴达木盆地，是真正的西部寒苦之地。文实先生下放该地后，放过牧，擀过毡，收割季节还被分配一日两亩的工作量。因文实先生自幼右手残疾，加之当时文实先生已54岁，并非壮年，自然无法完成收割任务，李夫人每年都要到香日德农场为其夫割麦子。因劳动改造的时日过长，文实先生的"藏文和安多方言知识，经过数十年监禁的牢狱生活，也都已灰飞烟灭"。

后因事实不清，证据不足，文实先生于1967年12月被改判为有期徒刑20年。

为坐实文实先生的"反革命"身份，1968年12月，有关部门数次向顾颉刚先生询问文实先生参加边疆学会甘肃分会一事，称"此盖李得贤发展马步芳势力于甘肃之阴谋"。直到1978年，原被捕国民党县团级人员获释，而文实先生"仍未得与"。在这期间，先生不断上诉，却又被不断搪塞和驳回。

李文实先生在 1978 年写给著名史学家史念海先生的信中作了一首诗歌，其中有这样两句，"闻到上林华发早，春风总不到天涯"，以抒发自己心中的郁闷和烦恼。史先生在参加全国政协会议时将这首诗交给了时任副主席的刘澜涛，刘澜涛向青海省委专函催讯，而省公安厅则以正在审查为由敷衍塞责，未予办理。李文实先生看到刘副主席追问仍无着落，便又写信给国家副主席王震，王震副主席亲自过问并证明先生在新中国成立之初的身份和所做的贡献，最终才得以无罪释放。

也在 1978 年，新的招生制度改革，第一批通过国考的新生进入大学学习。

（三）1979 年至 1980 年，师生间恢复书信来往

1979 年 4 月至顾老去世为第三阶段，师生二人恢复联系。1979 年 4 月 14 日在文实师冤案尚未昭雪时期，因病需回西宁治疗，于是保外就医。此时文实先生即写信给顾颉刚先生，二人自此恢复联系。顾先生听到了文实先生的消息及境况，即复信一面予以宽慰，一面给他提出了一个很具体的学术任务。

1979 年 4 月 14 日的顾老日记中记有："写李文实长信，嘱其编《南明史稿》。"在这封长信中，顾老对文实先生说："接来书，为之抚然。你的命运太不好了，我当为你出力。但北京你却不能来，因为人口和房屋太紧张了，作一个临时户口，向居民委员会申请住三个月是可以的……"顾老教文实先生不要放弃学术，并向"更不幸的一个学者"钱海岳先生家属推荐文实先生整理《南明史稿》，鼓励他尽早通过法院解除"反革命"身份，并给予整理《南明史稿》的基本方法。

1979 年起，文实先生任教于原青海民族学院汉语言文学系，回到了阔别已久的讲台，开始泽惠后人的新起点。

此时文实先生已经 64 岁。直到 20 世纪 80 年代初，文实先生的"罪犯"身份仍未被解除，后来在顾氏同门史念海先生的奔走及时任国家副主席王震的亲自过问下，才得以平反。人生最美好的 28 年，

人如其文　贵在其实
李文实先生诞辰100周年纪念暨西北文史专题研究

文实先生却在狱中度过。

1980年以后，在史念海先生力促之下，李文实先生恢复了羌戎文化研究。可惜的是，1980年12月25日，顾颉刚先生与世长辞，由文实先生整理《南明史稿》一事就此搁置。直到2002年，中华书局才安排专人点校该书，2006年出版。顾老的离世，使文实先生失去了进入主流史学界的机会，这是文实先生人生又一大不幸！

李文实先生与顾颉刚先生之交往情形，在顾先生日记中多有反映，仅据《顾颉刚日记》粗略统计，从1937年10月30日，讫1979年9月12日，顾颉刚先生在日记中明确提到文实先生的，即达253处之多。其中最多的是与文实先生之相互来往。他们之间是真正的学术交往，而绝少一般的闲聊谈天。因此，他们的交往也可以说是君子之交，是真情与诚心之相与呈达。也可以从日记中看出，顾先生与文实师之关系已经超过了一般的师生关系，情同父子。

1981年11月，先生受聘于原青海民族学院汉语言文学系工作，这一年文实先生66岁。

文实先生为本科生开设有"《诗经》与《楚辞》比较研究"等课程。按照当时中文系的课程设置，古代文学史分为先秦、魏晋南北朝、唐宋、元明清四个阶段，分别由四位老师接力上课，而李先生这门课显然是一门专题性很强的课程，打破了历年四阶段分别讲授的习惯，增加了带有专题性质的课程。唯其专题，才能够深入讲解，也才能显示讲授者深厚的学问。这门课虽然只开了一学期，但是留给当时上课的学生极深的印象："首先让我们钦服的是李先生惊人的记忆力，他在授课时几乎不看作品选（当时有古代文学史和作品选两种教材），《诗经》和《楚辞》所有内容都装在脑子里，讲到哪儿，吟诵到哪儿，令同学们心服口服。其次，他在吟诵这些古老的诗歌时，语气中带有很浓厚的青海方言味儿，并且节奏较慢，十分好听。其三，在讲授这些内容时，先生完全脱离教材中的阐释。比如讲到《诗经》，他引申出孔子删诗，讲到孔子对诗经的曲解甚至误解，甚至于由此引申到孔子对于'黄帝四面''黄帝三年'等历史传说问题的研究，让我们耳目一新。李先生讲课常常是引经据典，纵横捭阖，大大地拓宽了我们的视野。"

1981年始，文实先生受青海人民出版社委托，点校《西宁府新志》《西宁府续志》。文实先生建议出版社将上述方志以标点出版，"如新刊《二十四史》那样"，还在《西宁府新志·弁言》中说："这次我对《新志》《续志》的点校，标点略以中华书局校印《二十四史》为标准，校勘则根据我个人的时间、条件和能力随文加以校订。"

1982年，在李文实、赵盛世、吴均、张定邦等先生的努力下，青海地方史志研究会于当年3月正式成立，在首届年会上李文实先生当选为会长，赵盛世、吴均等先生当选为副会长。研究会创办了《青海地方史志研究》会刊，内容涉及地方史、地方志、民族史、宗教史和西北历史地理等。对每一篇稿件，李文实先生和赵盛世先生亲自把关审稿，保证了刊物的质量。该会刊交换到全国各高校和相关学会，得到了广泛的好评。对保证和提高青海地方志编纂水平和质量，培养地方志编写人员队伍倾注了大量心血，做出了突出贡献。

1984年6月，青海地方史志研究会年会，李文实先生请来了他的同门学友史念海先生前来讲学。

1984年6月，文实先生才正式宣告无罪。此年文实先生69岁。人生七十古来稀，按照虚岁的算法，文实先生已70高龄。从1951年被捕至今，文实先生33年的盛年时光在含冤中度过。

平反后，文实先生在学术研究上焕发了第二次青春。他发表的《吐谷浑族与吐谷浑国》《西陲古地甄微》《黄河九曲新考》等学术论文和《西陲古地与羌藏文化》获青海哲学社会科学优秀成果一等奖，把他的文史研究推向了一个新的高峰。他潜心校注了《西宁府新志》和《西宁府续志》，除了标点、校勘外，还为《新志》增写了弁言，为《续志》作序，使青海这两部志书锦上添花，大大提高了其学术品位和实用价值。

青海师大历史系多次请李文实先生给研究生、本科生开古文献学、目录学讲座。

人如其文　贵在其实
李文实先生诞辰 100 周年纪念暨西北文史专题研究

1985 年，文实先生在青海师大为历史系攻读青海地方史专业硕士研究生讲授"青海地方史"。先生以他渊博的学识、深厚的国学根基，厚积薄发，深入浅出，讲得有声有色、如数家珍，而且长于魏晋南北朝和隋唐文学。文实先生文献功底深厚，治学严谨，历史见解深刻。在讲史过程中，既看史源，又重积累；既铺陈文献，又结合田野；不仅可信度高，而且启发性强，深受学生欢迎。讲史时文实先生要求结合《资治通鉴》《通典》《文献通考》和有关的地方史志，来把握青海社会的历史发展大势。当时文实先生的研究生姚继荣讲："这个思路，于我有很好的教益。后来，我作《青海史史料学》（西苑出版社，2007 年版）一书，应该说是这种思路的一次坚定接力。"

1985 年 4 月 5 日，李文实先生的教授职称被恢复，直到退休。在这期间，李文实先生除了给中文系本科生授课以外，还招收了硕士研究生，授课任务逐年增加。

其间，他先后承担青海民院汉语言文学系本科生中国文学史、少语系硕士研究生中国古典文学课程及辅导讲座，并编写了几十万字的《中国古典文学作品选读辅导讲话》《中国史籍举要》《诗经》《楚辞》等讲稿。

自 1980 年以来，他先后在《青海社会科学》《青海民族学院学报》等刊物上发表《读〈青海地方史略〉琐议》《再谈〈青海地方史略〉》《青海地方史札记》《吐谷浑族与吐谷浑国》《有关吐谷浑历史上几个问题的探讨》《西陲古地甄微》《黄河九曲新考》等著作、论文。

《西宁府新志与杨应琚》一文，获青海省哲学社会科学优秀成果二等奖。

《西陲古地与羌藏文化》获青海省第六次哲学社会科学优秀成果一等奖。

1985 年，《西陲古地与羌藏文化》获中共青海省委宣传部、统战部颁发的青海民族问题五种丛书荣誉奖。

1986 年，文实先生被全国总工会授予"五一劳动奖章"。

1987 年 9 月，张廷银在西北师范学院（西北师范大学前身）时与安海民，以及已为青海民族学院教师之阿忠荣，时在青海交通学校任教之吕庆端，相携投考文实先生门下，开始了魏晋南北朝文学专业的三年硕士学习。李文实先生在讲授中国文学史和训诂学等课程时，时常提到顾颉刚先生。

20世纪八九十年代，青海地方史研究随着各种方志的出版，在学术界非常活跃。那时，李文实先生还帮助省地方志办公室，西宁市方志办、乐都县、循化县、化隆县、民和县、平安县、门源县、祁连县、湟源县、湟中县等州县方志办校订方志，为完成青海地方志的撰写工作做出了重要贡献。

文实先生还曾先后任第六届、第七届青海省政协委员。

1990年9月文实先生退休。

1994年2月25日，正值李文实先生八十大寿，文实先生学生马成俊、谷晓恒、马均、程凯、张廷银、安海明、阿忠荣、卢海英等几位同学订制了一个硕大的蛋糕，前往李文实先生家里，为他祝寿。事前，同学们请著名书法家李海观先生专门写了一幅字，是"温柔敦厚古今文章"，总共八个字，但是内涵非常丰富，其中前四个字是对先生的崇高品德和人格魅力的概括，后面四个字则是对其锦绣文章和鸿篇巨制的总结。

1995年，文实先生学生张得祖完成省级社科项目"历代开拓西部人物选传"，先生热情应承，抱病写序，序中多勉励之言。后又撰写《青海通史》，也得到李文实先生不少可贵的指导和帮助。

2001年，文实先生出版《西陲古地与羌藏文化》一书。该书深化了利用语言学知识在边疆史地领域进行辨伪的理论与方法，堪称是顾老中晚年史学工作的一种延续。

1998年5月19日李文实先生去信顾潮说："从古地名义一端写了十几篇文章，实与刚师所著有所联系。"其中《吐谷浑历史上几个问题的考察》，即是受刚师《羌戎》一文论述西秦所设沙州即在浇河郡境内的启发，具体考定沙州故址即在今青海贵南县，但"可惜先生已不及审定了"。李先生对"河源问题"的研究，在顾颉刚先生1998年

6月29日日记中也有记载:"看文实所写《隋唐元明之河源问题》。"这篇长文对李先生有很大影响,他晚年在《西陲古地与羌藏文化·自序》中谈到当时所受"启发":"我生长在藏民原生息居住的地区,幼年时代也稍懂得一点藏族和撒拉族的语言。后来上高中时,学了两年藏文,等到上大学时,才发现《史记》《汉书》所载西徼古地名,多从音译,但还不知道这里还存在着个古今音之异读",读了此文后,"得到新的启发。便提出《禹贡》雍、凉地名,多名从主人,而后世注家,多未晓其义,概以汉义为解,殊未得实。先生听了大喜,嘱为撰文,并勉励说:'筚路蓝缕,以启山林。只要开好头,以后便会得做深入的研究。'"

从上面引述的"尤其高兴的""听了大喜"等语,反映出当时顾颉刚先生是何等欣喜,他为得到李先生的帮助而高兴,也为李先生选定了研究方向而高兴!

文实先生将这以前所写论文编为《西陲古地与羌藏文化》一书,由青海人民出版社出版,寄赠顾潮一册留念,他自谦此书"与刚师当年的期望是差得很远的"(1998年9月27日信)。史念海先生为此书撰写序言说:"颉刚先生教人,每因其特性,为订从事有关课题。文实先生籍隶河湟之间,命其钻研西陲。"史念海先生称赞此书:"如颉刚先生长寿至今,文实先生大著是会受到特殊称道的。"

2004年春节,文实先生重病,在青海省第二人民医院住院。期间,学生张廷银前往探望,文实先生说话时口齿已经十分模糊,几次贴近谛听,大致听出来是"钱玄同文集"几字,张廷银立即写出来给先生看,他点头表示肯定。《钱玄同文集》是文实先生临终提到的一部书,但它不是为自己而订,而是专程为另一学生张晟订购,并嘱其细读先贤们研究古汉语的著述,而且再次指明进行汉藏语的同源研究,首先要搞清汉语古今变化,希望张晟将其研究进行到底。

2004年3月8日,文实先生在老家化隆县甘都镇归隐道山,享年90岁。

根据先生生前的遗愿,在谢佐先生的倡导下,正在筹建"古羌文化研究会"。

李文实先生一生命运颇多坎坷,然马步芳有意让他出任教育厅长,先生婉言辞谢;有同门经济拮据,先生节衣缩食毅然替其纾难;有内地高校以优越条件请其就职,先生又坚持了贡献家乡的选择。先生的这些行止,让他失去了很多优裕的生活条件和成为硕学名儒的机会,但却收获了人们对他的无限尊重和敬仰,至今提及先生之道德学问,大家无不叹为观止;先生的学术造诣在青海民族大学堪称翘楚,先生的人格境界更是青海民族大学的一面旗帜!

生命有限,精神长存,李文实先生辱重荣薄的一生,给我们留下了丰厚的精神财富和学术成果,先生的治学精神给予我们、给予时代的启示意义,甚至超过了著作本身的价值。他将激励我们青海广大文史工作者为振兴文教、繁荣社会科学,建设富裕、文明、和谐的社会主义新青海努力奋斗。

二 李文实先生学术成就及其贡献

1946年12月19日,蒋星煜采访顾颉刚。蒋星煜问:"你觉得中国现在有哪些优秀的青年史学家?"顾先生答:以时代划分为标准,治明清史之"齐鲁大学教授李得贤",以区域为标准,"治西北史之齐鲁大学教授李得贤"。

李文实先生撰写了一大批有关甘肃、青海等西北地区地理地望方面的考证文章,这些文章大多收编于《西陲古地与羌藏文化》一书。

纵览这些论文,对中国古代神话中的人物、地名和故事进行了独特的研究,得出了与前人不同的结论,在中国边疆历史学界产生了很大的学术影响力。他充分运用古代文献和民族语言学的知识,论证严密,篇篇能够自圆其说。他的研究路数和研究方法,秉承了自郑樵、姚际恒、崔述、康有为、胡适、钱玄同、王国维、罗振玉等历史学家以来的疑古传统,特别是深受顾颉刚先生古史辨派的学术风格的影响,秉承和弘扬了顾门实证研究的优良学风。研究对象是区域史地,研究方法是史料实证，可他看问题既不拘于一隅，又不囿于成说，而是把青海史地放到中国历史文化的大背景下予以考察，弥补了西北史地研究的许多空白，发前人之所未发，开创了一条崭新的学术研究路径。

李文实先生是青海地方史研究的开拓者之一，尤其对青海、甘肃乃至西北历史、文化、地理、民族、风俗的考察和研究做出了开创性的贡献。

文实先生热爱乡邦，在其文中，隐藏在地理考证的大量文献之中，有一个最为明显的主题，是在为维护国家的统一和民族的团结鼓与呼。这也是秉承了乃师顾颉刚先生的学术精神的。

三　主要著作及学术经历

（一）1941—1951 年著作及学术经历

1941 年 10 月，《释"白教"与"吹牛拍马"》《补释"吹牛"及"嘉麻若"》，发表于《责善》半月刊之 2 卷 14 期《学术通讯》。1945 年至 1951 年左右，根据顾颉刚先生日记记载可知文实先生主要从事明清史研究，并且曾有：1945 年 6 月 22 日，《义和团》稿。1946 年 9 月 11 日《清代传记文选》，这可能是为写清末人物左宝贵传记而做的资料汇编。1951 年 1 月 20 日《石达开伪诗考》，这些都属于明清史方面的论著。可惜的是，这些佳作已散佚。

1948 年，文实先生撰文，对撒拉族的社会组织"工"做了解释。1990 年，应撒拉族研究会的约请，先生提交了一篇名为《撒拉八工外五工》的文章，文中对其旧说又做了进一步的阐发。先生对撒拉族研究的这两篇文章，除了对撒拉族历史中的"工"的本义做了探讨之外，对"工"的演变，特别是对学术界向来忽略的外五工的情况做了精辟的描述，对拓宽撒拉族研究视野做出了重要贡献。这两篇文章一直是研究撒拉族社会组织结构必须引用的重要学术文献。

1948年，顾老在兰州大学历史系讲授"中国古代史"课程，文实先生聆听了该课，所记《中国古代史研究序论》后由王煦华先生整理，发表于《文史》杂志2000年第4辑。

1950年以来，文实先生主攻西北史地，其研究兴趣的转向也与顾老的影响有关。"九一八"事变后，顾老感到当时的学术界对民族边疆历史地理的认识十分贫弱。1934年，禹贡学会成立，顾老立志要在古代民族和疆域的范围里理出一个头绪来，后又因考察教育来到西北，并于1948年到兰州大学任教，对西北民族边疆地区有了更多认识，相关学术课题也引起顾老兴趣。1950年2月至6月，顾老在上海海光图书馆写作《昆仑传说与羌戎文化》一书。该书引言中提到文实先生对他的帮助，"尤其高兴的，李得贤君来到上海，帮助我搜集和整理材料，他是青海化隆人，记得那边的历史、地理、语言和风俗特别多，给我不少的启发，使我不致冥行迷路"。受顾老研究西北史地的影响，文实先生从此把主要精力放到这一领域，并取得了相当的成绩。当时，文实先生的相关研究业已成形，但他身陷囹圄后，其论著被当作废纸遗弃。文实先生后来曾向顾老打听过那些稿件的下落，顾老回复称："你在苏州写的历史论文，我一篇也没有看到。想来你的家属走了之后，迁进的人家误认为一堆废纸，烧了或丢了。"尽管如此，在任顾老助手及个人研究过程中，文实先生练就了独到的研究方法，并积累了丰富的研究经验，这都为他1979年以来的史学研究奠定了坚实基础。

（二）1979年以后的著作及学术历程

1979年，师生二人恢复联系后，往来书信的主要内容仍是学术探讨。

《顾颉刚年谱》记载，1979年4月20日，"李文实来信收入笔记《林下清言》，题《李文实谈'鸟鼠同穴'》"。此信述及文实先生在服刑时，在柴达木山中牧羊，亲见"鸟鼠同穴"一事。

1979年4月20日李先生来信，谈及"鸟鼠同穴"，这是顾颉刚先生一直关注的问题。《尚书·禹贡》篇中有"鸟鼠"地名,"鸟鼠同穴"问题历来备受经学家的争议,抗战初顾颉刚先生借西北考察之机顺路去甘肃渭源鸟鼠山考察,并与当地人士探讨,后将此事记入《西北考察日记》。李文实先生被"劳改"期间曾在柴达木山中牧羊,偶然发现当地"鸟鼠同穴"现象,他记得顾颉刚先生关注此事,写信将自己所获提供顾颉刚先生参考。

1979 年 8 月,《李文实谈"阇门""瓜子"》刊于《顾颉刚读书笔记》。

文实先生对顾老在《史林杂识》中关于"阇门"的解释提出异议,认为考释有误。

1979 年 4 月 13 日,87 岁高龄的顾老在日记中写道:"予之心事有三部书当表彰:一、吴燕绍:《清代蒙藏回部典汇》;二、孟森:《明元清系通纪》;三、钱海岳:《南明史稿》。"顾老去世后,整理《南明史稿》一事被长期搁置。直到 2002 年,中华书局聘请刘德麟、张忱石二位专家点校钱先生遗稿。不知情者,以为文实先生点校过《南明史稿》,往往以"南明史专家"称文实先生,这显然是一个误会。

在学术研究方面,文实先生从事的西北史地研究及其成果,堪称顾老中晚年史学工作的延续,他将古史辨派疑古、辨伪、考信的史学理论与方法运用于西陲古地及民族历史研究,取得了较为突出的学术成就。文实先生整理、点校方志材料之法也实从顾老点校《史记》及主持点校《二十四史》的基本方法。无论是学术研究还是为人处世,文实先生身上处处体现着"顾门遗风"。二人的师生交谊与学术传承是近现代学术史的重要内容之一。

1981 年始,文实先生受青海人民出版社委托,点校《西宁府新志》《西宁府续志》。文实先生建议出版社将上述方志以标点出版,"如新刊《二十四史》那样"。他还在《西宁府新志·弁言》中说:"这次我对《新志》《续志》的点校,标点略以中华书局校印《二十四史》为标准,校勘则根据我个人的时间、条件和能力随文加以校订。"文实先生整理方志之法因袭了顾老点校《史记》及主持点校《二十四史》的基本点校方法。

在 1988 年到 1994 年的 7 年时间里，李文实先生共为《中国历史地理论丛》撰写了 7 篇论文，是这一时期在《中国历史地理论丛》发表学术论文最多的作者之一。这 7 篇论文分别是：

(1)《〈禹贡〉织皮昆仑析支渠搜及三危地理考实》(1988 年第 1 辑)

《〈禹贡〉织皮昆仑析支渠搜及三危地理考实》主要讨论《尚书·禹贡》所记昆仑、析支、渠搜三个地名的来历和其所在及三危地理问题，作者主要运用音韵学和汉藏古今语音对转的方法论证了《禹贡》所说的昆仑、析支、渠搜三地都是当时衣皮之民，而以毛织物为贡品的，织皮并非地名或部落名。

(2)《噶斯池与噶斯口》(1988 年第 2 辑)

主要是通过语言学和地名学方法，通过历史文献的记载，梳理这一地区自然地理和人文地理的变化。

(3)《吐蕃一名的由来》(1990 年第 2 辑)

主要运用音韵学方法阐释吐蕃名称的来源，认为吐火罗、大月氏、嚈哒、突厥和滑都是形成吐蕃族的主要成分，也就是他们的先民，现在的藏族是宋、元间形成的一个民族共同体，是吐蕃的流，而吐蕃又是羌族的流。

(4)《门源访古记》(1990 年第 3 辑)

这是李文实先生 1988 年 7 月应《门源县志》编委会之约在座谈会期间对门源境内一些历史遗址的考察记录，厘清了学术界的一些模糊看法。

(5)《〈尚书·禹贡〉雍州地理今绎》(1992 年第 3 辑)

《〈尚书·禹贡〉雍州地理今绎》是继《〈禹贡〉织皮昆仑析支渠搜及三危地理考实》之后，专就雍州西徼地理部分，继续加以论证。在此基础上，李先生对民族、语言与地理的关系进行了阐述，不仅将《禹贡》有关雍州地理部分疏理得更为清晰、可信，而且指出了研治边疆史地的关键问题所在和研究路径。

(6)《夏禹传说与大夏地理》(1993 年第 4 辑)

《夏禹传说与大夏地理》论证了古史的神话传说与文字记载的关

系，通过对夏民族渊源的分析，对《禹贡》九州、大夏与台骀等大夏地理进行了阐释，并从"夏"字的音义讨论了华夏民族的形成问题。

(7)《西陲地名的语言学考察》（1994年第3辑）

通过对一些西陲地名的考察实例，说明语言学方法在古地名考察中的重要作用，强调地名学不仅与历史地理学密切相关，同时也是文化地理学的一个组成部分。

其中第1至第5和第7篇署名"李文实"，第6篇则署名"李得贤"。7篇文章中除第7篇《西陲地名的语言学考察》外，其余6篇都收入2001年青海人民出版社出版的作者论文集《西陲古地与羌藏文化》中。

以上7篇论文讨论的都是关于我国西部内陆地区尤其是青藏高原历史地理问题的，这也是顾颉刚先生早年的安排。

上述文章的相继发表，不仅使《中国历史地理论丛》得以按期出版，更重要的是填补了历史地理学界在这一领域研究的空白，指明了语言学方法和实地考察对于西部内陆地区特别是青藏高原地区历史地理研究的重要意义，示范了语言学方法和实地考察在历史地理研究中的具体运用。李文实先生以后，《中国历史地理论丛》和《历史地理》这我国历史地理学两大专门的学术刊物发表的有关这方面的研究论文寥寥可数。此外还有：《读〈青海地方史略〉琐议》《再谈〈青海地方史略〉》《青海地方史札记》《白兰国址再考》《吐谷浑族与吐谷浑国》《有关吐谷浑历史——几个问题探讨》《隋炀帝西巡道路中几个地名的考实》《西陲古地甄微》《黄河九曲新考》。

2001年，文实先生出版《西陲古地与羌藏文化》一书。该书深化了利用语言学知识在边疆史地领域内进行辨伪的理论与方法，堪称是顾老中晚年史学工作的一种延续。文实先生在其著《西陲古地与羌藏文化》一书中深情地回忆道："解放初我到上海，顾颉刚先生正写有关古地的论文，我读了以后，得到新的启发。便提出《禹贡》雍、梁地名，多名从主人，而后世注家，多未晓其义，概以汉义为解，殊未得实。先生听了大喜，嘱为撰文，并勉励说：'筚路蓝缕，以启山林。

只要开好头,以后便会得到做深入的研究。'"文实先生的命运固然不幸,但他却始终怀着一颗淡泊名利、热衷学术之心,他的史学研究历程中始终流淌着顾氏疑古辨伪的学术血脉,顾老的古史辨思想借文实先生的研究撒播至河湟地区。如今,这一学术传统不仅在此地生根发芽,而且有日益茁壮之势。文实先生还是位古道热肠的学界前辈,曾无私帮助过很多晚辈后生,谢佐、赵宗福等当代青海文史名家也曾受益于文实先生。可见,文实先生的学术研究与道德品格处处展现着"顾门遗风"。

顾老和文实先生的人生际遇是近代以来中华民族历受"巨变奇劫"的一个插曲,是无涯史海中的苍凉点滴,而一部完整的顾门学术史,应当包括顾老与文实先生的师生交谊与学术传承。

李文实先生在有生之年为西北地区历史地理和民族文化研究做出了不可磨灭的重要贡献,给学术界留下了十分宝贵的遗产,他的学术探索精神和崇高的学术品德值得我们学习。

后　　记

2014年9月20日，李文实先生诞辰100周年纪念会暨西北文史研究专题研讨会在青海民族大学举行。两年后，此次会议的相关论文及评述文章终于得以结集出版。在跨越式发展的节奏里，我们却放慢脚步，希望耐心地出一本书。这缘于我们对这本书纪念的对象——李文实先生的深沉怀念和深深敬意。

作为70后学人，我没能有这份幸运得以亲耳聆听先生教诲。但我忘不了刚入大学时，一次在校园里和系里的老师说着话时，遇到一位穿着藏蓝色棉质中山装的清癯老人，老师介绍说这位是李文实先生。说实话，当时面对已经退休的先生，更多地觉得他是一位和蔼的长者。先生深居简出，至此之后，虽同在一个校园内，却一直未有再见先生的机缘。

后来，通过先生的著述、轶事，一点点勾描出先生的面影和人生点滴。2014年的会议，给了所有感念先生的人一次充分表达的机会。几乎我们邀请的每一位学者都毫不犹豫地答应撰写文章，出席会议。这让我们充分感受到先生的学养及人格魅力。

也是由于先生的影响力，省教育厅、省民委及先生故里化隆县政府均大力支持会议；出自化隆的昂思多矿泉水公司出资赞助，校友金生辉先生个人赞助；何峰校长亲自策划会议，学校领导鼎力支持。这都保证了会议的圆满完成，也促使一批高质量的学术论文产出并最终结集出版。感谢所有为此书付出心力的领导和老师。

李文实先生在其学术生涯中对于西北史地深厚的掘进能力，体现出一种难得的学术自信与追求。先生在其学术研究中体现出的经世致用的品格，是一种学术担当和家国情怀的最好体现。先生正是以这样一种服务于国家文化建设的学术眼光，承担起知识分子的社会责任。这种学术担当和家国情怀对于我们今天的学者具有更重要的启示意义。

人如其文，贵在其实。先生的学术精神将赋予我和我的同事们更多砥砺前行的勇气。

卓　玛
2016 年 8 月 29 日